国家社会科学基金2014年度西部项目（14XJY013）

农业转移人口市民化
理论及政策研究

祁晓玲 罗元青 宋周 徐莉 胡民 等 著

人民出版社

序

　　中国改革开放的四十年，不仅是制度变迁的经济发展史，也是工业化与城市化逐步推进、二元经济转换的结构变迁史。其间，农业人口不断向非农产业转移、农村人口向城镇聚集，成为贯穿这一历史转换进程的重要图景。农业剩余劳动力的转移，不仅为中国制造业贡献了丰富、廉价劳动力的比较优势，成为中国经济增长的重要动力因素，与此同时，也带来了原有社会结构的改变，并产生了新的社会群体——以"农民工"为代表的、庞大的农业转移人口。

　　目前我国农业剩余劳动力已大部分转移到非农产业，"城乡二元结构"转换已进入刘易斯模型的拐点区间，但是城镇化的质量却不高，例如土地城镇化速度快于人口城镇化速度，而户籍人口城镇化速度慢于常住人口城镇化速度。这些问题的实质是农业转移人口市民化进程的滞后，由此形成的城市"新二元结构"，产生新社会矛盾，并影响到经济社会的可持续发展。在2013年中央城镇工作会议上，将城镇化的首要任务明确为："推进农业转移人口市民化，主要解决已转移到城镇就业的农业转移人口的落户问题，努力提高农民工融入城镇的素质和能力。"课题"加快农业转移人口市民化的理论及相关政策研究"，正是基于对这一热点和难点问题的关注而提出，并获得国家社会科学基金2014年度西部项目的立项，本书正是这一课题的研究成果。

　　我国农业转移人口市民化问题一直是学术界极为关注的课题。自20上世纪90年代，国务院发展研究中心农民工市民化课题组、陈锡文、林毅夫、蔡昉等众多专家学者对以"农民工"为主体的农业人口转移问题给予了充分关注，研究视角广，成果丰富：一是基于经济理性对农业人口转移城市经济动因方面的研究。对于农业人口大规模向城市转移这一社会经济现象，刘易斯（Lewis）、托达罗（Todaro）等提出的二元经济模型，斯克塔（Stark）等人的新劳动力迁移理论，赫伯拉（Herberla）、李（E.S.Lee）等提出的"推拉理论"，以及庇奥尔（M.J.Piore）等的二元劳动市场分割理论，对此现象提出了不同的解释框架。我国学者在这些理论框架基础上进行了相应的实证检验。二是基于社会理性对农业转移人口市民化意愿进行的分析。认为目前农业转移人口市民化意愿存在社会结构方面的障碍，主要表现在城市融入障碍与社会权益障碍方面。一方面，在取得城市社会认同的过程中，由于与城市居民在文化、行为、心理方面的社会差异，存在着来自城市的社会歧视与排斥，使其与城市社会存在距离，难以融入。另一方面，社会权利作为融入城市的首要社会条件，其中养老和住房是其融入城市的核心社会权利。社会权益的缺失阻碍了市民化进程。三是基于能力约束对农业转移人口主体条件的关注。作为市民化的利益主体，个人人力资本与社会资本的不足，成为农业转移人口市民化的能力约束。四是提出了相关政策，例如：在农业转移人口输入地，应重点建立健全户籍制度、就业、社会保障、子女义务教育、住房保障及农业转移人口服务管理等相关政策；在农业转移人口输出地，应针对农村土地承包、农村宅基地使用、农村集体资产收益分配等制度和政策进行调整。以上成果不乏真知灼见，具有重要启示和借鉴意义。在此基础上，本书进一步深入研究，探索构建农业转移人口市民化的制度动力系统，完善政策体系。

本书围绕"动力因素——制度政策障碍——制度设计——政策实施"的基本逻辑思路展开研究和阐述，旨在对农业转移人口市民化的经济、社会、主体方面的影响因素进行更为全面与系统的剖析，目的是破解制度难题，设计合理路径，促使政策落地，有序推进农业转移人口市民化的进程。主要内容结构如下：

第一篇：农业转移人口市民化的理论基础与经济动因研究（1—5章）。本部分的研究内容，一是构建理论分析及课题研究的系统框架，二是基于经济理性视角研究市民化动因。界定研究对象，阐明农业转移人口市民化的内涵；从历史逻辑的视角，分析我国农业转移人口市民化问题的产生及制度原因；从理论逻辑的视角，分析、解读不同的经济发展模型、人口迁移等理论中的动力因素，从宏观整体、中观结构、微观主体等多层次探讨农业转移人口市民化的经济动因；从理论与历史、与现实统一的视角，明确目前我国经济发展处于刘易斯拐点的结构转换区间，了解现阶段农村剩余劳动力转移及农业转移人口市民化的现实状况，从系统整体上构建加快农业转移人口市民化的制度动力结构。

第二篇：农业转移人口市民化的社会障碍及政策困境考察（6—8章）。本部分的研究定位于社会结构与制度研究，并基于社会理性考察市民化障碍。重点运用社会学理论，解析城市新二元社会结构、城市融入困境等市民化问题产生的深层次原因；从制度变迁与社会结构演进的相互关联中，探析市民化所面临的社会权益困境；梳理现有制度体系，重点考察具有重要影响的户籍制度、社会保障制度、农村土地制度和就业政策的现状；针对社会制度政策的实施，从全国整体性，到成渝地区的探索改革，再到基层社会组织、城市居民等微观主体，多层面考察分析政策实施的困境，探讨破解农业转移人口市民化社会障碍的突破点。

第三篇：农业转移人口市民化的主体特征及能力约束分析（9—11章）。本部份的研究重点是微观主体的意愿和能力约束，基于实证分析准确把握市民化的主体需求。通过调研市民化进程的基本情况、农业转移人口的主观意愿，分析农业转移人口的主客观特征及其对市民化的结果的影响情况，进一步了解相关制度及政策是否真正符合了"实事求是、以人为本"的基本原则。研究表明：政策制定应尊重农业转移人口主体的意愿，充分考虑其需求，既要着重解决其面临的住房、户籍以及就业等问题，更要帮助转变其生活方式和思想观念，培育能力，积极推动农村与城市融合发展。

第四篇：农业转移人口市民化的相关对策建议（12—16章）。本部分的研究任务是健全推进农业转移人口市民化的政策体系。基于上述三部分的研究结论，农业转移人口市民化问题主要来自于：动力不足、制度结构障碍、主体能力缺失等三个方面。因此，解决问题就不单纯是政府、企业或个体某一方面的事情，而是一项系统工程，需要各方协同参与。需要进一步完善支持、鼓励农业转移人口市民化的政策、法律法规，也需要提升转移人口主体素质，还需要动员社会组织扶持，多角度、全方位展开推进。通过梳理已出台政策，进一步从提升动力，破解制度障碍，提升能力，维护权益等四个方面，提出了加快农业转移人口市民化的具体对策建议。

本书的研究力求在以下方面有所创新和突破：

第一，研究视角与理论构建。针对已有研究成果视角多但相对分散、理论运用缺乏整合、制度与对策相对缺乏系统逻辑联系等存在的不足，本书基于制度整体设计的综合视角，对市民化的动因进行了全方位、多层次、多视角的关注，注重从整体上构建农业转移人口市民化制度动力结构及战略研究的理论框架。首先，通过系统的理论梳理，找到农业转移人口市民化问题的内生逻辑，从构筑理论基础与发展战略两个层面完善了已有成果的不足。其次，经济学、社会学等多学科交叉，经济理性与社会理性分析相结合，对农业转移人口市民化的经济动因（生存、发展）与社会动因（价值、心理等方面），以及两方面的相辅相成、相互制约进行分析。再次，从宏观、中观与微观层面进行综合研究。宏观层面，将农业转移人口置于经济发展、结构变迁的大背景，与新型城镇化、工业化进程相结合，揭示市民化的整体发展动力；中观层面，与城市的社会阶层结构、经济环境能力及社会舆论等因素相结合，摸清市民化的障碍阻力；微观层面，将不同地域、类别的农业转移人口的生存状态、利益诉求进行对比分析、差异研究，掌握市民化意愿。由此，本书形成了较为完整的逻辑研究思路，理清了制度系统的关联性，阐明了宏观、中观、微观层面制度政策的相互联系及影响机理。

第二，研究重点与制度难点。针对目前农业转移人口市民化问题多、环节多、原因复杂、政策庞杂等现状，本书着力探讨如何优化已有的制度政策体系，力求能够找准制度和政策改进的着力点。选择从制度及政策"受体"的角度进行深入研究，体现"以人为本"的思想，重点对农业转移人口的主体特征及能力约束进行了微观实证分析。通过一定规模的问卷调查、实地走访、深度访谈等调查研究，准确地把握农业转移人口在城市的生存状态，掌握其市民化的真实意愿，找准其面临的现实困境；研究现行制度政策绩效，对是否存在制度缺失、各级政策的有效性及实施困境进行深度分析，剖析制度体系变迁的特征、制度成本、制度关联、制度绩效和实施难点；从面到点，从整体推进到重点突破，进行系统的制度整体设计同时，突出户籍、社会保障、就业、住房及农村土地权益等制度重点及政策难点，把握关键，力争对政策困境有所突破。

第三，研究结论的应用价值。本书主要从动力结构视角，分析农业转移人口市民化各动力层次的问题及影响因素；从调整市民化动力系统的角度，得出加快农业转移人口市民化的主要观点；观点之间形成了紧密的逻辑关联，对后续进行制度的系统设计具有明确而有价值的指导意义。主要研究结论及观点如下：

整体发展动力方面：二元经济转换的发展过程也是农业转移人口市民化的社会变迁进程，工业化与城市化互为动力驱动市民化的整体进程，构成市民化的宏观动力；收入差异与就业机会等比较利益的改变构成转移主体的直接经济动因；生产要素在产业与空间的自由流动提供市民化的制度前提，社会经济条件不平衡，制度、结构、素质及社会方面困境形成市民化的系统阻力，也影响转移主体的社会动因。因此，市民化的有序推进需要发挥市场与政府的协同作用，提供机会均等、要素自由流动的制度动力。面对目前的困境，深化改革，转变发展方式，创新驱动，形成市民化的产业发展动力、区域聚集能力及政策合力。

中观动力结构方面：城乡结构及制度条件的差异共同影响农业转移人口市民化的推拉力量。城市制度方面，分割的劳动力市场中存在对农业转移人口在就业、医疗、教育、住房、养老等社会权益的系统性制度歧视，形成农业转移人口市民化的障碍；农村制度方面，现行土地制度增加了农民进城的机会成本，对市民化会产生回拉阻力。因此，必须改革制度的系统性缺陷，形成市民化的结构耦合力。调整农村土地等相关权益制度，减弱市民化的农村拉力；增强市民化的城市拉力，重点是关注平等就业机会，完善就业制度，保护农业转移人口的社会权益，以及关注其与城市社会融合的问题。

微观主体动因方面：农业转移人口是市民化的直接利益主体，应从经济理性与社会理性方面关注其主体意愿，了解其主体能力。收入与相对经济地位是支配转移的动因，"相对贫困"影响市民化意愿；人力资本积累是市民化的内生动力，社会资本不足是制约条件。因此，必须改革城乡隔离的制度体系，消除经济社会权益差异，消除制度体系中发展基础与发展机会的不公平，形成有利于农业转移人口稳定就业与定居的环境；化解资本困境，建立教育、信息资源共享的制度利益格局，保障劳动形成过程的起点公平，从而培育市民化的主体内生能力，提升城市融入能力。

第四，对策建议的系统针对性。系统性的研究结论使相关政策的提出具有了针对性：

增强农业转移人口市民化动力方面：建立城乡就业服务机制、完善劳动力市场服务体系，促进农业转移人口在城市就业，提升内在驱动力；城市社会组织发挥积极作用、培养农业转移人口城市认同，营造农业转移人口融入城市的浓厚社会氛围；加快新型城镇化进程，拓宽农业转移人口市民化的空间；缩小城乡差距，为维护公民权利平等奠定物质基础。主要手段包括调整经济结构，提供转移人口更多的就业机会；按照比较优势来选择产业和技术，给农业转移人口提供最大可能的就业机会；落实"乡村振兴战略"，坚持城乡融合发展等。

破解农业转移人口市民化制度障碍方面：主要着手于户籍制度改革、土地制度、农业转移人口合理迁移政策保障、强化企业监管以及建立服务型政府五个方面。通过加快户籍制度改革，打破"隐性户籍墙"，建立推进农业转移人口市民化的平台，实现权益的均等化；依法维护进城落户农民在农村的土地承包权、宅基地使用权、集体收益分配权，加快深化土地制度改革，提高户籍人口城镇化；政策取向应从过去的"约束""控制"为主，转向"激励"为主，保障农业转移人口利益使他们获得动力，增强活力；强化监管企业职能，允许农业转移人口权利的自我救济；建立服务型政府，维护农业转移人口发展权和安全保障权。

在提升农业转移人口市民化的能力方面：建立农业转移人口成长机制，提升就业能力与就业质量；加大农村教育投入，提高农村转移人口的人力资本"先天积累"；加强职业教育与技能培训，提高其人力资本的"后天积累"。

尽管课题的研究设计力求能够全面分析影响农业转移人口市民化的相关因素，从而构建系统的制度体系，但由于主客观条件和能力的限制，还是有所欠缺：一是对于农业转移人口市民化制度及相关政策的分析研究，虽然整体清晰，但不够完整，个别地方存在数据缺失与典型案例不足的现象；二是对相关制度政策在制定及实施中存在的不均衡、不配套、缺保障等执行困境，虽有所涉及，但未能深入；三是针对农业转移人口市民化的其他相关主体，例如城市居民的认知、企业及社会组织的态度等未能深入调研考察，这不得不说是一项缺憾，影响了对农业转移人口城市融入困境的准确全面把握；四是各部分论述的视角尽管有所不同，但在一些问题和材料的运用上有些重复；五是研究方法上，尽管努力实践定性分析与定量分析相结合，但是在运用现代计量经济学分析手段方面仍相对薄弱。

课题的研究历时四年多，期间我国经济发展与农业转移人口市民化的状况也在发生改变，相关制度改革也不断出台，新政策也在实践中。本书的研究成果期望能够为我国农业转移人口市民化的制度建设提供有益的帮助。我们也将持续关注这一大课题在实践中的新进展，关注政策措施的有效性，更深入地展开研究。

课题组
二〇一九年三月

目　录

第二篇　农业转移人口市民化的社会障碍及政策困境考察

第三篇　农业转移人口市民化的主体特征及
　　　　　　　　能力约束分析

第四篇　农业转移人口市民化相关对策建议

第一篇

农业转移人口市民化的
理论基础与经济动因研究

第一章　农业转移人口市民化问题的提出

在经济社会发展过程中，伴随着城市化发展，必然产生农业剩余劳动力的转移和农业转移人口的市民化。2013年十八届三中全会《中共中央关于全面深化改革若干重大问题的决定》提出："推进农业转移人口市民化，逐步把符合条件的农业转移人口转为城镇居民。"2013年中央城镇工作会议明确指出："城镇化的首要任务是推进农业转移人口市民化，主要解决已转移到城镇就业的农业转移人口的落户问题，努力提高农民工融入城镇的素质和能力。"《国家新型城镇化规划（2014—2020年）》更进一步明确指出："到2020年要实现一亿左右农业转移人口和其他常住人口城镇落户。"由此可见，有序推进农业转移人口市民化是当前和今后一个时期我国经济和社会发展的一项重要工作。

为了深入考察当前我国农业转移人口市民化的基本现状与实际问题，自2015年7月开始，本课题组对我国农业转移人口市民化的情况进行了较为全面和深入的实地调研。调研主要有两次，第一次大规模调研于2015年7—8月完成。调研样本分布在农业转移人口输入和输出较为集中的全国17个省市自治区的20个重点地区，分别有四川、广东、河南、贵州、安徽、湖北、湖南、吉林、江苏、江西、山西、山东、陕西等省区。第二次补充调研于2016年1—2月完成。主要以成渝统筹城乡综合配套改革试验区为主，另外涉及广东、江苏、山东、河南、湖南等重要省份。主要就第一阶段课题研究中发现的一些问题展开针对性的调研。两次调研均采用问卷调查与深度访谈相结合的调研方法，试图全面而准确地摸清我国农业转移人口的生存状态，掌握其真实意愿，分析其现实困境，进而深入剖析我国农业转移人口市民化进程中的影响因素。调研期间共发放问卷2000份，收回有效问卷1935份，问卷有效率为96.75%。课题组问卷调查的区域主要以成渝统筹城乡综合配套改革试验区为主，其中来自成渝地区的有效问卷占总问卷的 40.3%。为了保证调查质量，课题组通过聘用当地人作为调研员，每组调研配备两名调研员同时开展调研，对调研对象抽样回访，对调研人员进行多次统一培训，统一制定协调调研计划等多种措施，最大程度地保证调查数据的真实可靠。调研对象以农业转移人口为主，即从农业转移到非农业生产且从农村转移到城市务工和生活的这部分人群，主要有：进城务工的农民工、进城做生意的个体户、失地农民等。问卷从职业生存、社会身份、自身素质、意识行为等角度对农业转移人口市民化的现状进行调研，具体设计了城市融入、户籍、就业、收入支出、土地、社会保障、职业培训、子女义务教育、权利保障、权益维护、休闲娱乐方式、城市生活面临的困难、市民化意愿等方面的内容。

本课题将研究视角定位于农业转移人口，全面系统地考察影响农业转移人口市民化的经济、社会、主体方面的影响因素，对"动力因素——制度政策障碍——制度设计——政策实施"进行逻辑性的理论研究、制度分析、政策梳理，以期给出研究启示和相关建议。课题以成渝统筹城乡综合配套改革试验区为主要研究对象，重点研究了成渝地区域外户籍农业转移人口市民化问题，对影响因素及现实困境进行调研与理论思考，提出有序推进农业转移人口市民化的制度框架，设计政策实施方案等。

课题第一部分研究，将首先对农业转移人口市民化问题的内涵进行界定，并结合我国经济发展及结构变迁，分析我国农业转移人口市民化问题产生的历史制度原因，探寻推进农业转移人口市民化的动力机制。其次，多视角地对经济发展理论、人口迁移等理论进行分析、解读，着重从经济动因角度，梳理出农业转移人口市民化的理论基础及影响因素。最后，运用相关理论，结合中国经济现阶段的特点，构建农业转移人口市民化的制度动力系统。

第一节　农业转移人口市民化的内涵

农业人口从农村转移到城市是社会发展的必然规律，也是二元经济社会结构变迁的重要内容。所谓二元经济（Dual Economies）是发展经济学家对发展中国家早期发展阶段的一种描述，是经济从完全依赖于农产品的传统一元社会转变为传统农业部门与现代工业部门并存的二元状态。当经济发展到一定程度，随着工业化、城市化推进，二元结构逐渐转化为现代一元社会，并会带来显著的增长效应。农业转移人口市民化的问题也正是产生于我国经济增长及二元社会结构变迁的发展进程中。

一、二元经济社会转换的基本内容

（一）二元社会的工业化

按照张培刚教授对工业化的定义："国民经济中一系列基要生产函数连续发生由低级向高级的突破性变化的过程。"[①] 工业化是动态变化的过程，变化应是根本性、突破性的；工业化也是一个广义的概念，不仅表现出制造业在国民经济结构中比重的上升，也包括农业自身的工业化。工业化的内涵可以从多种角度进行解读。从技术层面讲，工业化是广泛将现代化科学技术、技术装备运用于包括农业在内的生产领域，资本、知识密集产业逐步取代落后的、以体力劳动为主的产业结构的过程；从经济层面讲，工业化带来社会分工更深入发展，劳动生产率不断提高，掌握现代科学知识和现代经营管理方法的劳动者越来越多的过程；从制度层面讲，市场配置资源的机制灵活，市场制度体系较完善，形成较完善的扶持农业发展的制度体系；从社会层面讲，工业化也必然是社会化的过程。一方面促进封闭的、自给自足的小农经济转变为高度商品化、社会化的市场经济，另一方面带动社会关系、文化结构、价值观念等方面发生根本改变；从生态层面讲，工业化也需要与大自然建立和谐、可持续的发展关系。在利用和改造自然中，保持和维护生态平衡，在美丽健康的自然环境中生活，推进人类文明的过程。[②]

工业化推动了二元经济结构的变迁，不仅带来产值结构的变化，也引导着人口及生产要素的流动方向，改变着就业结构，进一步带来社会结构的变迁。

---

① 张培刚：《发展经济学通论》第一卷，湖南出版社 1991 年版，第 190—192 页。
② 戴孝悌：《新世纪以来我国农业产业发展理论研究述评》，《黑龙江农业科学》2011 年第12 期。

（二）二元社会的城市化

随着社会生产力的发展，从传统落后的乡村社会向现代先进的城市社会转变，即城市化成为必然。城市化的特征可以概括为：第一，原来主要分布在传统农业的人口迅速转化为非农业人口，农村人口比重不断下降、城市人口比重不断上升；第二，城市数目增加及城市规模不断扩大；第三，城市居民消费水平不断提高；第四，居民整体素质不断提升；第五，城市文明不断发展并向广大农村渗透和传播。因此，城市化不仅仅是农村人口进入城市，也是农村城市化和城市现代化的统一，是经济发展和社会进步的综合体现。[①]国内外对于衡量城市化水平的量化标准尚不统一，联合国经济与社会事物部统计处提出了 19 项社会经济指标考察各国的城市化水平，其中主要指标有人均 GDP、非农产业产值比重、文盲率、居民医生比例、蛋白质消耗量、死亡率、人口预期寿命等。我国则一般采用"城市化率"指标，即城镇人口占一个国家或地区总人口的比重，也称为人口城市化水平。其统计口径有两种：一是按城镇非农业人口计算；二是按城镇实际居住人口计算。

城市化是二元经济社会转换的重要表现形式，改变的不仅是数量、空间结构，也带来质量结构上的变化。不仅使生产方式与生活方式由乡村型向城市型转化，也推动着传统乡村文明向现代城市文明转化的社会进步。

（三）二元社会的市民化

农民市民化是二元经济社会转换的结果，也是现代化的本质特征之一。市民化的内涵可以划分为两个层次。"狭义上讲，市民化是指进城农民在职业、生活方式、社会身份和行为方式等方面向城市居民转变；广义上讲，市民化是所有农村人口的现代化。大多数情况下，使用的是狭义层次的内涵。"[②]

（四）工业化、城市化与市民化的关系

二元经济转换是由社会生产力的发展所驱动，其后必然伴随着人口及社会关系的结构变迁。由此意义上，工业化是二元社会转换的"发动机"，

---

① 王波：《吉林省农村城市化模式的选择》，硕士学位论文，吉林农业大学，2003 年。
② 傅晨：《城市化进程中我国农业转移人口市民化研究》，《城市观察》2014 年第 1 期。

吸引作为生产要素的劳动力向非农产业的集中,改变了就业结构;劳动力的流动带来了人口向城市的空间聚集,工业部门成为城市化的内在动力,而农业部门的发展则是城市化的外在条件和制约因素。城市经济的开放、聚集规模效应又对包括农业劳动力在内的生产要素产生吸引,给工业化及经济增长注入强大动力,城市化也成为一个国家和地区工业化及经济社会现代化程度的重要标志。

工业化和城市化的过程,是从传统农业社会发展为现代城市社会的自然历史过程,是社会经济结构发生根本性变革并获得巨大发展的空间表现的过程。[①]农业转移人口的市民化则是这一进程最难但却是最具根本性的转变,也是工业化、城市化及现代化的最终归宿。实现工业化、城市化与市民化,也即实现城乡一体化,这一过程实质上是城乡共同创造和共享现代物质和精神文明的过程。[②]

二、农业转移人口的相关概念比较

农业转移人口,是一个与所谓"三农"问题密切相关、与工业化城市化相伴相生的人口概念。从农村人口、农业劳动力、农民转变成为城市人口、工人、市民,不仅意味着人口生活居住空间、职业的转换,也包含着社会身份、社会权益及价值心理等向现代文明的内涵转换。

(一)农村人口与城市人口

人口是指在一定地域和社会范围内人群的总体,它是最重要的社会物质生活条件。从地域空间上,可以划分为农村人口与城市人口。

农村人口,指常住农村的人口。包括农业人口和一部分非农业人口。"中国现行统计制度规定,农村人口包括国营农场户数中的常住人口;乡村户数中的常住人口。其中还包括常住农村的外出民工、工厂临时工、户口在农村的外出学生,但不包括户口在农村的国家职工。"[③]

城市人口,指那些与城市的活动有密切关系的人口,他们常年居住生活在城市的范围内,构成该城市的社会主体,是城市经济发展的动力,各

---

① 叶裕民:《中国城市化之路:经济支持与制度创新》,商务印书馆2001年版,第8页。
② 傅晨:《城市化进程中我国农业转移人口市民化研究》,《城市观察》2014年第1期。
③ 郝慧娟:《我国农村人力资源管理与开发探究》,《中国商贸》2014年第4期。

第一篇 农业转移人口市民化的理论基础与经济动因研究

007

项建设的参与者，又都是城市服务的对象，他们赖以城市生存，又是城市的主人。统称为居住在城市范围内从事生产经营活动和其他工作的非农业人口，包括拥有城市户籍的常住人口和在城市暂住的流动人口。

因此，所谓农业转移人口，最基本的含义是指由原来在农村（以农业为谋生手段）的人口转变为在城市（从事非农产业）的人口。但我国农村人口与城市人口的界定，不仅有空间地域分布上的区别，还有由户籍制度进行的界定，也就有了户籍上农民与居民、市民的身份区别，也使农业转移人口有了更复杂的含义。

（二）农民与市民

农民与市民之分，在我国首先是二元户籍制度所规定的一种社会身份差异。

农民，从职业划分的角度，是从事农业生产的劳动者，区别于工人、商人等不同的职业人群。而在中国，农民不仅仅是职业概念，更多是一种身份指称，指城乡二元制度下，户口登记在农村、拥有农业户口的农村居民。在这种体制下，农民既是一种出生、个人身份，也是一种社会等级，属于社会底层的群体，农民不能像绝大多数城市居民那样拥有社会保障。农民群体的户籍城乡之间不能自由迁徙；计划经济时代，没有自由流动和自由择业的权利。从八十年代开始，随着市场化改革的逐步深入，经济出现快速增长，生产要素市场需求剧增，农民作为劳动力也开始随之自由流动。直至八十年代后期，许多稍富的农民，才开始移居城镇，并通过各种途径实现"农转非"——即从户籍制度上由农业人口转变为非农业人口。

关于市民的概念，在中国古籍中，市民主要是指"在比较固定的市场中谋生的人群，一般不包括从事长途贩运的行商，但包括在城市中从事服务业的人群"[1]。又被称为"城市平民"。"在史学界，所谓的'市民阶层'主要是指平民等级中的商人与手工业者。与其他等级相比，'市民阶层'在经济基础与政治地位上有其相对的独立性，他们的社会地位低下，但在宋清之际其经济实力有所增强。近代，随着资产阶级革命的胜利，西方各

---

[1]　吴铮强：《中国古代市民史研究述评》，《云南社会科学》2003 年第 1 期。

国宪法普遍地使用了公民的概念。从其性质上来看，公民具有自然属性和法律属性两个方面。公民的自然属性反映出公民首先是基于自然生理规律出生和存在的生命体。公民的法律属性是指公民作为一个法律概念，以一个国家成员的身份，参与社会活动、享受权利和承担义务，应由国家法律加以规定。随着西方现代化进程的推进、欧洲各国城市化的实现，产生了现代意义的市民概念，城市原住民和大量涌入的农村劳动力、手工业者、雇佣流浪民众等由于定居城市，具有合法的城市户籍，靠固定职业给养生活。"[1]

在我国现代，由于特殊的历史背景和体制变迁，市民又被称为城市居民。"通常是指具有城市有效户籍和常住在市区的合法公民。"[2] "构成我国市民概念的基本要件依次是：具有城市户口（身份）、居住在市区内（地域）、从事非农事生产劳动（职业）的合法公民。"[3] 总之，市民概念是随着工业化和城市化的不断发展而不断被赋予新内涵的。

由此意义上，所谓农业转移人口，不仅表现为职业、空间的非农转换，而且表现为户籍上的农民向市民的社会身份转换。

（三）"小农经济"的农业劳动力与"现代农业"的农业经营者、农业工人

作为人口从乡—城转移的主体，农民一词在社会变迁中，其内涵也在发生着深刻的变化。

在传统社会中，农村是非商品化、非市场化的"小农经济"，农民意味着"小农""乡下人"（Peasant）。在二元经济社会中，农民是传统农业部门从事生产劳动的农业劳动力（Agricultural labor），由于土地、资本等生产要素的稀缺，农民往往以农业剩余劳动力（Agricultural surplus labor）的形式出现，准备着向现代城市产业部门转移并贡献劳动投入。农村劳动力转移的过程也是传统经济中的农民日益分化为现代工人、现代农民和企业家的过程。

---

① 张起泷：《失地农民市民意识培育研究》，硕士学位论文，长春理工大学，2014 年。
② 郑杭生：《社会学视野中的和谐社会》，《人民日报》2004 年 11 月 14 日。
③ 李超：《基于城乡等值的城乡关系格局、机制与路径研究》，博士学位论文，天津大学，2013 年。

一元经济的现代农业中，作为市场经济的主体，农民（farmer）的生产经营行为与工业等现代产业无异。与非农产业部门社会分工一样，农业内部的分工，使农民进一步分化为农业经营者与农业工人。

农业工人，即原本的农民变成按时上下班，每月拿工资的工人。"农业生产中的雇工，在封建社会就已存在，但真正的农业雇佣劳动者阶级，是在资本原始积累过程中形成的。15 世纪末到 18 世纪，在欧洲，首先在英国，以后在其他国家，新兴资产阶级和新的封建贵族通过'圈地运动'和其他形式，剥夺农民土地，绝大部分小农成为一无所有的无产者，受雇于资本主义农场，当了农业工人。在资本主义制度下，农业工人是农场中的雇佣劳动者，是农村中的无产者。"[1] 他们所创造的剩余价值，一部分归农业资本家占有，另一部分由农业资本家以租金形式交给土地所有者，成为资本主义地租。

农业经营者，即"包括农村和城镇农业经营户和农业生产经营单位，是指在农业用地和单独的设施中经营农作物种植业、林业、畜牧业、渔业以及农林牧渔服务业的单位和个人"[2]。部分农民已转变成为经营现代农产业的企业家。

不论是农民企业家，还是从事农产品生产的农业工人，与其他非农产业的企业家、职工相比，只有专业分工的差异，没有社会属性上的本质差别。从此意义上，他们也成为农业转移人口的一部分。

（四）农民工的歧义：是农民还是工人？

农民与工人本是一种职业区分，在二元结构转换中意味着在不同部门的就业及生活状态。而我国大量存在的农民工这一农业转移人口群体，究竟是农民还是工人？

农民工，最早是由社会学家张雨林教授 1983 年提出，是指具有农村户口身份却在本地乡镇企业或城镇务工的劳动者。1999 年 8 月 30 日《中华人民共和国招标投标法》第一次使用"农民工"这个词，此后"农民工"这个概念，就在法律上得以确认。农民工是我国特有的城乡二元体制的产物，是我国在特殊的历史时期出现的一个特殊的社会群体。"农民工有广

---

① 朱秀英、张庆华、邵玉东：《论农民职业身份的转变》，《职业时空》2005 年第 4 期。
② 辛玉颉：《农产品物流安全保障体系构建》，《山东商业职业技术学院学报》2012 年第 4 期。

义和狭义之分：广义的农民工包括两部分人，一部分是在本地乡镇企业就业的离土不离乡的农村劳动力，一部分是外出进入城镇从事二、三产业的离土又离乡的农村劳动力；狭义的农民工主要是指后一部分人。"[1]"农民工"一词不仅是中国传统户籍制度下的一种特殊身份标识；而且也是指一种职业，"农民"表达的是社会身份信息，而"工"表达的是职业信息，农民工就是"农民"这种身份与"工"这种职业的独特结合，反映出一种非常矛盾的现实，即他们的户口在农村，但其所从事的职业已经摆脱了农业活动，他们既不是传统意义上的农村人，也不是纯粹意义上的城市人。[2]

一直以来，很多学者都反对使用"农民工"这一概念，认为这种称呼本身就带有歧视性。有学者认为，"农民工"这一概念强化了"农民工"群体"非工非农""亦工亦农"的尴尬社会身份和边缘化的社会地位。持这种观点的学者还有吴忠民（2003）[3]、贺汉魂（2005）[4]、厉有为（2005）[5]等。从实际情况来讲，农民工是我国由传统城乡二元制度转变为现代城乡统筹管理制度过程中出现的特殊产物。尽管农民工作为我国农业转移人口的主体，已经是一种从农业产业中转移出来、从事非农产业职业工种的劳动力，但在社会身份认定上却仍是农民，抑或在心理认知上仍未融入城市。要提高这一群体的社会地位，赋予他们普通公民的身份，就必须变革相关制度设置，消解对"农民工"的话语建构，消除对"农民工"的社会含义。[6]

（五）农业转移人口的含义

"农业转移人口"称谓的产生和使用，"最早可以追溯到 2009 年 12 月召开的中央经济工作会议。在部署 2010 年经济工作的主要任务时，会议明确提出：'要把解决符合条件的农业转移人口逐步在城镇就业和落户作为推进城镇化的重要任务'。而后，'推进农业转移人口市民化'在中共中

① 李超：《基于城乡等值的城乡关系格局、机制与路径研究》，博士学位论文，天津大学，2013 年。

② 许珍：《新生代农民工市民化问题探析》，《传承》2012 年第 2 期。

③ 吴忠民：《应当逐渐淡化"农民工"的称谓》，《中国经济时报》2003 年 5 月 20 日。

④ 贺汉魂、皮修平：《"农民工"：一个不宜再提的概念》，《农村经济》2005 年第 5 期。

⑤ 厉有为：《关于农民工的话题》，《中华工商时报》2005 年 3 月 4 日。

⑥ 熊光清：《制度设定、话语建构与社会合意——对"农民工"概念的解析》，《中国人民大学学报》2011 年第 5 期。

央和国务院有关文件以及国家部分领导讲话中多次出现，并已经成为我国'十二五'乃至更长一个时期积极稳妥推进城镇化的核心任务。"① 在 2012 年党的十八大报告中指出要"加快改革户籍制度，有序推进农业转移人口市民化"。这是首次"以'农业转移人口'这个概念替代过去惯用的'农民工'概念，将他们看作与城镇原住民一样的城镇'常住人口'，并要求城镇基本公共服务覆盖全体城镇居民，反映了中央决策层对中国发展趋势的深刻把握。"②

农业转移人口是指农业人口向非农产业和城镇转移。"主要可分为两类：一类是户籍仍在农村，但已经从农村迁移到城镇工作居住或在农村与城镇之间流动的农业人口；另外一类则是户籍已从农村迁入城镇，且已在城镇工作生活的小部分城镇居民。"③ 因此，农业转移人口的范畴要比农民工的范畴更广，从年龄上看，农业转移人口既包括脱离农业进入非农部门就业的农村劳动力，也包括不在劳动力年龄范围内、随家庭迁入城市的农村老人和儿童。从流动方式上看，农业转移人口既包括已经定居城镇工作和生活的农村人口，也包括往返于农村和城市的农村人口。从户籍上看，农业转移人口既包括户籍在农村的农民，也包括部分户籍在城镇的城镇居民。

因此，农业转移人口这一概念具有经济和社会的双重含义。一方面，农业转移人口具有经济含义：在城市拥有稳定工作和持久收入，能够负担得起城市生活各方面支出。另一方面，农业转移人口具有社会含义："在经历城乡迁移和职业转变后，取得城市户口成为市民，平等享有城市基本公共服务、社会福利以及参与政治的权利，并且被城市社会广泛认可进而完全地融入城市。"④

---

① 陈妙香：《农业转移人口市民化与农地产权制度改革探讨》，《现代经济信息》2014 年第 10 期。

② 程业炳、张德化：《农业转移人口市民化的制度障碍与路径选择》，《社会科学家》2016 年第 7 期。

③ 拾丽莉：《农业转移人口市民化问题与对策研究》，硕士学位论文，中共广东省委党校，2015 年。

④ 齐红倩：《分类市民化：破解农业转移人口市民化困境的关键》，《经济学家》2016 年第 6 期。

三、二元经济转换中的农业转移人口市民化

随着改革开放的深入推进，中国的城市化迈出了快速发展的步伐。然而，城市化既不能简单地等同于城市规模的扩张，也不能简单地等同于城市常住人口的增长。城市化应包括两个方面的变化：一是人口向城市流动，并在城市从事非农业工作；二是农村生活方式向城市生活方式转变，即随着人口由农村进入城市，他们的价值观、行为方式和生活方式等，也发生了深刻的转变。

"当前，我国总体上已进入以工促农、以城带乡的发展阶段，进入着力破除城乡二元结构、形成城乡经济社会发展一体化新格局的重要时期。而实现该战略目标的关键是处理好农民工问题。走过几十年风雨的农民工群体，已经从亦工亦农向全职非农转变、由城乡流动向城市融合转变、由谋求生存向谋求发展转变。"[1] 由于农民工从事的职业已经摆脱了传统的农业活动，而且长期居住在城市。因此，农业转移人口市民化成为目前城市化进程中的重点问题而被广泛关注。

目前学术界关于"农业转移人口市民化"有多种定义。这些定义都有一个核心内涵，即农业转移人口市民化是农民向市民转化的过程。学术观点主要的分歧在于转化的是什么？[2] 比如，郑杭生（2005年）强调市民化是作为一种职业的"农民"（Farmer 或 Cultivator）和作为一种社会身份的"农民"（Peasant）在向市民（Citizen）转变的进程中发展出相应的能力、学习并获得市民的基本资格、适应城市并具备一个城市市民基本素质的过程。[3] 高峰（2006年）认为，"市民化包括职业身份的变换、居住地域的转移以及生活方式、角色意识、思想观念以及行为模式的变迁三个方面。"[4] 王竹林（2007年）认为转化"包括身份转变、地域转换、职业和产业转换、农民工自身素质的提高以及农民工意识形态、价值观念、生活方式、行为方式和社会组织形态的变化。"[5]

① 江立华、席旭文：《城乡统筹发展与农民工的转型》，《学习与实践》2009 年第 3 期。
② 王兴周、张文宏：《城市性：农民工市民化的新方向》，《社会科学战线》2008 年第 12 期。
③ 郑杭生：《农民市民化：当代中国社会学的重要研究主题》，《甘肃社会科学》2005 年第 4 期。
④ 高峰：《苏南地区外来农民工市民化长效机制的构建》，《城市发展研究》2006 年第 4 期。
⑤ 王竹林：《农民工市民化的行为因素分析》，《西北工业大学学报》2007 年第 2 期。

综合上述学者的观点，本研究将农业转移人口市民化置于二元经济转换的过程中考察，主要包括以下内容。

（一）农业转移人口市民化的职业转换

农业转移人口市民化的过程要伴随着农民职业、行业的转移，即农民首先是作为生产要素的劳动力在产业空间的重新配置。农民由农业生产转向非农业生产，从事工业生产或者服务业，完成由农民到工人、服务员、职工、企业家等一系列职业身份的转换。

这一职业转换过程不仅改变农民个体及家庭的经济收入，同时也构成整体经济结构"工业化""服务化"的基本内容，并最终对二元经济结构转变产生重要影响。

（二）农业转移人口市民化的空间转换

农业转移人口市民化要求农业转移人口在城市有稳定的工作收入和固定的居住场所，其生活、居住场所由农村转向城市。这正是城市现代产业发展对生产要素聚集规模效应的要求，也是城市经济综合性和开放性的吸引。农业人口由分散的农村向城市的聚集，首先是完成了劳动力这一生产要素在地域空间的优化配置；其次是实现了人口消费、生活及发展的社会空间转换。

这一空间转换亦即"城市化"，改变着农村居民家庭的经济状况，并深刻影响着二元社会的结构及社会关系的变迁。

（三）农业转移人口市民化的角色转换

农业转移人口市民化过程中，转移的农业人口身份从农村人口转为城市市民，获得完整的市民权利，其所享有的社会权利和公共服务都等同于城市居民。从职业转换到空间转换，最后是社会身份的转换，从心理认知和价值观的调适方面，完成从农民到市民的角色转换。

这一角色转换是"市民化"的核心内容和实质转换。

（四）农业转移人口市民化的不同类型

农业转移人口市民化，指的是进城的农业转移人口彻底割断与传统乡村土地和农业生活劳动的关系、在现代城市或城镇中有固定居住和固定工作、并且取得与城市市民相同的身份（城市户口）、享受与城市居民相同的权益保障、同时转变传统乡村生活的行为意识从而具有现代城市生活行为意识的过程；是农业转移人口在身份、地位、价值观、社会权利及生活方式等方面全面向城市市民的转化和变迁过程。它应该"包括四个层面的含义：一是职业由次属、非正规劳动力市场上的农民工转变成首属的、正规的劳动力市场上的非农产业工人；二是社会身份由农民转变为市民，并享有与原城市市民一样的社会权益；三是农业转移人口自身素质和能力获得进一步提高；四是农业转移人口价值观念、生活方式和行为方式融入城市现代文明。这四个层面相互影响、相互制约，其中前两个层面主要取决于宏观体制改革和相关的制度创新，对市民化进程具有决定性的影响。"[1]

划分农业转移人口市民化的类型有不同的角度，如根据人口与乡村的联系程度上，可以分为"离土不离乡"与"离土又离乡"的两类群体，即异地市民化与就地市民化；按年龄及外出务工的时间长短，可分为老一代农业转移人口市民化与新生代农业转移人口市民化；从形式与内容融入城市的稳定状态，有完全市民化、半市民化、非市民化等类型。本书主要以户籍是否迁入城市为划分依据，研究农业转移人口市民化类型。

第一种类型是户籍仍保留在农村，但从农村转移并已常住城镇工作生活，还有部分在农村与城镇之间流动的农业人口（包括农民工）。这部分人口从形式到实质上都处于"半城市化"的非稳定状态，甚至出现部分完全"回流"，这一现象成为非稳态的"逆城市化"典型。这一逆规律的流动带来了不少的困惑，例如"人口红利"是否消失，"刘易斯拐点"是否来临等问题，都必须建立在对农村剩余劳动力的转移是否完全的判断上。而这些判断不仅对于认清我国人口及资源结构条件变化非常重要，而且要为调整经济发展战略、人口政策等提供依据。农业转移人口非稳定的市民化状态，不仅已带来了一定程度的"民工荒"现实，同时也为准确判断发展阶段及预测发展趋势带来了一定难度。这一类型在农业转移人口群体中占据了更大比重，其市民化问题包括了是否完全退出农村、进入城市定居及最终融入城市的全部环节。

第二种类型是户籍迁入城镇，而且已经在城镇稳定工作生活的一部

① 王桂芳：《城市农民工市民化问题研究综述》，《中共山西省委党校学报》2008 年第 5 期。

分城镇居民（城中村民）。这部分转移人口从职业、空间及社会身份的表象特征方面已完成了城市化，即完成了形式上的完全市民化。少数人力资本及社会资本积累高的群体，是主动完成了户籍城市化这一转变，但其中大部分则是被动完成的。这主要是在城市向外扩张的过程中，因为承包地、宅基地被征用，而从农村居民转变为了城镇居民。这部分人口从自身职业能力、生活习惯、社会心理等方面还未作好城市化的充分积累和准备，与城市社会和居民处于事实上的隔离状态。因此这部分群体市民化的主要问题是如何由被动迁入转变为主动并完全融入城市社会。

因此，本书以农业转移人口整体为研究对象，以农民工群体为农业转移人口市民化的研究重点，首先从二元经济制度变迁的历史层面，探讨我国农业转移人口市民化问题产生的经济与社会原因。

第二节　我国农业转移人口市民化的历史考察和问题现状

一、农业转移人口市民化的历史考察

（一）计划经济体制时期（1949—1978 年）

计划经济时期是二元经济形成和固化时期，生存是这一时期的主要迁移动因，但剩余劳动力因制度因素限制转移，并伴随人口的增长而在农村不断积累，市民化进程基本停滞。计划经济时期，我国城乡关系的发展大体可以划分为三个阶段。

第一阶段：城乡结构开放时期，城—乡流动相对自由（1949—1952 年）。

新中国成立初期面临的历史条件　一是经济发展的起点低。在 1949 年中华人民共和国成立之初，全国工农业总产值只有 466 亿元；工业总产值只占总产值的 30%，其中重工业比重为 7.9%。这使农业劳动力的转移遇到困难，工业也很难靠自身的积累获得高速增长。据专家估计，1952—1953 年中国人均 GNP 水平至多为 60—65 美元，为世界上最低收

入国家或最贫穷国家之一。① 二是由于帝国主义的经济封锁，国民经济的内向型特征异常突出。这种情况在第一个五年计划期间的建设成果中得到了充分的体现。在这五年里，施工建设了 921 个大中型工业项目。到 1957 年底，完成了 595 个。一些新工业部门纷纷建立起来，其中包括飞机汽车制造业、重型和精密机器制造业，以及高级合金钢以及重要有色金属冶炼业等。钢材自给率在 1957 年已达到 86%，机械设备的自给率达到 60% 以上。②

当时，由于没有其他的先例，我国在制定经济发展战略的时候，所能借鉴的只有苏联的社会主义经济增长理论和实践。在对待工业化所需资金积累问题上，苏联是通过工农产品不等价交换、对非社会主义经济成分征收高额税赋等政策措施进行强制性的工业化积累；在解决工业化发展所需市场问题上，则是利用重工业自我服务、自我循环的产业特点，通过优先发展重工业来克服。受新中国成立初期国际环境和历史条件的制约，我国直接借鉴了苏联经济发展模式，选择了以重工业优先发展为基本特征的赶超型经济发展战略。③

从 1949 年 10 月中华人民共和国成立到 1952 年底，是我国国民经济的恢复时期。中央政府为了恢复和发展国民经济，采取了在经济上允许多种经济成分并存的政策，允许富农经济存在；允许农村土地、劳动力、资本等生产要素自由流动，城乡私营工商业可以自由发展④；采取逐步较大幅度提高农副产品价格和适当提高农村工业品零售价格的办法，逐步缩小工农业产品交换比价。同时，在 1950 年 6 月，颁布了《中华人民共和国土地改革法》，"在农村实行土地改革，广大农民无偿分得了土地和其他生产资料，整个农业生产得以迅速恢复和发展。这一时期，有较多的农村人口迁入城市，城市人口的比重由 10.64% 上升到 12.46%，从 5765 万增加到

① 金艳锋：《决策方式变迁角度的中国二元经济转换研究》，硕士学位论文，郑州大学，2008 年。

② 陈明木：《浅析党的先进性的历史继承与宝贵经验》，《福建党史月刊》2012 年第 8 期。

③ 姜涛：《产业集群解决"二元经济"问题的新途径》，《重庆社会主义学院学报》2005 年第 2 期。

④ 马军显：《城乡关系：从二元分割到一体化发展》，博士学位论文，中共中央党校，2008 年。

7163 万，增加了 1398 万人。"①

这一时期，城乡之间迁移相对比较自由，城乡关系发展基本正常，城乡结构呈现出开放的状态。

第二阶段：城乡二元结构的初步形成时期，乡—城流动主要基于生存动因（1953—1957 年）。

1953 年，我国开始大规模经济建设，人口迁移出现了一定的盲目性。由于出现了粮食供应紧张，中央政府出于维护社会稳定和工业化建设的需要而出台政策，开始限制农村劳动力、资本、土地等生产要素的流动。"1953 年 11 月 19 日，政务院通过《关于实行粮食的计划收购和计划供应的命令》，从 12 月初开始在全国对粮食等农副产品实行统购统销，国家规定农民消费和积累定额后，其余的全部征购走，也就是从农民手中收购'余粮'，造成农民种粮没粮吃，乡村粮食不足问题十分严重，同时也加速了城乡隔离的制度设计。"②

1956 年秋天，由于农业合作化运动加上自然灾害的影响，全国许多地区出现了粮食歉收情况，并在全国范围内出现了史上最为严重的"盲流"现象。"1956 年 12 月，周恩来总理签发了《国务院关于防止农村人口盲目外流的指示》，但这一规定并没有有效解决农民大量流入城市的问题。于是，中共中央、国务院于 1957 年连续下发通知，规定企业、事业、机关、学校等单位不能随意招工用人，如需招用临时工，应首先从城市失业人员和剩余劳动力中招收，不能解决时，方可到农村招收。同时限制临时工雇用数量，并规定期限，不能超过 1 个月，必须超过 1 个月的可按月续订合同。同时设立劝阻站等专门机构以及负责处理和遣送流出农民的专门机构，劝阻、遣返盲流农民回乡。不仅如此，还通过向农村转移城市劳动力的就业政策等来减轻城市人口压力。"③ 上述政策因素共同作用的结果是：我国在 20 世纪 50 年代末开始建立具有城乡分割特征的二元户籍制度。

---

① 马军显：《城乡关系：从二元分割到一体化发展》，博士学位论文，中共中央党校，2008 年。
② 谢志强、姜典航：《城乡关系演变：历史轨迹及其基本特点》，《中共中央党校学报》2011 年第 4 期。
③ 谢志强、姜典航：《城乡关系演变：历史轨迹及其基本特点》，《中共中央党校学报》2011 年第 4 期。

第三阶段：城乡二元结构的固化时期，制度因素成为乡—城自由迁移的阻力（1958—1978 年）。

1958 年 1 月 9 日，经第一届全国人大常委会第 91 次会议通过，公布实施了《中华人民共和国户口登记条例》，"标志着城乡分割的二元户籍制度以法律的形式正式建立，中国现代户籍制度由此正式确立。"[1]

户籍制度将户籍分为农业户口和非农业户口两种类型，将城乡分割为居民和农民这两个不同的利益群体，并将农民群体限制在农村、束缚在土地上。"农民除了有很少量的升学、参军、招工等途径离开农村之外，基本没有自由流入城市的机会。户籍制度不仅具有限制人口流动的功能，而且还与粮食供给制度、副食品和燃料供给制度、生产资料供给制度、住宅制度、教育制度、就业制度、医疗制度、养老保险制度、劳动保护制度、人才制度、兵役制度、生育制度等多项制度结合在一起，使非农业户口的人可以享受多项国家社会福利，而农民却与国家社会福利的享有无关。按时任公安部部长罗瑞卿对1958年的户口登记条例所作的说明，户籍管理制度的建立是为了保证社会主义建设的顺利进行，保证公民的权利和利益，维持社会秩序，为社会主义建设提供人口统计数据，以及使人口的流动纳入国家管理的轨道，而不是限制公民正常迁移和居住的自由。户籍制度在达到上述目的同时，也拉大城乡差距，人为地限制了人口的自由迁移。"[2]

由于统购统销制度、户籍制度及其配套的人民公社等制度体系的安排，基本切断了城乡之间和生产要素之间的流动，形成了相互封闭、相互隔绝的城乡二元结构。[3]"长期实施偏向城市发展的战略，事实上造成了城乡关系、工农关系的严重失衡，农村处于普遍贫困状态。1978 年，我国的工业总产值是 1952 年的 12.14 倍，而农业总产值仅是 1952 年的 3.03 倍，平均年增长不到 5%。"[4]

---

① 张力：《对人口迁移数据的认识》，《中国人口科学》1999 年第 1 期。
② 张汝立：《我国的城乡关系及其社会变迁》，《社会科学战线》2003 年第 3 期。
③ 谢志强、姜典航：《城乡关系演变：历史轨迹及其基本特点》，《中共中央党校学报》2011年第 4 期。
④ 赵保佑：《统筹城乡经济协调发展与科学评价》，社会科学文献出版社 2009 年版，第107 页。

城市及其工业发展所需资本积累一部分是通过农业来获得的。从 1953 年开始实行并一直延续到 1985 年为止的农产品统购统销和分级管理制度正是为这种积累方式服务的。归纳起来，农业向工业提供积累的方式有两种：一是征收农业税，这属于一种公开形式；二是利用工农产品"剪刀差"，这属于一种隐蔽形式。

应该说，这种赶超型经济发展战略的实施，一方面从农业中提取工业化所需的资本积累，另一方面从重工业的体内循环中创造出了工业品的需求，解决了发展中国家工业化初期资本不足和需求不足这两大难题，使我国成功摆脱了低收入国家所共同面临的"低水平增长陷阱"，在较低的国民收入水平上实现了初步的工业化，建立起了独立完整的民族工业体系，维护了我国政治和经济的独立。

但是，这种赶超型经济发展战略潜存着诸多问题。首先，由于长期从农业部门抽取过多的资金，导致农业自身的积累能力不足，使农业在传统体制下趋于萎缩，在 1978 年以前的 26 年时间里，我国农业产值累计增长了 99.8%，年均增长仅 2.7%，而同期工业产值累计增长是农业的 15 倍，年均增长率是农业的 4.23 倍。根据有关资料，1952—1978 年，农业通过自身积累进行的投资累计为 950 亿元，加上国家财政对农业的投资总计为 1886 亿元，仅占同期农业总产值累计总额的 8.6%。国际上，发展中国家农业总产值再投资率一般在 10% 以上，发达国家在 50 年代中后期和 60 年代则高达 15%—30%。[①]农业的低速增长，意味着较少的农产品供给量和较小的工业品需求市场，这必将对工业化和国民经济的长期发展形成制约。

其次，赶超型经济发展战略造成农业内部剩余劳动力不断累积，农业的劳动生产率长期停滞。我国的工业化是在严重缺乏资本积累和消费需求的基础上，依靠长期从农业部门提取农业剩余和重工业自身循环不断创造对生产资料的需求而发展起来的，事实上导致重工业部门的畸形膨胀。作为典型的资本密集型产业，重工业吸收越来越多的农业剩余的同时却不能吸收相应比例的劳动力，这就使得农业由于缺乏资本积累生产条件而

---

① 韩俊：《我国工农业关系的历史考察》，《中国社会科学》1993 年第 4 期。

长期得不到改善。同时，农业部门的剩余劳动力越积越多（伴随着人口的自然增长），最终结果是农业的劳动生产率长期处于停滞状态。据统计，1952—1978年我国农业在工农业总产值中的份额由56.9%下降为24.8%，下降了32.1个百分点，而同期农业劳动力就业份额从83.5%下降到70.7%，仅下降12.8个百分点，农业产值份额下降的幅度远远大于就业下降的幅度。1975年农业按不变价格计算的劳动生产率比1957年还低11.6%。[①]

对比发展中国家的发展过程，都不同程度存在着二元经济结构的特征。20世纪五六十年代，我国所实施的以重工业优先发展为特征的赶超型经济发展战略，事实上意味着工业化的推进，一定程度上是以牺牲农业为前提的。通过城乡隔离的计划经济体制，人为地割断农业和工业、轻工业和重工业之间的关系、扭曲工业化与城市化的相互关系，所以，二元结构特征就更为明显。"1978年，从三次产业的产值结构看，我国的第二次产业所占比重已达44.8%，已具有人均GDP在3000美元以上的中等发达国家特征；而从劳动结构看，农业劳动力比重仍高达70.5%，是人均GDP在200美元以下的低收入农业国家的典型特征。"[③]这表明此时的经济发展不仅整体水平低，还存在着二元经济结构的扭曲与反差。

（二）经济体制改革时期（1979—1992年）

经济体制改革时期是典型的"劳动力无限供给条件下"的二元经济转换时期，城市更高的工资收入是剩余劳动力迁移的主要经济动因，"农民工"群体开始出现，并成为市民化的特殊表现形式。经济体制改革时期，大体可以分为两个阶段来考察我国城乡二元经济结构的变化。

第一阶段：农村改革带来生产力的解放，农村内部消化剩余劳动，缓解了隐蔽失业，城乡二元结构开始松动（1979—1984年）。

众所周知，我国的经济体制改革最早是从农村开始的。1978年秋，安徽省凤阳县小岗村率先发起了"包产到户"的改革，实行家庭联产承包责任制以后，长期被压抑的农民生产积极性空前高涨，解放了农村生产力。

---

① 国家计委经济研究所课题组：《二元结构矛盾与90年代的经济发展》,《经济研究》1993年第4期。

从 1979 年夏粮上市开始，国家较大幅度地提高了农副产品收购价格，减少了农业价值向工业与城市流出的数量。[①]"党的十一届四中全会通过的《关于加快农业发展若干问题的决定》规定：粮食统购价格 1979 年上市期提高 20%，超购部分在这个基础上再加价 50%，棉花、油料、畜产品、水产品等的收购价格也要分别情况，逐步做相应提高。""伴随着 1984 年家庭联产承包责任制在全国的全面实行和农副产品收购价格政策的调整，农业产量大幅增长，农民收入也随之迅速提高，城乡收入差距从 1978 年的 2.57：1 缩小到 1984 年的 1.84：1。农村改革的实施，实际意味着农民与国家及城镇居民之间的分配关系重新得以理顺；意味着农村改革开始冲破传统意识形态的阻挡，把农民从对人民公社组织的人身依附关系中彻底解放出来，使农民获得支配自身劳动的自由；意味着农民有了参与市场经济活动的可能，也有了在全国范围内进行大规模流动并撼动不平等的城乡关系基础的可能。"[②]

1984 年中共中央一号文件规定，允许务工、经商、办服装业的农民自带口粮在城镇落户。[③]继而国务院又发出《关于农民进入集镇落户问题的通知》，允许农民自理口粮进集镇落户，农民"离土不离乡，进厂不进城"，形成了大批"农民工"。

1985 年 1 月，颁布实施的《中共中央、国务院关于进一步活跃农村经济的十项政策》中规定："除个别品种外，国家不再向农民下达农产品统购派购任务，按照不同情况，分别实行合同定购和市场收购。这标志着实行了 30 多年的统购统销制度开始动摇，市场自由交易逐渐替代计划供应、并成为粮食流通的主渠道。"[④]在这一时期，城乡居民的生活水平的差距逐渐缩小，城乡关系得到了改善，城乡之间开始呈现出良好的发展态势。

第二阶段：1985—1992 年，城市改革加快，城乡差距扩大，二元结构进一步强化，农业人口向城市迁移的经济动因强烈，限制迁移的制度开始

① 夏永祥：《改革开放 30 年来我国城乡关系的演变与思考》，《苏州大学学报（哲学社会科学版）》2008 年第 6 期。

② 张汝立：《我国的城乡关系及其社会变迁》，《社会科学战线》2003 年第 3 期。

③ 李忠峰：《户籍改革坚冰初融任重道远》，《市场报》2007 年 4 月 6 日。

④ 谢志强、姜典航：《城乡关系演变：历史轨迹及其基本特点》，《中共中央党校学报》2011 年第 4 期。

松动,"农民工"大量出现。

1984年10月20日举行的党的十二届三中全会,通过了《中共中央关于经济体制改革的决定》,这标志着我国的经济体制改革全面展开,同时也标志着改革的重点由农村转移到了城市。伴随着改革重心的转移,城市改革步伐明显加快,各种资源也逐步向城市转移,城乡差距在这一时期又呈现出扩大的状态。[1]

在收入分配方面,因国有企业产权制度不合理和国家监管的放松,企业开始追求职工收入最大化,国营企业职工工资开始同企业经济效益挂钩,企业职工收入增长加速,标准工资部分占工资收入比重越来越小,而以各种名目发放的奖金、补贴等所占比重越来越大。与此同时,1985年机关、事业单位也开始实行以职务工资为主要内容的结构工资制度改革,通过给职工发放副食品价格补贴,甚至提高书报、洗理及上下班交通补贴等方式来补偿物价上涨的影响。

在社会保障制度改革方面,1985年,国有企业和大部分城镇集体企业推行了养老金社会统筹,机关、事业单位和部分农村也进行了养老保险制度改革试点。同年7月,公安部又颁布了《关于城镇人口管理的暂行规定》,"农转非"内部指标定在每年万分之二。同时,作为人口管理现代化基础的居民身份证制度也在同样的背景下由全国人大常委会于1985年9月宣布实施。[2]随后颁布了一系列户籍政策,逐步放宽了农村人口在非农行业就业的条件限制,促使农业人口向城镇流动进程加快。1986年颁布了《国营企业职工待业保险暂行规定》,初步建立我国的失业保险制度。1988—1991年实行医疗制度改革试点工作,采取医疗费用由国家、企业和职工三方负担,开展企业补充养老保险,部分企业实行职工大病、重病医疗费统筹。[3]

1992年,邓小平同志发表了南方谈话,成为推动市场化改革和城市化

---

[1] 谢志强、姜典航:《城乡关系演变:历史轨迹及其基本特点》,《中共中央党校学报》2011年第4期。

[2] 谢志强、姜典航:《城乡关系演变:历史轨迹及其基本特点》,《中共中央党校学报》2011年第4期。

[3] 蓝海涛:《改革开放以来我国城乡二元结构的演变路径》,《经济研究参考》2005年第17期。

进程的巨大力量，给农业人口从农村向城市转移提供了更大的政策空间，尤其是农村剩余劳动力大量迁移到城市非农部门就业，由此农村开始源源不断向城市输送剩余劳动力。另一方面，也不可避免地加大了城镇的就业压力和公共服务负担，加之国民经济通货膨胀加剧，经济增长速度明显放慢。于是，中央在 1988 年又开始调整政策，对农业转移人口实行有效控制与严格管理。①

此阶段城市利益在城乡二元结构的调整中重新占据主导地位，城市与农村之间的差距再次拉大。从 1985 年到 1992 年，城乡收入之比从 1.86 ∶ 1 又扩大到 2.58 ∶ 1，城乡居民人均消费额之比也从 2.31∶1 又上升到 3.28∶1。②

由此可见，城乡差异收入及福利保障，成了农业人口向城市转移的巨大经济动因。

（三）市场经济体制明确时期（1992—2008 年）

在市场经济体制明确时期，劳动力流动市场化，而城乡分割的制度体系仍然阻碍市民化的推进，发展权益的差异成为削弱经济动因的社会因素。

1993 年开始，中央政府开始调整投资结构和投资规模，力图建设新型社保制度，解决经济过热带来的不良现象。1993 年，劳动部印发《农村劳动力跨地区流动有序化》，标志着我国农业转移人口政策逐渐由控制阶段进入到引导有序流动政策阶段。③1994 年，取消户口按商品粮为标准划分为农业和非农业户口的"二元结构"，而以居住地和职业划分为农业和非农业人口，建立以常住户口、暂住户口、寄住户口三种管理形式为基础的登记制度，并逐步实现证件化管理。一系列人口城镇化管理文件的发布，在一定程度上推动了农村剩余劳动力在城乡间与地区间有序流动。

借助于十四大提出的建设市场经济体制的新动力，乡镇企业与非农产

---

① 黄露霜、郭凌：《中国农业转移人口市民化：历史演进、现实困境与路径选择》，《农业经济》2016 年第 12 期。

② 刘方军：《财政与城乡二元结构的演变》，《延安大学学报（社会科学版）》2005 年第 5 期。

③ 谢志强、姜典航：《城乡关系演变：历史轨迹及其基本特点》，《中共中央党校学报》2011 年第 4 期。

业重新开始兴起，农民的就业渠道增加。一方面，政府适当抑制工业部门的发展，大力发展乡镇企业；另一方面，政府不仅出台惠农政策，积极鼓励土地依法有偿转让，并且在很大程度上提高了农副产品的收购价格。因此，在1993年到1996年短期内出现了城乡二元结构强化势头得到暂时控制的现象。[①]

2002年，党的十六大明确提出，统筹城乡发展，逐渐取消对农业转移人口进城务工和就业的不合理限制，此时，我国农业转移人口才开始了真正意义上的市民化过程。2004年，中央制定了一系列惠农政策，实行"工业反哺农业，城市支持农村"与"多予少取放活"等方针，提出建设社会主义新农村任务。

然而，城乡二元分割的制度结构并没有彻底改变。由于城镇就业人员收入与农业转移人口收入二者之间仍存在较大差距，而且在就业、社会保障、子女就学等方面，农业转移人口仍与城镇居民存在发展权益差异，这些因素削弱了由城乡收入差距产生的迁移经济动因，进一步约束了农业转移人口的市民化。从2004年起，珠江三角洲地区开始出现"民工荒"，至2008年后，全国农业转移人口输入主要省区均普遍存在普通劳动力短缺现象，预示着剩余劳动力无限供给时代即将结束，"人口红利"正在逐渐消失。[②]农业转移人口市民化的问题也日益凸显。

二、农业转移人口市民化的问题现状

从20世纪90年代一直到21世纪初的相当长时间内，农业转移人口市民化进程并没有加速推进。2011年，中国农业转移人口市民化的进程为39.56%，2012年的总体进程为39.63%，比2011年小幅上升0.07个百分点。[③]到2014年时，我国常住人口城镇化率与户籍人口城镇化率之间仍存在16.2个百分点的差距，[④]大量农业户籍人口滞留于城镇或者频繁往返于城乡之间，他们中只有极少数人能够取得城镇户籍。加之迁移时间短，生活习

[①] 刘方军：《财政与城乡二元结构的演变》，《延安大学学报（社会科学版）》2005年第5期。
[②] 胡正梁：《如何看待"刘易斯拐点"》，《山东经济战略研究》2010年第7期。
[③] 魏后凯、苏红键：《农民工市民化现状报告》，《中国经济周刊》2014年第9期。
[④] 徐绍史：《国家新型城镇化报告（2015）》，中国计划出版社2016年版，第75页。

惯、人际关系等与城镇居民之间有较大差异，因此并不能真正融入城市工作和生活中，新的二元分割①正在城镇内部逐渐形成。

当前，农业转移人口市民化呈现出以下几个方面的问题。

（一）城镇就业人员与农业转移人口的工资差距在不断上升

随着我国经济的不断发展，农业转移人口以及城镇就业人员的工资都出现了较快增长。其中，农业转移人口的月平均工资尽管由 2008 年的 1340 元增长到 2014 年的 2864 元，年平均增长率达 13%，但城镇就业人员工资与农业转移人口工资绝对差距仍然存在，2014 年农业转移人口的工资约为城镇就业人员工资的 60% 左右。②工资水平是度量城市生活能力的核心指标，从平均情况来看，农业转移人口工资水平偏低，表明农业转移人口面临承担更多城市生活高昂成本的困难，同时在城市面临的工作和生活的不确定性也增大。因此，农业转移人口的市民化水平偏低。

（二）农业转移人口自身的思想和素养有待改变和提升

随着新型城镇化建设的快速推进和新兴产业的蓬勃兴起，农业转移人口的自身素养有待提升。部分农业转移人口，观念上陈旧保守，乡土意识根深蒂固，对城镇缺乏认同感和归属感；文明素养不高，缺乏现代市民的思维意识、生活方式、行为习惯；法制观念淡薄，甚至不遵守城镇市民道德和文明准则。③有关研究表明，农业转移人口综合文化素质和工作技能低，仅为城镇居民平均水平的 43.1%，接受过非农职业技能培训的仅占 26.2%，④此外，他们的社会交往范围狭窄，休闲娱乐方式贫乏，不可避免地可能产生消极自卑心理，甚至认为自己在城镇中是"二等公民"，非城非乡的尴尬状态不同程度地导致他们在心理上抵御城市社会，影响了他们对城镇和城镇生活的认可。③

从教育水平来看，受九年义务教育制度的影响，农业转移人口受教育

---

① 新的二元分割是相对过去长期存在的城乡二元分割而言，指伴随城镇化进程的加快，在城镇内部逐渐形成的以农业转移人口和城镇居民为主体的新的二元结构。

② 范晓非：《我国农业转移人口市民化的现状、挑战与对策——基于农业转移人口流动特征视角》，《科技促进发展》2015 年第 5 期。

③ 董楠：《我国农业转移人口市民化的困境与出路》，《学术界》2014 年第 3 期。

④ 张守营：《农民市民化："低门槛渐近式"放开城市户籍》，《中国经济导报》2013 年 8 月 8 日。

程度尽管在不断提高，但是总体上，农业转移人口受教育程度依然偏低，初中文化程度占 59.4%，高中文化程度占 17%，大专及以上占 9.4%；接受过农业和非农职业技能培训的农民工占 32.9%。其中，接受过非农职业技能培训的占 30.7%，接受过农业技能培训的仅占 8.7%。[1] 较低的教育程度和参与职业技术培训意愿必然会造成农业转移人口难以满足城市经济结构升级和新产业发展的新要求，进而降低农业转移人口的人力资本质量和自身的市民化能力，从而对市民化进程产生一定的阻碍效应。

（三）大中城市政府负担的公共成本更大

农业转移人口多集中在大中城市，市民化的公共成本压力加大。农业转移人口市民化涉及个人、企业和政府三个方面的成本，其中政府负担的公共成本主要来源于为农业转移人口市民化提供各种福利待遇和均等化公共服务所产生的成本。据 2015 年全国农民工监测调查报告显示，我国农业转移人口在直辖市、省会城市和地级市分布的比例分别为 8.6%、22.6% 和 35.1%。其中，跨省流动农民工 80% 流入地级以上大中城市，比上年提高 3 个百分点；省内流动农民工 54.6% 流入地级以上大中城市，提高 0.7 个百分点。[2] 以上数据表明，人口流入压力较大的地区，例如京津冀、长三角和珠三角，承担着省内外农业转移人口就地落户的成本压力。

然而长期以来，各级地方政府主要依靠自身的财力资源来增加公共服务供给，在基础教育、基础设施、公共安全和环境保护等公共服务方面的投入占 GDP 的比重普遍较小。随着农业转移人口市民化进程的推进，快速提升的公共服务需求与相对有限的公共服务供给之间的矛盾日渐凸显。"由于缺乏各级政府的公共成本分担机制，以户籍人口而非常住人口为基数进行财政转移支付，农业转移人口流入地和流出地的成本共担难以统筹协调，流入地政府因自身的有限财力，难以承载日益增加的各项公共服务、社会保障与基础设施新建扩建等方面的支出，担心的是流入人口越多、财政压力越大，因而对推进农业转移人口市民化积极性不高。

---

① 国家统计局：《2016 年全国农民工监测报告》，2017 年 4 月 28 日，见 http://www.stats.gov.cn/2017-4-28。

② 国家统计局：《2015 年全国农民工监测报告》，2016 年 4 月 28 日，见 http://www.stats.gov.cn/2016-4-28。

同时，地方政府还担心农业转移人口市民化过程中，伴随着人口膨胀、住房紧张、交通拥堵、就业难、看病难、上学难、环境恶化、治安弱化等可能出现的'城市病'，会加大社会管理的风险和难度。因此，在制定和出台相关政策时，往往更多地维护原城镇居民的本位利益，存在着重城镇居民就业、轻农业转移人口安排的现象。"①

综上，随着我国城镇化建设加快，在农业转移人口市民化过程中暴露出了一些必须着力解决的突出矛盾和问题：大量农业转移人口难以融入城市社会，市民化进程滞后，农业转移人口未能在教育、就业、医疗、养老等方面享受城镇居民的待遇，城镇内部出现新的二元矛盾，给经济社会发展带来诸多风险隐患。这些问题如不能从理论、思路、政策等各个层面理清，将会极大阻碍中国经济社会健康发展的进程。

第三节　研究启示

在对农业转移人口市民化内涵的探讨中，明确了市民化是二元经济社会转换过程中的重要内容。市民化是农民向城市转移并逐渐转变为市民，这不仅是一种社会经济现象，也是一个动态反复的过程。农业劳动力、农村人口转移到非农产业就业及进入城市居住生活，并不等于完成了市民化。但农民市民化的先决条件是"转移"，即首先完成作为生产要素的劳动力在产业空间和地域空间的重新配置，从而实现"工业化""服务化"，并最终对经济结构转变产生重要影响；其次是作为"人口"生活居住的社会空间的转移，亦即"城市化"的过程，并且改变着社会结构和社会关系；最后是社会身份的转移，从心理认知和价值观的调适方面，完全"市民化"。而这种转移并非必然是单向的，也会发生农业转移人口"回流""逆城市化""半城市化"等"逆向"的转移、"不稳定"的转移现象。需要运用经济理论进行理性的分析。

我国农业转移人口市民化问题产生于大规模的农村劳动力转移过程，也一直是学术界极为关注的问题。前文的历史考察初步揭示了不同发展

---

① 董楠：《我国农业转移人口市民化的困境与出路》，《学术界》2014 年第 3 期。

阶段农业人口向城市转移的基本动因，也分析了农业转移人口市民化问题产生的历史成因，以及与我国经济发展战略及结构变迁的相互关系，并涉及相关的制度问题。但要解决好这一现实矛盾，还必须进行更深入的理论剖析。

农业转移人口市民化的动因包括经济动因（生存、发展）与社会动因（价值、心理等方面）两大方面。一般而言，在收入水平极低的时期，提高收入、改善家庭经济条件，成为主导迁移的强烈经济动因；当收入提高积累到一定水平时，价值观的认同及社会的归属感更主宰迁移定居动因。这两方面的动因相辅相成。不论是作为生产要素的劳动力转移，还是作为生活消费的"人口"转移，追求更好生存、获取更好发展机会的经济因素是最基本的转移动力，也是社会性动因的基础和前提；社会动因在一定条件下可能削弱经济动因，也可能转化、强化经济动因。

纵观国内外关于农村劳动力（人口）流动、迁移的各种理论和模型可以发现，不同的理论、模型有着不同的假设和前提，遵循不同的分析框架，得出的结论以及给出的相关政策建议也各有差异。本书试图探寻推进农业转移人口市民化的动力机制，首先相对划分宏观视角、中观视角、微观视角，多角度系统梳理关于人口迁移研究的理论流派和主要观点，从理论上阐明市民化的经济动因和动力结构；同时，结合实际，从整体、结构、主体等全方位探寻影响转移、定居的制度因素，进而对如何建立健全我国农业转移人口市民化推进机制提供理论基础与实际支撑，力求找到能激励各方共同参与、推进我国农业转移人口市民化的有效制度路径。

第二章 农业转移人口市民化动因的整体视角分析——工业化与经济发展提供转移动力

本章将首先从宏观整体视角，探讨农业转移人口市民化动力的理论基础。

人口迁移不是一个孤立的过程，人既是生产要素，又是生产需要满足的对象，讨论人口迁移的问题理应将其与经济和社会的发展相结合。农村剩余劳动力转移不仅是典型的人口迁移问题，也是一个国家经济发展过程中必然要经历的社会经济现象。因此，在以经济发展为研究主线的理论体系中，往往将农村剩余劳动力的转移与工业化紧密联系：资本形成、工业化是农村剩余劳动力转移以及城市化的驱动力；同时农村剩余劳动力的存在又是工业化的前提条件，其有效转移构成城市化的持续动力。其中，工业化进程中形成的城乡比较利益的改变构成劳动力转移的直接经济动因。即工业化与经济发展为农业转移人口市民化提供动力。

第一节 马克思主义经济理论蕴含的"劳动力转移"思想

尽管马克思并未有专门论述劳动力转移的著作，但"劳动力转移"的思想最早可以在马克思的经典著作《资本论》中发现雏形[1]。恩格斯、列宁等马克思主义者也有对这一问题的深刻阐述。他们从人类社会演进的宏观视角，站在生产力发展的历史高度，系统深刻地揭示了农村劳动力由传统农业部门向现代产业部门转移是现代经济发展的必然现象，也是一个长期

---

[1] 李玉梅：《马克思主义与西方发展经济学劳动力转移理论比较分析》，《中国劳动》2015年第4期。

复杂的过程。其产生有着深刻的社会经济根源，在转移过程中必然带来深刻的经济、社会变革，形成新的社会关系。在研究我国农业转移人口市民化过程中出现的矛盾、难点问题时，研读马克思主义经济理论中的"劳动力转移"思想，有着重要实践指导意义。

一、劳动力转移与社会经济结构变迁具有内在一致的逻辑性

农业劳动力向非农业转移是客观经济规律，它伴随着产业结构的变化和社会结构的演进，在不同的历史时期具有不同的形式和特征。

在当代发展理论中，农村剩余劳动力转移问题构成其中重要的研究内容，而这一问题产生的前提是二元经济结构的存在，即传统经济部门与现代经济部门的并存，城乡对立是其典型的表现形式。马克思认为，社会生产力和社会分工发展到一定阶段，必然会产生城乡对立。"物质劳动与精神劳动的最大的一次分工，就是城市与乡村的分离。城乡之间的对立是随着野蛮向文明的过渡、部落制度向国家的过渡、地方局限性向民族的过渡而开始的，它贯穿着全部文明的历史并一直延续到现在。"[①] 在社会生产力还十分低下时，不可避免地存在城乡之间的差异与隔离。相对于传统乡村社会的封闭和分散，现代城市则具有开放和聚集资本、劳动力等生产要素的能力，同时吸引人口向城市集中，进而带来市场需求的集中和城市规模的扩大。

马克思也预见到城乡对立逐渐消亡是历史发展的必然趋势，"认识到工业的增长要依靠工业规模的扩大和工业中就业人数的增加，也预见到了城市发展以及城乡差别的消失是历史发展的必然趋势。"[②] 随着城乡差别的消失，农业和工业中的劳动差别也将随之消失。马克思所描述的城乡对立消亡的过程，实际上为后来的发展中国家展示了二元经济缓解及转换的图景。在这一进程中，必然伴随着农村剩余劳动力转移以及农村人口城镇化的过程，并且随着社会生产力的提高，工业化迅速发展，城市日益繁荣。

现代工业的崛起和服务业的发展是推动劳动力转移的决定力量。"大工业企业需要许多工人在一个建筑物里面共同劳动；这些工人必须住在附

---

① 《马克思恩格斯全集》第3卷，人民出版社1965年版，第56—57页。
② 《马克思恩格斯全集》第4卷，人民出版社1958年版，第371页。

近，甚至在不大的工厂近旁，他们也会形成一个完整的村镇。他们都有一定的需要，为了满足这些需要，还须有其他的人，于是手工业者、裁缝、鞋匠、面包师、泥瓦匠、木匠都搬到这里来了。……城市愈大，搬到里面来就愈有利，因为这里有铁路，有运河，有公路；可以挑选的熟练工人愈来愈多。"[1] 马克思的上述论述清晰地描述了劳动力转移与工业化、城市化的相互关系，即大工业生产首先吸引劳动力转移并形成聚集；其次劳动力聚集必然带来人口的集中，并产生对各类生活服务、交通方面的需求，从而为服务业发展提供市场，形成聚集规模效应；同时工业和服务业的发展又将吸引更多的人口向城市迁移，加速城市化的进程中也为工业化高度发展积累人力资源。也就是说，正是人口及生产要素向城市聚集的社会化过程，为制造业、服务业的扩张、社会分工的深化及产业结构的演进提供了发展动力和条件。

传统经济向现代经济转型成为劳动力转移的必要社会条件。社会经济结构的变迁不仅仅表现在工业及城市规模的扩大，对传统乡村社会也会带来深刻的影响。传统农业部门的工业化是逐渐摆脱自然经济走向商品经济的过程，不仅会产生大量剩余劳动力，同时也由于其经营的日益企业化，又会加速剩余劳动力的转移。马克思指出，大工业为农业生产提供生产条件，使以机器为主要标志的现代农业生产技术得到广泛应用，引起农业革命即农业工业化，带来了农业生产率的提高。同时，以家庭为生产单位的农村手工业也从农业中分离出来，"农业和制造业完全一样受资本主义生产方式的统治。"[2] 农业革命带来的农业生产的资本化、农业经营的集约化及农业生产方式的企业化，加速了以小生产为主要特征的小农经济的解体过程，在这一过程中大量的农村劳动力必然要与土地分离，向工商业转移。"只有使工业生产和农业生产发生密切的内部联系，并使交通工具随着由此产生的需要扩充起来——当然是以废除资本主义生产方式为前提，——才能使农村人口从他们数千年来几乎一成不变地栖息在里面的那种孤立和愚昧的状态中挣脱出来。"[3] 可见，农村剩余劳动力转移的过程也

---

① 《马克思恩格斯全集》第2卷，人民出版社1977年版，第300—301页。
② 《马克思恩格斯全集》第25卷，人民出版社1975年版，第693页。
③ 《马克思恩格斯全集》第18卷，人民出版社1965年版，第313页。

是传统经济中的农民日益分化为现代工人、现代农民和企业家的过程。

理论启示：农村剩余劳动力转移过程与工业化、经济结构的变迁有着内在一致的逻辑。工业化推动了城市化，是劳动力转移的动力；而农业生产方式的变革和生产效率的提高是有效转移的前提。因此，不能孤立地看待农村剩余劳动力的转移、回流及市民化等现实问题，必须结合我国工业化道路、农业的基础条件以及经济结构的历史变迁，才能更好地认清问题。

二、资本积累、技术进步是劳动力转移的根本驱动力

基于逻辑与历史的统一，马克思对资本主义工业化的发展条件进行了系统的论述。阐明了技术进步、资本积累是资本主义生产方式扩大再生产的源泉和动力，同时也成为吸引劳动力转移就业的推动力。

关于资本的原始积累，马克思认为是"用暴力手段使得生产者与生产资料分离"[①]，使得在简单商品生产条件下分散在众多生产者手中的生产资料，逐渐向少数资本家手里聚集的过程。这是在资本主义生产方式确立以前主要的资本积累形式。也就是说，资本主义工业的迅速发展，不仅在于农业劳动者与土地的分离，还建立在手工业劳动者因竞争破产而丧失其生产资料的基础上。这为以后资本主义生产方式赖以生存准备了两个基本条件——行将转化为资本的大量货币与自由劳动力。因此，整个资本原始积累过程实际也是以机器大工业为标志的资本主义市场化、国际化的社会化过程。在这一过程中，工业资本家可通过攫取的生产资料进行生产，获取有利可图的资本积累，而资本积累在拉动劳动力转移中居于主导地位。

现代工业部门在生产技术条件不变，即资本有机构成不变情况下，对劳动力的需求会随着资本积累的增长而增长。资本积累的"一极是更多的或更大的资本家，另一极是更多的雇佣工人"[②]。随着工业资本的增长，产生了相同比例的劳动力需求，需要结合更多的劳动力，从而使受资本支配的雇佣工人人数更快增加。

技术进步使资本积累趋势表现为资本的有机构成不断上升，必然造成就业人口的相对减少，社会出现失业。"工人人口本身在生产出资本积

---

① 《马克思恩格斯全集》第 23 卷，人民出版社 1972 年版，第 782—783 页。
② 《马克思恩格斯全集》第 23 卷，人民出版社 1972 年版，第 674 页。

累的同时，也以日益扩大的规模生产出使他们自身成为相对过剩人口的手段。这就是资本主义生产方式所特有的人口规律。"① 马克思在阐释农业与大工业的关系时指出，机器的使用导致农业资本有机构成提高，对劳动力的需求绝对下降，不断地将劳动力"挤出"农业转向非农业，造成农村劳动力的绝对过剩。在农业部门中使用机器生产所产生的劳动力"过剩"，较之于工业部门表现更为强烈而且难以抵抗。正如其所言："资本主义生产一旦占领农业，或者依照它占领农业的程度，对农业工人人口的需求就随着在农业中执行职能的资本的积累而绝对地减少，而且对人口的这种排斥不像在非农业的产业中那样，会由于更大规模的吸引而得到补偿。"② 由此可知，农村劳动力剩余是机器（技术进步）与劳动力矛盾的必然结果，而剩余劳动力转移的过程必然影响着工业化和城市化演进发展的过程，并将会伴随农业机械化和农业产业化的整个过程。

资本有机构成提高，虽然使就业人数相对减少，但也具有创造就业的效应。首先，技术进步及先进机器的运用，带来利润的增加，生产要素相对成本的降低，进而扩大规模，增加劳动力的需求量；其次，新的生产技术提高了原有工业资本有机构成，新兴产业部门及新市场也在形成，创造出新的就业机会；最后，"随着机器生产在一个工业部门的扩大，给这个工业部门提供生产资料的那些部门的生产首先会增加。"③ 由于产业之间存在相互关联效应，因此某一产业劳动生产率的提高及产业规模的扩大，将产生并扩大对原料生产部门等关联产业的需求，进而为劳动力创造就业机会。与此同时，进入城市后的农村劳动力，也会根据产业资本的需要而被进行转移配置。

理论启示：劳动力作为生产要素的转移配置，取决于资本积累的规模和形式。技术进步影响改变资本形成，对转移人口的就业具有双重效应：一方面，技术进步提高农业生产率，剩余劳动力得以释放，为扩张的城市工商业资本补充配置劳动力；另一方面，技术进步使资本有机构成提高，机器替代劳动，出现劳动力失业。就业关系到劳动力的基本收入，是生存

---

① 《马克思恩格斯全集》第 23 卷，人民出版社 1972 年版，第 692 页。
② 《马克思恩格斯全集》第 23 卷，人民出版社 1972 年版，第 704 页。
③ 《马克思恩格斯全集》第 23 卷，人民出版社 1972 年版，第 485 页。

发展的前提条件。"民工荒"与"就业难"现象，正是反映了我国目前劳动力市场的结构性矛盾，也是我国农业转移人口市民化的难点问题。如何在新的技术背景下调整引导产业资本的形成方向，发挥技术进步对就业的创造效应，不仅关系到经济结构转型，也关系到农业转移人口的稳定。

三、社会结构转型带来的比较利益是劳动力转移的内在动因

首先，社会结构转型改变了比较利益，必然带来劳动力的社会流动。正如马克思所言："人们奋斗所争取的一切，都同他们的利益有关。"[①] 原来城乡封闭与隔离的社会结构，随着社会生产力的进步而开放并且紧密联系，必然带来利益格局的重新调整。城乡经济利益的差异是农村劳动力以及人口大规模流动的主要因素。农业比较收益过低，引导劳动力从农业向工业流动，因而以农业为主的结构必然向以工业为主的结构转变，乡村城市化也成为必然趋势。

在传统农业和手工业时期，农民依附于土地。而当资本主义生产方式确立后，劳动力作为生产要素获得了自由流动权利，也如资本一样集中起来。随着市场的扩大以及现代工业技术、交通通讯技术的发展，又为人口的大规模和频繁流动创造了条件，导致了人口的"全面流动"。生产方式的巨大变化造成大量农村人口流入城市工厂，正如恩格斯所指出："工业的迅速发展产生了对人手的需要；工资提高了，工人成群结队地从农业地区涌入城市；人口以令人难以相信的速度增长起来，增加起来的差不多全是工人阶级。"[②]"工资提高"是农村劳动力转移可见的直接比较利益。

19世纪后期，俄国农村人口向工业和城市大规模流动，工人人数的增加甚至比一般人口和城市人口的增加更快。农业劳动者与小手工业者大量被吸引到资本主义大工业企业中，列宁对此进行了深入分析："我们断定，工人的'迁移'不仅给工人本身带来'纯经济上的'益处，而且一般说来应当认为是一种进步现象。"[③]"因为他们所去的地方工资较高，在那里他们

---

① 《马克思恩格斯全集》第1卷，人民出版社1956年版，第82页。
② 《马克思恩格斯全集》第2卷，人民出版社1977年版，第296页。
③ 《列宁全集》第3卷，人民出版社1984年版，第218页。

当雇工的境况较有利。"[1] 可见，"高工资"正是所谓的经济上的益处。工资收入差距不仅是导致农村人口向城市迁移的主要动因，同时也是人口从经济不发达的农业地区向工业发达地区流动的诱因。"在人口外移的区域，在中部各农业省，工资是最低的，这些省份不论在工业中还是在农业中资本主义都极不发达。"[2] 由此可见，经济发展的不平衡是造成城乡人口流动的经济动因，比较利益的改变决定着农民的城乡流动和地区流动方向。

其次，不同部门比较利益的变化，进一步影响劳动力的社会流动方向。一方面，农村劳动力的流动转移不仅是寻找就业出路，也是为工商资本开拓国内市场，促进了经济增长。"不仅为工业资本游离出工人及其生活资料和劳动材料，同时也建立了国内市场。事实上，使小农转化为雇佣工人，使他们的生活资料和劳动资料转化为资本的物质要素的那些事件，同时也为资本建立了自己的国内市场。"[3] 只有剩余劳动力从农业部门转移出来，才能打破自给自足的生产特性，现代工商业才能建立起包括农村在内的更广泛的市场。另一方面，劳动力的社会流动是产业结构调整的必然要求。现代工业"不断地使社会内部的分工发生变革，不断地把大量资本和大批工人从一个生产部门投到另一个部门。因此，大工业的本性决定了劳动的变换、职能的更动和工人的全面流动性。"[4]

理论启示：作为具有自主决策自由流动能力的农业劳动者，其迁移流动的动因首先是经济动因。工业化改变了原有利益基础，带来的城乡经济结构的变化，也改变了不同部门之间的比较利益。从我国农业转移人口的流向不难发现，不论是从农业流向工业、再流向服务业，还是从欠发达地区流向发达地区，或是"逆向"流动，比较利益的变动是引导劳动力流动的重要因素。因此，改革经济体制、发挥资源配置机制中的利益诱导机制，引导农业转移人口的合理流动，不仅是结构调整的要求，也是转变经济发展方式的必然。

---

[1] 《列宁全集》第 3 卷，人民出版社 1984 年版，第 218 页。
[2] 《列宁全集》第 3 卷，人民出版社 1984 年版，第 542 页。
[3] 《列宁全集》第 3 卷，人民出版社 1984 年版，第 542 页。
[4] 《马克思恩格斯全集》第 23 卷，人民出版社 1972 年版，第 533—534 页。

四、劳动力自由流动不仅改变着经济结构，也促进了社会关系的深刻变化

第一，劳动力流动不仅改善自身的生活条件，也促进了经济社会的发展。因为流动"创造了比前资本主义关系的宗法式停滞状态要高的不可比拟的生活条件"[①]，外出务工使外出的工人与留在当地工人的工资都得以提高，生活得以改善。随着城市人口比重的上升，人们的生活方式发生改变，社会文明程度得以提高。城市化的作用也"使农村人口从他们数年来几乎一成不变的栖息在里面的那种孤立和愚昧的状态中挣脱出来。"[②]

第二，农民向城市的流动，不仅提高其文化素质，也会开阔其眼界。关于劳动力迁移对其自身的影响，列宁有更为精彩的论述："迁移是防止农民'生苔'的极重要因素之一，历史堆积在他们身上的苔藓太多了。不造成居民的流动，就不可能有居民的开化。"[③] 引导农村劳动力向城市迁移，就是要把他们带出贫穷的、落后的、孤立的、衰败停滞的乡村世界，融入富裕的、先进的、开放的、活力发展的现代文明中。正如列宁所指出的，"只有农村居民流入城市，只有农业人口和非农业人口混合和融合起来……农业人口和非农业人口的生活条件接近才创造了消灭城乡对立的条件。"[④] 由此可见，人口的城乡流动最终会带来城乡融合，体现的正是农业转移人口市民化的社会进步过程。

第三，农业劳动力的转移对生产力的提高和社会经济发展有着积极的促进作用，但新的社会矛盾也可能由此产生。列宁曾指出，在俄国存在一类特殊群体——农民-工人，"不小的一部分农村人口应当列入工业人口之内，这一部分农村人口靠在工业中心做工而取得生活资料，我们说的是所谓外出做非农业的零工。"[⑤] 这部分人口已进入工厂里做工，生活在城市，但他们中相当一部分人还保留着土地等农业生产资料，亲属仍居住在农村。这一群体的双重角色，使他们在城市往往处于不稳定的生活境地，又

① 《列宁全集》第3卷，人民出版社1984年版，第502页。
② 《马克思恩格斯选集》第2卷，人民出版社1972年版，第543页。
③ 《列宁全集》第3卷，人民出版社1984年版，第220页。
④ 《列宁全集》第2卷，人民出版社1984年版，第197页。
⑤ 《列宁全集》第1卷，人民出版社1984年版，第522页。

因长期脱离家庭成员，亲情伦理关系淡漠。由于被工业部门吸引走的农村劳动力往往是青壮年，而留在乡村的人口则是缺乏劳动能力的劳动力。乡村劳动力过剩与"不足"并存。农村人均资源少，产业结构不合理，农业比较利益低，农业劳动力"自愿失业"，出现土地撂荒、乡村凋敝的现象。

理论启示：人口城市化、农民市民化是消除城乡差别的过程，也是社会文明进步的表现。我国改革开放带来的"民工潮"，不仅对我国经济增长作出重要贡献，也影响改变着城市和乡村的社会文明。同时"农民工"这一数量庞大的亦工亦农的"农业转移人口"的出现，也形成了我国城镇化进程中新的社会关系和复杂矛盾。在城市，农民工存在经济、政治、社会、文化权益保障的差异、缺失现象；在农村，仍然存在一定范围的"贫困"与"土地撂荒"现象，"留守儿童""伦理异化"等社会矛盾也日益突出。这些问题的出现，成为我国在农业转移人口市民化进程中的阻碍因素，必须引起重视并深刻思考其治理途径。

五、经济发展、教育水平以及政府行为是农业人口有效转移的经济社会条件

当一个社会已经迈入工业化的门槛，但大量的农民仍然徘徊在工业和城市之门外，社会结构的转变就难以顺利实现，农业人口转移并且最终市民化取决于一定的经济社会条件。马克思主义经济理论认为，形成剩余劳动力的直接原因是机器和资本在农业中的使用，而影响和制约剩余劳动力转移规模及路径的是社会经济的发展水平，而农业劳动力的收入和教育状况决定着其转移的方式。

经济发展水平较高的地区，制造业和服务业发达，农村劳动力就以较快速度和较大规模向现代产业和城市转移。现代产业发展水平低的地区，不仅吸纳农业剩余劳动力的能力弱，还会被经济发达地区吸引流出劳动力。例如，"在工业国英格兰，工业后备军是从农村中得到补充，而在农业国爱尔兰，工业后备军则从工程师、从被驱逐的农业工人的避难所中得到补充。"[①] 而且"假若英国没有找到又多又穷的爱尔兰居民作为替工业服

---

① 《马克思恩格斯全集》第 23 卷，人民出版社 1972 年版，第 776 页。

务的后备军，英国的工业就不可能发展得这么快。"① 如果城市现代产业发展不足，即使部分农民在城市生活的诱惑下进入城市，也会因就业与生活压力而回流农村。

农村劳动力不断出现剩余的同时伴随部分贫困现象的发生。贫困不仅使国内市场消费乏力，也制约了劳动力自身素质提高，难以满足现代产业发展需求，增加了劳动力转移的难度。"尽管农业工人的人数不断减少，他们的产品的数量不断增加，但他们还是不断地'变得过剩'，这是使他们成为需要救济的贫民的温床。"② "过剩"的这部分农村人口需要转入到城市制造业中去，而这种转移需要具备一定的有利条件。首先具备条件进入城市工业部门的是那些具有较高素质、能适应现代产业技术变化需求的劳动者。"大工业还使下面这一点成为生死攸关的问题：用适应于不断变动的劳动需求而可以随意支配的人员，来代替那些适应于资本的不断变动的剥削需要而处于后备状态的'可供支配的'大量的贫穷工人人口。"③ 因此，普及初等教育，尤其是职业技术教育，满足现代部门对劳动力素质提升的要求，对于有效转移劳动力具有十分重要的作用。

劳动力转移的社会条件离不开政府之手。剩余劳动力形成和转移的前提条件是自由劳动力的形成和资本的原始积累，而"资本在它的萌芽时期，由于刚刚出世，不能单纯依靠经济关系的力量，还要依靠国家政权的帮助才能确保自己吮吸足够数量的剩余劳动的权利。"④ 同时，现代部门的发展要求劳动力具备良好的知识技能和体能素质，而这需要政府为社会创造教育条件，使生产劳动得以与智育和体育相结合。"它不仅是提高社会生产的一种方法，而且是造就全面发展的人的唯一方法。"⑤ 因此，发展教育，为社会发展培养高素质劳动力是政府不可推卸的责任。

理论启示：地区经济发展不平衡提供的经济机会差异引导劳动力转移的规模和方向。劳动力个人发展不均衡，影响着劳动力就业选择的范围和竞争，进而影响其城市稳定居住生活的质量。政府一方面有义务引导地区

---

① 《马克思恩格斯全集》第 2 卷，人民出版社 1977 年版，第 374 页。
② 《马克思恩格斯全集》第 23 卷，人民出版社 1972 年版，第 758—759 页。
③ 《马克思恩格斯全集》第 23 卷，人民出版社 1972 年版，第 535 页。
④ 《马克思恩格斯全集》第 23 卷，人民出版社 1972 年版，第 300 页。
⑤ 《马克思恩格斯全集》第 23 卷，人民出版社 1972 年版，第 530 页。

产业的合理分工布局，避免"过度城市化"和"滞后城市化"；另一方面在培育农业转移人口人力资本方面承担主体责任。

综上所述，马克思主义的"劳动转移"思想，从社会分工和生产力发展的整体视角，揭示了农业人口向工业及城市转移的客观规律；阐明了技术、资本积累是转移的根本动力；指出了经济利益的比较是劳动力转移的内在动因；深刻分析了转移必然带来的社会结构及社会关系的变革，以及产生的社会矛盾；明确了促进劳动力转移所必须具备的社会条件。这些重要思想形成了相对完整和严密的逻辑框架，对于探讨我国农业转移人口市民化的路径具有重要的启示，也为后来的发展经济学人口流动理论提供了借鉴。西方发展经济学针对发展中国家二元经济结构的现实，构建了二元经济条件下劳动力转移的不同模式，对农业人口转移的条件、动力、机制，以及存在的障碍等进行了研究。

第二节　二元经济转换视角下的人口流动模型

在发展经济学形成阶段，刘易斯等发展经济学家，针对发展中国家的二元经济结构，在强调工业化的同时，肯定了人口从农村流入城市是经济发展的必然现象，对经济发展有积极作用。这些理论的提出对于探讨如何消除障碍、加速这种人口流动趋势，进而促进经济发展具有指导意义。

一、刘易斯"无限劳动供给条件下"的经济发展两阶段模型

1954 年，诺贝尔经济学奖得主，著名发展经济学家刘易斯（W.Arthur Lewis）针对发展中国家普遍存在的一种二元经济和社会结构的现实，发表了论文《无限劳动供给下的经济发展》，提出了二元经济的理论分析模型，这也是一个人口迁移模型。它描述了二元经济国家如何通过工业化实现经济增长，并最终实现城市化及结构转换的过程。在这一进程中，农村剩余劳动力的转移是工业化的前提条件，劳动力转移的动因是工业部门的相对高收入。该模型强调了现代部门与传统部门的结构差异，将农村剩余劳动力转移的问题与工业化、城市化以及经济增长、结构变迁密切联系起来，同时也从宏观层面揭示了劳动力转移的动力和机制。

刘易斯将不发达经济分为传统部门与现代部门，经济发展体现在两个典型部门的结构变迁中。一是传统部门：以传统农业为代表，以传统生产方式进行生产，相对低下的生产率仅够维持生计的收入，以及大量存在的剩余劳动力。二是现代部门：以工业为代表，以先进的现代技术进行生产，具有较高生产率，工资远比传统部门高的城市工业部门。在传统部门，相对于土地等稀缺的生产要素，劳动力多得边际产出为零，甚至是负数。大量农村剩余劳动力的存在，为工业部门准备了无限劳动力供给的条件，只要工业部门提供仅仅略高于农村维持生存的工资价格，就可以源源不断地吸引农村劳动力向城市转移。随着工业资本的扩张，需要更多劳动力与之结合，但只要农业剩余劳动力没有全部被城市吸收，城市工资就不会随着劳动生产率的提高而提高。因此，二元经济结构下的经济增长就是现代部门以不变的工资获得无限供给的农村剩余劳动力的过程。

刘易斯认为，增长的主导部门是现代的城市工业部门，传统的农业部门只是被动地输送劳动力。资本积累是工业部门的增长动力，对利润的再投资，以及对剩余劳动的有效利用，是资本积累的来源。经济发展分为两个阶段：第一阶段，工业资本不多，无力吸收全部剩余劳动，相对于劳动而言资本稀缺，工业部门总能在很低的工资水平下，源源不断得到劳动供给，同时工业总产值中利润增长速度大于工资增长速度，资本迅速积累和吸收劳动力。第二阶段，当工业部门把农业部门剩余劳动全部吸收以后，劳动力短缺出现。如果工业部门资本继续积累，则必须提高工资水平才能吸收新的农业劳动力，并且带动劳动整体收入水平的提高，进入经济稳定增长的状态，即现代一元经济阶段。"当资本赶上了劳动供给时，经济就进入了第二个发展阶段，……在这里，所有的生产要素都是稀缺的，即是说，它们的供给是无弹性的。当资本积累进行时，工资不再不变，技术变革的利益不会完全归于利润，利润额不一定总是增加。"[①] "工资水平上升"成为判断发展中国家是否完成"二元经济"转换进入第二阶段转折点的重要依据，即所谓的"刘易斯拐点"。（关于我国是否进入刘易斯拐点期的讨论，在后续章节探讨）

---

① 刘易斯：《无限劳动供给下的经济发展》，转引自谭崇台著：《发展经济学》，山西大学出版社 2000 年版，第 220 页。

由此可见，刘易斯模型所分析的发展中国家二元经济转换的发展过程，既是农村劳动力的转移过程，亦体现了工业化与城市化的有机结合。模型不仅指出了由二元差异的社会向城乡一体的一元社会转换的必然，同时也清晰地描述了劳动力在城乡、在农业与非农业之间的空间和职业自然转换的图景，指出了城乡实际收入的差距是劳动力转移的基本经济动因。

关于工业和农业两部门的联系，刘易斯认为经济发展依赖于现代工业部门的扩张，而现代部门的扩张可以通过就业、分享物质设施、促进传统部门的观念和制度的现代化、两个部门之间的贸易等四种方式或途径使传统部门受益，而每一种方式也可能会产生破坏性的影响。刘易斯模型主要描述的正是传统部门向现代部门不断提供廉价劳动力，农村劳动力得以重新配置，进入现代产业部门就业并获得收入的过程。刘易斯模型强调现代部门发展重要性的同时，将农业置于相对被动的位置，忽视了农业部门自身发展的重要性，也没有关注农业生产在工业发展中的作用。

二、刘易斯—拉尼斯—费景汉"剩余劳动"条件下的劳动力转移三阶段模型

1961 年美国经济学家拉尼斯（Gustav Ranis）和美籍华人经济学家费景汉（John C.H.Fei）发表了《发展经济论》一文，在刘易斯模型假设基础上进行了修正，被称为拉尼斯—费景汉模型。在该模型中，仍然以存在剩余劳动为假设前提，工资水平由农业部门中的制度因素所决定，并且仍然保持不变。在经济发展的第一阶段，在农业部门中存在边际产出小于或等于零的多余劳动力，意味着即使这些农村劳动力离开农村而进入城市，也不会带来粮食减产，更不会因此而推高工业部门的工资。即这一阶段农业部门劳动力转移的机会成本接近零。第二阶段，多余劳动力已完全转出，但尚存在一部分边际产出低于制度工资的伪装失业者。由于这部分劳动力的边际产出已大于零，因此其转移必然带来大于零的机会成本，即粮食产量下降并引起粮价上升，进而工业工资不得不上升，利润比例下降，从而工业部门的扩张也可能因此而停滞。第三阶段，此时的劳动边际产出已大于制度工资，剩余劳动力和伪装失业都已全部转出，工资上升，同时也意味着商业化农业和资本化农业的转型，现代一元经济形成。其中第二阶段

可能遇到阻碍，即如何把传统农业部门中的伪装失业者全部转移到现代工业部门，这是二元经济能否顺利完成转换的关键。

该模型把工业部门和农业部门之间的发展关系更清晰地表示出来。指出农业部门对于现代部门的作用在于，一方面为其输送劳动力，另一方面为其提供农业剩余产品。如果工业部门扩张所必须的粮食供给难以保障，将成为农业劳动力流出的阻碍。因此，对于现代部门扩张和劳动力转移具有决定意义的条件是：提高农业劳动生产率，进而提高农业产出并出现剩余产品。这也是保证二元经济顺利实现转换的必要条件。在人口增长的情况下，必须要求以工业部门为核心的现代非农业部门吸收剩余劳动力的速度快于劳动力的增长。在这一模型中，强调了工业和农业的协调发展，对于发展中国家具有重要的政策含义。刘易斯—拉尼斯—费景汉模型的三阶段转换模型，也引导对农村剩余劳动力转移问题的分析向更深层的领域延伸。（关于"刘易斯拐点"是否来临，也就有了"第一拐点"还是"第二拐点"的讨论）

尽管三阶段转换模型修正了刘易斯模型忽视农业发展的错误，强调了农业在城市化过程中的基础性作用，但仍然是以农业"剩余劳动力条件下"为研究前提，并始终假定工资水平在劳动力转移过程中是固定不变的且处于生存水平；城市工业仍起主导作用，农业只是被动地起着劳动供给和粮食供给的基础性作用。夸大了工业部门吸收剩余劳动力的能力，将城市部门当作唯一吸纳剩余劳动力的出路；不仅对农村技术进步可能性不够重视，也忽视了农业劳动生产率和收入提高所带来的就业可能性；回避了在城市工业扩大过程中的各种矛盾。

三、乔根森"农业剩余"基础上的二元经济转换模型

美国经济学家乔根森（D.W.Jogenson）在 1961 年提出的二元经济发展模式，对欠发达经济进行了两部门划分，仍然以农业和工业分别代表传统部门和现代部门。但该模型并不认同刘易斯等模式存在剩余劳动与不变工资的假设前提，而是将二元经济的转换建立在农业剩余基础上。

两部门存在不同的生产函数。在农业部门中，由于缺乏资本积累，同时土地又是固定要素，因此农业的产出函数几乎唯一取决于劳动要素。工

业部门的产出函数由资本和劳动决定。随时间推移，技术进步会带来两部门产出的增长。模型基本观点为：人口增长取决于人均粮食供给，当农业部门的人均产出增长率快于人口增长率时，农业剩余才出现；一旦出现农业剩余，劳动力便开始从农业流向工业，并带来工业增长；劳动力转移的速度和规模取决于农业剩余的大小。

将"剩余劳动"下的经济发展转变为"农业剩余产品"下的经济发展，这是乔根森对二元经济转换理论的重要发展。劳动力的持续转移也是因为消费结构的改变。相对于工业品无限的弹性需求，人们对粮食的需求是缺乏弹性的。增加的粮食产出并不一定能被增加的人口所消化，农业部门的增长往往因需求增长缓慢而受到限制。由于人们对工业品是高需求弹性，为工业部门的扩张准备了市场条件，因此农业人口必然会逐步转向工业部门，从事工业品的生产，满足日益增长的市场需求。

对于农业劳动力向城市的转移，乔根森强调了市场机制的作用；较之于刘易斯模型，也更关注技术进步，重视农业的发展；认为农业与工业工资并非固定不变，这一点也更接近现实。但仍然忽视了农业资本的作用，以及城市存在失业的问题。

实际上，在刘易斯模型、费景汉—拉尼斯模型和乔根森模型中，城乡实际收入差异构成劳动者迁移的经济动因。只要现代部门提供高于乡村收入一定比例的工资水平，农业劳动力就会产生离开乡村的动机，到城市去寻求新的工作和发展机会。这类模型都假定发展中国家不存在城市失业的问题，关注的是如何推进劳动力从农业部门向工业部门的转移。

第三节　托达罗的城乡人口迁移模式

自20世纪60年代末70年代初，发展中国家出现日益严重的城市失业，其主要原因正是人口流入城市的速度和规模超过了城市部门对劳动力的吸收能力。以美国经济学家托达罗（Michael P.Todaro）为代表的发展经济学家对早期的二元经济下的人口流动理论提出了批评，认为不受节制的人口流动不仅没有刺激资本积累、经济增长，反而加剧城乡结构不平衡，对经济发展是有害的。并不赞成加速人口流动的政策，而主张控制农村劳动力向城市转移，以缓和城乡不平衡和城市失业问题。

一、托达罗模式的基本观点和政策取向

托达罗认为在世界上许多发展中国家，"虽然农业边际产品是正数，城市失业水平很高，但是，乡——城劳动迁移不仅存在，而且事实上在加速。由于常规经济模式仅仅依赖通过适当工资和价格调整达到充分就业均衡，所以在整个经济不存在绝对劳动过剩条件下，它们很难用来为巨大的、日益增长的城市失业水平提供合理的行为解释。"[①] 也就是说，以"农村剩余劳动"为前提的刘易斯发展模式是不符合现实的，因而也是难以解释普遍存在的城市失业问题的。在否定刘易斯模式"剩余劳动"和"工资不变"假设基础上，建立了一个发展中国家城市失业和农村劳动力流动的模型，旨在解释发展中国家的城市失业问题，探讨怎样放慢劳动力流入城市的速度，并提出了政府的政策选择方向。

托达罗模型认为，关于流动的决策取决于劳动者对迁移的成本——收益的比较分析。即劳动力迁徙过程主要是对预期的城市和农村实际收入差距的反映，是劳动力对迁移的收入与成本比较之后的经济理性决策。除了比较城乡实际收入差距，由于城市失业的存在，农村劳动者迁移决策还需要考量和权衡在城市找到工作的机会大小。因此，城乡预期收益的差异才是决定人们迁移决策的关键变量。除了现代部门的工资水平，就业概率的大小成为影响人们迁移行为的主要因素，就业概率的大小则取决于城市现代部门和传统部门共同提供和创造的职位数。

托达罗认为，即使城乡之间存在着较大的实际收入差距，但如果城市失业率很高，农村劳动者因为担心难以找到工作而成为失业者，他们也可能作出放弃迁移城市的选择。由于大多数迁移者往往要等上几年时间才能在现代部门找到工作任务，需要在较长时间范围基础上考察就业概率对人口流动行为的影响。如果实际收入不变，迁移者留在城市的时间越长，获得工作的机会越大，其预期收入越高，尤其是农村年轻人，尽管刚进城可能不会很快找到工作，仍愿意加入城市失业大军，因为从长期看，城市预

[①] 哈里斯、托达罗：《人口流动、失业和发展：两部门分析》，转引自谭崇台：《发展经济学》，山西大学出版社 2000 年版，第 243—244 页。

期收入会高于农村。就业概率对迁移决策的影响也会随着收入差异的持续扩大而减弱。如果现代部门创造职位的速度慢于人口净迁移的速度，城市失业就会日益严重，就会产生诸如"贫民窟"形式的严重"城市病"。这一模型对发展中国家在城市大量失业的情况下农村人口仍向城市涌入的现象具有一定的解释力，也由此指出了发展中国家工业化进程中实施的城市与农村非均衡发展战略所带来的问题。

基于以上分析，应控制乡—城人口流动的速度和规模，才能解决日益严重的城市失业问题，这是托达罗得出的与刘易斯等模型相反的政策含义。具体来说：一是依靠工业扩张难以解决失业问题。因为创造城市就业机会，提高就业概率，也会扩大城乡预期收入差异，将引诱更多的农村人口大量涌入城市，并由此产生更大的城市就业压力。因此必须减轻城乡就业机会的不均衡现象。二是应消除人为的扩大城乡实际收入差异的措施，即减弱因悬殊收入差异产生的迁移经济动因。在城市部门中，补贴工资和压低利率，扭曲要素市场的定价方式，并不能成为扩大就业的有效方法；同时教育的过度和深化会进一步加剧人口流动和失业。三是解决城市失业问题的根本出路是实施有效的农村发展战略，就必须鼓励和支持农村的发展。

二、托达罗模式假设条件与人口流动的实际验证

在以刘易斯为代表的二元经济模式中，"剩余劳动"和"不变工资"是两个重要的假设前提。而托达罗模式不同的政策取向正是建立在对上述假设修正的基础上得出的逻辑结论。

关于城乡失业的假设。托达罗假定农村并不存在剩余劳动，城市则存在失业，因而提出就业概率是人口流动的重要影响因素。这与刘易斯、拉尼斯—费景汉模式正好相反，与乔根森模式中农村和城市均不存在失业也有不同。由于一些发展中国家出现了过度城市化的发展问题，因而托达罗人口流动模式针对性地强调应如何放慢人口流动速度，缓和城市失业状况。城市存在失业的假设是与现实相符的，应注意城乡均衡发展的思路也有着重要的战略调整意义。但托达罗认为农村不存在剩余劳动的假设，并不符合二元结构转换的实践，特别是不符合中国这样一个人口大国的情

况。实际上，正是由于农村人口增长快于城市人口增长，在有限的土地上必然存在一些劳动生产率很低的剩余劳动力。因而，托达罗在此假设基础上提出的限制农村劳动力向城市非农产业转移的政策取向，会导致农村积累更严重的隐蔽性失业，对于发展中国家二元经济结构的转换是不利的。

关于城乡收入差异变化的假设。在刘易斯等人的模式中，工业部门工资水平取决于由制度和习惯决定的农业收入，并维持在固定的水平上，因而不存在城乡收入差异的扩大而带来的城市失业问题。乔根森模式中，假定由技术进步率和资本积累率决定工业部门工资，工资水平也不再固定不变，但农业人均收入与工业工资成固定的比例，工业部门与农业部门的收入也会同比例的变化，因此不会带来城乡收入差异的持续扩大，也就不会带来过快的人口流动速度所产生的城市失业。在托达罗模式中，城市工业部门的工资水平不是取决于农业部门的生存收入，主要是由一些政府和工会等因素决定，因而工资水平是不断上升的。即由制度因素改变收入信号。正是不断扩大的城乡收入差异，强化了人口流动的经济动因，带来人口城市化超前于工业化，加重城市失业。

在这里，城乡预期收入差异扩大是农村劳动力是否迁移的主要决策因素。我国学者在托达罗模型的框架上，通过一定的修正、拓展，对此进行了验证。首先，在中国的劳动力流动进程中，市场机制发挥了影响，并将成为影响劳动力流动的决定性因素。市场机制作用下的劳动力流动趋势具有不可逆性（田家官，2003）。其次，农民也是追求利益最大化的理性"经济人"。农村剩余劳动力在作出进城打工的决定时，要遵循成本——收益原则。以"农民工"为典型的农业转移人口，其永久性迁移意愿也是建立在经济理性基础上，根据迁移收入和迁移成本进行比较，并作出理性选择。研究发现，自从改革开放以来，由于城乡之间和沿海内陆地区之间的收入差距逐渐扩大，由此形成了农村劳动力的大量外流及流动方向；城市较高的收入预期是吸引农民工流入城市的直接动因，主要是为了从非农活动中挣得更多现金收入以补贴务农收入的不足；农民工工资是影响农村劳动力转移主要的因素；迁移回报率是吸引农民选择迁移流动到城市的重要因素；经济收入是农民工决定是否留在城市的重要因素，收入越高，生活水平越高，农民工越倾向于选择永久性迁移等（林毅夫，2004；张晖、许琳，

2004；张广宇、杜书云，2005；吴兴陆，2005；熊波、石人炳，2009；戎建，2009；刘丹，2010；丁守海，2011等）。还有学者将预期收入的目标修正为追求更好生活质量，并对此进行了验证。

三、托达罗模式的政策反思

托达罗模式重要的政策取向是，依靠农村人口不断进入城市的发展模式难以消除发展中国家的二元经济结构。需要通过重视农村的发展，提高农业生产率，改善农村环境，进而减弱城乡差别，并最终实现二元经济的转换。这对于发展中国家纠正片面工业化、忽视农村的传统发展模式具有积极的政策意义。托达罗认为解决城市失业的根本出路是大力发展农村经济，应控制农村劳动力向城市转移。对这一观点不少学者提出了质疑，并以中国实践进行了分析。

我国长期实施的城乡分割的户籍制度，一定程度上可以看成是托达罗限制劳动力流动政策的实践体现。虽然农村劳动力向城市的流动产生于城乡收入差距的扩大，但这种流动从长期看，有利于缩小并最终消除差距，也有利于社会的稳定。如果采取限制农村剩余劳动力自由流动的城乡隔离政策，城乡差距不会缩小反会扩大，严重的隐蔽失业难以得到及时疏导，随着农村低收入人群规模的积累，社会动荡的隐患也不断积累。农村乡镇企业的发展在一定时期就地转移了部分农业劳动力，但这种分散的发展模式不能产生城市工业的规模效益，带来生态环境恶化、发展成本太高、劳动力过剩的比较劣势无法转化为劳动力便宜的比较优势，也是难以持续的。

周天勇等学者在对托达罗模型的前提及政策取向提出质疑的基础上，对劳动力流动的收入、成本及就业概率的内容进行了修正，构建新的模型，提出新的政策。首先，关于就业概率，应为农村流入城市找到一定时间工作的劳动力与流入城市总劳动力的比率，而且在各行业找到工作的概率高低是不一样的；其次，由于在乡村的闲暇较多，留守在家的劳动力有时间承担外出劳动力原来的农活，因此劳动力进入城市务工的机会成本为零；最后农民收入是家庭成员的务农收入和进城务工收入的平均数。农业部门与城市非正规部门、正规部门并存，三部门的发展水平和社会总人口决定了劳动力和失业人口在其中的分布状态。在此基础上得出了与托达罗模型相反的结论：通过发展城市才能改善城市失业，同时提高工资收入，而发展农业带来的收入增加非常有限，同时隐蔽性失业在农村会积累更严重。

因此，选择聚集型发展道路，加快劳动力及人口的城市化进程，是我国二元结构转换的正确思路。重要的政策含义是尽快放宽人口流动的各种限制，形成合理的劳动力转移就业的动力机制。

第四节　研究启示

马克思主义经济理论从资本主义工业化城市化历史进程中，为我们揭示了劳动力转移的规律及所带来的社会结构变迁。二元经济发展理论，以发展中国家的二元结构为前提，将劳动力的有效转移作为经济发展的重要内容，描述了经济结构转型的实现机制。解读以上理论得出研究启示：经济发展是农业转移人口市民化的根本动力。必须从经济发展的宏观整体视角，系统思考并探寻农业转移人口市民化进程的着力点。

一、迁移动力：工业化与城市化形成的互动机制

二元经济发展理论，探讨的是农业国如何实现工业化，它揭示了发展中国家经济发展与结构变迁的本质，也揭示了工业化与城市化的相互联系和影响机制。

经济发展是经济产业结构和经济空间结构相互作用的动态过程。工业化本质上是一个从传统农业经济向现代工业经济转型的结构变迁；城市化本质上是人口、生产要素及产业、市场等不断进行的空间转移，是从分散经济向集聚经济转变的过程。从人口迁移的角度看，工业化的基本表现形式是劳动力作为生产要素进入非农产业；作为人口向城市迁移则构成城市化的主要特征。工业化与城市化意味着农业劳动力在产业与空间上的双重转移。工业化是城市化的动力，与城市化的相互协调与演进决定了劳动力转移的规模与速度。

刘易斯等人认为，现代工业部门主导经济增长，需要工业资本不断积累，而工业资本的扩张也为农村剩余劳动力形成就业机会，从而劳动力不

断转移到工业，城市人口比重不断上升，直到将农村剩余劳动力全部转移到现代城市工业部门，实现经济结构的全面转型。在二元经济模型中，劳动力转移及城市化的意义主要在于为扩张的工业资本配置生产要素，从而提高生产率。乔根森模式还认为工业化必然会带来对农业部门和工业部门需求结构的变化，劳动力转移的动力一定程度上来自于需求结构与消费结构的改变。

从整体看，农村劳动力迁移受工业化的驱动，工业化是城市化的发动机，而资本积累是根本的驱动力（这与马克思的基本看法有共同之处）。刘易斯认为经济发展和劳动力转移的唯一动力是资本积累，没有引入技术进步的作用。他认为资本积累即包含了技术进步，这两者是密不可分的。"生产资本的增长与技术知识的增长被看成是单一现象。"[①] 因此，得出的重要政策含义即：资本积累是经济发展的关键，其中企业利润及其再投资是重点。要提高储蓄率，必须通过增加农业税或提高工业品价格等方式，强制性地把农业的额外收入重新转移到工业部门以形成资本。这些思想也代表了早期发展理论的"唯工业化""唯资本论""唯计划化"的基本观点。

在刘易斯等人的模式中，暗含资本与劳动以固定比例结合，也就意味着只要资本积累增加，就会创造一定比例的就业机会，因而工业化进程中不会出现失业问题（马克思则认为技术进步带来的资本有机构成提高会产生相对过剩的失业人口，同时也会创造新的就业机会）。实际上假定了产业转移与空间转移是同步进行的，是典型的劳动力同步转移模式。这一假定尽管不符合发展中国家的现实，但也暗含着工业化与城市化应该协调发展的思想。发展中国家的实践表现出，在工业资本不断扩张的同时，对农业剩余劳动力的吸收却是有限的，即工业化与城市化并未表现出同步性。如托达罗所指出的城市化超前于工业化，出现严重的城市失业问题，因此需要重视农业部门的发展，以控制农业人口向城市的流动速度和规模。随着技术进步，产业升级，"服务化"的经济结构转型更需要人口以一定形式集中，才能产生聚集规模效应，而目前我国农业转移人口市民化进程又

---

① 刘易斯：《无限劳动供给下的经济发展》，转引自谭崇台：《发展经济学》，山西大学出版社 2000 年版，第 220 页。

"滞后"于这一要求。

结合马克思及二元经济理论的观点，可以明确：资本在工业化城市化进程中具有重要的推动作用。但产业资本积累的规模和形式却不是单一、单向的，技术进步会改变资本的形式，不仅会形成新产业，也会改变传统产业，形成新的就业机会。如何在新的技术背景下调整引导产业资本的形成方向，创造就业机会，是形成农业转移人口市民化驱动力的关键环节。

二、迁移利益：收入差异与就业机会构成市民化的直接经济动因

工业化进程中形成的就业机会，通过现代部门高收入与传统部门低收入差异的比较，从而释放出迁移的信号。从劳动力主体看，其迁移决策是以追求个人及家庭经济收益最大为目的，经济动因是迁移定居城市的最基本动因。劳动力的迁移本质上是对不同部门经济利益进行比较后作出的选择。

在刘易斯—拉尼斯—费景汉模式中，城市不存在失业，农村存在剩余劳动，城市工业部门与农村传统部门实际收入存在差异，在城市相对高工资的诱因下，随着资本积累扩张，农村剩余劳动力持续转化为城市现代产业的劳动力。托达罗引入就业概率，指出了城市工业部门的工资有不断上升的趋势，城乡预期收入差异也不断扩大。解释了剩余劳动力的乡城流动与城市失业问题的相互作用机制。

就业关系到劳动力的基本收入，是生存发展的前提条件。我国在改革开放初期，大量积累在农村的剩余劳动力得以释放，沿海地区形成的加工组装形式的工业资本，以其较高的工资吸引农村劳动力转移，形成"民工潮"。这一定程度上是对刘易斯二元经济模式的验证。在刘易斯模式的第二阶段，由于剩余劳动力全部实现转移，必然要求工业部门以更高的工资才能竞争农业部门的劳动力。但我国近年来出现的工资水平上升背景下农民工的"回流"现象，刘易斯模型却难以得出圆满的解释。按照托达罗模式的理解，在城乡收入差距很大的情况下必然带来劳动力流出。一旦这种差距开始缩小，且城市失业率上升，流动方向便会反转。因为农村发展带

来收入的提高，缩小了城乡预期收入的差距。我国农业转移人口"回流"现象从一定程度上也可以用托达罗模型进行解释。

图 2-1 为 1979—2017 年我国城乡收入比的变化趋势，结合第一章的历史考察可以发现，在城乡收入差异快速拉大的时间段，形成了我国农村剩余劳动力向城市大量流动的"民工潮"，说明这一阶段农业人口向城市迁移主要来自于收入差距产生的经济动因。而随着近年来城乡差距开始持续下降，农业转移人口出现一些逆向流动，也一定程度验证了城乡比较利益是农业转移人口市民化的基本经济动因。

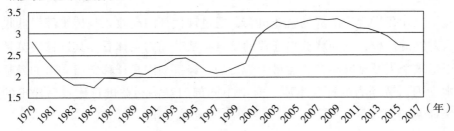

图 2-1　1979—2017 我国城乡收入比变化趋势

更好的就业机会是农业转移人口获取收入及生活的保障，也是市民化的基础。在产业升级的背景下，技术进步带来制造业资本有机构成提高。随着低技术产业的退出而挤出低端劳动力；新产业形成，产生对高素质劳动力需求，"农民工"人力资本积累不足难以胜任新产业需要。出现"民工荒"与"就业难"并存的特殊现象，反映了我国目前劳动力市场的结构性矛盾，也是我国农业转移人口市民化的难点问题。

实际上，产业结构和城市化水平的提高，不仅为金融、信息服务等现代服务业提供发展条件，也会刺激对传统服务业及低端劳动力的需求。高低技能劳动者是相互需求的，从生产和生活环节，均会形成对清洁工、保姆及餐饮、快递等服务的需要。复旦大学教授陆铭多次指出，盲目限制低端劳动力进入，结果可能导致服务业价格上升，推高城市生活成本和商务成本。美国的研究表明，每增加 1 个高科技产业的就业就会带动 5 个服务业就业岗位，其中 3 个为生活服务就业岗位。如果阻碍劳动力流动的制度长期存在，必然扭曲劳动力供给数量和结构，城市内部高低技能的互补性及消费外部性也难以发挥，对城市经济的发展是负面的，也不利于城镇户籍人口的生活。[①]

因此，在城镇化进程中，应充分重视中小企业的就业创造力，放宽政策发展第三产业和中小企业，使其能够吸纳更多农业转移人口在城市稳定就业。

三、迁移机制：生产要素在产业与空间的自由流动

在二元经济理论中描述了经济发展的机制：农业中存在剩余劳动力，工业部门资本形成，劳动力作为生产要素转移配置到工业部门，工业部门产出增长，利润增加；通过利润再投资，工业资本扩张，形成新的就业机会，农业剩余劳动力进一步转移，人口进一步集中，工业化的同时实现城市化。在这里，首先体现的是生产要素转移配置的过程，劳动力因工业资本而集中并完成由农民向工人的职业转换；其次是人口的空间流动，完成居住和生活空间的转移，并最终完成社会身份的转变即市民化。可见，劳动力的迁移决策是对市场价格机制的反映，市场是自由配置劳动力资源的调节机制。劳动力不仅能自主做出迁移决策，同时劳动力在产业与空间的流动也是自由的。城市化是政府管理下的一个市场化过程，劳动力流动迁移的方向由收入和工作机会自动调节。

我国劳动力转移的制度前提与理论假设存在较大的差异。在计划经济时期，劳动力没有自主迁移的决策条件，户籍管理制度形成的城乡隔离更限制了农业剩余劳动力向城市部门的自由转移，使农业部门在积累贫困的同时，也在积累剩余劳动力。改革开放后，打破了流动的限制，市场也发挥出劳动力配置的基本诱导机制，但附加在户籍上的权益差异仍然存在，并成为农业转移人口市民化进程中重要的制度阻碍。

四、迁移困境：社会经济条件不平衡形成阻隔

刘易斯模型的提出，为发展中国家实现结构转变及经济发展具有重要

---

① 陆铭：《城市产业升级无需低端劳动力？怎么可能！》，2016 年 5 月 16 日，见 http://business.sohu.com/20160516/n449628648.shtml。

的启示。但因其暗含的假设前提与我国现实的差异，对我国人口流动和市民化问题的解释力不足。而正是因为现实与理论存在的这些差异，引发我们更深入地探讨影响我国农业人口迁移及市民化进程的社会因素。

（一）制度困境

前文已分析，刘易斯模式暗含劳动力迁移流动是自由的，而我国存在着以户籍制度为核心的系统性制度差异。成为阻碍劳动力乡城流动的制度障碍。因此应改革户籍制度，放宽人口流动的各种限制，为劳动力和人口的自由流动创造制度条件。

（二）结构困境

在刘易斯模型中，农业居次要地位，只需要向工业部门输送劳动力，拉尼斯、费景汉进行了修正，特别指出，在经济发展的第二阶段，可能出现农业剩余不足，带来粮食危机，引起城市生活成本上升，并推动工资水平上升。即农业剩余不足可能形成转移障碍。乔根森、托达罗指出了农业生产方式的变革和生产率的提高是剩余劳动力转移的前提和制约条件。事实上，我国传统的工业化战略加重了工业与农业、城市和农村经济发展的不平衡，是影响农业转移人口市民化的结构性困境。

（三）素质困境

刘易斯模型没有讨论劳动力素质差异，实际假定转移出来的劳动力都是同质的。现实中劳动力是异质的，现代部门产业升级需要的劳动技能，需要一定的人力资本积累才能胜任。农业转移人口人力资本积累不足，是市民化的困境之一。需要改革完善现有的职业教育体系，提升转移劳动力的技能素质。

（四）社会困境

在刘易斯等人的模型中，城市无失业，因此工业化与城市化是一致的过程，意味着劳动力获得稳定就业，同时就在城市稳定居住生活。托达罗模式指出了城市失业存在，但因城市预期收入远高于农村实际收入，乡城流动是总趋势。市民化第一步是生产要素流动，在城市就业挣钱；第二步是人口流动，在城市生活定居。改革开放后，我国农业转移人口快速进行了第一步的转移，但第二步进程却缓慢。即使在城市工资水平上升的条件下，为什么也出现"回流"现象？

综上分析，不能孤立地看待农村剩余劳动力的转移、回流等现实问题，不仅需要从宏观上结合我国经济结构的变迁历史，还应深入分析影响结构的具体因素；不仅从经济动因上思考，还应从社会结构和动因上进行深入研究。

第三章　农业转移人口市民化动因的结构视角分析——城乡结构及条件差异形成迁移动因

前一章的理论研究主要从宏观视角，将农业人口迁移置于经济发展与社会结构整体的转换进程中，在这一进程中，城乡比较利益的改变构成劳动力转移的直接经济动因。比较利益主要是由迁入与迁出地的收入差别所引起的，同时，城市能够提供更好的职业和生活条件、接受教育的机会也更多、更有利于发展的社会环境等，也构成劳动力迁移的利益动机。而影响比较利益的因素则产生于城乡结构及制度条件的差异。本章从中观结构视角切入，有助于我们理清影响农业转移人口迁移、定居决策的具体原因，进而构建农业转移人口市民化的制度框架。

第一节　"推拉"理论的系统分析

一、迁入地和迁出地形成的推力和拉力共同构成迁移动因

作为研究流动人口和移民的重要理论，"推拉"理论（Push and Pull theory）其理论渊源可以追溯到拉文斯坦（E.G.Raven Stein，1885、1889）提出的"迁移定律"。从迁移机制来看，人们进行迁移的主要目的是为了改善自己的经济状况，经济因素在人们的迁移决策中具有支配地位，因此农村居民向城市流向居多；从迁移的人口结构来看，女性人口在短距离迁移中占优，不同年龄段迁移倾向存在差异，青年人是人口迁移的主体；从迁移的空间特征看，人口迁移方向是朝着工商业发达城市，人口迁移率与迁移距离成反比，中心城市的吸引力逐渐辐射到乡镇周边，直到最偏远村落的梯级递减，并且迁移存在主流和逆流。拉文斯坦的观点为"推拉"理

论的形成提供了基础。

赫伯拉（Herberla）1938 年第一次系统总结了"推拉"理论概念。他认为是一系列"推力"和"拉力"共同促成了人口迁移。在居住地存在推力或排斥力，在目的地存在一定的拉力即吸引力，而迁移决策是由迁移者从比较利益角度做出的相应选择。

唐纳德·博格（D.J.Bogue）于 20 世纪 50 年代末，在之前的迁移理论基础上将影响迁移的动因从"拉力"和"推力"两方面进行了更为系统化的阐述。在市场经济条件下，人口、生产要素可以自由流动，改善生活条件是移民搬迁的原因。人口迁移是促进和阻碍两种不同方向力作用的结果。一种是来自于迁入地的拉动人口迁移的积极因素，例如在迁入地更多的就业机会，获取更高的工资收入，还有便利的交通和教育条件，较好的生活环境等，把潜在的迁移者吸引过来。另一种是迁出地中那些不利的社会经济条件，它们表现为推动人口迁移的因素，主要包括迁出地的自然资源日益枯竭、生产成本上升、经济效益下降、农村剩余劳动力过剩而就业不足、收入水平低等，它们将迁移者推出其常居住地。同时，不论是在迁入地还是迁出地，都存在拉力和推力两方面的因素。在迁出地除了起主导作用的推力因素外，还包括与家人团聚的快乐，自己成长的环境所建立起来的人脉网络等拉力因素；在迁入地同样存在着陌生的生产生活环境，当地人对外来者的排斥等推力因素。农业人口是否会进行向城市的迁移则取决于推力与拉力的对比。运用这一理论进行"力"的结构分析，可以对我国农业转移人口的"回流"现象进行解释：即流出地（农村）的拉力已经大大超过流入地（城市），所以产生了回流现象。[①]

李（E.S.Lee，1966）在其《迁移理论》中认为影响迁移的因素除了迁出地的因素和迁入地的因素外，还包括迁出地和迁入地两地中间的障碍因素及个人因素。中间障碍因素和个人因素被引入，更丰富和完善了"推拉"理论的解释框架。中间障碍因素主要包括距离远近、物质障碍、语言文化的差异，以及移民本人的价值判断。这样，迁移的动因就不仅是城乡收入差距，还包括制度、传统、文化、心理等因素综合的影响。

---

① 丁越兰、王宁莲、黄晶：《中国劳动力回流问题研究述评》，《经济与管理》2010 年第 9 期。

李的贡献在于完善了迁移"推拉"理论的框架，使我们可以将影响劳动力流动的社会、经济及制度因素进行综合分析。"推拉"理论，也被我国学者广泛用于农业劳动力转移和回流原因的解释上。

二、我国农业转移人口市民化的推拉因素分析

国内学者就"推拉"理论对我国农业劳动力转移的解释力进行了分析。认为推拉理论是以劳动力自由流动为前提的。在建立市场经济体制的过程中，农民逐渐得到了一定的流动自由，因此"推拉"理论对于中国农村剩余劳动力的流动，以及农业转移人口市民化具有一定的解释力。

（一）收入是大量农业人口外出的经济驱动力

中国东中西部经济存在梯度差异和发展不平衡，地区性收入差距是民工潮涌动的基本动因[1]（宋林飞，1996）。李强（2000、2003）调查分析了影响中国城市农民工流动的因素，认为农业人口外出的驱动因素中，属于城市拉力因素中的"城市收入高""外出见世面"排列一二位；属于农村推力因素有"农村收入水平太低""农村缺乏发展机会""农村太穷"等。"城市收入高"和"农村收入水平太低"分别列为城市拉力及农村推力第一位驱动因素[2]。蔡昉、都阳（2001）等人也认为，农村劳动力转移是由于农业资源禀赋的缺乏和农业收入低下，其中务农收入较低的农民最有可能作出转移决策。对农民外出收益和就业决策影响巨大的是机会成本。农民工家乡经济越落后，就业机会和挣钱愈少，他们外出动力就越大，经济上也更划算（张广宇、杜书云，2005）。朱农（2005）通过实证研究也指出，农村人均 GDP 越低，劳动力转移的意愿越强；城镇人均 GDP 越高，对劳动力的拉力就越大。黄乾（2007）的分析指出，我国农村劳动力改革开放后大规模转移的就业动力，主要来自农村的推力，因为当农民处于严重贫困状态时，转移就业动机的主导性因素来自经济方面的激励。2000 年以来实施了一系列惠农政策，农村推力开始减弱，但城市拉力却未显著加大，力的比较带来了农民工"回流"的现象。其原因在于仍然缺乏农村劳动力转

---

① 宋林飞：《中国农村劳动力的转移与对策》，《社会学研究》1996 年第 2 期。
② 李强：《影响中国城乡人口流动的推力与拉力因素分析》，《中国社会科学》2003 年第 1 期。

移就业方面有效的制度安排。①

（二）推力和拉力存在制度性失效

户籍制度及其衍生制度和政策一直是讨论的焦点。城乡分割的户籍制度实际起到了锁定农村劳动力生活预期目标的作用，使传统的推拉力失效。蔡昉的研究认为，户籍制度安排和传统的发展战略限制了农业劳动力潜在的转移行为，改革虽然一定程度放松了对转移的控制，但劳动力自由流动的制度障碍依然存在。因此，无论是预期收入还是人力资本禀赋，都不足以解释转移的动力。李强也指出，户籍制度是中国城乡流动最为突出的制度障碍，它发挥作用的方式是使得推、拉均失去效力，从而使流动人口不再遵循一般的推拉规律。在户籍制度长期影响下，流动农民工心理也发生了变形，导致推、拉失去效力（李强，2003）。董延芳等（2011）则通过对武汉市新老两代农民工调查发现，"隐性户籍墙"阻碍了农民工的市民化进程。农民工无法获得与城镇居民同等的社会保障，最终导致农民工回流和不愿迁移的行为发生。

（三）城乡社会制度共同影响农业转移人口市民化的推拉力量

经济融入能力、农村经济快速发展形成的拉力、转户后对放弃农村各种利益的顾虑、城镇较弱的就业吸引力等经济因素是当前农村进城人口转户意愿不高的主要原因（杨淑娥，2011）。土地制度增加了农民进城的机会成本，对农村劳动力流动意愿会产生影响，进而阻碍城镇化进程。家庭农业用地数量对移居决策具有显著的影响，二者呈负相关关系②。土地对回乡农民工具有明显的拉力作用，土地权益在农民工城乡迁移意愿影响中的作用显化，农民工在农村拥有土地的多少与参保意愿成反比，在农村拥有土地越多，回乡的意愿就越强烈，在城市定居的意愿越弱（刘丹，2010；陈会广、陈昊、刘忠原，2012 等）。另外，新型农村合作医疗制度的实施明显减弱了农村劳动力外出务工的倾向，是一种对农村劳动力流动的"枷锁效应"和对城镇农民工返乡的"拉回效应"（秦雪征、郑直，2012）。

---

① 黄乾：《农村劳动力转移就业问题性质的根本转变与社会政策选择》，《人口研究》2007 年第 4 期。

② 王学龙、于潇、白雪秋：《破解城乡差距之困：基于劳动力流转模型的实证分析》，《财经研究》2012 年第 8 期。

（四）通过制度完善，发挥农业转移人口市民化推拉效力

农村推力方面，应该特别关注稳定的农村土地产权制度对农村劳动力转移的积极影响。刘晓宇、张林秀（2008）认为土地产权稳定性不仅影响着土地资源，还决定着劳动力资源的利用方式和效率。应稳定土地承包关系，减少行政指令性的土地调整，进一步鼓励农村劳动力转移。此外，政府对经济和交通落后地区应进一步增加公共投资，改善农村基础设施，从而增加这些地区农民的非农就业机会，进而进一步提高农民收入[①]。

城市拉力方面，城镇中有利于农民工的社会福利制度形成城镇化意愿的制度性拉力，而农村中对农民有利的社会福利制度形成制度性阻力（周蕾、李放，2012），用城市的社会保障帮助农民工抵御城市就业风险，从而使耕地的潜在保障功能不再成为定居城市的桎梏。未来农村劳动力转移就业的动力问题，要从单纯地、被动地依靠农村推力转变到主要依靠城市拉力上来。有效提高影响城镇拉力的各方面因素，消除在户口、就业机会、子女入学、医疗、社会保障等诸方面的歧视和差异，建立完善的农民工劳动力市场等。

第二节　二元劳动力市场理论的研究视角

一、城市经济二元结构内生的劳动力需求是剩余劳动力迁移的动因

二元劳动力市场理论，又称劳动力市场分割理论，与传统新古典迁移理论不同，强调制度和社会性因素对劳动报酬及就业机会的影响。1954年克拉克·科尔（C.Kerr）首次提出了内部劳动力市场和外部劳动力市场概念。1971年，彼得·多林格尔（P.B.Doeringer）和迈克尔·庞奥尔（M.J.Piore）出版《内部劳动力市场及人力政策》一书，成为二元劳动力市场理论的典型代表。该理论认为，劳动力市场被分割成主要和次要劳动力市场，这两个部门是非竞争性的，并以不同方式进行劳动力配置和决定工资水平。

---

① 刘晓宇、张林秀：《农村土地产权稳定性与劳动力转移关系分析》，《中国农村经济》2008年第2期。

按照该理论的假设，城市经济中二元劳动力市场会内生出对农业剩余劳动力的需求。城市经济中存在着工资待遇好、条件优越、就业稳定、管理规范、职业前景好的主导部门（一级市场）和工资待遇差、条件不好、工作不稳定、管理混乱、缺乏个人发展机会的辅助部门（二级市场）。劳动力市场供求在两个部门存在差异。一级市场对劳动者技能有较高要求，求职者一般是受过良好教育的城市居民；由于本地劳动力不仅追求高工资，而且追求名声和社会地位，而二级市场往往是低报酬、无组织、无结构且规模很小的生产或服务单位，对城市居民缺乏吸引力，求职者往往是穷人、年轻人、移民、妇女等。劳动力本地供给在二级市场长期不足，外地劳动力是必要的补充，这也构成农村剩余劳动力迁移的需求动机。

二元劳动力市场理论强调劳动力需求方对就业市场的影响。由于对劳动的需求是由产品市场所派生出来的，因此产品市场需求的稳定成为劳动力市场分割的原因之一（余佳，2009）。如果面对的是稳定的产品市场需求，企业就会创造出包含就业保障条款在内的一级市场。这类市场的企业一般对劳动力的工作技能要求较高，同时也具备支付高薪酬的能力，因为企业生产规模和资本密集度较大，其赢利能力较强。但对于那些产品需求不稳定的企业而言，只能在次级市场从事生产活动，其生产规模和资本密集程度相对低，产品市场以价格竞争为主，支付的报酬较低，对工作技能要求也相对较低。

农业剩余劳动力往往首先基于生存与经济理性，受城市相对于农村的较高收入吸引，同时二级市场就业机会的技能门槛不高，因而选择进入城市而成为农业转移人口。但由于劳动力市场的分割，使他们被囿于次要劳动力市场之中。要摆脱贫困和发展，他们需要进入主要市场就业，但向一级市场流动的障碍很大，个人与家庭进一步发展机会受到限制，必然会影响到作为农业转移人口的个体基于经济理性和社会理性的市民化选择意愿。

二、劳动力市场分割形成农业转移人口市民化的障碍

二元劳动力市场理论不仅指出了工资决定和劳动分配机制在两个不同部分劳动力市场存在着明显差异，同时还指出了劳动力市场带来的分割主

要是社会和制度性因素造成的，并以此形成非竞争性群体，二级市场的劳动力向一级市场的转移因此而受到阻碍。

（一）制度性的障碍因素：在一级市场形成内部劳动力市场和工会等组织的影响

一级市场是以结构性的内部劳动力市场为主体，具有高度组织的正式劳动力市场，其运行并不是依据利润最大化的原则，而是由规章制度来决定劳动力资源配置的。工作安排优先考虑现有的组织内部成员，不受外部劳动力市场供求的影响，制定工资结构主要根据组织内部的需要。工会可以通过集体合同的条款，提高入会标准，控制会员人数等措施提高工资水平，限制外部劳动力的进入，维护自身的优势。一级劳动力市场通过招聘、培训、工作的重新设计、分包、调整产出量等途径，解决劳动力的供求失衡。而二级劳动力市场是由劳动力供求来决定其配置的，供求失衡主要靠工资波动来解决，通过比较劳动的边际贡献与边际成本，增减劳动雇佣量，依据劳动的边际贡献或市场工资支付报酬。两个市场之间的劳动力是通过内部劳动力市场一定的招聘机制相联系的。

（二）社会性的障碍因素：二级劳动力市场中劳动力的社会地位以及由此形成的社会歧视和排斥

按照新古典的劳动力市场竞争理论，二级市场劳动者的劳动报酬之所以低下，是由他们个人的人力资本状况所决定的。二元劳动力市场理论认为问题的关键并不在于两级市场劳动力的素质存在差异，而在于两级市场间的工资差别远远高于劳动力的素质差别。由于报酬和激励机制的不同，身处不同市场的个人，即使具备相同的能力，但却难获得相同的收入。也并非因为二级市场的工人缺乏一级市场需要的生产技能，而是因为来自于一级市场各方的排斥，甚至歧视的态度，构成进入一级市场的实质阻碍。

分析造成这种状况的原因：一是因为次要市场中缺乏对劳动者的特殊技能训练，因而在竞争第一市场职位时处于不利地位；二是因为次要市场的职位等级低，决定了在这个市场就职的工人社会地位也低，主要市场的雇主和工人为了维持其社会相对地位，对他们会采取雇用歧视的态度；三是因为工作习惯是职位特征的结果而非工人特征的结果，两级市场有着不一样的要求，例如工人的工作态度、纪律与时间观念、合作精神等。如果长期在次要劳动力市场工作，可能会养成与主要劳动力市场的要求不相容的行为习惯，例如自由散漫、不遵章守纪、缺乏团队精神等。往往一个劳动者只要进入了次要劳动力市场就业，即使今后努力接受更多的教育提高了个人素质，能升到一级主要市场就业的概率也会很小，陷入一种恶性循环也就在所难免。

由于市场之间的流动受到严格的限制，一个人首次进入的劳动力市场是哪一级，对于他的终生收入曲线将有着重要影响，同时也固化其所处的社会阶层。社会分层必然会导致社会歧视和排斥，成为农业转移人口市民化的障碍。

三、劳动力市场分割是我国农业转移人口市民化的重要制度困境

改革开放后，打破了计划经济体制下对劳动力流动的制度约束，城市经济的发展形成就业需求，因而形成了劳动力转移的"民工潮"、劳动力流动的"打工经济"。一方面，由于城市居民基本不愿意进入那些脏、累、差的行业，而农民工大多能吃苦，有体力，因而条件较差、劳动强度大的建筑业、环卫和制造加工业等，成为农民工主要的就业领域。"农民工"群体这一重要的农业转移人口成为我国城市经济发展的重要力量。另一方面，农业转移人口及家庭的收入也得以提高，不仅支持了落后地区的经济发展，也起到了缓解东西部地区间的收入水平差距的作用。同时二元劳动力市场理论也得到一定程度的验证。

（一）我国存在着劳动力市场分割的现象，并且表现出高度复杂性

由城乡二元经济结构决定的城乡分割、体制转轨所反映出的体制内与体制外市场的分割、由条块分割的管理体制所带来行业和地区劳动力市场的分割、城市内部存在正式与从属劳动力市场的分割等（蔡昉，1998；郭瑞云，2000；朱镜德，2001；李建民，2002；张展新，2004；许经勇，2007 等）研究成果充分说明我国劳动力市场的高度复杂性。

我国的劳动力市场从某种意义上讲是一种体制性分割。计划经济体制下，我国的劳动力市场的二元性表现为运行特征迥异的城市劳动力市场和农村劳动力市场。改革开放，劳动力资源配置的市场化改革，使农村剩余

劳动力在城乡地区间重新配置并大范围流动，二元劳动力市场也逐渐演化成为多元劳动力市场。劳动力市场首先区分为体制内与体制外；其次又分别形成了城市体制外与农村体制外劳动力市场（赖德胜，1996）[1]。

学者们普遍认为，中国城镇劳动力市场分割具有双重"二元性"特点，即"内部—外部劳动力市场二元性"和"城乡二元性"同时存在。在"二元劳动力市场"的"二级"部分，是以劳动者的户籍特征为区分标志的，这就是具有中国特色的"城乡分割"。张昭时（2009）利用2006年中国城镇住户调查浙江省的数据对劳动力市场分割的两重"二元性"进行了验证。认为城镇劳动力市场总的城乡分割程度为2.7%。在工资回报层面，一级市场几乎不存在分割，二级市场则显著；二级市场内部，相对好的行业分割程度弱于相对差的，外资、国有弱于个体私营。就业机会层面，相对好的领域城乡分割强于相对差的。在市场分割下，不同群体存在福利差距，身体健康、居住条件的不平等程度大于收入不平等程度[2]。农村户籍特征是构成进入一级部分劳动市场的显著障碍。

我国劳动力市场的分割还体现在行业分割和职业分割上。城市劳动力市场随着市场化改革和国有企业产权制度以及用工制度改革的深入而发生着改变，市场本身在演化中产生劳动力市场分割。一方面，国有企业改革使劳动力市场的部门分割逐渐向行业分割转化。垄断性行业和竞争性行业向非国有企业的开放程度不同，农村劳动力主要进入竞争性行业。另一方面，农业转移人口大部分都在稳定性较差的部门就业，而且固定工比例和长期合同工比例非常之低。何芸（2015）采用"中国综合社会调查"（CGSS，2006）的相关数据，从行业分割的角度总体上验证了二元劳动力市场理论。研究显示：行业主要劳动力市场工资性收入和稳定性远远高于次要市场，奖励激励机制也明显优于行业次要劳动力市场；行业主要劳动力市场福利待遇优于次要劳动力市场[3]。

---

① 赖德胜：《分割的劳动力市场理论评述》，《经济学动态》1996年第11期。
② 张昭时：《中国劳动力市场的城乡分割——形成、程度与影响》，博士学位论文，浙江大学，2009年。
③ 何芸：《二元分割与行业收入不平等——基于二元劳动力市场分割理论的分析》，《经济问题探索》2015年第1期。

（二）进入城市的农业转移人口主要分布在二级劳动力市场

在分割的城市劳动力市场条件下，农业转移人口或成为个体劳动者，或在小型微型私营企业就业，即在城市居民不愿涉足的第二市场就业。马九杰、孟凡友（2003）通过对深圳农民工就业市场的调研，一方面调查了城市农民工在第二市场择业特征，即城市农民工从事的职业或工种地位低、收入低、劳动时间长、不稳定性、临时性强，验证了劳动力二元市场理论在我国的适用性；另一方面也分析了与自身社会资本、人力资本、风险规避、家庭等自身因素之间的关系。这种农民工就业格局带有明显的市场分割特征，对于农村剩余劳动力转移、缩小城乡差距是不利的[①]，也不利于农业转移人口定居城市以及市民化。

（三）分割的劳动力市场中存在对农业转移人口的系统性制度歧视

西方劳动力市场的分割主要是歧视及累计效应应用的结果。在我国，市场分割则是建立在户籍标准上，而并非依据劳动者个人能力和素质。以户籍为核心的制度障碍体现在：农村迁移劳动力进入一级市场就业的障碍；二级市场中区分不同子部分的标准——劳动者在政治经济上权利不平等，福利不平等。对于具有相同教育、财产条件的劳动者，户口是限制农村劳动者进入一级市场的重要因素之一；进入一级市场的"农村户籍"劳动力比例大大低于"城镇户籍"劳动力（张昭时，2009）。城市劳动力市场上对农民工的歧视首先产生于身份、户籍及地域等非经济因素导致的雇佣歧视，并在此基础上形成工资待遇歧视和社会保障制度性歧视。对城市劳动力市场上的农民工歧视问题，王昊（2011）基于2005年全国1%人口抽样调查的10000个上海市家庭样本进行了实证研究。发现在劳动力市场中，相对于本地工人，56.5%的外地农民受歧视，粗略分解30.5%为户籍歧视，26%为地域歧视[②]。农村户口与二级市场的城镇户口收入差距大，在社保待遇上差距远，更难入"一级"。负反馈机制可能使农村迁移劳动力及后代社会经济地位无法得以改善。农业转移人口在社会地位上存在严重的身份歧视；就业选择方面缺乏机会公平；劳动报酬方面缺乏经济公平；劳动形

---

① 马九杰、孟凡友：《城市农民工第二市场择业——关于深圳市的个案剖析》，《开放时代》2003年第4期。

② 王昊：《城市劳动力市场上的农民工歧视》，硕士学位论文，复旦大学，2011年。

成过程缺乏起点公平；劳动权益保障缺乏结果公平（王永益，2007）[1]。所以，消除农业转移人口在城市劳动力市场上受到的歧视，必须改革城乡分割的户籍制度。

城乡二元分割是劳动力资源市场配置发展的结果，也是中国劳动力市场不完善、公共资源城乡配置失衡的结果。计划经济时期，城镇居民收入是农村劳动力的 2—4 倍，农村劳动力较低的人均收入主要用于食物支出，没有能力对个人教育、卫生投资。改革开放后，仍低于城镇。同时，由于公共教育、卫生资源的城市倾斜配置，使农村劳动力在人力资本方面处于劣势。

分割的市场分化出不同的社会阶层：一级劳动力市场就业，较富有的，具有较高社会地位的阶层；二级劳动力市场工作，较贫穷的，具有较低社会地位的阶层。社会分层必然会形成社会隔离，导致社会排斥，成为影响农业转移人口市民化的障碍。有学者指出，导致农民工劳动权受损的原因与现行法律设置、法律执行和政府角色错位有关，必须从理论和制度上理清关系，对农业转移人口实行"从身份到契约"的一元法律保护[2]。

因此，如何有效解决双重"二元性"，统一劳动力市场，是农业转移人口市民化的重要制度保障。

第三节　研究启示

综合推拉理论与二元劳动力市场理论的分析，可以发现，正是由于迁入地与迁出地的不同制度差异、就业市场结构差异，形成和改变农业转移人口迁移需要的基础条件，构成"经济人"和"社会人"的"推—拉—阻"力结构。

从"经济人"动因来看，来自农村内部的"推力"因素，包括农业劳动生产率低、发展条件差，以及土地稀缺而人口相对过剩的矛盾；来自城

---

[1]　王永益：《我国城市劳动力市场二元分割的伦理缺陷》，《南京理工大学学报（社会科学版）》2007 年第 11 期。

[2]　喜佳：《二元结构下"农民工"劳动权之一元法律保护：从身份到契约》，《中国法学》2010 年第 3 期。

市的拉力因素，则主要由收入差别、就业机会和条件组成；迁移的机会成本、政府财政、"三农"等宏观经济政策的影响、非农产业的人力资本投资要求等，影响迁移的阻力大小。

以"社会人"动机观察"推—拉—阻"力结构，追求更高层次的生活、发展需求、农村自然条件的不便形成向城市的推力；城市的消费示范作用、城市便利的生活条件和较高生活水平等形成主要拉力；传统的生活习惯、城市社会的排斥、城市环境拥挤等则形成融入城市市民社会的阻力。

当影响"推—拉—阻"力结构的制度因素发生变化时，就会改变迁移、市民化的收益和成本信号。因此，有序推进我国农业转移人口市民化进程，必须深化改革，从制度体系上形成促进农业转移人口市民化的制度合力。

形成迁移并定居城市的稳定利益诱导机制，是农业转移人口市民化的关键。不仅需要对产业合理规划、合理布局，也需要就业制度、土地制度、社会保障、户籍制度等制度体系的系统性创新。从"推拉"力而言，目前的重点是形成有农业转移人口市民化的城市拉力。

形成有效的城市拉力，重点是关注平等就业机会，完善就业制度。工作稳定性产生归属感，是市民化稳定性的主要保障[①]。如何摆脱低层劳动力市场，是农业转移人口面临的困惑和障碍。破解农业转移人口市民化的难题，需要首先打破"经济上接纳、社会上排斥"的分割的制度结构体系，通过区域产业合理规划，建立城乡一体、区域与行业开放、权益保障一致的就业市场。

我国计划经济的"制度障碍"并未完全消除，户籍制度为核心的制度体系仍然对流动形成一定阻碍。同时存在产品市场、就业信息不完全、政府过度干预等市场制度的缺陷。针对城乡分割，政府必须适时调整城乡关系，尤其在教育、医疗、基础设施，以及城乡福利方面，为农业转移人口市民化创造基本制度条件。

---

① 汪军、许秀川：《城镇化进程中务工农民的归属感：265 个样本》，《改革》2013 年第 8 期。

第四章 农业转移人口市民化动因的主体视角分析——主体意愿和能力约束支配市民化动因

农业转移人口市民化，从整体视角上构成经济发展的重要内容；从结构视角上标志着社会经济结构的转换；从微观主体方面考察，则是农村人口在经济发展结构变迁条件下，对利益诱导信号的自主响应，通过比较权衡，并最终做出迁移、定居抉择的结果。因此，了解农业转移人口市民化的动因，必须认识迁移决策主体的特征及其迁移意愿，进一步了解影响迁移能力的主要因素。

第一节 从决策主体特征考察动因——新劳动力迁移理论视角

一、强调家庭和家庭决策在劳动力迁移决策中的重要性

在托达罗模型研究中，劳动力对预期的城市和农村实际收入差距的判断，决定劳动力的迁移过程。迁移是劳动力对迁移的收入与成本比较后的经济理性决策。20 世纪 80 年代，斯塔克（Stark）等人提出的新劳动力迁移理论将决策主体从个人转向了家庭，认为迁移是以家庭福利最大化为目标，迁移者与其家庭共同承担转移的成本以及共同享受收益。经济因素仍是最主要的转移动机，但家庭集体理性，不仅要最大化其预期收入，而且需要最小化其风险，并缓解与各种各样的市场失败相关联的各种约束。迁移前后的相对经济地位的变化是迁移的重要影响因素。"收入 + 风险 + 相对贫困"是支配转移的经济动因（盛来运，2005；兰景力、佟光霁，

2011等）。

新迁移理论运用投资组合和契约安排理论，对劳动力迁移行为与家庭决策进行解释（丁越兰、王宁莲、黄晶，2010），认为迁移实际也是家庭的一种投资行为，是为了兼顾收益最大和风险最小的福利目标，寻求家庭成员内部劳动力最优配置的一种选择。由于在农业生产中存在大量不确定性，不仅自然灾害会影响农业的收成，同时农业新技术的引入也存在生产和市场上的风险，整个家庭的收入缺乏稳定性。在农业保险、信贷及福利等制度缺失条件下，通过迁移而进入非农产业，可以减少这种不确定性：一方面通过家庭收入来源多元化来增加收入，另一方面也可以规避和减轻家庭在社会制度不完善的条件下所面临的风险。因此，家庭成员需要共同承担迁移者外出的物质成本，同时还需要在教育、培训方面对迁移者进行人力资本投资，以获得在非农产业就业的技能。转移者和其家庭成员之间存在着一种类似合约的关系，将打工的收入汇回家庭，则是作为迁移者实现家庭收益最大需要履行的契约责任。同时家庭成员应该共担迁移的风险。如果迁移者失业或者低收入就业，就需要追加投资量或改变投资方向。[①]

随着我国市场经济体制的不断完善，以及户籍制度的改革调整，为劳动力流动及人口迁移准备了一定的制度条件。四川是农业人口转出的大省，一些学者在对四川的实证研究中也发现，外部环境对家庭迁移决策影响大，外出人数与家庭劳动力的数量是正相关的（杜鹰，1997等）。也就是说，农户家庭将部分成员送到外地劳动力市场，主要目的是使收入来源更多元，因此而规避农业生产不确定性及收入不稳定的风险，也是为了积累资本等稀缺资源。考察我国人口迁移与流动的进程，七八十年代主要以个人外出打工为特征，而进入90年代农业转移人口家庭式流动的趋势日趋明显。目前家庭式迁移的发生概率总体上呈逐年上升的趋势（陈贤寿、孙丽华，1996；蔡昉，1997；王培刚、庞荣，2003；周皓，2004；徐志，2004；郭江平，2005；陈芳妹、龙志和，2007；洪小良，2007；陈会广等，2012）。例如上海市，家庭流动的流动人口达28.3%；武汉市，150万流

---

① 丁越兰、王宁莲、黄晶：《中国劳动力回流问题研究述评》，《经济与管理》2010年第9期。

动人口中，1/3 以上的是家庭流动（王海英，2006）。从全国来看，2009 年举家迁移农民工已经达到了外出农民工总量的 20.4%[1]（国务院发展研究中心，2010）。

城乡之间存在工资收入的差异是引起农村劳动力迁移的主要原因。除此之外还存在着其他因素。规避风险并寻求家庭总收入最大化成为农户家庭城乡迁移行为决策的逻辑基础。由于我国社会保障体系的不健全，尤其是农村，失业保险、福利制度缺失，同时金融信贷上的制度歧视，使农户很难获得正规银行贷款并进行安全投资。外出务工的收入汇款可能是全家经济财富的基础。

在对家庭整体迁移方面研究基础上，有学者关注家庭内部成员序次迁移、融入城市的研究。杜鹏、张文娟（2010）在研究中指出，人口流动过程表现为三个方面，即地理空间流动，社会流动，以及家庭梯次流动。迁移行为属于家庭"集体化"行为，一个人先外出流动，随着条件的成熟再逐步团聚，也就有时间上的时滞或者说是梯次流动。对于我国大多数流动人口来说，家庭成员的梯次流动仍然是最常见的形式[2]。孙战文、杨学成（2014）运用山东调查数据的实证研究指出，农民工家庭如果处在迁移不同阶段，所面临的"成本—收入"约束不同，其中定居城市决策阶段是农民工家庭向城市迁移过程中的最艰难阶段。农民工家庭迁移城市是一个长期的、艰苦的过程，使一个家庭完成其市民化过程至少需要一二十年的时间[3]。

二、收入及相对经济地位是支配转移的动因

传统迁移理论认为，城乡迁移的动机在于城乡之间存在的绝对收入差距，托达罗模型为此进行的论述成为经典。斯塔克等人为弥补托达罗的"预期收入"假说对迁移动因解释力的不足，在分析迁移因素时，借用了伊斯特林"相对收入"假说，引入了社会性因素来解释迁移问题，采用

---

① 国务院发展研究中心课题组：《农民工市民化进程的总体态势与战略取向》，《改革》2011 年第 5 期。

② 杜鹏、张文娟：《对中国流动人口"梯次流动"的理论思考》，《人口学刊》2010 年第 3 期。

③ 孙战文、杨学成：《市民化进程中农民工家庭迁移决策的静态分析——基于成本—收入的数理模型与实证检验》，《农业技术经济》2014 年第 7 期。

了"相对贫困"概念。该理论认为，迁移决策不仅取决于农村劳动力与城市劳动力之间的预期收入之差，还受到农村户与户之间收入相对差距的影响，以及迁移进入接收地之后，按照当地的期望生活标准所感受到的相对贫困（Stark and Taylor，1991）。也就是说，不仅是城乡收入差距，还有农村内部的收入差距，共同影响着迁移决策。"相对贫困"是决定迁移的重要动因。

（一）"相对贫困"是农户家庭在农村内部感受到的经济社会地位的变化

如果一些农户在家乡感受到经济地位相对下降，便愿意离开此地迁移出去。"相对贫困"的产生往往与社会经济体系中的不平等相联系，并由此产生"相对剥夺感"，这对迁移决策有很大影响。如果某农户家庭收入不变而当地其他部分家庭收入上升时，就会产生相对剥夺感，因此倾向通过迁移来获得相对收入从而改变家庭的经济地位。

在前文已进行讨论，由于中国城乡二元经济结构及城市化的滞后，导致城乡之间的绝对收入差距，成为农民外出务工的转移动因。而改革开放以来，农村地区之间、农户之间收入差距的扩大甚至超过城乡差距，主要原因来自于地区、农户之间人力资本禀赋和其他获得致富机会的条件差异。一部分农户在农村参照系内感受到了相对贫困，如果观察到外出打工能够改善相对收入状况，便会产生较强的迁移动机。蔡昉等学者利用西北贫困农村的调查数据，检验了相对贫困假说，发现绝对收入差距与相对贫困同时构成农村劳动力迁移的动因，即相对贫困为迁移提供了激励[1]（蔡昉、都阳，2002；陈芳妹、龙志和，2007 等）。

（二）农业转移人口在城市感受的"相对贫困"影响其市民化意愿

由于"相对收入"是"一个人根据内在化的期望生活标准对收入做出的评价，或者说是一种社会决定的生存水平"。因此，来自于农村的迁移者进入城市，其相对经济地位的参照系也随之而改变。转移人口在城市是否再次感受到相对贫困，与他们进入城市后对参照群体的选择相联系。在家乡相对贫困而迁入城市不久的人口，其生活往往与当地社区相对隔绝起

---

① 蔡昉、都阳：《迁移的双重动因及其政策含义——检验相对贫困假说》，《中国人口科学》2002 年第 4 期。

来，由于他们不把城市人口当作自己的参照群体，即使与城市生活标准相比较收入更低，也暂时不会构成他们再度迁移的动机。随着迁移人口与农村原有生活环境的远离，开始认识并渐渐融入城市生活，城市人口就会渐渐转变成为他们新的关注对象。如果改变参照群体后感受到了更为强烈的相对贫困，那么新的迁移动机就会产生，再度向新目的地迁移，或者迁回原住地。

已有研究指出，家庭收入条件的差异，影响家庭成员迁移的物质条件和人力资本积累，从而影响其迁移到城市后的生存能力。杨云彦等人（2008）对农户家庭财富水平与农民外出的可能性之间的关系进行了研究。分析发现，更愿意外出务工的农民既有经济条件较差的家庭，也有经济条件较好的家庭，而经济条件一般的则不愿意外出务工，说明家庭积累财富的状况与家庭成员外出务工人数和可能性之间呈"U"形的相关关系。这一结果一定程度上是对新劳动力迁移理论的验证。经济条件较差的家庭为了改变相对贫困的状况而形成迁移动机；经济条件较好的家庭则积累了进入城市就业、发展的物质和人力资本能力，从而形成转移的动力。还有实证分析也指出，外出人数与家庭成员中未成年孩子数量、人均耕地面积有负影响，个人教育程度与外出正相关（杜鹰等，1997）。还有学者（程名望、史清华、赵永柯，2007）从农户行为的微观角度研究了农户富裕程度与农民工进城务工的关系，认为特别是对低收入阶层的农民工来说，进城仅仅是阶段性的务工，而不可能到城镇定居。这表明我国的农民工进城不是一个真正意义的人口迁移概念[1]。

第二节　从决策主体能力特征探寻动因
——人力资本与社会资本理论视角

不论是基于经济理性，还是基于社会理性的选择，农业转移人口主体能力对迁移意愿均存在重要影响。按照经济学的基本观点，任何经济决策的制定，都要权衡所占用的资源条件，都需要投入的资本获得最大化的回

---

[1]　程名望、史清华、赵永柯：《我国农户富裕程度与进城务工关系的实证分析》，《浙江工商大学学报》2007年第2期。

报。农户迁移定居城市也是一项投资行为，追求资本回报率是迁移定居的动因。经济资本、社会资本以及人力资本积累的水平和构成，既是迁移动因，又是迁移的约束条件。有学者指出，农业转移人口市民化的最大阻碍在于农业转移人口的资本要素禀赋不足，存在物质资本、权利资本、人力资本及社会资本的困境。退出农村、进入城镇和融入城镇的市民化各阶段中，农业转移人口拥有的物质、人力和社会资本是基础条件，权利资本则主要作用于后面两个环节。[①]（邱鹏旭，2013）物质资本及权利资本的获得主要取决于经济环境及社会制度环境提供的可能性，人力资本与社会资本则更多反映的是迁移决策主体的能力特征。人力资本理论和社会资本理论从主体能力特征方面对移民迁移的适应性进行了不同视角的研究。

一、人力资本是农业转移人口市民化的内生动力

舒尔茨（Schultz）指出，人力资本是劳动者由于获得知识、技能和其他生产交换过程中对公司有用的品质而增加的价值。人力资本的基本特征：一是凝结在人身上的"人力"；二是可以作为获利的手段使用的"资本"。人力资本的资产特性，最根本地体现在它的主体能动性上，即创造社会财富、作为价值增值源泉的主体创造力。从宏观意义上讲，人力资本是经济持续发展的永久动力；从微观视角看，则是"人力"主体获取个人发展的条件和动力。

（一）迁移是农业人口进行人力资本投资的有效方式

把劳动力迁移理论和人力资本理论结合在一起，并从微观分析的视角指出迁移者选择问题的早期文献主要来自明瑟（Jacob Mincer，1974）和贝克尔（Gary S.Becker，1975）等人的研究。研究指出，个体人力资本的特征会影响他们的工资水平及获得工作的可能性，也会影响迁移的成本。年轻人可以通过更长时期的迁移而获得收益，因而迁移意愿较年长者更高；受过良好教育、具备"移民网络"并在迁入地有亲友联系的人更易迁移；人力资本会趋向于向更高回报率的地方迁移。

人力资本是一种投资，人口迁移也是人力资本投资的一种方式，个人

---

① 邱鹏旭：《对"农业转移人口市民化"的认识和理解》，2013年3月13日，见 http://www.docin.com/p-1455326608.html。

和家庭的流动是为了适应变化的就业机会，配置人力资本，并获取增值。当迁移收益大于迁移成本时，迁移行为就会发生。除了较高的城市预期收入，迁移收益还体现在迁移过程中迁移者能力的提高。正如列宁关于"迁移是防止农民'生苔'的极重要因素之一"的精彩论述，迁移的过程可以提高农业转移人口的文化素质，开阔其视野，增强其职业转换能力和在城市生活、消费的环境适应能力，体现的是农业转移人口市民化的社会进步过程。

戎建（2009）通过对农村人口从事不同类别劳动的教育回报率和迁移到城市的教育回报率的实证研究指出，中国农村劳动力向城市迁移流动是他们在当前环境下理性选择的一种人力资本投资方式，迁移回报率是吸引农民选择迁移流动到城市的重要因素。农村青年以迁移替代教育的原因，是由于农村地区的正规教育环境和就业环境与城市的人力资本投资环境差别巨大。程名望等学者的调查显示，"城里收入高""外出开开眼界"和"到外学点技术或才干"等因素是排在前几位的农业转移人口迁移的动因。

（二）人力资本积累水平决定农业转移人口城市融入的能力

人力资本高低不仅影响着农业转移人口退出农业进入非农业的职业转换适应能力，又决定着他们融入城镇的生存和发展能力。众多研究指出，进入城市后，人力资本积累的水平制约农民工群体城市生存、就业和发展的状态。他们长期在城市第二市场中从事"苦、脏、累"的工作，很大程度上是由于其受教育程度较低，人力资本偏低；人力资本积累水平高，不仅意味着参与城市劳动力市场竞争能力相对强，并能获得相对高的收入；而且也更容易适应新的生活方式和环境，所受到的社会排斥小，融入度高，因此越愿意实现永久性迁移（黄晶，2004；任国强，2004；陈成文、王修晓，2004；张广宇、杜书云，2005；苏群、周春芳、高珊，2007；熊波、石人炳，2009；王智强、刘超，2011等）。

对农业转移人口市民化意愿的调研中，个体因素涉及多个方面，但对迁移意愿有着比较显著影响和重要政策价值的主要是受教育程度这一变量。多数研究结果显示，农业转移人口的永久迁移决策是基于教育的正向自我选择，留城意愿强的往往受教育水平高（梅建明，2006；李楠，2008；续田曾，2010；刘丹，2010等）；也有研究认为虽然教育对留城倾向的影响作用还并不十分清楚，但能够明确的是，初中未毕业及以下教育层次对留城的倾向是反向影响的（张晖、许琳，2004）。由于农民工在农村受教育程度普遍偏低，存在人力资本积累的"先天不足"，进入城市后缺乏培训，人力资本形成又"后天不足"，因此，农业转移人口自我适应与发展能力不足成为市民化的障碍。随着农业转移人口受教育程度的提高，他们对自我身份转变的要求以及对职业选择非农化的意识均会明显增强，也能更敏锐地感知城镇新环境的变化。加强农村基础文化教育对农业人口转移具有深远的意义，同时不可忽视对成年的转移人口进行职业技术培训。[①]

基于人力资本视角的分析结论：农业转移人口在城市的就业选择以及永久定居决策，受到自身积累的人力资本水平影响和制约。其政策含义在于：首先，重视农村义务教育及人力资源开发，为农业劳动力转移准备人力资本条件；其次，加强对农业转移人口的职业培训，解决进城农户家庭子女的基础教育，是解决农业转移人口融入城市并最终完成市民化进程的关键。

本书第三部分通过调研，对农业转移人口的人力资本与迁移意愿的关系进行实证研究。

二、社会资本是农业转移人口市民化的制约条件

法国社会学家皮埃尔（P.Bourdieu）1980年提出社会资本概念。相对于经济资本和人力资本，社会资本是人与人之间的联系，存在于人际关系的结构之中。社会资本与关系网络、拥有的资源数量和质量有关，其获得可以使行动者增加经济资本、文化资本并带来未来的收益。这一理论在人口迁移和移民适应性分析中得到广泛应用，也被应用于对我国农业转移人口市民化问题的实证分析中。从微观层面，着眼于分析农业转移人口个体的关系特征、社会地位对其在迁移过程中所能获取的社会资本的影响；从中观层面，关注农业转移人口社会网络的结构性特征及网络间的互动、制约，以及对个体获取社会资源能力的影响。

[①] 程名望、史清华、徐剑侠：《中国农村劳动力转移动因与障碍的一种解释》，《经济研究》2006年第4期。

（一）社会资本制约农业转移人口获取就业机会的能力

改革开放初期，大多数农民工进城务工主要依靠老乡关系形成的有限社会网络——"随工头进城"，大多进入劳动密集型的加工工业及建筑业。由于个人社会资本的有限，即使拥有较好教育背景的农民工，也难以寻找更好的就业岗位。随着劳动力转移规模的扩大，劳动力市场也在不断改善，农业转移人口社会资本能力也有所改变。在农业转移人口进城的途径中，传统的靠老乡介绍、跟工头的方式已不再是主要渠道。越来越多的人通过自己比较选择进入城市，职业中介机构开始发挥更大的作用。

（二）社会资本影响农业转移人口永久迁移意愿

研究表明，个人及家庭拥有越广泛丰富的社会资本，越有利于农业转移人口改变对自身身份的认同，对于消除群体偏见、缩小与本地居民的社会距离也是非常重要的，他们选择永久性迁移的倾向也越强（马九杰、孟凡友，2003；熊波、石人炳，2009等）。成功的农业转移人口能够对关系进行投资，形成具有现代意义的社会资本，并且将自身行动嵌入城市社区、城市官僚及社区政治（周利敏，2007），实现对城市社区的融入。邱鹏旭（2013）的研究指出，由于农业转移人口主要以亲缘、友缘和地缘为社交网络，很少参与社区组织活动，加之倾向城镇居民利益的制度设计，使得农业转移人口这一群体私人关系型社会资本不足，组织型社会资本贫乏，制度型社会资本缺失。社会资本成为影响农业转移人口城市就业选择及永久定居的关键制约因素。

本书的第二部分，将从社会资本视角，对农业转移人口市民化的城市融入问题进行深入研究。

第三节　研究启示

一、关注农业转移人口的主体动因——经济理性与社会理性的选择

新迁移理论的一系列理论前提、基本假设和主要观点与我国国情高度吻合。相比较而言，这种以家庭为决策单位的分析方法更能针对中国现

实，对于理解和分析我国农村劳动力的乡城转移问题有着比较强的理论适用性，对于农业转移人口市民化的制度建设具有重要的政策启示，即加快农业转移人口市民化的制度建设须重视农业转移人口的主体动因。研究表明，新老两代农业转移人口具有不同的就业动机，老一代以生存和家庭经济利益为主，新生代则以生活和自我利益为主。如果说生存理性和经济理性是农业转移人口及其家庭考虑是否到城市就业的主要动因，那么是否愿意定居城市，则需要更多从社会理性的角度去分析。

（一）关注农业转移人口家庭的市民化意愿

农业转移人口市民化，一定意义上讲，就是要实现由初期的"农民工"进城务工向农民家庭进入、定居，进而融入城市的新阶段的根本转变。这不仅是一个经济过程，更是重要的社会过程。与个人迁移不同，以家庭为单位的迁移除了与收入相关的经济因素外，家庭成员的社会生活环境条件、发展条件等社会因素则成为转移者基于社会理性的决策动因。不仅仅是就业条件的差异，还包括住房条件、子女就学条件，以及医疗、养老等制度体系形成的社会权益的差异，都将对农业转移人口家庭的市民化进程产生根本的影响。

在调研中发现，一些早期进入城市的中年农业转移人口，在城市已积累了一定的人力资本以及住房等物质资本，个人已具备了市民化的基础条件。但因为家庭成员不愿意迁出而放弃城市定居，而处于"半城市化""逆城市化"的不稳定状态中。例如访谈对象 L，户籍所在地是四川巴中，高考失利而成为较早进入城市的农业转移人口。通过自费进修学习英语，先后在攀枝花二滩电站、黄河小浪底工程为外国工程人员当翻译，之后到深圳办英语口语培训班，并且在深圳房价还未大幅上升时购买了住房。但因为妻子在农村经营小生意不愿意放弃（成为迁入城市的机会成本之一），同时也难以融入城市生活，因而决定返乡并卖掉了在深圳的住房。但回乡后发现自己在城市安身立命的技能在家乡却没有太大用处，自己又难以融入过去的乡村生活，加之之前夫妻长期两地分居，再聚后却相处难。离婚后重回自己熟悉的城市，教学生、当滴滴司机，为住房、生活重新打拼，开始新的城市融入。

可见，由于定居城市的决策需要权衡机会成本，举家迁移则面临更多对于未来发展的不确定性，因而成为农业转移人口进行市民化决策最艰难的阶段。因此，研究推进农业转移人口市民化的政策，更需要从家庭视角，关注其社会性的影响因素和利益诉求。

（二）重视社会权益保障的制度建设，有序推进农业转移人口市民化

"伊斯特林悖论"的启示，幸福感取决于相对收入。"相对贫困"意味着劳动者处于某个特定群体的底层，不仅经济地位低下，更缺乏体面劳动、尊严生活的社会地位。改变"相对贫困"，不仅构成家庭迁移或定居的社会动因，也成为政府政策应有的着力点。

首先，缩小城乡、农村收入差距，消除发展基础与发展机会的不公平，有序推进农业人口转移及市民化。

我国改革开放后的农业人口转移，一定程度上是由于农村"相对贫困"积累转化为迁移的动因，进而出现"民工潮"。这样短期、急速的农村外来劳动力转移流动，虽然为城市经济发展带来廉价劳动力，也对城市劳动力市场形成竞争压力，会引起城市居民及地方政府对城市就业岗位、治安环境的担忧，加重城市内部对农业转移人口的就业歧视、生活排斥，并在城市产生"相对贫困"，形成农业转移人口市民化的障碍。因此，对农村"相对贫困"的有效治理，不仅能提高农村居民收入，缩小城乡、农村收入差距，而且可以通过减弱"相对贫困"的转移动因，形成比较缓和的迁移速度，从而减小来自城市的社会排斥，有利于市民化进程的健康推进。

城市发达的现代文明、丰富多样的生活方式，比起乡村具有更大的吸引力；较差的居住社区环境导致农业转移人口的非持久性迁移取向。对新环境的适应性越强，能够获得的资源越多，越愿意选择永久性迁移。经济资本积累主要体现在收入的多寡上，同时住房也是农业转移人口城市定居的重要资本积累，对于市民化具有显著的影响，不仅为定居城市提供基本的生存条件，也为更好的在城市发展提供物质基础（罗遐，2011 等）。从目前的整体情况看，农户家庭较低收入水平，土地、宅基地等资产的流动性弱且价值存在不确定性，农业转移人口一方面陷入物质资本困境，另一方面也使他们缺乏实现市民化的物质基础（邱鹏旭，2013）。

必须缩小城乡收入差距，特别重视农村内部的收入差距，逐步消除由于"相对贫困"带来的短期、急速而不稳定的迁移；重视农村人力资本的

投资，从根本上改变因为"相对贫困"而产生的进入、定居融入城市的资本困境，以获得迁移的能力保障，使农业转移人口市民化能够健康、有序地进行。

其次，改革城乡隔离的制度体系，消除经济、社会权益的差异，形成有利于农业转移人口稳定就业与定居的市民化环境。

我国目前经济领域的一个显著特征是市场制度以及金融制度的不完整、不完善，这种制度状况不仅影响农村家庭劳动力的使用，对劳动力的乡城转移也必然产生一定的影响。有研究对影响农户永久迁移的因素进行分析后认为，就业率、收入和城市生活成本是影响进城农民从暂时迁移转变为永久迁移的主要因素，城乡社会保障制度对迁移有重要影响（王国辉，2006）。由于以户籍为核心的城乡隔离的就业、社保、住房等制度体系改革滞后，农业转移人口与城镇居民仍然存在劳动权、居住权、自身及子女受教育权以及享受公共服务权利等方面的差异，使市民化缺乏充分可靠的社会权益保障。权益的缺失成为进入、融入城市的重要障碍因素。

迁移人口在城市感受到的相对贫困与个人人力资本禀赋有关，一定程度上可能影响市民化动机，但同时也会产生提高人力资本、提高城市生存能力的激励。而如果城市劳动力市场中存在就业歧视性政策，通过人力资本提高的努力也难以改变在城市中的"相对贫困"，那么进一步的迁移甚至回迁就会不断发生，并因此出现了一方面农业转移人口迁移数量巨大，另一方面市民化水平却进展缓慢的局面。由此，政府应该通过劳动力市场政策、金融支持政策、收入分配政策和保障政策影响劳动力的转移速度和转移动机。

二、培育农业转移人口市民化的主体能力——化解资本困境

综合以上分析，由于市场经济制度体系的不完善，社会权益制度系统的不完整、缺失，"相对贫困"导致农业转移人口缺乏足够的经济资本积累、人力资本投资及社会资本形成。资本困境导致农业转移人口市民化能力不足，因此，推进农业转移人口市民化进程，需要从培养主体能力的角度进行制度设计，化解资本困境，形成农业转移人口市民化的内生动力结构。

（一）积累经济资本，增强农业转移人口的经济适应能力

首先，需要提高农业转移人口城市就业的收入。完善落实最低工资制度，构建农业转移人口工资支付保障体系。通过有序推进改革工资、社会保障及住房制度，提高农民工的经济资本积累水平；其次，重点推进农村土地制度改革，确保农业转移人口在土地流转和征用过程中的主体地位，有效保障其切身利益，并促进土地资源能够顺利转化为其市民化的物质资本。

（二）培育人力资本，提高农业转移人口的社会适应能力

要打破农村劳动力教育与收入的低水平恶性循环，改善农村人力资本投资环境尤其重要，特别是农村义务教育的水平提升和环境改善。为潜在的农业转移人口进行人力资本的积累。

对以"农民工"为代表的现有农业转移人口，加强对其进行职业、技能培训，形成非农产业就业、城市消费生活的新的人力资本条件。这需要政府、企业共同建立健全培训体系，构建长效高效的培训机制。同时也需要农民工主体的意识提高，主动学习新技能、提高职业素养和培养社会文明习惯。

在城市义务教育环节，应重视农业转移人口子弟享受平等的基础教育权益，积累家庭在城市社会生活的人力资本，最终完全市民化。

（三）丰富社会资本，提升农业转移人口的城市融入能力

首先，需要建立和完善劳动力市场的就业引导机制，发挥社区组织、企业组织及农民自组织的作用，弥补农业转移人口的社会资本短缺。建立提供服务和咨询的组织，如农民工职业介绍与技能培训服务中心、农民工信息交流中心、农民工法律援助中心等方式，使农业转移人口进城途径更多样，更流畅，信息更充分，成本更低。

其次，需要建立和谐的城市社会关系，消除城市排斥和隔离，拓展农业转移人口城市定居的社会关系网络和空间。一方面需要他们转变价值观念和行为习惯，提高综合素质，增强社会交际能力，培养城市融入的归属感；另一方面也需要城市市民包容、理解和关心、接纳。

第五章　构建农业转移人口市民化的
制度动力系统

　　前文研究的各种理论和模型都一致认为农村劳动力转移具有客观必然性。从研究视角看，刘易斯等经济发展理论，侧重于宏观视角，将劳动力迁移视为工业化、现代化进程中结构变迁的表现；推拉理论、二元劳动力市场理论关注结构动力复杂性的研究；新迁移经济学等则主要研究迁移的微观机制。不同的研究视角，有助于丰富我们对这一问题的系统认识。从研究内容看，大多数理论视个体为迁移决策的主体，而将家庭作为决策的主体是新迁移经济学的理论特征；对于转移动机的解释，农村劳动力转移的最主要因素是经济因素，尽管具体经济动因的构成不尽相同。刘易斯模型强调城乡实际收入差异支配转移，托达罗则引入城市就业概率，指出城乡预期收入差异支配转移，新迁移经济学的"收入＋风险＋相对贫困"支配转移等。由此可知，迁移不仅是主体基于经济理性的选择，同时也是基于社会理性的社会结构变迁的过程。制度因素在不同的理论模型中有不同的地位和作用。新古典劳动力迁移理论是以完全的市场体系作为基本制度前提，迁移主体能够理性地进行成本—收益分析，进行理性决策；新迁移经济学中则将各种市场失败的制度因素作为分析影响迁移诱因的前提；二元劳动力市场理论更明确了市场的不完全是城乡劳动力迁移的前提和约束条件；推拉理论则引出了城乡制度因素对推拉阻力的系统影响；人力资本理论、社会资本理论则将分析思考引申到教育制度、城市社会关系等更深层次的原因上。具体到我国实际，需要进一步从我国经济发展的现实因素中寻求其逻辑联系，进而探讨市民化的动力机制。

　　我国改革开放以来，农村剩余劳动力向城镇非农产业的转移，为经济增长提供了强大的动力，而迁移城市的经济利益又成为农业劳动力乡—城流动的主要动因。近年来，我国经济增长放缓、结构性矛盾加剧，出现"农民工回流""民工荒"与"就业难"并存等问题，也引发了关于"人口红利"这一增长动力是否消失的争论，以及对"全面二孩""延迟退休"等政策的热议。2015 年年底召开的中央城市工作会议更释放出重要的信息：劳动力供给数量和结构问题已经成为中国经济发展重要的约束条件，城市工作的重点任务是农业转移人口的落户定居，即市民化问题。"农业转移人口市民化"成为理论和政策研究中出现的高频词。

本章将在前文理论研究基础上，以中国经济"新常态"为现实背景，探讨"刘易斯拐点"预期的新历史条件下，如何加快农业转移人口市民化，形成经济发展的新动力。进一步考察影响市民化动力的约束因素，破解制度难题，设计农业转移人口市民化的促进机制，进而构建新发展时期经济增长的动力体系。

第一节 "刘易斯拐点"临近与农业转移人口市民化动因的改变

农村剩余劳动力向城市转移是二元经济结构转换的社会经济现象，也是与工业化、城市化进程密切相关的经济发展过程。刘易斯（Lewis）"无限劳动供给条件下的经济发展"的二元经济模型，将经济发展进行了阶段性划分，而工资水平上升、农村剩余劳动力数量减少，成为划分的重要依据。

农业转移人口市民化的第一步，即作为农村剩余劳动力进入、参与城市经济，实质上是刘易斯二元经济模型"无限劳动供给条件下"经济发展的重要内容。在这一阶段，经济理性是其决策行为的基础，迁移带来的经济收益和成本是其诱因和动力。当经济发展来到所谓的"刘易斯拐点"，经济发展的要素相对价格发生变化，发展的动力结构，即农业转移人口市民化的第二步——落户、融入城市的动因是否会发生改变？

2007 年，蔡昉等学者发布的"中国人口与劳动问题报告"，明确指出我国经济已进入"刘易斯拐点"，中国将进入一个以往并不熟悉的发展阶段，需要调整战略进行制度创新，并由此引发学术界关注和争论。正确判断中国经济发展阶段，不仅是调整发展战略、转换结构、实现可持续发展的重要前提，也是探寻农业转移人口市民化动力的逻辑前提。

一、关于"刘易斯拐点"是否到来的争论

大多数学者主要从劳动力市场供求关系出发，结合我国人口转折阶段和结构，从"民工荒""人口红利"等问题入手，对中国"刘易斯拐点"形成了有争议的判断。

一方观点认为，根据发达国家的经验判断，"刘易斯拐点"的特征已经初显，中国已经进入这一拐点。即农业剩余劳动力的转移随着工业化的推进开始逐渐减少，劳动力过剩将由全面短缺所取代，这既是经济发展的挑战也是经济转型的动力。代表学者有蔡昉、巴曙松、保罗·克鲁格曼等。这种判断的主要依据为：一是我国农村剩余劳动力持续减少，人口出生率下降，劳动年龄人口比重下降；二是目前城乡一体化趋势明显，劳动力工资也普遍上涨，表明无限供给的劳动力特征正在消失。

另一方观点则认为，我国农村目前还有大量需要转移的劳动力，中国还没有进入"刘易斯拐点"。"民工荒"现象并不必然是"刘易斯拐点"的表象，而是劳动力市场的结构性短缺、制度壁垒等方面的综合反映；而工资上涨既有劳动力市场供求变化的内生因素，又有制度等外生因素（包括长期受压抑的低工资，正常恢复性的回升），并非一定反映的是因剩余劳动力消失而带来的工资上升，农民工实际工资没有更快的增长；中国目前城市化水平还很低，农业中尚有大量剩余劳动力，城乡生产率工资水平差距大，拐点来临可能在 2020 年以后（周天勇，2010）。持这类观点的代表性学者还包括樊纲、张曙光、孟昕、张宗坪、任保平、白南生等。

两种观点都有不同学者的实证研究结果支持，既有全国整体的研究，也有地区研究。学术界未能达成一致的原因，既有理论前提、概念方面的分歧，也有实证研究方法的差异。

有研究指出，"刘易斯拐点"框架并不适用于当前中国（魏晓波，2011）；"刘易斯拐点"的理论说明性远高于其实用性，因为其以完全竞争为前提构建的高度抽象的理论化模型，与中国的现实存在较大的距离（吴倩茜，2012），可以此为参考而不必界定其具体时点。李文溥、熊英

（2015）则通过引入产品市场，区分消费品和资本品，以市场出清的角度，从理论逻辑上推论，在二元经济转变的过程中，刘易斯模型中劳动工资不变的外生假定是不可能成立的。因而以实际工资是否变动来作为判断依据的"刘易斯拐点"也就没有了实际的意义。

也有研究指出，产生争论的原因是对"刘易斯拐点"的认识存在分歧。按照刘易斯两阶段模型，无限供给的农村剩余劳动力到被现代化部门完全吸收，工资水平开始上升，城乡工资水平一体化，转折处即"刘易斯拐点"。而拉尼斯、费景汉三阶段模型的补充修正，使刘易斯拐点有了两个拐点，第一拐点即劳动力从无限剩余转变为有限剩余；第二拐点则是劳动力从有限剩余到完全被吸收。对中国经济的现实分析，认为中国没有进入"刘易斯拐点"的学者，往往把"刘易斯拐点"理解为农村剩余劳动力全部吸收的时点；而认为中国已经进入"刘易斯拐点"的学者，实际将其理解为第一拐点。农村剩余劳动力规模和工资水平的变化作为判断的重要依据，也会由于估计方法的不同而带来数据上的较大差异。例如中国人民银行上海总部调查统计课题组（2011）的分析认为，蔡昉等学者估算的农村剩余劳动力数字，忽视了转移出去的农民工并没有在城市落户等问题。这部分未落户的农业转移人口，对于估计预判"刘易斯拐点"增加了复杂性和难度。没有落户的"半城市化"状态，不仅意味着市民化进程的停滞，也意味着这部分劳动力随时可能又转化为"剩余劳动力"。

二、基本共识及其启示

在这些争论的背后，对"刘易斯拐点"的认识在不断深化，并取得了若干共识，具有重要的启示。

一是都承认中国现在仍然有剩余劳动力，但劳动力的稀缺性正在增强，由全面过剩转向结构性过剩已是现实。当进入全面短缺时，"刘易斯拐点"将完全到来，经济增长面临动力结构的根本转换。必须在人力资本积累方面加大投入，充分利用和挖掘已有劳动资源潜力，同时改善劳动力市场资源配置的机制，提高效率。

二是我国城乡劳动市场一体化水平和劳动市场的市场化程度都有一定提高。城市中熟练工人和农民工之间过去存在较大的工资差异，目前已显示出收敛趋势，市场化的工资决定机制也逐步建立。表明农业转移人口自由流动需要的统一开放的市场条件正在日益完善。

三是作为二元经济向一元经济转换的必经阶段，应该将"刘易斯拐点"视为一个区间，而在这个区间内会存在各种相互冲突的矛盾（例如"民工荒"与"就业难"的矛盾），以及过程的反复（如农民工回流）。尽管对具体时点有所争论，但共同的认识是中国经济正在接近或已经进入"刘易斯拐点"阶段，这是中国经济发展的重要背景，是机遇也是挑战。"非熟练工人的普遍稀缺将可能成为减轻收入不平等的最为强大的市场力量，也可能会成为缩小城乡收入差距的主要市场机制"（约翰·奈特，2011）。大多数发达国家，当出现劳动力的系统性短缺时，政府立法和社会政策会转向对普通劳动者利益的关注，通常会进行加快缩小城乡差距、促成劳资关系改善的制度调整。"刘易斯拐点"为经济社会制度的完善和革新提供了新的动力。

四是在减少劳动流动障碍并完善劳动市场制度方面，学术界形成了共识。例如，二元结构的制度障碍必须消除，以户籍为核心的原有制度体系中各种不合理的隔离应该逐步取消；重视并加强劳动合同、工资待遇、劳动争议等就业权益方面的保护；健全农业转移人口社会保障体系，改变"候鸟式"的转移方式，使其能稳定在城市安居；充分发掘现有劳动力资源的潜力等方面（郭金兴、王庆芳，2013）。围绕这些问题的讨论与对农业转移人口市民化问题的研究，具有政策逻辑的一致性。

由以上共识可以得出的重要启示是：农业转移人口市民化的有序推进，将是中国经济顺利进入并完成"刘易斯拐点"的关键环节。

三、"刘易斯拐点"视角下农业转移人口市民化的经济动因

学术界对农业转移人口市民化进行了大量的研究，主要将其置于城镇化进程的思考中。认为我国农业转移人口市民化进程滞后，存在动力不足、城市融入难度大，个人拥有的人力资本不足，以及社会关系网络狭小和"陌生化"等社会资本的缺陷、户籍制度等结构性障碍等。而将农业转移人口市民化问题直接置于"刘易斯拐点"背景下的研究却并不多见，以此为论文选题的仅有少数几篇（如章剑卫，2013；武天瑶，2014）。尽管

如此，从"刘易斯拐点"争论的研究中，可以寻找到对于此问题有价值的思考和启示。

"刘易斯拐点"所表现出来的城市用工短缺的现象，以及劳动力结构性短缺与过剩并存的矛盾，源于农业转移人口市民化的成本约束，源于在迁移过程中面临的权益困境以及自身资本积累不足的能力困境。通过制度建设，调整市民化动力系统，加快市民化进程，挖掘劳动供给潜力，是应对"刘易斯拐点"期到来的重要政策举措。

（一）成本约束削弱农业转移人口市民化的经济动因，导致城市用工短缺

在第二章的理论研究中已阐述，农村人口迁移城市的经济动因来自于预期收益与成本的比较。近年来农民工工资有所上升、与城市工人工资差异呈现出收敛的趋势，也就是说收益方面的诱因仍然存在。但是，由于面临着较高昂的迁移定居城市的经济成本，由此削弱了经济动因，形成了农业转移人口市民化的阻力。有研究指出农民工市民化的全国人均成本为 13 万元；全国人均个人支出成本平均约为 1.8 万元 / 年；农业转移人口还需要集中支付房屋购置租赁成本，全国平均约为 10 万元 / 人，约合 30 万元 / 户。[①]农业转移人口如果要享受城市的公共服务、教育资源、社会保障等，还需要额外支付比城市人口更多的成本费用。同时，迁出农村落户城市，还意味着失去原有土地收益的机会成本。

因此，所谓"刘易斯拐点"来临的劳动力短缺和工资上涨现象，并不是因为中国的剩余劳动已经用完，而是因为在中国特殊的农村土地制度和以其为基础的城乡户籍制度背景下，农民工在城市定居难度大，基于经济理性，便选择了"用脚投票"，提早退出城市劳动力供给，从而导致了在仍然存在大量农民的情况下，出现了结构性劳动力短缺（樊纲，2014）。

农业转移人口市民化进程的滞后，是导致城市用工短缺的重要原因。形成合理的市民化利益诱导机制，加快市民化进程，防止工业化进程中途停滞，是必然得出的政策结论。也有学者提出必须在输出地调整土地经营

---

① 潘家华、魏后凯：《中国城市发展报告 NO.6——农业转移人口的市民化》，社会科学文献出版社 2013 年版，第 125 页。

制度，从而建立起农民自愿退出农村的机制。

（二）权益困境影响农业转移人口市民化的社会动因，加重劳动力结构性短缺

"民工荒"实为"结构短缺"，以及农业转移人口的"权利荒"，而权益保障是市民化的关键约束条件。

改革开放以来，中国存在大量剩余劳动，劳动密集型企业往往可以低工资雇佣青壮年农民工、对25岁以下的女工需求最大。据蔡昉等学者的研究，我国常年外出的农村劳动力稳定增加，举家外出的已占一定比例，但农村青壮年劳动力供求矛盾突出（3/4的村已无可转，中西部尚有赋闲的青壮劳动力可转），加上农村新增劳动力的减少，劳动力供求进入年轻劳动力有限供给阶段。

改革开放后较早进入城市就业的农业转移人口，年龄已在中年以上，不再能适应高强度的体力劳动。他们中有相当部分在劳动技能和经验方面已成为熟练劳动力，这也是重要的人力资本积累。但由于就业市场的结构性缺陷，使他们难以进入高层次的劳动市场就业，而体能下降又导致在低端市场被"挤出"或主动退出。由于缺乏就业权益的社会制度保障，以及在养老、医疗、子女教育、住房等社会权益保障制度方面的不健全，使他们缺乏对城市就业、定居的稳定预期。加上农村土地制度、"惠农"政策的拉力，中年的农业转移人口退出城市、回到农村成为他们个体基于社会理性的选择。但由于已长期脱离农业，返乡后又面临新的"陌生"环境，职业能力、生活习惯上产生新的不适应甚至自我排斥。一部分返乡者长期处于闲置、半闲置状态，部分回流者又会选择重新回到城市。

农业转移人口不稳定的流动定居状态，既不利于工业化和城市经济的发展，也不利于农村的稳定发展；对社会整体的和谐发展和微观家庭的健康幸福，都存在不利的影响。不仅造成了一方面劳动力短缺，另一方面又并存剩余劳动力的特殊现象，同时也是人力资本浪费、低效配置的体现。由此引发的一系列城乡结构、乡村社会关系的异化和矛盾，已引起社会高度的关注。

因此，应通过促进就业环境改善，稳定、开发中年以上劳动力的潜

力，完善城镇落户政策等，促进农业转移人口举家进城定居，实现真正的市民化。

（三）能力障碍制约农业转移人口市民化的主体意愿，影响劳动力的有效供给

"刘易斯拐点"的临近，意味着经济发展初期依靠大量农业剩余劳动力形成的"人口数量红利"已消失，"人口质量红利"对我国经济增长的贡献正在逐步上升。提高劳动力的素质，将"农民工经济"转化为"工程师经济"，应成为我国经济增长的新动力。有研究表明，技术工人在中国制造业的稀缺是普遍存在的。在中国的技术工人中，初级技工占六成左右，中级技工占三成左右，高级技工仅占一成不到。对比西方发达国家，其初级、中级、高级技术工人的比例分别为15%、50%和35%。[①] 因此，农业转移劳动力相对不足的知识技能素质，成为制约我国经济转型升级的"人力资源素质瓶颈"。

农业转移人口市民化的难题也体现在转移劳动力人力资本的异质上。郭熙保、黄灿（2010）认为，刘易斯等经典的二元经济模型实际假设了劳动力是同质的，并未讨论劳动力在教育、技能、年龄及性别等方面的差异，乡—城流动也不需要人力资本的积累。这意味着城市劳动力与农村劳动力、农村转移劳动力与留守劳动力之间也是同质的，因而具有相同的劳动生产率。但我国农村劳动力转移的实践却不能支持这一暗含条件，转移表现出了强烈的选择性，转移劳动力与留守农村劳动力在健康、教育、年龄、性别、技能及社会资本等方面表现出了显著的差异。事实上，要具备在非农产业就业、在城市生活的能力，需要农业转移人口及家庭进行人力资本投资，这又构成一笔市民化必须支付的成本。

家庭和个人人力资本形成能力的不足，可能使农业转移人口市民化陷入能力障碍。因此，从整体上提高农业转移人口的职业素质，必须加大社会对其投入的力度；针对性地进行职业技能培训，使农业转移劳动力的劳动既能满足城市企业对劳动的需求，同时也降低农业劳动力就业的难度。从人力资本方面提供市民化的动力。

---

① 陈小洁：《"世界工厂"与中国技工的缺失分析》，《黑龙江对外经贸》2007年第4期。

（四）"刘易斯拐点"临近的压力，转化为推进农业转移人口市民化的动力

由于在计划经济时期缺乏自由流动的机制，使我国乡—城间劳动力流动基本停滞，在农村积累了庞大的剩余劳动力。市场化转轨时期，农村剩余劳动力向城市迁移的新移民运动与市场化、工业化和城市化进程相匹配，以"农民工"为代表的农业转移人口群体大量涌现。这既是二元经济结构及制度产生的势能转化形成的推动效应，又是市场经济制度改革形成利益的拉动效应。由此共同构成了农村剩余劳动力由乡村向城市转移，即刘易斯模型描述的第一阶段的基本动力结构。"刘易斯拐点"阶段的临近，农业转移人口市民化滞后问题成为新型城镇化和经济发展的重要约束条件，因此，加快推进市民化进程具有重要的现实意义。

"刘易斯拐点"阶段来临，普通工人的短缺，企业之间往往会以加薪、提供培训、升职机会等方式吸引劳动力，同时也倒逼企业改善工作环境，健全工人劳动、社会保障制度。这既有利于缩小收入分配差距，维护农民工权益，也形成了农业转移人口落户定居城市主要的经济动力。

"刘易斯拐点"期来临，倒逼企业转型升级，降低对低素质劳动力的过度依赖，而对劳动力素质和技能提出更高要求。对于目前的农业转移人口而言意味着城市就业和定居的人力资本投入，这可能成为转移障碍，但同时也可能形成压力并转化为动力。尤其是对于新生代农民工而言，比父辈更好的教育背景，对城市现代文明的向往，使他们有了较高的市民化意愿。对自己进行人力资本投资，培养在城市生存和发展的能力，成为他们市民化的内生动力。

不论企业，还是农业转移人口，通过人力资本投资，形成市民化的内生动力，从而构成经济转型发展的新动力。同时让政府和企业更加关注劳动者权益，改变收入分配格局，推进服务均等化，这将有利于推进农业转移人口市民化稳步前进（章剑卫，2013）。

（五）调整市民化的动力系统，形成"刘易斯拐点"来临的正面效应

有研究指出，1982—2000年我国GDP增长中，其中劳动力数量贡献24%，教育水平提高贡献24%，劳动力由农业部门转移到非农业的贡献达

21%（蔡昉、王德文，1999）[①]。可见，改革开放后，我国的经济增长既与劳动力充足所形成的"人口红利"有关，也有人力资本投资的贡献，同时农业剩余劳动力转移带来的资源配置效率提高也产生了重要影响。由于目前我国人口结构的变化，老龄化所预示的劳动力供给结构性短缺，意味着劳动力的数量贡献将逐渐减弱。尽管调整人口生育政策、延迟退休政策，是国家应对"人口红利"消失、劳动力短缺的"刘易斯拐点"期来临的重要举措，但这些政策产生效应尚需要较长的时日。

经济发展新阶段需要寻找新动力，从"人口数量"转向"人力资本""人口转移"要红利。通过调整制度体系，形成促进农业转移人口市民化的动力系统，充分挖掘现有劳动力潜力，尤其是已具备一定非农就业技能的农业转移人口、返乡农业转移人口，对于提高资源配置效率、促进结构调整、改变经济发展方式则更为紧迫而现实有效。

第二节　研究启示

农业转移人口市民化与整个社会经济结构的变迁具有内在的逻辑一致性。一方面，工业化、经济增长提供了市民化的动力；另一方面，市民化又为经济的持续发展创造条件。而"刘易斯拐点"期的来临，不仅意味着劳动力供给结构性短缺、"人口红利"消失，实际上也是我国经济步入"新常态"的重要表现。所谓"新常态"体现出来的增长速度放缓、原有发展动力减弱的特征，实际是优化产业结构、发展方式由规模速度型粗放增长向质量效率型集约增长转变过程的必然表现。而增长动力则要求由传统的靠资源、廉价劳动力的要素驱动方式向人力资本、创新驱动方式转变，发挥市场配置资源的决定性作用则是实现转换的动力机制。最终发展目的是"以人为本"，实现经济福祉由非均衡型向包容共享型转换。推进农业转移人口市民化，是改善资源配置效率的要求，不仅有利于实现动力结构转换，同时也是共享经济福祉的必然要求。

在前面的理论分析中，分别从宏观整体、中观结构、微观主体方面，

---

① 蔡昉主编：《2009 中国人口与劳动问题报告：提升人力资本的教育改革》，社会科学文献出版社 2009 年版，第 2 页。

多视角地从经济动因方面探讨了农业转移人口市民化的影响因素及相关制度。综合以上研究，结合历史与现实的分析，应构建新的发展阶段下农业转移人口市民化的制度动力结构以推进农业转移人口市民化进程。

一、发挥市场与政府的协同作用，提供市民化的制度前提

（一）农业转移人口市民化既是结构变迁也是制度变迁的过程

发展理论的研究揭示了经济发展的规律：技术进步带来经济增长，经济增长伴随着经济结构的变化，同时也是人口增长、人口迁移与人口结构改变的社会结构变迁的历史发展进程。技术进步是工业化及经济发展的根本动力，而技术潜力的发挥决定于制度。制度实际起着个人与资本存量、劳动产出及收入分配之间过滤器的作用。制度通过规则性和秩序性，降低交易成本和信息成本，从而有效地利用一国资源，实现经济发展。新制度主义发展理论认为，经济发展从来就是动态的过程，新古典主义经济学家假定不变的那些参数，恰恰是长期经济发展的主要源泉，例如人口、技术、产权和政府对资源的控制等，需要高度重视。而政治经济组织及其激励机制的变迁又是结构变迁的基础。因此，经济发展的过程必然伴随着制度的变迁，农业转移人口市民化正是这一变迁进程的重要组成部分。

制度变迁产生于制度供给与需求的不均衡。制度的存在和维护有成本，最低成本达到同一服务的就是最优的制度安排，最优的制度安排取决于需求密度、制度安排的效益、交易费用、意识形态和制度结构中的其他制度安排。制度需求变动，交易费用的外生变动，制度集合的变动，都会导致制度不均衡。国家在制度变迁中具有重要的主体作用，同时国家也是通过制度来实现其目标的。随着环境的变化，目标的改变，国家也会不断进行制度创新，改变已不适应新技术、新环境的旧制度。我国在农业人口进城、就业、定居方面的政策演进，从一个侧面反映了农业转移人口市民化的制度变迁过程。

如前文阐述，"刘易斯拐点"为经济社会制度的完善和革新提供了新的动力。当我国经济已经出现系统性的劳动力短缺现象时，首先产生了改变原有制度的需求；其次，原有制度体系中对转移劳动力限制性的权益约束，使交易成本增大。如何通过制度设计，改变激励机制、降低制度成本

是形成有效劳动供给的重要保证。因此，政府立法和社会政策转向有利于农业转移人口等普通劳动者阶层，改善劳资关系，关注劳动者劳动及社会权益等方面，无疑将成为制度设计的重点。

（二）打破城乡地区分割的制度体系，形成自由流动、机会均等的市民化市场条件

新中国成立初期，确立了重工业优先发展战略。这是在当时的历史条件下，为了稳定政权和发展经济的一种制度安排，并由此而内生出了一系列微观机制及宏观政策的制度系统配合，目的是降低交易成本。高度集中的计划经济管理体制，城乡不同的产权制度等，是服务于国家目标要求的重点制度设计，反映的是资源配置机制中政府的决定作用。这其中也包括了劳动力配置上的城乡隔绝、限制自由流动的就业制度设计。而城乡二元户籍制度的设计，则是实施这一政策的制度前提。这一制度体系下，我国工业基础以较快的速度建立，国家工业化的目标在一定程度上得以实现。但城乡劳动者生产积极性低、劳动生产率低、社会消费供给不足等弊端也日益显现。

随着旧制度弊端的显现，降低制度体系中的交易成本成为制度变迁的重要推动力。首先出现在农村的家庭联产承包制打破了原有制度的均衡，这种自发的制度变迁带来了制度变动的效益，也释放出剩余劳动力。当原有制度收益与成本发生变化、原有制度均衡被打破时，国家的主导需求随之发生变化。作为制度设计者的领导集团通过反思，确立了以"经济建设为中心"、发挥资源比较优势为新的发展战略。新发展战略需要新的配套的资源配置机制，改革开放成为必然的制度选择。发挥市场配置资源的作用，使剩余劳动力得以自由流动，以充分发挥劳动力比较优势，是其中的重要内容。打破严格限制区分的城乡就业政策，放松农民进入城市就业成为这一时期制度设计的重点，也成为降低制度交易成本的必然着力点。这一制度调整，产生了以"农民工"为代表的农业转移人口，为我国经济增长提供了廉价劳动力，贡献了"人口红利"。但由于附着在原有户籍制度上的城乡就业保障、社会权益保障方面的隔离并未完全打破，新旧制度间的冲突是导致"民工荒"与"就业难"并存等矛盾、交易成本增加的重要原因。

因此，打破城乡体制分割，必须首先改革以户籍制度为核心的城乡分割的就业、社会权益等制度体系，才能有效发挥市场在资源配置中的决定作用，为农业转移人口市民化形成合理的利益诱导机制，创造自由流动、机会均等的市场条件。

（三）更好发挥政府制度变迁主体的作用，适度扶持政策为市民化创造条件

我国农业转移人口的形成，是市场化改革内生出来的结果，市民化也是经济发展的内生要求。但由于外生制度的限制，使就业制度缺乏规范，导致混乱无序，农业转移人口权益受侵害等诸多问题，制度执行成本也提高，市民化进程出现"停滞""回流"等反复现象。

由于"刘易斯拐点"的来临，廉价劳动力的比较优势难以持续，发展战略要求由单纯依靠廉价劳动力比较优势向技术、人力资本比较优势转变。"新型工业化""新型城镇化"成为新的结构变迁的战略选择。而实现这一战略转型的重要制约条件是农业转移人口的市民化。

当政府政策的外生制度与市场诱导的内生制度之间发生冲突时，政府应更好发挥制度变迁主体的作用。首先，通过立法，规范劳动力市场的秩序，协调劳资关系，给予劳动者自由就业权，赋予农业转移人口在城市就业的平等权，为城市劳动力市场提供充足劳动力。其次，在公共服务、教育、医疗等方面，为农业转移人口及家庭提供扶持，保障其社会权益，营造市民化的社会环境。同时也是为劳动力的高水平再生产，为产业结构升级和战略转型储备人力资本。

二、转变经济发展方式，创造市民化的整体驱动力

（一）创新驱动，形成市民化的产业驱动力

在前面的研究中已指出，农业转移人口市民化的首要诱因，来自于在城市产业稳定的就业机会，以及获得的高收入。转移的规模和路径受社会经济发展水平的影响和制约，地区经济发展不平衡提供的经济机会差异引导劳动力转移的规模和方向。经济发展水平较高的地区，往往制造业和服务业发展好，农村劳动力就以较快速度和较大规模向现代产业和城市转移。而当城市现代产业发展不足时，由于缺乏稳定的就业和收入预期，导

致农业转移人口的"回流",市民化进程停滞。"刘易斯拐点"的来临,"民工荒"与"就业难"并存的矛盾,正是反映了我国目前劳动力市场的供求结构性矛盾,也是我国农业转移人口市民化的难点问题。

我国目前正处在经济"新常态",要求转变经济发展方式,发展动力由要素驱动向创新驱动转变。这不仅是产业创新发展的要求,同时也将成为农业转移人口市民化的新动力。

从历史进程看,现代工业技术进步是农村劳动力转移的首要动因。一方面,新技术在制造业的采用,促进了城镇经济迅速发展,而城镇经济的发展必然对劳动力形成更大的需求,从而促进劳动力更大规模地向城镇转移。城镇规模的扩大又为服务业发展提供市场条件,形成更大的就业需求,吸引劳动力的进一步转移。另一方面,技术成果应用于农村,提高农业生产率,释放出更多的劳动力,为城市现代产业发展提供可转移的劳动力。

从目前状况看,以信息技术为标志的新的技术革命,对我国农业转移人口市民化既带来了挑战,同时也带来了更大的机遇。一方面,由于人力资本积累不足,在产业升级背景下,制造业会出现技术资本"挤出"农民工的现象,即"就业难";另一方面,通过创新,尤其以"互联网+"的产业创新模式,不仅激活了包括农业、制造业、服务业在内的传统产业,稳定并扩大其就业需求,同时更会催生出新的产业,并由此形成对农业转移人口的更大需求。例如电子商务技术的应用普及,不仅出现了大量的电商平台,在物流业也创造着大量的就业机会,同时以较低的进入门槛在淘宝、微信开网店,也成为农业转移人口创业的可行途径。在信息技术支撑下激发了服务业的大范围创新,诸如"美团""饿了么",以及共享单车等的出现,不仅对传统的餐饮行业、衰退的自行车制造业带来更多的就业需求,而且诸如外卖送货员、车辆管理运送员等新职业,技术要求不高,又能获得较高的稳定收入,已成为许多农业转移人口就业的新目标。

从未来发展看,如何在新的技术背景下调整引导产业资本的形成方向,发挥技术进步对就业的创造效应,是形成农业转移人口市民化产业驱动力的关键环节。在农村,创新发展现代农业,与制造业、服务业形成有效联系的产业链,为农业转移人口市民化形成积极的推力;在城市,鼓励中小企业创新，扩大其就业容量，积极为服务业发展创造基础条件，提高城市产业对农业转移人口市民化的拉力。

（二）新型城镇化，形成市民化的区域聚集力

产业驱动力的发挥，必须依靠有效的城镇化支撑。改革开放后，大量农村劳动力转移城市就业，城乡生产要素配置效率的改善，都得益于城镇化的快速推进。与此同时，社会结构也在发生着深刻的变革。

图 5-1 与表 5-1 为《国家新型城镇化规划（2014—2020 年）》中列举的我国城镇化水平变化与城镇数量和规模变化情况[①]。

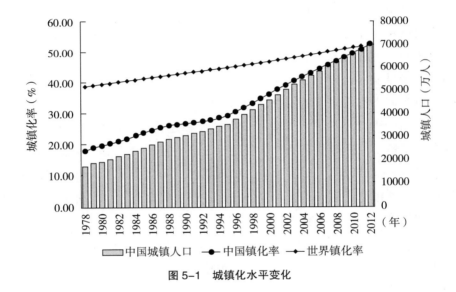

图 5-1　城镇化水平变化

表 5-1　城镇数量和规模变化情况

（单位：个）

	1978 年	2010 年
城市	193	658
1000 万以上人口城市	0	6
500 万—1000 万人口城市	2	10
300 万—500 万人口城市	2	21
100 万—300 万人口城市	25	103

---

① 新华社：《国家新型城镇化规划（2014—2020 年）》，2014 年 3 月 16 日，见 http://www.gov.cn/zhengce/2014-03/16/content_2640075.htm。

	1978 年	2010 年
50 万—100 万人口城市	35	138
50 万以下人口城市	129	380
建制镇	2173	19410

注：2010 年数据根据第六次全国人口普查数据整理。

　　按照城市化的一般规律，人口城市化率进入 25%—70% 的区间时，与土地城市化率基本一致。而我国目前正处于这一快速发展区间，却表现出人口城镇化速度滞后于土地城镇化的反常。人口城镇化率中户籍人口较常住人口的城镇化率又低 17.3 个百分点（图 5-2）。目前我国城镇空间分布和规模结构不合理，城市管理服务水平也不高。城镇化的非均衡发展，对农村和城市都带来了新的社会矛盾，对经济社会发展带来风险隐患。在农村，由于青壮年的离乡，留守下来的大多是儿童、妇女和老人。教育、养老、亲情、伦理等复杂的社会问题已凸显。在城镇，由于外来农业转移人口进入，但难以融入城市社会，出现新的二元社会矛盾。市民化进程的滞后，使城镇化滞后于工业化、信息化，产业集聚与人口集聚不同步，制约了产业驱动力的有效发挥。

　　我国传统的城镇化模式是要素驱动的速度型发展模式。一方面，传统体制积累下大量剩余劳动力，为城镇化形成了廉价劳动力供给；另一方面，土地等自然资源也快速而粗放地消耗。但由于"刘易斯拐点"期的临近，农业剩余劳动力减少和人口老龄化程度提高，资源环境压力日益凸显，依靠要素投入来推动城镇化快速发展的模式已难以为继。同时，传统城镇化模式提供的基本公共服务也是二元差异的，目的是节约城镇化成本。但这种公共服务权益上的非均等加大了城市内部人口与外来人口之间的矛盾，产生更大的交易成本，降低城镇化的社会经济效益，也是不可持续的。而新型城镇化的首要发展目标是城镇化水平和质量稳步提升，向创新驱动的质量型城镇化模式转型。有序推进农业转移人口市民化，是这一转型的工作重点。在《国家新型城镇化规划（2014—2020 年）》中明确了近年城镇化建设的关键任务，就是要尽快完成约一亿的农业转移人口、其他常住人口稳定落户城镇。[1]

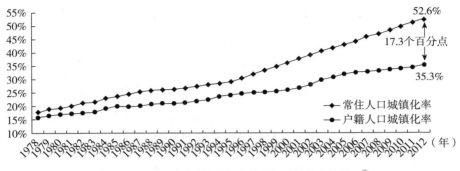

图 5-2　常住人口城镇化率与户籍人口城镇化率的差距[2]

据《2016年全国农民工监测调查报告》[3]（图5-3、5-4，表5-2、5-3）显示，以农民工为主的农业转移人口的非农化进程继续推进，而区域流向和行业流向发生了一些新的变化。

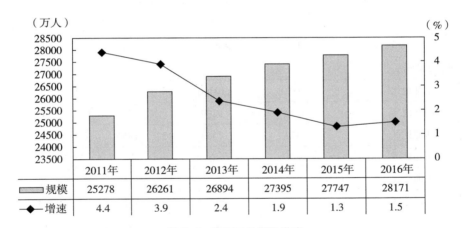

图 5-3　农民工总量及增速

资料来源：《2016年全国农民工监测报告》。

---

① 新华社：《国家新型城镇化规划（2014—2020年）》，2014年3月16日，见 http://www.gov.cn/zhengce/2014-03/16/content_2640075.htm。

② 新华社：《国家新型城镇化规划（2014—2020年）》，2014年3月16日，见 http://www.gov.cn/zhengce/2014-03/16/content_2640075.htm。

③ 国家统计局：《2016年全国农民工监测调查报告》，2017年4月28日，见 http://www.stats.gov.cn/tjsj/zxfb/201704/t20170428_1489334.html。

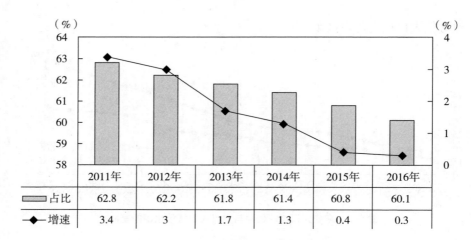

图 5-4 外出农民工增速及占农民工总量的比重

资料来源：《2016 年全国农民工监测报告》。

表 5-2 农民工在输出地和输入地的区域分布

（单位：万人、%）

	2015 年	2016 年	增量	增速
按输出地分：				
东部地区	10300	10400	100	1.0
中部地区	9174	9279	105	1.1
西部地区	7378	7563	185	2.5
东北地区	895	929	34	3.8
按输入地分：				
东部地区	16008	15960	−48	−0.3
中部地区	5599	5746	147	2.6
西部地区	5209	5484	275	5.3
东北地区	859	904	45	5.2
其他地区	72	77	5	6.9

资料来源：《2016 年全国农民工监测报告》。

表 5-3　农民工从业行业分布

（单位：%、百分点）

	2015 年	2016 年	增减
第一产业	0.4	0.4	0.0
第二产业	55.1	52.9	−2.2
其中：制造业	31.1	30.5	−0.6
建筑业	21.1	19.7	−1.4
第三产业	44.5	46.7	2.2
其中：批发和零售业	11.9	12.3	0.4
交通运输、仓储和邮政业	6.4	6.4	0.0
住宿和餐饮业	5.8	5.9	0.1
居民服务、修理和其他服务业	10.6	11.1	0.5

资料来源：《2016 年全国农民工监测报告》。

首先，农民工总量继续增加，2016 年达到 28171 万人，而增量主要来自本地农民工，本地农民工增量占新增农民工的 88.2%。其次，从输出地看，西部地区增量最大，占新增农民工的 43.6%；从输入地看，作为原来主要吸纳地的东部地区，仍占比为 56.7%，但比上年下降 0.3%，而中部地区增长 2.6%，在西部地区增长 5.3%，西部增长最快。最后，外出农民工比重开始下降，2016 年为 60.1%，较之于 2011 年，五年下降了 2.7个百分点。另外，跨省流动的又占外出农民工总量的 45.3%，较前一年也有下降。①

从农民工从事的非农行业分布看，第二产业比重下降，第三产业比重上升。如表 5-3，2016 年较 2015 年，从事制造业和建筑业的农民工比重下降了 2.2 个百分点（其中在建筑业中的比重下降了 1.4 个百分点），而第三产业恰好提高 2.2 个百分点。②由此可以明确，服务业将成为农业转移人口就业新的增长点，这与新型城镇化的推进是相关联的。

①　国家统计局：《2016 年全国农民工监测报告》，2017 年 4 月 28 日，见 http://www.stats.gov.cn/tjsj/zxfb/201704/t20170428_1489334.html。

②　国家统计局：《2016 年全国农民工监测报告》，2017 年 4 月 28 日，见 http://www.stats.gov.cn/tjsj/zxfb/201704/t20170428_1489334.html。

农村剩余劳动力转移首先是一个产业概念，即从农业转移到非农产业，之后才是地域概念，即从农村转移到城镇去。以上数据说明，我国农业转移人口转移的产业路径、地区路径更趋多样化。不仅是流向传统的沿海东部发达地区，中西部地区的就业吸纳能力逐步的增强；本省转移、就地转移比例的上升，无疑对于城镇化质量的提升具有积极意义：一方面减小了对特大城市、中心城市过度城市化"城市病"的压力；另一方面为中小城镇制造业、服务业的产业集聚发展形成人口支撑条件；从社会层面看，本地市民化较之于异地市民化，对于减少"留守儿童"等家庭社会问题更具有现实意义，这也成为农业转移人口市民化重要的社会动因。

推进新型城镇化，调整优化区域、城市产业布局，形成大、中、小城市合理的产业分工，推动信息化和工业化深度融合，形成农业转移人口市民化的产业支撑，增强经济活力，从而扩大就业容量，形成农业转移人口市民化的区域聚集力。

（三）调整经济发展政策，有序推进市民化进程

农业转移人口市民化进程是与工业化、信息化、农业现代化及新型城镇化、城乡一体化道路的建设相关联的。从宏观整体层面看，破除阻碍市民化的二元社会经济结构的制度安排，进行城乡一体的制度设计，设计好城乡一体化和市民化进程的动力机制，对于整体进程的有序推进无疑具有前提性和紧迫性的意义。在了解农业转移人口迁移及市民化的经济动机基础上，学术界提出应该通过一体化的制度体系建设，调整经济发展政策，有序推进市民化进程。

产业规划的一体化。城乡一体化的推进，必须建立在不断做大做强的产业支撑基础之上。通过合理的产业规划、布局和城市化政策，形成就业机会和收入增加的诱导机制。在《国家新型城镇化规划（2014—2020年）》中指出，培育城市产业体系既要充分分析地区资源禀赋结构、明确比较优势，又要依据环境和社会的承载能力。构建大中小城市和小城镇特色鲜明、优势互补的产业发展格局。改造提升传统产业，壮大先进制造业和战略性新兴产业；引导生产性服务业在中心城市、制造业密集区域集聚；推动特大城市和大城市形成以服务经济为主的产业结构；增强中小城市产业

承接能力。[①]应通过整体规划产业空间布局和结构调整，引导大城市的劳动密集型产业向中小城市转移，一方面减轻大城市压力，避免大城市病，给产业升级留出空间；另一方面中小城镇的产业发展也能通过龙头企业联结农业相关产业发展，提高农民收入，缩小城乡差距；从适度社会距离的角度，劳动力中小城镇就业，也能使农民工减少心理上的不适应，更好适应城镇生活。

就业市场一体化。就业收入是影响迁移定居的推拉因素，应积极引导农业转移人口有序输出和流动，降低其迁移成本。因此要求城乡和区域就业市场的统一开放，工资待遇、劳动保护、社会保障待遇等基本就业权益的一体化。建立有效的社区就业机制以保障农业转移人口社区就业的可持续性。

基本公共服务与福利配置的一体化。城乡一体化视角下的农业转移人口迁移定居城市的关键在于纠正城市对农业转移人口的歧视，并给予他们真正的、完整的市民待遇，体现真正的权利平等，包括社会保障、自身和子女教育等多方面的社会权益的平等。改革住房制度、教育制度，一方面可以节约市民化的成本，另一方面也可以提高农业转移人口市民化的经济适应能力。农业转移人口市民化的有序推进和多元路径发展，需要建立可持续的财政资金保障机制。

户籍制度一体化。之前研究已指出，制约着农业转移人口市民化的是现行城乡分割的制度体系及二元利益格局。必须首先破除附着在二元户籍上的就业、社会保障及公共服务等制度带来的各类权益障碍，保障农业转移人口在城市生存及发展的平等权益，才能改变城市居留的收益信号，提高市民化的吸引力。弱化户籍制度的区隔功能，是推动就业市场一体化、促进农业转移人口市民化的重要制度前提。在国家完全废除户籍制、城乡人口可以自由流动之前，户籍制度的改革应同本地区的发展战略紧密结合。

市民化需要有序推进。迁移是逐步有序的过程，应统筹区域间的人口空间合理分布。《国家新型城镇化规划（2014—2020年）》中指出：要逐步放宽农业转移人口在各类城市落户的条件，各类城镇也要因地制宜制定

---

① 新华社：《国家新型城镇化规划（2014—2020年）》，2014年3月26日，见 http://www.gov.cn/zhengce/2014-03/16/content_2640075.htm。

具体的落户标准，例如以"合法稳定就业""合法稳定住所"等作为落户的前提条件，使符合条件的农业转移人口落户城镇。在目前阶段要控制向三百万以上人口的中心大城市及五百万以上人口的特大城市过度集中；重点落实农业转移人口落户大中小城市、小城镇的政策，即小城镇全面放开、中小城市有序放开、大城市合理放开落户限制的相关政策。[①]

有实证研究结果显示，农民工定居的意愿有显著的大城市和省内城市选择的偏好，其中省会城市比中小城市更具吸引力[②]。所以应优先在大城市放开农民工的户籍迁移，尤其是对人力资本积累有一定水平，且在城市就业或创业多年，已基本立足的农民工。这对于大城市形成服务经济为主的产业结构也是必要的支持。另外，针对部分农民工不愿意迁移户口放弃土地的现实情况，近期的城镇化目标应是"常住城镇化"，而不是"户籍城镇化"。另外，农村土地制度、社会保障制度、公共福利配置、教育制度等也需要进行改革和调整。

本课题组主要成员前期对成都市域外户籍农民工市民化问题进行了一项课题研究（成都市邓小平理论研究中心课题，2012年结题）。调查报告分析指出：较之域内户籍农民工，域外户籍农民工遭遇的、造成的问题和心态更复杂，市民化的难度和成本就更大；根据不同类型农民工所具备的条件和面临的困境，农民工市民化工程应该分步骤、分阶段推进：有稳定就业的域内户籍农民工应早于域外户籍农民工市民化，其中新生代青壮年又应优先于中老年农民工；从事个体经营的农业转移人口较在企业务工的农民工更具备优先市民化的条件；先大中城市近郊，再中小城镇郊区。当然，所谓的先后仅是相对划分，当条件具备时，将全面推进不同类型的市民化进程。对于域外户籍农业转移人口落户的门槛要根据与主城区的远近而设置：主城区相对较高门槛，第二圈层区县降低门槛，在第三圈层县市可取消门槛。同时，要完善户籍入户与管理制度，将域外户籍农民工全部纳入城市管理，落实居住证管理制度，将农民工全部纳入社区管理。

---

① 《国家新型城镇化规划（2014—2020年）》，2014年3月16日，见 http://www.gov.cn/zhengce/2014-03/16/content_2640075.htm。

② 孙中伟：《农民工大城市定居偏好与新型城镇化的推进路径研究》，《人口研究》2015年第5期。

总之，首先需要制定长期规划和应对措施。农民对农业的依赖性以及长期以来形成的思维习惯，不是短时间能够完全改变的，政府不能简单化地以行政手段强制推行城镇化。需要通过一定的政策引导，适度扶持，以及宣传示范等方式，改变农民及农业转移人口的观念，最终自觉完成市民化进程。其次，在放宽政策降低落户条件的同时，要提高城市产业的就业吸引力，扩大城市公共服务的范围和保证质量，加强城市基础建设，发挥城市人口集聚的功能，加快提升城镇经济承载能力和社会承载能力。

在综合评估地区经济结构差异、就业市场供求结构的基础上，合理进行产业规划，实施有序的城镇化政策及土地、社会保障、财税等城乡制度政策，形成市民化的整体动力结构，从而形成市民化有序推进的信号诱导机制。

三、改革城乡社会制度体系，形成市民化的结构耦合力

在经济发展的整体驱动下，农业转移人口迁出地和迁入地的相关制度，还影响着他们迁移的收益和成本，形成特定的"推—拉—阻"力结构。按照托达罗的理论，从"经济人"动机考察，影响农业人口迁入城市的动因是城乡预期收入的差距，取决于迁入地和迁出地的实际收入状况及在迁入地找到工作的概率；从"社会人"动机考察，影响农业转移人口市民化的动因，则主要取决于城市相关社会权益制度、生活环境提供的社会收益、精神文化收益方面的状况。影响农业人口在农村收入的主要因素则取决于土地等互补要素，社会制度（如决策单位）、政府政策（如税收）等制度要素。而迁移的成本不仅包括迁移需要直接支付的交通成本、居住成本、生活成本，还有放弃农村收入的机会成本，以及迁移城市可能面临的各种不确定性、社会调整等精神成本。

因此，需要从中观制度结构层面，探讨、改革制约市民化的城乡管理制度的系统性缺陷，进而形成合理的制度配套体系，形成市民化的结构耦合力。

（一）调整农村土地等相关权益制度，减弱市民化的农村拉力

农村内部的政策和制度影响迁移的机会成本，也构成农业转移人口市民化进程的调节机制。从整体发展上，需要结合本区域农村经济的发展状

况，制定合理的农业产业政策，推进农业现代化，引导农业产业组织的市场化发展，形成与城市产业的有效关联，逐步缩小与城市的收入差距、行为差异和职业差异，逐步减弱市民化的转换成本。

从制度因素看，迁出地农村主要的制度因素是农村土地经营制度，与此密切相关的是转移人口的经济权益。在人均土地资源严重匮乏的地区，剩余劳动力转移的压力形成市民化的推力。但在城市化进程中对土地的过度需求，导致土地租金攀升，农业人口通过土地流转或出让获得土地收益权利，一定程度构成农业转移人口市民化的机会成本，形成阻力因素。王学龙、于潇等（2012）根据中国家庭动态跟踪调查数据，实证分析了土地制度对农村劳动力流动的影响，认为在我国现行的土地制度下，由于农地的未来收益不能充分变现，这无疑成为农业转移人口市民化极大的机会成本[①]，这是部分农业转移人口常住城镇而不迁户籍的重要原因，也阻碍了城市化进程和城乡差距问题的解决。

因此，首先需要完善城市用地制度，改进城镇用地效率，优化城镇化布局与形态，增强城市公共服务能力和公共管理水平，提高城镇化质量。其次，完善土地流转制度和土地征用制度，一方面确保农业转移人口的权益主体地位，即市民化不以牺牲承包地、宅基地等为机会成本，减弱市民化的农村拉力；另一方面在严格落实耕地保护制度的同时，制定合理的补偿标准，给予农业转移人口"市民化补贴"，保障被征地农业转移人口的切身利益，有效形成市民化的物质资本，为农业转移人口市民化提供科学合理的制度推力。

（二）改革城市社会权益保障制度，增强市民化的城市拉力

改革开放后我国城镇化推进的动力，一方面来自于城市产业发展形成对农村剩余劳动力的吸引拉力，另一方面来自于农村的贫困与经济发展机会不足形成的推力。农村推力成为初期"农民工"群体"进城"的主要因素。随着工业化、城市化进程的推进，"三农"问题及农业转移人口市民化动力乏力的困境等引起社会关注。众多研究指出，对我国农业转移人口进城动因和障碍的影响中，来自农村的因素已呈减弱趋势，与此同时城镇因素

---

① 王学龙、于潇、白雪秋：《破解城乡差距之困：基于劳动力流转模型的实证分析》，《财经研究》2012 年第 8 期。

正在增强。转移的动因从原来被动地依靠农村推力转变为主动地依靠城镇拉力；进城主要障碍因素，也从农村拉力转为城镇推力。因此，本着城镇与农村应相互促进、发展共赢的原则，应尽快将解决"三农"问题、解决农业转移人口市民化的思路，调整到培育城镇拉力诸因素上面来。

迁入地城市主要的制度因素是就业制度，失业状况、劳动力市场结构、就业结构、职业培训、就业信息、职业推荐等，影响农业转移人口的就业概率、工资收入及迁移收益；住房制度、医疗制度、工伤保险、教育制度等则成为影响其城市生活的直接迁移成本。城乡社会保障等社会权益制度的差异，以及地区分割的社会保障接续的结构阻碍，弱化了农业转移人口参与的收益信号，提高了成本，进而弱化了市民化的诱导机制。同时，城市的组织结构和组织能力，也会影响市民化的社会成本和收益。因此，增强农业转移人口市民化的城市拉力，需要改革形成合理的、全方位的制度配套体系。

第一，要在深化户籍制度改革的前提下，以完善城市就业制度为核心。一是要建立全国统一、开放的人力资源市场，完善、规范市场规则；二是需要制定促进农业转移人口就业的相关政策，并切实保障其就业安全和合法劳动权益，加强对招工诈骗、歧视等行为进行监管；三是构建农业转移人口工资支付的保障体系，例如在最低工资标准的设立与落实、工资支付及保证金落实等方面，进行有效监管。保障提高进城农业转移人口的收入，形成报酬公平的制度环境。

据《2016年全国农民工监测调查报告》，近年来农民工的就业权益有一定的改善。农民工月均收入3275元，增长率为6.6%（表5-4）。被拖欠工资的情况得到一定的遏制，2016年236.9万农民工被拖欠工资，较2015年下降了14.1%，比重比上年下降0.15个百分点（表5-5）。超时劳动情况也得到缓解，工作时长超过8小时/日和44小时/周的比重，2016年较上年分别下降了1.8个和0.6个百分点。但农民工签订劳动合同的比重仍然较低（表5-6）[1]。需要加强对《劳动合同法》的执行落实，同时也需要增强农民工自身的法律保障意识。

---

[1]　国家统计局：《2016年全国农民工监测调查报告》，2017年4月28日，见 http://www.stats.gov.cn/tjsj/zxfb/201704/t20170428_1489334.html。

表 5-4　分行业农民工月均收入及增速

（单位：元、%）

	2015 年	2016 年	增速
合计	3072	3275	6.6
制造业	2970	3233	8.9
建筑业	3508	3687	5.1
批发和零售业	2716	2839	4.5
交通运输、仓储和邮政业	3553	3775	6.2
住宿和餐饮业	2723	2872	5.5
居民服务、修理和其他服务业	2686	2851	6.1

资料来源：《2016 年全国农民工监测报告》。

表 5-5　行业农民工被拖欠工资的比重

（单位：%、百分点）

	2015 年	2016 年	增减
合计	0.99	0.84	−0.15
制造业	0.8	0.6	−0.2
建筑业	2.0	1.8	−0.2
批发和零售业	0.3	0.2	−0.1
交通运输、仓储和邮政业	0.7	0.4	−0.3
住宿和餐饮业	0.3	0.3	0.0
居民服务、修理和其他服务业	0.3	0.6	0.3

资料来源：《2016 年全国农民工监测报告》。

表 5-6　农民工签订劳动合同情况

	无固定期限劳动合同	一年以下劳动合同	一年及以上劳动合同	没有劳动合同
2015 年农民工合计	12.9	3.4	19.9	63.8
其中：外出农民工	13.6	4.0	22.1	60.3
本地农民工	12.0	2.5	17.1	68.3
2016 年农民工合计	12.0	3.3	19.8	64.9
其中：外出农民工	12.4	4.2	21.6	61.8

	无固定期限 劳动合同	一年以下 劳动合同	一年及以上 劳动合同	没有劳动 合同
本地农民工	11.5	2.2	17.7	68.6

资料来源:《2016 年全国农民工监测报告》。

第二,调整财政支出制度,公共财政制度支持到位。一是保障农业转移人口的基本社会权益,分步骤、有重点推进社会保障制度体系建设;二是建立覆盖农民工的城镇住房供应体系。破除户籍制度对社会福利分配的束缚,保障农业转移人口在城镇工作生活时理应享有的各种基本权益,消除在子女教育、工作选择等发展权益方面的歧视,享受城镇养老保险、医疗保险、失业保险、最低生活保障和住房保障体系等社会保障,形成权益公平、结果公平的制度环境。

据《2016 年全国农民工监测调查报告》,2016 年进城农民工的购房比例提高,购房的农民工占 17.8%,比上年提高 0.5 个百分点;人均住房面积小于 5 平方米、居住困难的进城农民工比上年下降 2.3 个百分点;进城农民工住房配备电冰箱和洗衣机、自来水、洗澡设施、独用厕所、上网条件、拥有汽车(生活和经营用车)等方面的居住条件总体有所改善[1]。

第三,优化城市组织管理制度,营造公民社会,增强农业转移人口的社会融入吸引力。要充分发挥社区组织、企业组织及农民工自组织的作用,重点加强社区管理,针对不同的域外户籍农业转移人口的社区类型,在统一的居住证信息平台上,进行分类城市化管理。同时促进农业转移人口进社区、进工会,引导其合理合法维权。

四、加强人力资本及能力保障,培育市民化的主体内生力

推进农业转移人口市民化是一项综合的系统工程。离不开政府、企业、市民等外在力量的推动,更离不开农业转移人口主体内生的动力。劳动力个人发展不均衡,影响着劳动力就业选择的范围和竞争,进而影响其

---

[1] 国家统计局:《2016 年全国农民工监测调查报告》,2017 年 4 月 28 日,见 http://www.stats.gov.cn/tjsj/zxfb/201704/t20170428_1489334.html。

城市稳定居住生活的质量。因此，从微观主体层面，弥补农业转移人口人力资本、社会资本的不足，建立教育、信息资源共享的制度利益格局，保障劳动形成过程的起点公平，从而培育市民化的主体内生能力。

（一）完善教育、培训制度，培育市民化的人力资本

据 2016 年调查数据，农民工受教育水平不断提高，高中和大专文化程度分别占 17% 和 9.4%，所占比重比上年提高 1.2 个百分点。而接受过农业和非农职业技能培训的农民工比重则小幅下降了 0.2 个百分点。业余时间进城农民工主要是看电视（45.8%）、上网（33.7%）和休息，而选择文体活动、读书看报的占比为 6.3% 和 3.7%，选择参加学习培训的比重仅为 1.3%[①]。说明农业转移人口在人力资本投资意识方面仍存在不足；在教育培训体系方面，存在供给数量及结构上的不足；人力资本投资的成本也成为影响因素。

加快提升农业转移人口立足城市的就业能力，首先，需要强化其融入城市的意识和公民责任意识。对于已经进入城镇务工经商的农业转移人口，通过政府宣传引导、企业激励等措施，使其充分认识到通过"后天努力"形成人力资本是他们在城镇立足和发展的条件。逐渐形成投资人力资本的意识，养成主动提升文化素质、培养职业技能、培育城市文明的习惯。尤其针对具有更强市民化意愿的新生代农民工，引导他们客观认识父辈在城市面临发展困境的原因，即缺乏人力资本、只能单纯依靠体力获得有限的收入；意识到为了自身和家庭未来更好发展，必须努力提高知识技能等人力资本存量。其次，需要政府和企业的共同努力，完善职业培训制度，加强对农业转移人口职业培训，提高他们在非农产业的人力资本水平。逐步构建起农业转移人口职业培训的长效机制，一方面要加大职业培训的投入，设立各类职业技术学校，提供丰富多样的技能培训；另一方面要建立健全企业在岗培训体系，并重视提高培训质量。

改革完善教育制度，有助于推进城镇化进行人力资本"先天积累"，为市民化储备后续动力。一方面，改善农村的人力资本投资环境，特别是农村普及义务教育；对于还未进入城镇的潜在的农业转移人口，创造更多

---

① 国家统计局：《2016 年全国农民工监测报告》，2017 年 4 月 28 日，见 http://www.stats.gov.cn/tjsj/zxfb/201704/t20170428_1489334.html。

更好的学习条件。另一方面，打破户籍制度带来的优质教育资源不能共同分享的阻碍，重视农业转移人口子弟的基础教育，形成市民化的"人力资本"长效形成机制。

（二）建立就业咨询等信息服务体系，提升市民化的社会资本

良好和谐的社会关系是构成农业转移人口市民化的重要社会资本。据2016年的调查，在城市生活中，进城农民工业余时间人际交往时，老乡占35.2%，基本不和他人来往占12.7%，说明进城农民工的社会交往面仍较狭窄；面临困难时，找家人亲属帮忙的仍然是主渠道（62.4%），有9.1%的农民工通过工会、妇联、社区和政府部门寻求帮助。进城农民工选择法律途径维护自身权益的占27.2%，较2015年提高5.1个百分点，说明法律维权意识有所提高；加入工会组织的占11.2%，比上年提高1.3个百分点[1]，但已就业进城农民工中仍有19.6%不知道自己所在企业或单位是否有工会组织。

提高农业转移人口的社会融入能力，需要在提升社会资本方面，进行更多的努力。为农业转移人口构建社交网络平台，创造其与市民相互了解的环境，逐渐培养起归属感和主人翁意识；在其较为集中的社区，提供就业信息和推荐，如职业介绍与技能培训服务中心、法律援助中心等。

提升市民化的社会资本，需要政府在制度建设方面进行投入，同时也需要引导社会价值的重建，消除对农业转移人口的制度性歧视，加强职业伦理和公民道德的铸造。对于农业转移人口来说，转变传统农村生活的行为习惯，学习养成现代城市文明生活的方式，与同事邻里和谐相处，拓展自身社会交往网络；对市民来说，消除对农业转移人口的偏见、排斥、歧视，包容和理解，帮助和支持，不仅有利于其尽快融入城市社会，同时也有利于构建健康和谐的市民社会关系。

本部分研究结合不同视角理论的解读，对我国农业转移人口市民化问题，从整体、结构及主体角度，对农业转移人口市民化的经济动因、经济适应能力进行了初步的分析，对影响市民化动力的相关制度及结构进行了探讨。在以上研究的基础上，进一步对目前我国经济发展的总体阶段进行

---

[1] 国家统计局：《2016年全国农民工监测报告》，2017年4月28日，见 http://www.stats.gov.cn/tjsj/zxfb/201704/t20170428_1489334.html。

了判断，从"刘易斯拐点"期到来，农业转移人口市民化对于形成有效劳动供给的重要性入手，研究影响农业转移人口市民化的各种制度约束及其制度关联，从整体上构建了有序推进城乡一体化进程及农业转移人口市民化的制度动力系统。在后续部分研究中，将对农业转移人口市民化的制度系统进行分解，针对重点问题进行研究。

第二篇

农业转移人口市民化的
社会障碍及政策困境考察

第六章　农业转移人口市民化社会制度的
总体分析

随着改革开放的深入和工业化进一步的推进，大量的农业人口转移进入城市，成为城市廉价的劳动力，涌入城市的农村人口红利推动着我国经济社会的发展。但是由于城乡二元户籍制度的改革滞后，使得社会保障体系和公共服务城乡差别较大，进而导致农村转移人口仅是统计上的城镇人口，没有实质上享受与城市市民同等的待遇，农业转移人口的市民化程度很低。据统计，截至2015年底，我国常住人口城镇化率达到了56.1%，而户籍人口城镇化率却不足40%，未取得城市户口的农民工总量为2.77亿人，占年末总人口比重高达20%[①]。在过去长期形成的城乡二元结构未得到根本消除的情况下，又形成了以"农民—市民—农业转移人口"为主体的三元社会结构[②]，换言之，在城市内部产生了以城镇原住居民和农业转移人口为主体的新城市二元社会结构[③]，严重制约了城镇化质量的提高和社会和谐发展。如果不及时转变城镇化的发展模式并化解农业转移人口市民化过程中出现的一系列经济和社会问题，农民市民化进程将失去继续发展的动力而陷入长期停滞。

本书运用经济学和社会学的相关理论来深入研究农业转移人口市民化的社会障碍及制约因素，这也是化解城乡二元结构、实现有序推进农业转移人口市民化的前提条件。本部分重点运用社会学理论，深入分析我国农业转移人口市民化进程中，实际形成的新城市二元社会结构、农业转移人

---

① 齐红倩、席旭文：《分类市民化：破解农业转移人口市民化困境的关键》，《经济学家》2016年第6期。

② 吴琦、肖皓、赖明勇：《农民工市民化的红利效应与中国经济增长的可持续性——基于动态CGE的模拟分析》，《财经研究》2015年第4期。

③ 魏后凯、苏红键：《中国农业转移人口市民化进程研究》，《中国人口科学》2013年第5期。

口融入城市社会面临的困难、农业转移人口权益保障受损等一系列社会困境，以及相应的制度和政策困境。

第一节　农业转移人口市民化的社会学理论基础

本书着重从社会结构和社会融合的视角，研究农业转移人口市民化进程中存在的社会问题，因此，我们将从农村城市化的社会学理论依据入手，重点考察社会学理论中的社会结构理论和社会融合理论，这对农业转移人口市民化社会制度改革具有指导意义。

一、社会结构理论

（一）马克思关于社会结构的思想

马克思在他的著作中阐明了上层建筑与经济基础的关系，他强调根源于物质的生活关系层次，即人们在自给的生活和社会生产关系中发生的、不以人的意志为转移的生产关系。马克思主要从三个方面论述了社会结构的思想：一是把"结构"看作"关系总和"，他认为经济结构是生产关系的总和，而社会整体结构是人们的物质和精神生活关系的总和；二是把社会结构看作矛盾关系体，他提出社会结构是经济基础和上层建筑构成的矛盾关系体，经济结构则是生产力和生产关系构成的矛盾关系体；三是把社会结构变化的动力来源归因于社会内部的矛盾运动。马克思认为，经济基础在社会结构中起决定作用，而生产力在经济结构中起决定作用。总之，马克思的结构不仅指客观实体之间的关系，也指人为实体（如制度、意识形态、生产方式等）之间的逻辑关系[①]。

这对当前我国农业转移人口市民化进程中出现的新城市二元社会结构具有很强的解释力。新城市二元社会结构产生的经济基础，是农业转移人口与原城市市民之间，存在着就业质量、收入水平、社会保障待遇方面的巨大差异，进一步地，在上层建筑领域，存在着身份地位、生活品质、思想观念等方面难以逾越的鸿沟，以及由于历史原因形成的、针对这两类人

---

① 周怡：《社会结构：由"形构"到"解构"——结构功能主义、结构主义和后结构主义理论之走向》，《社会学研究》2000年第3期。

群的截然不同的社会制度，包括以户籍制度为核心和基础的社会保障制度、就业制度等，城市社会新的二元社会结构必然产生许多社会矛盾甚至冲突。根据马克思的社会结构思想，要解决这些社会矛盾和社会问题，必须回到作为问题根源的物质生活关系层次。

（二）自然主义的社会结构思想

早期的社会学家多从生物学概念出发来研究社会结构，反映出明显的自然科学取向。

孔德（Isidore Marie Auguste Francois Xavier Comte）提出社会是一个由各种要素组成的整体，这种整体与它的部分具有"普遍的和谐"，而"普遍和谐"的基础在于人性，这种结构与生物有机体有非常大的相似性。他用人性、博爱与秩序的联系解释了社会结构的概念。

涂尔干（Émile Durkheim）则认为个人意愿并不能左右社会事实，而人们的思想结构也反映着社会结构的秩序，是一个相互加强和再现秩序的过程。他把社会结构分为两类：一类是"机械团结"型——以低度分工为基础，以强烈集体意识为纽带结成的社会关系整合形式；另一类是"有机团结"型——以高度分工和广泛的相互依赖为基础构成的社会关系整合形式。

这些早期的经典研究将社会或社会结构视为多个成分的组合，它们与化学分子晶体的结构相似，需要随时进行相互协调[①]。自然主义的社会结构思想，是学界对社会结构形成原因的早期认识，有助于我们理解社会结构形成的基本逻辑，对于认识和分析我国社会结构提供了一个理论视角。

（三）帕森斯的结构功能主义

20世纪60年代以来，帕森斯（Talcott Parsons）的结构功能主义在西方社会学界一直处于主导地位。帕森斯提出，社会结构是具有不同基本功能的、多层面的次系统的一种"总体社会系统"。这个总体社会系统被划分为经济系统、政治系统、社会系统和文化系统四个系统。这四个系统之间相互影响、制约和平衡。结构被看作是社会关系的网络模式，功能则表明了这些内在网络模式的实际运行。结构在这里基本上只是一种描述性概

---

① 周怡：《社会结构：由"形构"到"解构"——结构功能主义、结构主义和后结构主义理论之走向》，《社会学研究》2000年第3期。

念，其主要的描述职责通过功能去完成①。

结构功能主义的思想给我们的启示是，社会结构是一个复杂的系统，呈现出社会关系的网络状态，这个系统内的各子系统之间存在着错综复杂的关系，它们有着不同的功能，却又彼此牵连、相互作用，因此我们在研究农业转移人口市民化的社会结构时，要将城市新的二元社会结构看作一个系统工程，在进行相关的制度和政策改革时，要综合考虑政治、经济、社会、文化等各个方面的因素及其相互影响，做出整体性、均衡性的改革方案。

（四）列维—斯特劳斯的结构主义

列维—斯特劳斯（Claude Levi-Strauss）用社会的"深层结构"代替了社会宏观结构，这个视角区别于帕森斯的结构功能主义。他提出结构是一种基本的规则整体，这决定着历史、社会和文化中的许多具体事件和行为。如果把结构分为"深层结构"和"表层结构"，那这种规则整体意指"深层结构"，是与语言行为、社会行为和意识活动相对的结构。另外，结构也是指现象的表面秩序，是可观察、可分析归纳的诸社会现象的秩序，是一种表层结构。而这种表层结构反映、决定着它们的"深层结构"②。他还提出，"深层结构"不是客观的存在，就不能根据日常经验归纳概括出来，而是一种借某种理智模型间接启示出来的规则总体。他所理解的结构，是作为一种解释性概念的，更多的与语言、符码相联系。对神话或是对一般意义上的社会关系的解释中，结构主义都认为应该透过现象表层去捕捉对象深处的东西③。

列维—斯特劳斯的结构主义思想给我们的启示是，我们对社会结构的研究，应当透过"表层结构"分析"深层结构"。在对农业转移人口市民化的社会结构进行研究时，一方面，要分析新城市二元社会结构下的社会困境，另一方面，更要深入挖掘这些现实困境背后的深层原因，只有对社

---

① 周怡：《社会结构：由"形构"到"解构"——结构功能主义、结构主义和后结构主义理论之走向》，《社会学研究》2000年第3期。

② 周怡：《社会结构：由"形构"到"解构"——结构功能主义、结构主义和后结构主义理论之走向》，《社会学研究》2000年第3期。

③ 周怡：《社会结构：由"形构"到"解构"——结构功能主义、结构主义和后结构主义理论之走向》，《社会学研究》2000年第3期。

会深层结构有足够的认识，才能找到有效的社会结构改进对策。

（五）吉登斯的结构化理论

英国社会学家吉登斯（Anthony Giddens）提出了主客体对立的两极化思维，将功能主义和结构主义"折中"。他提出了"结构二重性"的观点：结构决定个体，而个体也影响了结构。他认为，规则属于行动者的知识与理解部分，是潜在的、非具决定性质的情境界域。吉登斯结构要素的资源分别是权威性资源和分配性资源。权威性资源指在权力的实施中的非物质资源，其源于一些人对另一些人的支配，是强加于人的指挥能力；分配性资源指在权力实施中所用的物质性资源，是强加于物的能力。规则是结构中相对稳定的部分且有制约作用，而资源作为能量是积极变动的，因而导致结构既有制约性又有能动性。他认为离开实践，规则和资源都成了不能自我运作、不能腾空出世的抽象体。结构需要有实践的土壤。所以，就形成了社会结构与人类行动的互构关系，也即社会结构既是由人类的行动建构起来的，同时又是人类行动得以建构的条件和中介①。

吉登斯的结构化理论对社会结构的变迁有较好的解释力，中国的社会结构在由城乡二元社会结构向新城市二元社会结构（有人也称之为"三元社会结构"）变迁的过程中，既有社会结构及相关社会制度对农业转移人口的制约和作用，同时也有农业转移人口的行动对社会结构和社会制度的反作用，因此，研究农业转移人口市民化的社会结构，既要从宏观层面研究社会制度对社会结构的影响，也要从微观层面考察农业转移人口对社会制度的主观反应。

二、社会融合理论

在农业转移人口市民化进程中，社会融合是一个重要障碍。因此，运用社会融合理论研究农业转移人口市民化问题，显得十分必要。

涂尔干是最早提出了社会学意义上的社会融合概念。社会整合指的是社会个体基于社会分工，形成集体意识，从而使社会秩序得以维持的过程。

社会融合源于对社会排斥的研究。在社会群体中，被排斥的往往是脆

① 周怡：《社会结构：由"形构"到"解构"——结构功能主义、结构主义和后结构主义理论之走向》，《社会学研究》2000年第3期。

弱群体，他们通常处于社会最底层，具体表现为不同阶层之间、人与人之间和群体与群体之间的排斥。因此，社会融合的理论依据就包括脆弱群体理论、社会分层理论、社会距离理论和社会排斥理论[①]。本书将从这些理论角度入手分析社会融合理论。

（一）脆弱群体理论

该理论认为，人类的脆弱性是指人类对脆弱性的尊敬和保护，并不代表所有的痛苦、变态和伤残。我们对脆弱群体的责任来源于他们的脆弱性[②]。脆弱性来自生活中不可避免的因素，或来自社会安排。我们有责任和义务去保护脆弱性的群体或个人。由于脆弱性的根本原因，他们有难以控制的某种障碍，使得他们缺乏必备的竞争力，或面对突发情况缺乏相应的应对能力。如果脆弱群体得不到必要的社会保护，就很容易被主流社会所抛弃、疏离和排斥。因此，保护脆弱群体应是一个社会的基本伦理[③]。

按照脆弱群体理论，当前大部分的农业转移人口属于"脆弱群体"的范畴，在中国社会经济快速发展的过程中，一方面，社会财富不断地快速积累，另一方面，社会经济的发展在一定程度上"挤占"或"牺牲"了农业转移人口的利益，他们作为"脆弱群体"对社会经济的发展有着重要的贡献。那么，在中国城市化进程中，除了保障农业转移人口的基本社会权益外，还应对作为"脆弱群体"的农业转移人口给予更多的保护。

（二）社会分层理论

社会分层理论揭示了社会结构中的阶级或阶层差异，还有由于这种差异而导致的社会分裂或社会排斥。首先，每个阶层都可能形成一个共同体，拥有自己的阶层意识，由此造成一个社会存在多个阶层意识，因此，不同阶层之间增加了融合的难度，严重时还可能造成阶层之间的对抗或冲突；其次，社会分层的结果，必然存在以富人为代表的上层和以穷人为代表的底层，这两个阶层贫富悬殊，还可能存在剥削关系，从而引发社会动荡。因此，社会分层理论不仅启发人们关注阶层之间的社会融合，而且要

---

① 黄匡时、嘎日达：《社会融合理论研究综述》，《新视野》2010年第6期。

② Robert E.Goodin, Protecting the Vulnerable: *A Reanalysis of Our Social Responsibilities*, Chicago: University of Chicago Press, 1985, pp.71–73.

③ 黄匡时、嘎日达：《社会融合理论研究综述》，《新视野》2010年第6期。

求人们更加关注底层阶层的社会融合[①]。

社会分层理论很好地诠释了我国当前新城市二元社会结构状态。改革开放四十年以来，中国城市发生了巨大的变化，城市居民的收入水平和生活质量得到了极大提高，另一方面，越来越多的农业转移人口进入城市工作和生活，但是他们的收入水平、工作环境、生活质量、社会保障等却远低于城市居民，成为城市社会新的底层人群，在经济、社会、文化和心理层面等不能融入城市社会，他们与城市原住民构成了新城市二元社会结构，这种社会结构下面蕴含着危及社会稳定的因素，随着农业转移人口数量的不断增加，如果他们与城市原住民之间的差距不能缩小甚至继续拉大，不可避免地将爆发阶层之间的对抗或冲突，成为危及社会稳定的重要根源。因此，在研究农业转移人口市民化的社会结构时，应当重视农业转移人口作为城市底层人群的社会融合。

（三）社会距离理论

加布里埃尔·塔尔德（Gabriel Tarde）使用"社会距离"来解释不同群体的客观差异。德国齐美尔（Georg Simmel）对社会距离概念进行了拓展，认为它就是人与人之间"内在的屏障"。美国社会学界沿用齐美尔的观点，他们提出距离是存在于集团与个人之间的亲近程度，这种亲近程度是可以量化的[②]。美国博卡德斯（Emory S.Bogardus）使得"社会距离"成为社会学中普遍适用的概念，他将社会距离解释为："能够表现一般的前社会关系和社会关系特征的理解和亲密的等级与程度"，他还设计了测量这些等级和程度的社会距离量表，为社会融合理论的实证研究奠定了基础[③]。

社会距离理论为社会融合的研究提供了量化研究的依据，本书在第三部分的研究中将运用相关理论对农业转移人口的社会融合进行实证分析。

（四）社会排斥理论

1974 年，法国勒努瓦（Rene Lenoir）用"社会排斥"概念来解释当时法国有 10% 的人被国家经济和社会发展排斥在外的现象。这些人没有相应的社会保障，同时又被贴上了"社会问题"标签。社会排斥理论强调个体

---

① 黄匡时、嘎日达：《社会融合理论研究综述》，《新视野》2010 年第 6 期。

② Robert E.Park, Raceand Culture, The Free Press, 1950, pp.89–92.

③ E.S.Bogardus, "Measuring Social Distance", Journal of Applied Sociology, Vol.9, 1925.

第二篇　农业转移人口市民化的社会障碍及政策困境考察

与社会整体之间的断裂。

美国社会学家帕金（Parkin）提出了社会排斥的运行逻辑。他认为任何社会都应当建立一套程序和规范体系，将获得某种资源或机会的可能性限定在具备某种资格的小群体内部，社会上有一部分人享有这些资源或机会，而其他人则受到排斥。他进一步指出，社会排斥的不良后果主要表现在四个方面：贫困、社会融合、巨大的社会焦虑和心理压力以及违反社会公正原则。

社会排斥理论为中国农业转移人口市民化的社会融合问题提供了很好的研究视角，中国城市化进程中，在新城市二元社会结构状态下，表现出的社会排斥现象以及产生的后果，都与社会排斥理论的分析高度一致。因此，这一理论将成为我们研究农业转移人口市民化社会结构问题的重要理论依据之一。

第二节　农业转移人口市民化的社会制度及政策现状

农业转移人口市民化已成为中国未来经济社会变革的核心内容，与此相关的政策是一项针对农业转移人口管理方式的改革举措。中国城乡社会二元分割的格局是由于新中国成立后长期实施城乡二元分割的社会制度和人口管理方式所形成的，随着城市化进程的加快，城乡二元户籍制度以及附着在此之上的系列社会制度越来越成为阻碍中国城市化进程的重要因素，制约了农业转移人口市民化的进程。在这样的历史背景下，二元户籍制度开始打破，与此相关的系列社会制度和政策也相应发生变革。我们重点考察对农业转移人口市民化有重要影响的户籍制度、社会保障制度、农村土地制度和就业政策的现状及问题。

一、户籍制度：从二元分割到城乡一体化

新中国成立后，我国的户籍制度经历了从城乡二元分割到城乡户籍一体化改革的曲折过程。城乡二元户籍制度的松动和改革，是由于我国经济的高速增长和社会翻天覆地的变化。一方面，庞大的农村转移人口的存在，使得不断突破户籍对城乡居民的地域限制、促进劳动力、资本、土地等资源的优化配置成为必然①；另一方面，农民工与城镇居民在就业、住房、社会保障和子女教育等公共服务上的待遇差异所造成的经济社会问题日益突出。

2003年到2014年，是户籍制度改革最快的10年。在此期间，我国经历了从统筹城乡改革试点到取消农业户口与非农业户口的区别。2014年，进一步修订户籍制度，标志着城乡二元户籍制度的终结，提出了城镇基本公共服务，如基本养老、就业服务、教育等的覆盖面扩大到全部城镇常住人口，统一了城乡户口登记制度，实施居住证制度。2016年，国家先后出台了《居住证暂行条例》和《关于深入推进新型城镇化建设的若干意见》，这些政策促进了农业转移人口的城市落户并消除了其与城镇居民的待遇差异。农业、国土、教育、人社、卫生计生、住建、财政、发改委等相关部门出台了一系列配套政策措施，它们为农民工的市民化指明了方向，提供了准则。

城乡二元户籍制度的破解，为农业转移人口市民化的有序推进提供了制度基础，为附着在户籍制度上的一系列社会制度变革创造了前提条件。但是，受制于长期实行的城乡二元户籍制度，部分城市仍然存在落户门槛，无法取得城市户籍。同时，长期的城乡分割造成城市与农村之间公共资源的分配严重失衡，户籍制度衍生出的一系列制度，社会保障制度、劳动就业制度、住房保障制度、教育医疗制度等，把农业转移人口排斥在城市资源配置体系之外，阻碍了他们获取在城市生活的相应权利，加大了他们在城市的就业和生活成本。

二、社会保障制度：逐步实现基本公共服务全覆盖

社会保障制度是附着在户籍制度之上的重要社会制度，在二元户籍制度下，社会保障制度也呈现"二元"特征，拥有农村户籍的农民和拥有非农户籍的城市居民之间享有完全不同的社会保障福利，农民基本被排斥在社会保障体系之外。二元社会保障制度的破冰，是在二元户籍制度被打破之后，逐步建立了对农村居民和农民工的基本养老、基本医疗卫生、教育培训、就业服务、住房保障等基本公共服务体系。

---

① 蔡昉、王德文：《中国经济增长可持续性与劳动贡献》，《经济研究》1999年第10期。

　　在 2002 年以前，尽管国家逐步放宽了农民进入小城镇和县城的入户条件，农民工在取得小城镇身份的同时也能享受到小城镇居民的待遇，这为进一步突破中等城市的户籍障碍提供了范式、打下了基础；然而，那些户籍不在本地的农村转移人口却被排除在享受同等城市待遇之外。在此期间，仍有部分地区率先实践，开始考虑农民工的社会保障。中国人口流动规模最大的广东省和人口流动占比最高的深圳市，先后出台了相关政策将非城镇户籍的职工纳入城镇职工养老保险体系。2001—2016 年政府出台的关于社会保障的政策措施如表 6.2 所示。社会保障制度的改革和推进，上述政策的制定和实施，为农业转移人口享受公平的基本公共服务、有序推进市民化奠定了坚实的制度基础。

表 6-1　2001—2016 年政府出台的关于社会保障的政策措施

时间	文件来源	具体内容
2001 年	《关于完善城镇职工基本养老保险政策有关问题的通知》	合同制农民工在劳动关系终止时，其养老保险关系可被保留，再就业时接续参加养老保险，或者一次性领取养老补贴
2002 年	十六大	城乡二元社会保障制度开始逐渐打破，开始重视农民工的社会保障权益，为推进城乡一体化起到重要作用
2004 年	十六届四中全会	推进城乡公共服务均等化，使得消除城市户籍上的附加功能成为可能
2006 年	《关于解决农民工问题的若干意见》	探索出适合农民工特点的农民工养老保险办法，进一步强调了做好农民工社保工作的重要性
2007 年	十七大	建立覆盖城乡居民的社会保障体系，"新农合""新农保""两免一补"等社会保障体系逐步建立
2008 年	十七届三中全会	逐步实现农民工劳动报酬、随迁子女入学、公共卫生服务、住房租购等与城镇居民的同等社会福利待遇
2009 年	《城镇企业职工基本养老保险关系转移接续暂行办法》	适用于参加城镇企业职工基本养老保险的所有人员，包括农民工，文件对农民工如何转移接续其养老保险关系进行了明确的规定

时间	文件来源	具体内容
2010 年	《社会保险法》	明确农民工养老保险的方向为加入城镇职工基本养老保险，规定将城镇居民社会养老保险和新型农村社会养老保险合并实施
2012 年	《国务院办公厅关于积极稳妥推进户籍管理制度改革的通知》	提出要解决未落户的农村转移人口在城镇的就业服务、公共卫生、子女教育等方面的问题
2013 年	十八届三中全会	提出要加快农民工市民化，并让其享受与城镇居民的同等待遇，同时要求做好城乡社保体系的衔接工作，并提供相应的财政支持
2014 年	《城乡养老保险制度衔接暂行办法》	详细的规定了城镇职工基本养老保险和城乡居民养老保险之间的转移衔接，解决了农民工社会保险的转移接续问题
2015 年	《关于全面实施城乡居民大病医疗保险的意见》	要求在 2015 年底前全面覆盖所有城镇居民基本医疗保险、新型农村合作医疗的参保人群
2016 年	《关于整合城乡居民基本医疗保险制度的意见》	要求整合新型农村合作医疗和城镇居民基本医疗保险这两项制度，以此来建立统一的城乡居民基本医疗保险制度，实现城乡居民公平享有基本医疗保险权益。

三、农村土地制度变革：努力实现还权赋能

由于过去长期忽视农民的社会保障，农村土地对于农民来说便具有了社会保障功能。同时，由于城市就业的不稳定和风险性，还有相当部分农村劳动力属于季节性转移，土地的就业保障功能仍然存在，土地成为农业转移人口抵御城市就业风险的主要保障。因此，多数农民离开农村进入城市工作和生活，但仍不愿放弃土地承包经营权，导致部分土地因无人耕种而闲置撂荒。另一方面，农民进入城市生活、定居，需要经济实力支撑，多数农业转移人口的经济收入难以支撑城市高昂的生活成本，而他们拥有潜在利益的土地承包经营权又不能转变为进城发展的经济资本，导致农业转移人口难以下决心定居迁移城市，成为制约农业转移人口市民化的重要

因素。因此，深化农村土地制度改革，实现"还权赋能"，是农业转移人口市民化的内在要求和改革内容。

改革开放以来，我国农村土地制度经历了从"两权分离"到"三权分置"两个重要阶段。始于1982年的家庭联产承包责任制，实现了农村土地所有权和承包经营权的分离，把生产经营自主权还给农民，有效地调动了农民的生产积极性。但是另一方面也存在土地经营规模小、劳动生产率低的弊端。随着城镇化的发展，大量农民进城务工，各地普遍出现耕地撂荒的现象。为了解决农地经营规模小和撂荒的矛盾，国家开始鼓励农村土地经营权流转，将承包经营权再分解为承包权和经营权，实现"三权分置"，为经营权流转以及发展适度规模经营创造条件。

农村土地"三权分置"改革的政策始于2005年农业部出台的《农村土地承包经营权流转管理办法》；随后，2008年，党的十七届三中全会报告《中共中央关于推进农村改革发展若干重大问题的决定》明确提出逐步将加强土地承包经营权流转管理作为完善和健全农村土地经营制度和管理制度的重要内容，并强调农村土地承包经营权流转，不得改变土地集体所有性质，不得改变土地用途，不得损害农民土地承包权益。2013年中央一号文件提出，全面开展农村土地确权登记颁证工作，这项措施强化了承包农户的市场主体地位和家庭承包经营的基础地位，明确了土地承包经营权的归属，有利于依法保护农民的土地财产权利，还能促进农村土地流转、提高土地规模经营效益，从更长远看，还为农村土地承包经营权转化为农民进城的经济资本提供了前提条件。为了稳定农村土地承包关系，党的十八届三中全会《中共中央关于全面深化改革若干重大问题的决定》指出，要深化农村土地制度改革，提出在坚持和完善最严格的耕地保护制度的前提下，坚持农村土地集体所有权，依法维护农民土地承包经营权。紧接着，在2015年，国务院办公厅颁布了《关于引导农村产权交易市场健康发展的意见》，明确将土地经营权从土地承包经营权中分离出来，随后，在深化农村集体产权制度改革，推进、落实"三权分置"改革方面相继出台了一系列政策文件，包括国务院在2015年、2016年先后出台的《关于开展农村承包土地的经营权和农民住房财产权抵押贷款试点的指导意见》《关于深入推进新型城镇化建设的若干意见》，以及 2016 年 12 月中共中央、国务院颁布的《关于稳步推进农村集体产权制度改革的意见》和《关于深入推进农业供给侧结构性改革，加快培育农业农村发展新动能的若干意见》等文件。这些政策的出台，有利于充分、合理的利用农村土地资源，提高资源利用率，提高土地产出率、劳动生产率，有利于完善农村基本经营制度，构建新型农业经营体系，有利于发展多种形式农业适度规模经营，促进现代农业的发展。

在农村土地"三权分置"改革的基础上，我国又进行了农村土地征收制度、集体经营性建设用地制度和宅基地制度这三项制度的改革，进一步实现"还权赋能"和扩宽了农村土地改革的范围。2015 年，中共中央办公厅和国务院办公厅联合印发了《关于农村土地征收、集体经营性建设用地入市、宅基地制度改革试点工作的意见》，2016 年 12 月，中央经济工作会议提出加快推进农村承包地确权登记颁证，统筹协调推进农村土地征收、集体经营性建设用地入市、宅基地制度改革试点，将其作为深入推进农业供给侧结构性改革的重要内容。其中征地制度改革不仅涉及农村内部，还涉及国家、集体、农民之间以及城乡之间利益关系的重新分配，改革阻力很大。但这一步改革的意义巨大，通过改革，使农民所拥有的土地这一重要资源商品化、市场化，赋予了农民更多的财产权和增加了农民的财产性收入，有效地缩小城乡居民收入差距。这些改革将农村土地和农民住房商品化，具有了商品属性，为提高土地资源利用率和发挥市场在资源配置中的决定性作用提供了体制保障，消除了农民在城乡之间自主落户的障碍。这些改革已经有了实质性进展，2017 年 8 月，国土资源部住建部出台了《利用集体建设用地建设租赁住房试点方案》，确定了第一批在 13 个城市进行试点，这项改革举措意义重大，一方面有利于增加城市租赁住房供应，缓解住房供需矛盾，降低农业转移人口在城市生活的居住成本；另一方面有利于提高农民集体建设用地的经济价值，这一作用对于城郊农民尤其现实，为农业转移人口建立了一种财产权利的退出机制，成为他们积累进城经济资本的重要渠道。

第三节　农业转移人口市民化的制度实施困境及成本障碍

农业转移人口市民化的制度障碍已经基本消除，但是制度的转型和政策的实施有个过程，同时，过去制度遗留下来的一系列问题也需要逐步解决。因此，农业转移人口市民化过程中仍然存在制度接轨、落实和政策执行层面的障碍，高昂的市民化成本也是制约农业转移人口市民化的现实障碍。

埃弗里特·李（Everrit Lee）认为，原居住地、迁入地、迁移者个人都是影响农村劳动力转移的因素，除此之外，不可忽视的影响因素还有中间障碍[①]。在我国，附着在城市户籍上的城市公共服务和社会保障制度，是市民化的主要中间障碍因素，这属于集体性排他性的"社会屏蔽"制度，对城乡之间劳动力转移具有普遍性的限制作用。同时，现行农村土地制度仍然制约着农业转移人口市民化的经济资本积累，市民化的成本分担机制尚未形成，不能为市民化提供经济保障。

一、市民化的制度实施困境

前面已经提到，2014 年国务院颁发文件，统一城乡户口登记制度，彻底打破了作为城乡二元社会的元制度——城乡二元户籍制度安排，并推出了居住证制度作为配套政策加以落实，同时，陆续出台和完善了户籍制度的衍生制度，保障农业转移人口与城市居民享有平等的城市公共服务。然而，长期以来实行的城乡二元户籍制度影响极其深远，统一的户籍制度及其相关社会制度的落实和完善是一个长期的过程，在制度实施过程中，仍然存在诸多制约农业转移人口市民化的因素和问题。

（一）城乡二元户籍制度的"隐性户籍墙"仍然存在

在市民化的过程中，农业转移人口市民化困境的根源在于城乡二元制度。而在这个城乡二元制度体系背后，对我国市民化困境起直接性的基础

---

① Lee, Everrit. S, "A Theory of Migration", Demography, Vol.3, 1966.

性的作用的是我国的户籍制度。

户籍制度的存在是为了人口登记和管理。受我国经济发展水平的制约，公共服务的提供相对不足，在这样的情况下，户籍制度就附加了就业服务、医疗卫生、社会保障、教育等公共服务的提供。我国政府长期将经济建设作为工作重心，公共服务提供不足，造成了其相对稀缺的状态。长期以来，农业转移人口被定位为廉价劳动力，这样的定位使他们无缘城市的公共服务的享受。同时，企业出于自身利益，没有动力为农民工购买社保，农村转移人口的权益受损严重，以此换来了城市经济的发展。

户籍制度对市民化的阻碍作用体现为"双重户籍墙"——"显性户籍墙"和"隐性户籍墙"①，"显性户籍墙"又被称为"原生墙"，其建立在严重的城乡对立基础上，体现为城乡人口流动的一种制度抑制，致使农业转移人口的经济职业与社会身份的城乡分离②。使农业转移人口难以享受城镇户籍所享有的城镇公共服务和社会保障③。"隐性户籍墙"建立在"显性户籍墙"的基础之上，是一种对农民工歧视与权利资本剥夺的引申性制度安排。由此导致城乡居民的经济资源与社会资本及生活观念对市民化进程的间接阻滞尤为显著④，且存在代际累积效应⑤。现在，国家统一了城乡户口，取消了城乡户口的区别，这道"显性户籍墙"被打破。在制度上农业转移人口的身份不再低于城市市民，他们可以凭借个人喜好选择工作环境和居住场所，享有与城市市民一致的待遇。但是，"农业转移人口→市民"转化还存在一道韧性更强的"隐性户籍墙"，尚需进一步破除⑥，尤其对于特大城市和超大城市而言更加严重。已经穿越"显性户籍墙"的农民工，因为其天生的农民户籍，他们所享受的教育、住房等权益与市民户口所享受到的并

① 刘传江、程建林：《双重"户籍墙"对农民工市民化的影响研究》，《经济学家》2009 年第 10 期。

② 申兵：《"十二五"时期农民工市民化成本测算及其分担机制构建》，《城市发展研究》2012 年第 1 期。

③ 秦立建、王震：《农民工城镇户籍转换意愿的影响因素分析》，《中国人口科学》2014 年第 5 期。

④ 曹飞、田朝晖：《社会资本与农民工的社会整合》，《求实》2011 年第 12 期。

⑤ 董延芳、刘传江、胡铭：《新生代农民工市民化与城镇化发展》，《人口研究》2011 年第 1 期。

⑥ 刘传江、徐建玲等：《中国农民工市民化进程研究》，人民出版社 2008 年版，第 89 页。

不平等,"四大资本缺失"现象也就由此显现。因此,"隐性户籍墙"因为其拥有的"资本剥夺"功能而构成了农民工市民化过程中的主要而且是很难突破的强韧性障碍。

同时,户籍制度对农业转移人口市民化的制约效应也存在农村退出—城镇进入—城镇融合的"三环节梗阻"[5],人为提高了市民化的准入门槛与转化成本,实质上导致了农民—农业转移人口—市民的利益对立[1]。

(二)结构性排斥的就业制度仍未彻底扭转

正如我们在第一部分中所分析,我国劳动力市场的二元分割存在着对农业转移人口的系统性制度歧视,进入城市的农业转移人口基本被排斥在一级劳动力市场之外,主要在二级劳动力市场就业,他们从事着 3D(Dirty, Dangerous, Demanding)行业,这些行业城市劳动力一般不参与,不仅劳动报酬较低、工作环境差、福利待遇差,而且他们中的大多数人没有与用人单位签订正规的劳动合同,劳动者的基本社会权益得不到法律保护。这种由二元户籍制度衍生出的结构性就业排斥制度,导致进城农民工成为城市新的贫困阶层,而且长期形成的制度性歧视加大了进城农民工与城市原住民之间的社会距离,加之农业转移人口长期被排斥在社会保障制度之外,造成他们巨大的社会焦虑和心理压力,由此形成城市社会新的二元结构,以及农业转移人口难以融入城市社会,成为农民工市民化的一大阻力。

虽然城乡二元户籍制度已经被打破,农业转移人口在身份上与城镇居民享有同等权利;但是,长期形成的结构性排斥的就业制度仍未彻底扭转,主要表现在两个方面。首先,在就业体系方面,尚未建立起城乡统一的劳动力市场。目前,劳动力市场信息不通畅,农民进城务工主要是通过借助亲戚、朋友、同乡等渠道获取就业信息,或者从劳务中介组织中获取招工信息,这些导致了农村劳动力转移就业的组织化、社会化程度低,加大了农业转移人口流动的成本和风险。其次,在就业保障方面,尚未建立完善的就业保障体系,农业转移人口大多在私营企业就业,由于市场秩序不完善,他们的就业稳定性差,用工单位往往基于成本压力,不为员工办

---

① 黄锟:《中国农民工市民化制度分析》,中国人民大学出版社 2011 年版,第 100 页。

理养老保险、工伤保险、医疗保险等，对员工权益的保护意识薄弱，大多数私营企业特别是中小微企业没有工会组织，分散的农村转移劳动力往往诉求无门，无法表达和维护自己的正当权益，农业转移人口合法权益受侵害的现象较为普遍。

（三）城乡统一的社会保障体系尚未建立完善

社会保障制度是一道社会安全保障网，它保障了公民，特别是脆弱性群体能够生存、立足、认同并融入所在城市。如前所述，我国经过十多年的城乡统筹改革，尤其是伴随着《社会保障法》的出台，农业转移人口社会保障的制度和政策障碍基本消除。但是城市公共服务还远未实现全覆盖，尚未建立起城乡统一、全国统筹的社会保障体系，在政策落实和执行过程中仍然存在很多不完善的地方，农业转移人口的社会保障权益也不会在新的社会保障制度颁布之后就立即得到解决，他们过去的权益损失也难以得到补偿，农业转移人口社会保障权益的实现还有一个过程。

尽管户籍制度已经统一了城乡居民的户籍身份，但是并没有真正改变农业转移人口"城市边缘人"身份，这使他们享受的社会保障与城市居民存在较大差异。如前所述，由于缺乏与城市劳动力同等的就业权益保障和同等的就业资源，在就业竞争激烈的市场环境下，大部分农民工只能在二级劳动力市场就业，从事着劳动时间长、安全风险高、劳动强度大、脏、累的工作，而且很多企业还不与他们签订正式劳动合同，不为他们购买社会保险，他们享受不到企业职工的社会保障权益。

农业转移人口的高流动性加大了他们获得社会保障的难度，他们的社会保障权益在迁移流动中还受到社保关系转移接续的影响。由于目前企业职工基本养老保险关系实行省级统筹，农业转移人口的养老保险关系转移接续涉及跨制度和跨统筹区的转移。随着相关政策的出台，养老保险关系的跨省转移和跨制度转移都有了政策依据和标准的经办程序。这些政策都一定程度上解决了养老保险关系转移接续的障碍；但是，由于农民工的流动性强，他们的情况复杂，加之各地关于农民工养老保险的政策差别较大，农民工养老保险关系在转移接续中仍然存在一些问题。一种较普遍的情况是，由于农民工工作流动性大，他们并没有购买农村居民养老保险，他们中有的人在城市工作但未与单位签订劳动合同，因此单位也没有为他们购买养老保险，这部分人中有的会选择购买城乡居民养老保险，或者因为农民工达不到在城市享受养老待遇的条件，比如累积缴费年限不满15年，他们就不得不从城镇职工基本养老保险转到城乡居民养老保险。然而城乡居民养老保险实行市级统筹，所以他们只能在原户籍地购买农村居民养老保险，但是农村居民养老保险的待遇远低于城市职工养老保险待遇，他们的社会保障权益受到一定程度损失。另一种较普遍的情况是，农业转移人口参加了城镇职工养老保险，但当他们从发达地区跨省转移到相对不发达地区时，养老待遇受到一定损失。由于发达地区的职工工资水平普遍高于不发达地区，因此他们在发达地区工作时缴纳养老保险标准相对较高，而在不发达地区领取养老保险的待遇相对较低。

可以说，这种二元的城乡分割的社会保障制度"剥夺"了农业转移人口未来预期的保障性资本，这直接造成了农业转移人口的资本要素禀赋不足，即财力资本、人力资本和社会资本"三大资本缺失"。虽然随着社会保障制度改革的深化，社会保障的统筹层次逐步在提高，但是建成全国统一的社会保障体系还面临诸如地区经济发展不平衡、社保支付能力、人口老龄化趋势加速等困难。因此，农业转移人口的社会保障权益受损，进而影响到其财力资本、人力资本和社会资本缺失的问题，在短期内无法彻底改变。

（四）农村土地制度的"还权赋能"功能尚未实现

前已述及，我国农村土地制度正在全面实施和推进所有权、承包权和经营权的"三权分置"改革，这项改革的前提是要完善承包合同、健全登记簿、颁发权属证书，从而强化土地承包经营权的物权保护。至2016年6月，全国已经有7.5亿亩土地完成确权颁证，约占家庭承包耕地的60%，确权工作预计到2018年将全部完成。农村土地的三权分置改革也已经取得一定成效，至2016年6月底，全国2.3亿农户中，流转地超过30%，流转土地4.6亿亩[①]。2017年已经开始进行农村土地征收、集体经营性建设用地入市和宅基地制度三项改革试点，目前试点涉及33个地区，除浙江省和四川省各有两个试点地区外，其他29个省份均有一个县（区、市）进

---

① 许经勇：《我国农村土地制度改革的演进轨迹》，《湖湘论坛》2017年第2期。

入试点范围。根据有关文件条文，试点工作原定于 2017 年底完成，但鉴于改革的整体性、系统性、协同性和综合效益显化尚需时日，2017 年 11 月 4 日，第十二届全国人大常委会第三十次会议通过了将试点时间延长至 2018 年底的决定[①]。农村土地制度改革的深化，无疑将促进农村土地资源的有效配置，更好地保障农民的财产权利，增加农民的财产性收入，有利于加快农业转移人口市民化的进程。但是，农村土地制度改革也存在较大的阻力和难度，工作量巨大，要实现其"还权赋能"目标，还有很长的路要走。

二、市民化的成本障碍

农业转移人口市民化的核心是实现基本公共服务的均等化，只有全体城镇范围内居民享受到的基本公共服务和福利待遇大致一致，才能满足农民工市民化的硬标准，因此，在市民化过程中，户籍转换是形，服务分享是实。大量的农业转移人口，需要大量的公共服务投入，这会造成巨大的成本，以至于政府难以承受农业转移人口市民化的社会成本。因此，从经济成本的角度来看，农业转移人口市民化问题本质上是财政问题，集中体现为财政能力以及财政体制两方面的障碍[②]。本书认为，要解决农业转移人口市民化的财政问题，其关键在于形成合理的市民化成本分担机制。

农业转移人口市民化的成本包括社会保障成本、教育培训成本、安居成本、私人增加的生活成本和基础设施增加成本[③]，是可以用货币衡量的财务成本。从成本分担者角度可以划分成个人成本、企业成本和社会成本。

（一）市民化的个人成本

市民化的个人成本指农村转移人口市民化的过程中农民需要花费的成本，主要包括生活成本、搬迁成本、融入成本和社会保险成本。生活成

---

① 朱江：《国土部权威解读：农村"三块地"改革试点为何要延期》，2017 年 11 月 6 日，见 http://news.eastday.com/eastday/13news/auto/news/china/20171106/u7ai7190715.html。

② "推进农业转移人口市民化问题研究"课题组：《农业转移人口市民化研究——财政约束与体制约束视角》，《财经问题研究》2014 年第 5 期。

③ 魏澄荣、陈宇海：《福建省农民工市民化成本及其分担机制》，《中共福建省委党校学报》2013 年第 11 期。

本包括农民从农村搬到城市后在衣、食、住、行和子女教育方面增加的开支。这些方面的费用城市远远高于农村。比如住房问题，需要缴纳租金、物业费、水电气费等。搬迁成本指农民在搬向城市时需要处理和变卖其在农村的资产面临的价值损失。这些资产包括房屋、农业生产资料等。受现有制度和经济环境的约束，这种行为将使农民面临较大的资产价值损失。融入成本是指农民工为适应城市生活、工作而发生的成本。在城市生活，建立新的社交需要花费一些隐形成本，同时为适应新的岗位，农民工需要进行学习和培训，这些也构成了融入成本。社会保险成本是指购买"五险一金"使农民工增加的个人成本。"五险一金"中基本养老保险、基本医疗保险和失业保险这三个保险是需要由企业和个人共同承担的，这增加了农村转移人口的个人成本，当然这是在企业为农民工购买社保的前提下。如果农民工没有企业为其购买社保，农民工自己购买的费用将更大，如果他们不购买，将面临着更大的风险和由此带来的更大的成本。比如失业风险，事实上由于农业转移人口平均受教育程度远远低于城市市民、人们对农业转移人口的偏见和大多数农民工就业岗位的特点，他们更容易面临失业。

（二）市民化的企业成本

农业转移人口市民化的企业成本指企业对在本企业工作的农业转移人口实行与城市市民职工相同的待遇时所增加的企业费用，包括工资、奖金、福利等。企业对农民工与城市市民职工的差别化待遇现象一直都存在。长期的二元户籍制度使农村转移人口与城市市民职工同工不同酬，这是制度问题。由于农民工工作岗位的特点，农民工与企业未签订劳动合同，附着在劳动合同上的劳动者权益就不能得到保障。此外，农村转移人口的文化水平有限，法律意识和维权意识很薄弱，如果遭到不公平的待遇，他们可能没有意识到，也可能意识到了却无力维护自己的合法权益。这也助长了企业的差别化待遇。这样的差别化待遇，在过去，为企业节约了一大笔支出。然而，随着农业转移人口市民化的相关制度越来越完善，农村转移人口的自我保护意识和自我保护能力的逐渐提升，企业将不能实行差别化的待遇政策，企业由农村转移人口市民化所带来的成本将逐渐上升。

（三）市民化的政府成本

农业转移人口市民化的政府成本指由中央和地方政府共同承担的促进农业转移人口市民化的各项费用。主要包括公共服务成本、社会保障成本、住房成本和就业成本[①]。

市民化的公共服务成本指政府用于城市农村转移人口使其享受与城市市民等质等量的公共服务，所增加的财政支出。这些公共服务包括享受医疗卫生、体育、义务教育、公共交通等。例如教育，教育成本包括由于城乡教育投入的差异所增加的成本和伴随学生增多而增加的学校和教师数量的投入成本。城乡教育质量差距大，是我国二元社会结构的一个深层次的原因，同时由于我国义务教育实行"地方负责、分级管理"的制度。农村转移人口随迁子女入学难的问题很突出。这也影响了市民化的进程。政府要想能够满足这部分学生的教育需求，必须加大投入力度，兴办学校，扩大教师队伍。

市民化的社会保障成本是指政府用于城市农村转移人口使其享受与城市市民对等的社会保障水平，所增加的财政支出。由于长期的二元户籍制度，附着在户籍上的社会保障政策也有巨大差异，虽然我国目前已在政策上基本消除了这样的差异，但是农业转移人口社保体系并轨城市社保体系将是一个漫长的过程，政府的负担将会越来越大。同时在转移接续上，也需要政府不断的财政支持来填补过去统账部分的差距，这将给政府财政带来更大的压力。

市民化的住房成本指政府为满足农业转移人口市民化后的住房需求所增加的财政支出。由于农业转移人口大多数属于低收入群体，对于他们来说住房支出显然负担过重，城市的住房成本让他们望而生畏。然而，目前的住房保障体系忽视了农村转移人口。若要加快市民化进程，政府应该加大投入，将农村转移人口纳入住房保障体系。前已述及，2017年出台了《利用集体建设用地建设租赁住房试点方案》，可以预期，这项政策将在一定程度上改善农业转移人口的住房状况；但是，这条途径能够提供的租赁住房规模，受制于各城市周边的农村集体建设用地的供给数量，而且这项

---

① 傅东平、李强、纪明：《农业转移人口市民化成本分担机制研究》，《广西社会科学》2014年第4期。

政策的落实和推广也有一个过程。鉴于农业转移人口规模庞大，且有继续增加的趋势，在城市已购房比例非常低，大量农业转移人口对住房有潜在需求；因此，政府仍然需要投入资金，为农业转移人口提供保障性住房，多渠道解决这个问题。

市民化的就业成本指政府为促进农村转移人口就业而增加的财政支出，包括职业技能培训，提供就业咨询服务等。农村转移人口由于长期城乡教育资源分配不公，受教育水平普遍较低，因此职业技能水平普遍很低，要想顺利在城市就业，政府需要加大投入，帮助其参加职业技能培训、提供相应的就业服务与咨询以建立城乡均等的就业体系。提高农村转移人口的就业率，进而促进农村转移人口的市民化。这些均会引起政府财政支出的增加。

总之，农村转移人口市民化需要花费巨大的成本，个人、企业、政府任何一方都无力独自承担。目前，各级地方政府主要承担这些改革成本，因而一旦政府无力继续承担这些成本时，向城乡提供均等公共服务的步伐将会有所放慢甚至停滞。因此，必须构建由政府（包括中央政府和地方政府）、企业和农业转移人口个人"三位一体"的成本分担机制[①]。成本以政府分担为主，企业和个人分担为辅。

第四节　农业转移人口市民化的社会环境障碍

农业转移人口市民化受到以户籍制度为基础的就业、社会保障、子女教育等一系列城乡二元制度体系的强大制约。农村转移人口的制度上的市民身份和待遇的获得，是农村转移人口市民化的里程碑和标志，也是农村转移人口生活方式、社会地位、自我认同等市民化的基础。另一方面，宏观经济环境也会影响到农村转移人口市民化。比如我国经济状况、经济增长方式、产业结构、进出口状况等都会从岗位数量和工资水平等影响市民化程度。

此外，农业转移人口与城市市民之间的文化隔离与冲突，以及整个社

---

① 傅东平、李强、纪明：《农业转移人口市民化成本分担机制研究》，《广西社会科学》2014年第4期。

会的舆论环境对农村转移人口的态度，包容与否，尊重与否，都将影响农业转移人口在城市的融合和归属感的找寻，最终影响农业转移人口市民化的质量。

一、社会文化障碍

如前所述，由于市场经济制度体系的不完善，社会权益制度系统的不完整、缺失，"相对贫困"导致农村转移劳动力缺乏足够的经济资本积累、人力资本投资及社会资本形成。三大资本困境导致农村转移劳动力融入城市社会的能力不足，并进一步影响他们与城市居民之间的心理融合。在社会融入问题上，制度的隔阂是最关键、最根本的原因，长期的城乡二元分割，一方面使得农村转移劳动力从心理层面加深了自身非城市群体的自我暗示和自我定位，另一方面加深了城市居民对农村转移劳动力的歧视和偏见。即便有的农村转移劳动力已经拥有了城市户籍，解决了制度隔离问题，却仍然不认同自己的城市市民地位，存在"被排斥"的心态，难以融入城市，呈现"半融入"状态，这就是心理融入障碍。

根源于文化障碍，进而表现出农业转移人口现代性和城市性的缺乏是歧视和偏见产生的基础，也是农业转移人口市民化的重要障碍。由于乡村文化与城市文化存在巨大的反差，乡村文化形塑了农民工的人格，使之表现出与城市居民截然不同的异质性，只要人与人之间存在异质性，那么群分效应就会产生[①]。农村转移劳动力在行为规范、生活态度、文化程度和价值观等方面表现出与城镇居民明显的不同，他们大多思想保守、小农意识强、市场意识不够、法制意识差。这样的差异使他们难以适应城市生活，普遍存在自卑、压抑和缺乏归属感等问题。这种乡村文化与城市文化的反差形成了文化"裂缝"，并由此使农业转移人口与城市居民之间产生出心理距离，这种心理隔离形成了农业转移人口与城市社会之间的"社会距离"。

这样的文化"裂缝"将长期存在，成为一条横在农业转移人口和城市市民之间的隔离带，并且二元城市社会结构会加剧这条"裂缝"。它使得

[①] 庄士成、王莉：《社会融合困境与城镇化"陷阱"：一个经济社会学的分析视角》，《经济问题探索》2014年第11期。

农业转移人口远离城市主流社会，远离城市社会网络。他们在城市生活工作，却没有同等的身份和地位参与城市各类社会事务，无法表达自身利益诉求，无法得到社会认可。在市民化的初始阶段，他们被排斥被疏远、处于一种相对隔离状态。随着市民化进程的推进，他们会选择性的融入城市市民中的低收入群体，参与一些城市社会事务，这时实现了一定程度的社会融合，但并不能改变他们的边缘地位。经济资本、人力资本、社会资本的缺失依然让他们不能得到自我认可和得到城市市民的认可，歧视仍然存在，无归属感和被剥夺感充斥在他们心中。这些文化程度低、压抑的、无信任感的农业转移人口聚集在一起，一旦被某种事情激发，很有可能构成对公共安全和社会稳定的威胁。

二、舆论环境障碍

城市居民对农业转移人口群体的生存方式和生活观念缺乏应有的尊重、理解和接纳，对农业转移人口存在观念上根深蒂固的偏见与行为上狭隘的歧视；社会的大众教育与媒体宣传也存在潜移默化的影响，强化城市社会对农业转移人口群体的歧视、漠视和贬低。例如发生社会治安案件时，人们往往习惯性地与农业转移人口联系起来，长此以往，农业转移人口被贴上了"社会问题"的标签，在城市居民群体中必然产生对农业转移人口的心理排斥，舆论宣传会加大这种"社会距离"和"社会排斥"。

另一方面，城市社会的文化生活发展忽视了农业转移人口这个群体，使得农业转移人口被排斥在城市社会的主流生活文化和生活观念之外，城市社会关系网络所拥有的更为丰富的资源和信息无法被农业转移人口群体触及。因而，农业转移人口虽长期生活在城市，却与城市居民处于"隔离"状态，不能全面参与城市和社区的社会文化活动，仍然不能与城市居民形成有效沟通，形成他们长期被排斥和歧视的状态，其社会融合就成为一个严重的社会问题。

第五节　研究启示

综上所述，研究农村社会向城市社会过渡的理论，为中国渐进式的农业转移人口市民化道路提供了社会学理论依据。马克思关于社会结构的思想，为我们研究我国农业转移人口市民化进程中的新城市二元社会结构指明了方向，解决农业转移人口市民化进程中的社会矛盾和社会问题，必须回到作为问题根源的物质生活关系层次。从自然主义到结构主义的社会结构理论，对我们研究我国改革开放以来，社会结构变迁的内在形成机理、影响因素提供了理论依据和很好的研究思路。深入研究我国当前的社会结构，应当透过"表层结构"分析"深层结构"，既要从宏观层面研究社会制度对社会结构的影响，也要从微观层面考察农业转移人口对社会制度的主观反应，在进行相关的制度和政策改革时，必须要综合考虑政治、经济、社会、文化等各个方面的因素及其相互影响，做出整体性、均衡性的改革方案。社会融合理论更多地考虑对"脆弱群体"的保护，更多地关注社会公平和正义，为中国农业转移人口市民化的社会融合问题提供了很好的研究视角，在研究农业转移人口市民化的社会结构时，我们应当高度重视保护农业转移人口的社会权益，以及他们作为城市底层人群的与城市社会融合问题。总之，上述理论为我们研究农业转移人口市民化社会结构问题建立了重要的社会学理论基础。

农业转移人口问题，经过 30 余年的变革终于从幕后走向台前，开始成为中央决策的重大战略问题。制约农业转移人口市民化的户籍制度及系列派生制度，以及农村土地制度已经发生彻底变革，并正在不断深化，各地方政府都采取了相应的实施办法进行落实，有的政策尚在试点之中；制约农业转移人口市民化的元制度——城乡二元户籍制度已经从根本上打破，附着在这个制度之上的二元社会保障制度也开始逐步消解，新的城乡统一的户籍制度正在形成，城乡一体化的社会保障制度正在逐步建立和完善，农村土地产权制度也在不断深化改革，我们已经基本消除农业转移人口市民化的制度障碍。

但是，这些制度以及相关政策需要逐步落实和执行，城乡二元户籍制度消解后，附着在户籍制度上的相关权益和利益短期内还不能完全落实，城乡统一的就业制度及就业保障体系的形成、全国统一的社会保障体系的完善、农村"三块地"改革的深化，都需要一个过程。由于过去长期的城乡二元社会制度形成的农业转移人口财力资本、人力资本和社会资本缺失的状况仍然没有得到解决，农业转移人口进入城市后仍然面临严重的社会融入困境和巨大的成本障碍。这些困难和障碍，都需要在上述社会制度和政策的贯彻落实和不断完善中得到解决。

第七章 农业转移人口市民化现实权益 困境分析

如前所述，改革开放以来，户籍制度、社会保障制度以及农村土地制度等社会制度总体上在不断完善，各项改革在不断推进，为推动农业转移人口市民化提供了良好的制度环境，在一定程度上改善着农业转移人口市民化的社会境遇。但是，从制度的建立到真正落实之间存在一定的时滞期，此外，历史遗留问题的解决也需要一个过程，一些结构性障碍依然是影响农业转移人口市民化的主要羁绊。因此，本章将主要考察在一定社会结构中，农业转移人口市民化面临的现实权益困境。

第一节 农业转移人口市民化视野下的社会结构演进

社会结构是形成市民社会形态的基本前提，形成农业转移人口转移的社会交易成本。近年来随着农业转移人口大规模进城，在城市内部出现了本地市民与外来农业转移人口明显分层的一种新的二元结构。这种二元社会结构主要表现为，农业转移人口受自身条件约束，在与城市居民的就业竞争中处于不利地位，他们主要进入次级劳动力市场，从事低端职位，劳动报酬普遍不高；在社会保障与教育、医疗等城市公共服务上也难以享受"市民待遇"；经济支付能力的有限性，加之职业上的流动性，使农业转移人口的居住条件普遍较差，聚居现象突出，出现与本地城市居民居住分割的"城中村"，在生活习惯、行为方式等方面也与城市居民存在较大差异。这一现象引起越来越多的学者的关注，他们将这种出现在城市内部的二元分割称为"新二元结构"[1]。本节将主要从制度角度梳理城市新二元结构产生及其发展的历史过程。

一、城乡二元结构与城市新二元结构的产生

总体而言，城市新二元结构是城乡二元结构在城市的延伸。城市新二元结构与传统二元结构之间既有联系也有区别。其联系主要表现在，城市新二元结构的产生以传统二元结构为基础。城市新二元结构与传统二元结构之间的区别主要体现在，传统二元结构主要表现为城市社会与农村社区在发展水平上的差距，这种二元分割出现在不同的地理空间。而城市新二元结构中的二元分割存在于同一地理空间，主要表现为城市内部进城农业转移人口与原有城市居民在经济、社会、文化等多方面的差异和差距。

我国城乡二元社会结构的形成，既有一般性的经济动因，即在经济发展过程中自然而然地形成了现代工业部门与传统农业部门的差距。此外，我国城乡二元社会结构在其自身发展道路上又具有特殊性，即它在一定程度上是我国经济计划化的产物，或者说是特定制度安排的结果。新中国成立后，为快速实现工业化，在城乡关系上，我国实施了一系列城市偏向政策，如工农业产品不等价交换、统购统销制度，尤其是二元户籍制度。二元户籍制度作为社会管理的一项核心制度，对我国公民社会生活的方方面面都产生了深远影响。二元户籍制度人为地将不同地域上的公民区分为两类不同性质的户籍人口，并以这种户籍身份为基础，确定不同的福利制度和经济待遇。[2]在二元户籍制度基础上，城乡二元就业政策、二元社会保障制度、二元教育制度等制度安排渐次出现。这一系列二元制度安排阻碍了我国"三农"的发展，直接导致城乡差距日益加深。由于工业与农业间的天然联系因二元制度安排被人为阻断，使得工业发展无以带动农业，城市发展难以带动农村。城乡差距的持续拉大，最终导致城乡二元结构形成。城乡居民在社会保障与福利、向上流动与发展机会等方面存在较大差异。特别是劳动力市场的城乡分割，农民被限制在土地上，没有进入二、三产

---

① 武涛、史学斌：《"民工荒"背后的思考》，《现代经济探讨》2005年第2期。

② 余佳、丁金宏：《中国户籍制度：基本价值、异化功能与改革取向》，《人口与发展》2008年第5期。

业的权利，只能通过从事农业活动获得微薄收入，发展权益严重受损①。

20世纪80年代，随着户籍管制的逐步放松，大量农村剩余劳动力为获得更高的收入和更多的就业机会，纷纷涌入城市，引发了大规模的人口流动。随着人口流动，城乡二元结构下农村居民与城镇居民在医疗卫生、住房、就业、就学以及社会保障等方面的既有差距被移植到城市内部，加上农村居民在生活观念、社交网络等诸多方面与城市居民相比存在一定差异，两大群体呈现出区隔状态，逐渐形成一种新二元结构。

二、制度供给不足与城市新二元结构的固化

如果说城乡二元结构是城市新二元结构产生的基础，那么在既有差距无法消除的同时，城市内部公共服务等制度供给不足则进一步加剧了社会结构分层，导致城市新二元结构的固化。由于社会福利制度安排与户籍制度相挂钩，二元户籍制度直接导致城乡居民因户籍身份差异获得差别化福利待遇。改革开放前，城市居民基于非农业户籍身份在城市社会中享有生、老、病、死等诸多方面的社会福利，而生活在农村的广大农业人口享有的社会保障则较为单一，土地保障是其社会保障的主要来源。改革开放后，农村人口逐渐向城市流动，但是以户口类别为基础的城乡社会保障差异并未就此消除，进城务工农业转移人口仍然不能享受到与城市居民平等的福利待遇。

尽管旨在维护与实现农业转移人口权益的社会改革从来没有间断过，随着各类改革的有序推进，农业转移人口在社会保障、教育、住房等方面的公共福利待遇不断提高；但是，城市内部基于户籍差别的公共资源供给不均仍然存在。

以社会保障为例。在实践中，针对农业转移人口的社会保障，主要形成了四种模式：一是针对城镇职工社会保障门槛较高的实际，从农业转移人口个人、企业和政府承受能力角度考虑，对农业转移人口参加城镇职工社会保险采取低门槛进入，低标准享受的办法。通过降低各类社会保险项目的缴费基数和比例，降低农业转移人口的参保成本。二是实行综合保

---

① 白永秀：《城乡二元结构的中国视角：形成、拓展、路径》，《学术月刊》2012年第5期。

险，将农业转移人口的工伤、医疗、养老保险捆绑在一起以较低的费率缴费，从而降低农业转移人口参保门槛。三是将农业转移人口纳入农村社会保障体系。四是将农业转移人口纳入城镇职工社会保障覆盖范围。[①]农业转移人口与城镇职工一样参加城镇养老保险、医疗保险、工伤保险等社会保险。从制度整体架构看，前三种制度安排明显存在城乡之别。那么第四种制度安排，在具体方案落实中，是否真正实现了农业转移人口与城镇居民的待遇平等呢？以全国统筹城乡综合配套改革试验区——成都为例，2011年2月，成都市人民政府下发文件（成府发〔2011〕5号），规定具有本市户籍的农业转移人口与城镇职工一样参加城镇养老保险、医疗保险、工伤保险等社会保障，在市域内实现了社会保险制度的城乡统一。但是，对待非本市户籍人口参加社会保险却另有规定。与该文件同时签发的《成都市人民政府办公厅关于非本市户籍农民工接续参加城镇职工基本医疗保险有关问题的通知》规定：非本市户籍农民工参加城镇职工基本医疗保险，仅由单位按照职工工资2.5%的标准缴费。[②]此差别待遇相较于本市户籍职工7.5%的缴费费率，并设立个人账户而言，实际上是一种"低门槛进入，低标准享受"的双低模式。

城市内部的歧视性制度安排不仅存在于公共资源供给领域，在就业市场同样存在对农业转移人口的制度歧视。我国城市劳动力市场中的就业歧视主要表现在户籍方面。1958年《中华人民共和国户口登记条例》颁布后，农村剩余劳动力向城市转移被严格限制，城市劳动力市场对农业转移人口表现为完全排斥。改革开放后，城乡迁移政策松动，农村剩余劳动力开始陆陆续续离开农村、流向城市。出于对城市社会人口承载力的担忧，政府试图以"离土不离乡"的政策导向，鼓励农村剩余劳动力就近就业，以进厂不进城的方式，缓解人口大规模进城造成的就业压力。但是，农业转移人口向城市大规模迁移是大势所趋，由此给城市就业市场带来前所未有的挑战。20世纪90年代初期，为保障本市城镇居民就业，不少流入地政

---

① 任丽新：《农民工社会保障：现状、困境与影响因素分析》，《社会科学》2009年第7期。

② 成都市人力资源和社会保障局：《成都市人民政府办公厅关于非本市户籍农民工接续参加城镇职工基本医疗保险有关问题的通知》，2012年6月29日，见 http://www.pujiang.gov.cn/index.php?cid=595&tid=4079。

府在城市就业层面对进城农业转移人口设置了种种限制[1]。比如，1993年《上海市单位使用和聘用外地劳动力管理暂行规定》要求按供需结构对外来务工人员的从业数量进行总量控制，单位使用外来务工人员必须首先经劳动局审批同意[2]。此后，上海市劳动局进一步对外来务工人员提出了行业限制。1995年发布的《上海市单位使用和聘用外地劳动力分类管理办法》将行业工种分为A、B、C三类，其中A类可以使用外来务工人员；B类只能调剂使用外来务工人员；C类则不准使用外来务工人员[3]。通过人为的行业分割，收入高、待遇好的职业被本地居民包揽，而城市劳动力不愿从事的3D（dirty，dangerous，demanding）行业则留给了外来务工人员。诚然，这一时期出台的歧视性就业政策有其特殊的时代背景，但是这对外来农业转移人口的就业机会构成了事实性限制。

21世纪以来，农业转移人口市民化的就业权益保障问题引起党和政府的高度重视，党的十六大以来，出台了一系列旨在放宽农业转移人口进城务工限制、保障其合法权益的政策文件。2003年国务院办公厅公布《关于做好农民进城务工就业管理和服务工作的通知》；2006年国务院《关于解决农民工问题的若干意见》首次提出"逐步建立城乡统一的劳动力市场和公平竞争的就业制度"。在贯彻落实中央政策过程中，地方政府对农业转移人口进城就业更加包容；但是，城市对农业转移人口的就业排斥仍然存在，只是变得更加隐蔽。由于解决本市户籍人口的就业问题是地方政府的职责所在。因此，地方政府具有扶持本市户籍人口实现就业、限制外来劳动力竞争的利益取向。在二元户籍制度下，地方政府往往通过设置户籍门槛，以此限制外来劳动力就业，在机关事业单位的招录中表现得尤其明显。比如，2003年上海市人事局在《上海市国家公务员考试录用试行意见》中明确规定：上海市国家公务员的招录对象为应届毕业生以及具有本市常住户口的社会人员，只有那些比较紧缺的职位，才

① 孔媛：《城市"新二元结构"从分割到融合的政治经济学分析——以上海为例》，博士学位论文，复旦大学，2011年。
② 丁宪浩：《农民工社会融入问题分析》，《财经科学》2006年第10期。
③ 孔媛：《城市"新二元结构"从分割到融合的政治经济学分析——以上海为例》，博士学位论文，复旦大学，2011年。

面向外来务工人员①。

综上所述，长期的城乡分割造成进城农业转移人口与城市居民在政治、经济、社会等各类资源占用上的既有差距。城市内部以户籍制度为基础的一系列制度将进城农业转移人口置于社会资源配置体系外，阻碍了他们获取在城市生活的相应权利，加大了他们在城市的生活与发展成本，进一步固化着农业转移人口与城市居民间的社会分层结构。在城市中陷入边缘化境地的农业转移人口已经成为一个最大的弱势群体，新二元结构的消解迫在眉睫。

三、户籍制度改革与城市新二元结构的逐步消解

如前所述，以二元户籍制度为基础的一系列城市偏向政策是引致城乡二元结构，进而城市新二元结构的根源所在。在社会保障等领域，二元户籍制度将大量农业转移人口排除在外，造成他们在医疗、养老、教育、就业等方面与本地居民的巨大差距，进而导致农业转移人口市民化的种种困难②③。正因为如此，不少人认为阻碍农业转移人口市民化进程的关键是户籍制度，只有户籍制度改革了，农业转移人口才有可能成为真正的"城市人"。顺应时代需要，2011 年中央政府对户籍制度进行了重大改革，要求县城以下放开户籍限制。2012 年党的十八大报告也提出要"加快改革户籍制度"。2014 年 7 月国务院下发《关于进一步推进户籍制度改革的意见》，提出"建立城乡统一的户口登记制度"④，这宣告着城乡二元户籍制度的终结。

城乡二元户籍制度的破解，为附着在户籍制度上的一系列社会制度的变革创造了前提条件，同时也为有序推进农业转移人口市民化提供了制度基础。城乡二元户籍制度破除后，至少从制度设计层面看，外来务工人

① 孔媛：《城市"新二元结构"从分割到融合的政治经济学分析——以上海为例》，博士学位论文，复旦大学，2011 年。

② 张展新：《从城乡分割到区域分割——城市外来人口研究新视角》，《人口研究》2007 年第 6 期。

③ 李强：《中国城市化进程中的"半融入"与"不融入"》，《河北学刊》2011 年第 5 期。

④ 《国务院关于进一步推进户籍制度改革的意见》，2014 年 7 月 30 日，见 http://www.gov.cn/zhengce/content/2014–07/30/content_8944.htm。

员在就业、子女教育、社会保险、公共医疗、住房保障等领域的待遇并不与户籍类型天然挂钩。但是政策的转变并不必然落实为行为的转变。由于制度累积效应的影响，一些结构性障碍可能依然阻碍着农业转移人口市民化。因此，下文将从权益保障角度，考察当前农业转移人口市民化面临的现实困境。

第二节　农业转移人口市民化的就业权益困境分析

权益保障对个体而言是其社会生存与发展的基础，对整体而言是社会进步的根基。鉴于农业转移人口自身在人力资本、物质资本等方面积累不足，权益保障构成其进入城市、实现社会适应的重要基础。农业转移人口权益保障不足将直接弱化农业转移人口市民化的动机和能力。尽管当前学术界对农业转移人口基本权益的含义界定不一，以公民基本权利和劳动者合法权益为核心，农业转移人口基本权益应该包括经济权益、社会权益以及文化权益等内容。其中，经济权益是农业转移人口提高生存质量和生活水平的经济基础，也是农业转移人口参与国家政治生活和实现其他权益的物质保障。在各类经济权益中，劳动就业与人们的生存、生活紧密相关，因此对农业转移人口而言，就业权益保障自然成为重中之重。接下来，本节将主要考察当前农业转移人口就业权益实现状况及其面临的权益困境。

一、农业转移人口市民化就业现状

（一）就业境遇有所改善，但低层次就业结构尚未扭转

课题组调研发现，在一系列改革背景下，农业转移人口的就业状况有极大改善，但是以次级劳动力市场为主的就业结构并没有发生根本转变。

首先，当前农业转移人口进入的行业更加多样化。根据课题组调研数据，当前农业转移人口进入行业主要有：制造业（占15.9%）、建筑业（占18.5%）、交通运输业（占6.5%）、仓储物流业（占4.8%）、批发零售业（占10.0%）、住宿餐饮业（占10.2%）、居民服务业（占8.8%）、事业单位（占8.0%）、个体经营（占8.0%）、其他行业（占10.1%）。其中，建筑业仍然

是吸纳农业转移人口最多的行业，其次是制造业。收入少、工作环境差、福利待遇低是这些行业的基本特征。由此可见，以 3D（Dirty，Dangerous，Demanding）行业为主的从业结构并没有发生根本改变。

其次，进城农业转移人口的职业地位有明显提升。从所属单位的所有制结构看，事业单位对于进城农业转移人口而言，再也不是进不去的"铜墙铁壁"。调研显示有 8% 的农业转移人口在事业单位任职。此外，在职位序列中，管理岗出现不少农业转移人口的身影，关于农业转移人口所属职位的调研显示，有 13.4% 的受访者担任基础管理人员，4.9% 的受访者担任中层管理人员，进入高层管理序列的占 1.5%。尽管农业转移人口群体的职业地位提升明显，但是，从总体结构看，以私营企业为主的从业结构没有变化；以体力劳动、半技术半体力劳动为主的职位结构没有变化，职位调研发现，高达 50.9% 的农业转移人口仍为普通工人或服务员。

最后，如果说，所属行业与职位直接关系到从业人员的收入水平、工作环境，那么就业渠道则对行业进入与职位获取有直接影响。如果就业信息不畅，就业途径狭窄将明显限制可能获得的就业机会。从课题组的调研情况看，当前农业转移人口的求职渠道更加多元化，通过网络招聘、中介机构以及劳务市场找工作已然成为不少农业转移人口应聘工作的主要方式。关于求职路径的调研显示，在被调查者中，自己去劳务市场找工作的占 22.3%，网上求职的占 17.7%，通过亲戚朋友介绍工作的占 40.0%，通过电视、报纸、广告应聘的占 6.1%，通过中介机构介绍工作的占 4.8%，其他途径的占 9.2%。由上观之，以亲缘、血缘为基础，通过亲朋好友、老乡同事等关系介绍工作仍然是当前农业转移人口求职的主要方式，其求职渠道的有限性可见一斑。求职渠道不畅在很大程度上限制了农业转移人口能够获取的就业机会。

（二）劳动保障境况好转，但仍有差距

低层次就业结构在一定程度上决定着就业者的劳动保障程度。课题组调研发现，当前农业转移人口的劳动保障情况较前些年有明显好转，但与城市居民相比还存在一定差距。

首先，签订劳动合同的比例较低。2003 年国务院一号文件《关于做好农民进城务工就业管理和服务工作的通知》明确指出："用人单位必须依法与农民工签订劳动合同。"① 签订用工合同是保障职工劳动权益的基础。课题组调研显示，57.5% 的农业转移人口与用工方签订了书面劳动合同；23.1% 的农业转移人口没有与用工方签订劳动合同；15.9% 的农业转移人口与用工方只有口头上的协议约定，没有签订正式的书面合同；3.5% 的农业转移人口甚至不清楚自己是否与用工方存在劳动合同等协议。从以上调研数据看，当前农业转移人口签订劳动合同的情况并不理想，有接近五成的农业转移人口没有与用工单位签订正式的书面合同。如果考虑到合同内容的有效性，其间的问题可能更大。由于农业转移人口文化素质普遍偏低，可能在没有真正理解合同内容的情况下就盲目签约，如果劳动合同约定的事项只强调对农业转移人口应履行义务的约束，而没有明确提出甚至免除用工单位对农业转移人口应负担的相应责任和义务，特别是与农业转移人口切身利益密切相关的条款模棱两可，那么即使签订了书面合同，这些劳动合同也可能是无效的。一旦农业转移人口权益受损，不规范或无效的劳动合同将导致农业转移人口无法获得应有的法律保护。

其次，拖欠工资现象仍然存在。对劳动者而言，有劳有得，工资是其获取生活资料的重要来源，也是其通过用人单位参与社会分配的主要形式。农业转移人口按照劳动数量和劳动质量等标准，应享有相应的劳动报酬。农业转移人口进城务工的直接目的也是挣钱养家，维持并改善自身生存与发展条件。因此，及时、足额发放工资对农业转移人口而言就显得尤为重要。课题组调研显示，虽然当前拖欠农业转移人口工资的情况较前几年有所好转，但拖欠工资的现象仍然存在。参与调查的被访者中，工资能够按时发放的占 66.6%；22.8% 的农业转移人口表示工资基本能够按时发放，但偶尔会出现拖欠情况；5.3% 的农业转移人口表示被拖欠工资经常发生；其他情况占比 5.3%。

最后，工时相对较长，休息权益保障不足。根据我国相关法律规定，劳动者享有休息、休假权益。调研显示，被访者中每天工作时间在 8 小时以下的占 21.6%，每天工作时长为 8—10 小时的占 55.2%，每天工作时长 10—12 小时的占 17.1%，每天工作时长 12 小时以上的占 6.2%。从中可以

---

① 《国务院办公厅关于做好农民进城务工就业管理和服务工作的通知》，2005 年 6 月 26 日，见 http://www.gov.cn/test/2005-06/26/content_9632.htm。

看到，有超过 70% 的被调查者的工作时长在 8 小时以上。可见，农业转移人口进城务工普遍存在超时间工作现象。如果农业转移人口在加班加点工作中没有获得相应的经济补偿，或者本人根本不知道还有加班工资，又或者用工单位不按规定足额支付加班工资；那么，农业转移人口在劳动就业中的经济权益受损情况将进一步恶化。

综上所述，农业转移人口在城市劳动力市场的经济地位虽然有所改善，但是仍然主要在次级劳动市场就业，与城市居民相比，他们在经济资源的占用上仍然处于劣势地位。各类社会资源的分配受制度环境与个体自身状况的共同影响，接下来将主要从制度角度分析阻碍农业转移人口就业权益实现的现实困境。

二、户籍制度对农业转移人口就业的不利影响

如前所述，二元户籍制度已经破除，过去依据二元户籍制度，基于户籍类别限定就业岗位、选择性招工的歧视性用工行为已不再具有任何制度借口。但是，从常住人口城镇化看，户籍改革仍然表现出明显的滞后性。2016 年，我国常住人口城镇化率为 57.35%，即是说，长期居住在城市的人口达到了 57.35%，但是户籍人口城镇化率仅为 41.2%，即城镇户籍人口的比重只有 41.2%[1]。户籍改革滞后对农业转移人口就业构成明显制约。

直观地看，农业转移人口在城市就业与其自身的人力资本积累直接相关，受教育程度越高、技能储备越充分、工作经验越丰富的农业转移人口找的工作岗位越好，收入也相对较高。调研显示，目前农业转移人口的人力资本积累在整体上处于弱势地位，除体力优势外，他们的受教育水平较低，接受的技能培训较少，非农产业的工作经验也相对缺乏，造成他们在城市劳动力市场竞争的困难。而在农业转移人口的人力资本困境背后有其深刻的制度根源。其中，户籍制度作为一项基础性社会制度，从根本上制约着政府、企业以及个人对农业转移人口的人力资本投资。

首先，政府的教育财政支出具有属地性质，对于非户籍人口难以提供均等化教育资源。总体而言，政府对农业转移人口的教育投资不足主要

---

① 国家统计局：《中华人民共和国 2016 年国民经济和社会发展统计公报》，2017 年 2 月 28 日，见 http://www.stats.gov.cn/tjsj/zxfb/201702/t20170228_1467424.html。

表现在两方面，一是城乡教育资源的供给差距，导致进城前农业转移人口通过学校教育实现的文化素质、技能储备整体不足；二是进城后，以户籍为基础的教育、培训供给不足。课题组调研数据显示，40.7%的农业转移人口没有参加过任何技能培训。此外，农业转移人口随迁子女教育仍然受到一定程度的户籍限制。在解决农业转移人口随迁子女接受义务教育过程中，中央政府虽然要求流入地政府负责进城务工就业农民子女接受义务教育①，鉴于教育财政的属地化，同时也指出向符合输入地政府规定条件的随迁子女平等提供义务教育②。而各地在具体操作中，制定的"输入地政府规定条件"往往对非户籍人口接受义务教育提出了诸多要求，这些具体要求大多与孩子父母是否签订劳动合同、是否连续居住、是否在本市连续缴纳社会保险等挂钩，课题组调研显示，仅签订劳动合同这一项，就有高达42.5%的农业转移人口无法达标。

其次，如前所述，在20世纪八九十年代，户籍改革释放了劳动力市场的流动性，但同时也构造了劳动力市场的内部壁垒，导致城镇劳动力市场出现了外来人口与本地劳动力的分割，进入次级劳动力市场的农业转移人口在就业上具有极大的不稳定性和临时性③。而劳动力的长期稳定供给，是企业形成中长期规划，尤其是人力资源战略的必要基础。农业转移劳动力供给的不稳定，在一定程度上导致了企业用工行为的短期化，不愿意对流动性较强的农业转移劳动力在教育培训上做过多投入。调研显示，31.1%的农业转移人口没有参加过任何技能培训。在参加过技能培训的人当中，由用工单位无偿提供的比例也仅占7.9%。调研进一步发现，即使是由单位提供培训，其培训内容也相对简单，多是一些满足上岗需要的基本技能，对农业转移人口人力资本及其就业能力的提升非常有限。

最后，在户籍壁垒的限制下，劳动者本身也缺乏对自身人力资本的投资积极性。一般而言，教育程度更高的劳动者有更强的流动倾向，但是反

---

① 2003年教育部等部门分布的《关于进一步做好进城务工就业农民子女义务教育工作的意见》要求进城务工就业农民流入地政府负责进城务工就业农民子女接受义务教育工作，以全日制公办中小学为主。

② 2011年9月，教育部发布的《关于做好2011年秋季开学进城务工人员随迁子女义务教育就学工作的通知》强调要确保所有符合输入地政府规定条件的随迁子女平等接受义务教育。

③ 任远：《中国户籍制度改革：现实困境和机制重构》，《南京社会科学》2016年第8期。

过来看，流动的劳动者在户籍制度下并不必然增强自己的人力资本投资[1]。其原因在于户籍本身对农业转移人口城市居留意愿、进而教育投资的影响。虽然，户籍制度改革后，户籍对农业转移人口长期居留城市意愿的影响在减弱，但是调研数据显示，仍有 18.3% 的农业转移人口明确表示没有城市户口不愿意长期留在城市工作、生活。如果农业转移人口没有在城市长期工作、生活的居留意愿，认为自己只是暂时在城市务工、生活，最后始终要回到老家的话，他们往往会降低对自身的教育投资。我们的调研也基本印证了这一判断。关于培训意愿的调研显示，农业转移人口虽然在城市劳动力市场竞争中极大地受限于人力资本积累，但是在被问及是否愿意参加劳动技能培训时，表示不愿意参加或视情况而定的人并不在少数，分别占到 14.6% 和 32.9%。

总而言之，户籍制度通过排斥性的教育体制，弱化了政府对农业转移人口的人力资本投资，同时损害了企业对农业转移人口进行职业培训的动力，并通过影响农业转移人口的长期居留意愿，降低其自身人力资本投资积极性，最终使农业转移人口的就业素质难以有效适应城市发展对劳动力的素质要求，固化了农业转移人口以次级劳动力市场为主的就业分层。

综上所述，经济利益保障构成农业转移人口在城市生存与发展的必要基础，经济资本积累不仅为农业转移人口的当前消费提供支撑，同时也是其长远生活的保障。中国社会科学院 2013 年《城市蓝皮书》对农业转移人口市民化成本做了测算："目前我国农业转移人口市民化的公共成本约为 13 万元 / 人；需要自行负担的成本约为 1.8 万元 / 年 / 人；此外，多数农业转移人口还需负担 10 万元左右的人均购房成本。"[2] 由于当前农村土地制度改革还比较滞后，农民的土地财产权利尚未充分实现，劳动务工收入在一定程度上俨然成为农业转移人口积累进城经济资本的重要甚至是唯一渠道。就业分层的固化终将导致农业转移人口缺乏加快实现市民化的现实物质基础。

此外，就业等经济权益保障不仅发挥着物质保障作用，同时还具有心

---

① 任远：《中国户籍制度改革：现实困境和机制重构》，《南京社会科学》2016 年第 8 期。

② 章轲：《城市蓝皮书：农民工市民化人均成本 13.1 万》，2013 年 7 月 3 日，见 http://www.yicai.com/news/2900674.html。

理安全功能。如前所述，多数农业转移人口主要集聚在城市非正规部门就业，这种就业市场的低端处境，不利于农业转移人口对城市生活产生长期的稳定预期[1]，进而影响其市民化意愿。我们的调查也符合这一观察，调查显示，农业转移人口对留在城里工作、生活的心理顾虑排在第一位的就是"收入不高，城市日常消费高，家庭无法负担"，经济权益保障之于农业转移人口市民化的重要性可见一斑。

第三节　农业转移人口市民化的社会权益困境分析

根据我国宪法和法律规定，农业转移人口的社会权益主要涵盖社会保险、住房权益、受教育权益等方面的内容。长期以来，在城乡二元户籍制度下，进城务工的农业转移人口由于没有城镇户籍，很容易被排除在城镇医疗卫生、住房保障、教育培训等公共服务体系之外，那么在推进城乡户籍制度改革的进程中，农业转移人口社会权益保障的实现有没有改善呢？

一、农业转移人口社会保障现状及其现实困境

（一）农业转移人口社会保障现状

社会保障是国家依法对遭遇生活困难的公民给予基本生活保障的一种制度安排；就其经济实质而言，社会保障属于国民收入的再分配，它是弱势群体在竞争性社会中实现生存与发展的安全保障，对农业转移人口而言，是其在城市社会实现经济立足、社会融入的基本保障[2]。农业转移人口在城市工作、生活，与城市居民一样，面临疾病、工伤等各种风险，因此有必要赋予其同等的社会保障，这也是让包括农业转移人口在内的全体公民共享改革发展成果的必然要求。社会保障的缺失可能降低农业转移人口城市长期居留意愿。在此次调研中，当被问及愿意回老家生活、工作的原因时，21.9%的受访者表示老家生活成本低、经济压力小，18.3%的人明

---

① 刘建娥：《乡—城移民（农民工）社会融入的实证研究——基于五大城市的调查》，《人口研究》2010年第7期。

② 杨菊华、王毅杰等：《流动人口社会融合："双重户籍墙"情景下何以可为？》，《人口与发展》2014年第3期。

确表示老家生活更有保障，尤其是对于在农村生活过的那一代进城务工人员，进城打工挣钱，老了回乡养老是其普遍认知。课题组对农业转移人口购买社会保险情况的调研显示，31.7% 的农业转移人口没有购买任何保险。48.3% 的受访者购买了医疗保险、41.0% 的受访者购买了养老保险、25.5% 的受访者购买了工伤保险、20.7% 的受访者购买了失业保险、购买生育保险的比例为 16.1%。其中，医疗保险和养老保险购买比例相对较高，但是与全国水平相比还是存在明显差距。根据人力资源和社会保障部公布的数据，2014 年中国社会基本养老保险覆盖率已达 80%。

（二）农业转移人口参加社会保险面临的制度困境

如前所述，以次级劳动力市场为主的就业结构在一定程度上决定了农业转移人口社会保障获取不足的现实。农业转移人口大多在私营企业就业，由于市场秩序不完善，他们的就业稳定性差，用工单位往往基于成本压力，不为员工办理养老保险、医疗保险、工伤保险等，对员工权益的保护意识薄弱，大多数私营企业特别是中小微企业没有工会组织，分散的农业转移人口往往诉求无门，无法表达和维护自己的正当权益。近年来，党和政府主导的制度改革在积极扭转这一被动局面。2010 年《社会保障法》的出台和实施，基本上消除了农业转移人口获得社会保障的制度障碍。随后，2010 年出台的《城镇企业职工基本养老保险关系转移接续暂行办法》以及 2014 年出台的《城乡养老保险制度衔接暂行办法》等政策，明确了农业转移人口办理社会保险转移接续的具体办法。但是，由于农业转移人口的流动性较强，个体情况较为复杂，加之各地关于农业转移人口养老保险的政策安排差别较大，当前农业转移人口养老保险关系在转移接续中仍然存在一些问题。从现实政策实施看，养老保险关系转移接续的制度困境主要表现在两个方面：

一是跨制度转移接续中的权益受损。一种较普遍的情况是，由于频繁的迁移流动，多数农业转移人口未购买农村居民养老保险，他们中的有些人在城市工作但未与单位签订劳动合同，因此单位也没有为他们购买养老保险，这部分人中有的会选择自行购买城乡居民养老保险，或者因为各种原因达不到在城市享受养老待遇的条件，比如累积缴费年限不满 15 年，他们就不得不将城镇职工养老保险转到城乡居民养老保险。由于城乡居民养老保险实行市级统筹，导致他们只能在原户籍地购买农村居民养老保险，但是长期的城乡分割又造成城市与农村之间公共资源分配的严重失衡，农村居民养老保险的待遇远远低于城市职工享受的养老保险待遇，他们的社会保障权益受到一定程度损失。正是由于存在这样的制度预期，直接导致了农业转移人口在用工单位不购买社会保险，或将应缴保费折现的情况下，自己购买社会保险的动机严重不足。

二是跨区域转移接续中的权益受损。随着改革纵深推进，社会保障统筹层次不断提高，但是全国统一的社保体系建设还面临诸如地区经济发展不平衡、社保支付能力、人口老龄化趋势加速等困难。另一种较普遍的情况是，农业转移人口参加了城镇职工养老保险，但当他们从发达地区跨省转移到相对不发达地区时，养老待遇受到一定损失。由于发达地区的职工工资水平普遍高于不发达地区，因此他们在发达地区工作时缴纳养老保险标准相对较高，而在不发达地区领取养老保险的待遇相对较低。

可见，当前农业转移人口社会保障权益受损，不仅仅是有无社会保障的差异，而且还涉及社会保障待遇上的差别。

二、农业转移人口住房保障现状及其现实困境

农业转移人口的居住条件特别是在城市里的住房状况，是农业转移人口迁居城市得以常住生活的重要前提。从历史过程看，农业转移人口在城市获取居住场所的方式主要有四种：一是由用工单位提供住宿或补贴，如集体宿舍、雇主租房或提供住房补贴等；二是由农业转移人口自行负担租赁费用而获得的住所，如单独租赁或合租；三是自购住房，主要是指农业转移人口在城市购买商品房；四是由政府提供的保障性住房，如限价房、廉租房等[①]。2010年政府工作报告首次将农民纳入住房保障体系；2013年国务院明确要求，地级以上城市将进城农业转移人口纳入住房保障范围；2014年住建部宣称，下一步将在全国范围内实现进城落户农业转移人口住房保障全覆盖[②]。

---

① 谭安富：《论住房保障对农业转移人口市民化的推拉效应》，《兰州学刊》2014年第6期。
② 住建部：《对进城落户农民工要在住房保障制度上做到全覆盖》，2014年2月20日，见 http://politics.people.com.cn/n/2014/0220/c1001-24416556.html。

（一）农业转移人口城市居住现状

课题组调研显示，当前进城农业转移人口主要通过租赁住房方式解决个人及随迁家庭的居住问题，其中，独租占29.5%，合租占18.6%。此外，单位提供宿舍是农业转移人口解决居住问题的另一主要途径，占27.9%。而自购住房的比例非常低，只有19.7%。至于保障性住房，从目前各地实践看，以公共租赁房、经济适用房为主的保障性住房还主要针对本地户籍人口开放。以成都市为例，成都市目前提供的保障性住房主要有四类，分别是限价商品房、廉租住房、经济适用房以及公共租赁住房。从这几类保障性住房的申请条件看，只有限价商品房与公共租赁住房面向外来务工人员开放。

（二）农业转移人口获取住房保障的制度困境

城市政府虽然将农业转移人口纳入城镇住房保障体系，但是在实际操作过程中，往往只向外来农业转移人口提供部分类型的保障性住房，同时在申请上还附有严格的附加条件。如成都市在对外来务工人员开放的限价商品房、公共租赁住房申请中，除收入标准、无自有住房等一般性要求外，对非户籍人口还附有额外要求。其中，非本市户籍人口申购限价房的附加条件是：要求家庭主申请人在主城区务工，且连续缴纳三年以上社会保险。同样，非户籍人口申请公共租赁住房也有相应的附加条件，除了要求申请人持有成都市居住证外，还要求与用工单位签订劳动（聘用）合同并缴纳城镇职工社会保险。鉴于农业转移人口正式劳动合同签订以及社会保险缴纳不足的现状，城镇住房保障体系对外来务工人员已然构成一定程度的制度排斥。此外，即使非户籍人口满足全部的申请条件，在公租房投放极其有限的情况下，他们获得公租房的可能性也比较小。

如果说，目前城镇住房保障制度尚给外来务工人员留有通道，那么，在当前城镇住房保障制度改革进程中，外来务工人员在城市获取住房保障的通道变得愈加狭窄。在推进供给侧结构性改革、促进房地产市场健康发展的背景下，不少地方政府开始停止新建保障性住房。比如，成都市政府于2016年起停止新建保障性住房，并且停止受理限价商品住房资格申请，转而通过租赁补贴方式支持城镇住房困难家庭解决住房问题[①]。而从成都市公共租赁住房相关政策规定看，目前租赁补贴只对部分本市户籍人口开放。这样一来，外来农业转移人口能够获得的住房保障将少之又少。

三、农业转移人口教育保障现状及其现实困境

根据《中华人民共和国宪法》和《中华人民共和国教育法》的相关规定，我国公民有受教育的权利和义务。而接受教育也是公民积累人力资本、实现上向社会流动的重要路径。但是受户籍限制，外来务工人员子女入学难、农民工子弟学校条件差等问题长期以来备受关注。为此，2006年3月，国务院《关于解决农民工问题的若干意见》要求城市政府"将农民工子女义务教育纳入当地教育发展规划，……以全日制公办中小学为主接收农民工子女入学，……城市公办学校对农民工子女接受义务教育要与当地学生在收费、管理等方面同等对待。"[②] 政策的转变与落实有个过程，当前农业转移人口随迁子女教育情况是否实现了政策目标呢？

（一）农业转移人口学龄子女教育现状

课题组对农业转移人口学龄子女上学情况的调研显示，有6%的农业转移人口的子女在城市里专供民工子女上学的学校就读；19.8%的农业转移人口子女在务工城市公立学校就读，且不交借读费；14.6%的农业转移人口子女在务工城市的公立学校就读，但要交借读费；9.5%的农业转移人口子女在城里普通民办学校就读；22.3%的农业转移人口子女留在老家就读；而在适龄农业转移人口子女中，未满16岁但已经辍学的比例是3.1%，年满16岁已经参加工作的比例为18.5%，其余情况未明。

从中我们可以看到，超过两成的农业转移人口子女留在老家就读，由于城乡二元教育结构下城乡教育资源的差距，加之缺乏父母监护，农业转移人口子女接受教育状况令人堪忧。此外，还有高达18.5%的人口年满16

---

① 成都市城乡房产管理局：《成都市城乡房产管理局关于停止受理限价商品住房资格申请的通知》，2017年3月31日，见 http://www.cdfgj.gov.cn/News/ShowInfo.aspx?ArticleGuid=f75de6ee-8e68-46a0-ad89-29918d5f79c3。

② 国务院：《国务院关于解决农民工问题的若干意见》，2015年6月13日，见 http://www.gov.cn/zhuanti/2015-06/13/content_2878968.htm。

岁就中断学业参加工作，受教育年限较短，严重制约其发展空间，很容易陷入贫困的代际传递。在城市就读的随迁子女中，近七成的随迁子女在公立学校就读，但是其中有超过四成的人要向就读学校缴纳借读费。另外，还有不少随迁子女在专供农民工子女上学的农民工子弟校就读。由此可见，农业转移人口随迁子女在城市入读公办学校还是有一定难度。

（二）农业转移人口子女城市就学困境

从制度层面看，随迁子女入读公办学校难，主要表现在城市教育主管部门对农业转移人口随迁子女在城市就学的一系列材料证明要求上。作为入学条件，各地城市教育部门所要求的材料证明一般包括：身份证、户口簿、居住证或暂住证、租房合同或房产证、劳动合同或经商证明、连续缴纳社会保险证明等材料，这些材料既包含了对进城务工人员身份证明的要求，同时也表露出对进城务工人员工作、生活、居住与收入情况等的考察[①]。

以成都市2017年进城务工人员随迁子女接受义务教育政策为例，进城务工人员办理其随迁子女接受义务教育需要提供如下材料：（1）申请人的身份证、居住证；（2）户口簿或其他监护关系证明材料；（3）申请人与用人单位依法签订的《劳动合同》，或申请人办理的工商营业执照；（4）申请人在本市连续缴纳社会保险费满12个月的证明；（5）申请人在该区（市）县连续居住满一年的相关证明。其中，社保缴纳证明指职工基本养老保险缴纳证明，居住证明包括房屋所有权证、房屋租赁合同等[②]。由此可见，农业转移人口随迁子女进入城市公办学校就读的机会大小，在一定程度上取决于他们获得流入地政府所要求提供的各类证明材料的可能性。

从实际情况看，连续缴纳社会保险证明、房屋租赁合同或房产证、劳动合同的取得都存在相当难度。首先，如前所述，由于各种原因，有超过三成的农业转移人口没有购买任何社会保险，具体到职工基本养老保险，其参保率更低，只有41.0%[③]。考虑到连续缴纳要求，社会保险证明的取得

---

① 邬志辉、李静美：《农民工随迁子女在城市接受义务教育的现实困境与政策选择》,《教育研究》2016年第9期。

② 成都市教育局普通教育一处：《〈关于做好2017年进城务工人员随迁子女接受义务教育工作的指导意见〉解读》, 2016年10月14日, 见 http://www.cdedu.gov.cn/news/Show.aspx?id=57448。

③ 成都市的政策规定中，社会保险缴纳证明指职工基本养老保险缴纳证明。

难度会更大。其次，房屋租赁合同或房产证等证明材料的取得可能比社会保险证明的办理难度还大。因为在城市里买得起商品房的农业转移人口还是少数，多数人只有通过租房的方式解决家庭居住问题。在租房过程中若要签订正式租赁合同，必然会产生相应的税费，而这个纳税成本基本上会转嫁给承租人，这实际上变相增加了农业转移人口的租房成本。此外，由于大多数农业转移人口在非正规部门就业，劳动合同的实际签订比例较低，只有57.5%。这样一来，连续缴纳社保证明、租房合同以及劳动合同等证明便挡住了许多农业转移人口为其子女申请城市公办学校入学机会的去路。

义务教育阶段结束后的升学问题也是农业转移人口随迁子女在城市继续接受教育面临的一大难题。为了保障农业转移人口随迁子女获得平等的升学机会，教育部、发展改革委、公安部、人力资源社会保障部等部门联合发布《关于做好进城务工人员随迁子女接受义务教育后在当地参加升学考试工作的意见》要求各地制定有关随迁子女参加升学考试的具体方案。

从现实情况看，目前各大城市对外来务工人员随迁子女报考中职类学校基本不设限制；但是，如果他们想要在流入地报考普通高中则面临一些限制条件。比如，非本地户籍学生在成都市"初升高"面临如下限制："填报升学志愿时，只能填报普通高中的调招计划，以及民办普通高中、中职类学校计划，不能填报普通高中的统招计划。"[①]

从某种意义上讲，教育资源关系着子女和整个家庭的未来，不少农业转移人口正是为了"给子女提供更好的教育资源"而选择进城打工，正如中国社会科学院劳动与社会保障研究中心在2010年5月做的一次流动人口生存状况调查所显示的一样，在愿意转为城市户籍的农业转移人口中，50%以上的"80前"出生的农业转移人口是为了"孩子的教育"。当前农业转移人口子女教育权益保障不足可能严重影响农业转移人口的市民化动机。

---

① 成都市教育局：《初升高》，2014年6月5日，见 http://www.cdedu.gov.cn/news/Show.aspx?id=43617。

第四节　农业转移人口市民化的文化权益困境分析

文化权益是一项重要的公民权。切实保障公民基本文化权益，有利于提高我国公民的整体素质，也有利于提高国家的文明程度。近年来，各级政府在大力发展文化事业、丰富居民文化生活的同时，也将农业转移人口文化权益保障问题提上日程。2004 年文化部《关于高度重视农民工文化生活切实保障农民工文化权益的通知》要求各地"高度重视农民工文化生活，切实保障农民工文化权益。"2011 年 9 月，文化部、人力资源和社会保障部、中华全国总工会三部门联合下发《关于进一步加强农民工文化工作的意见》首次对农民工文化建设进行了全面部署。2011 年 10 月 18 日，党的十七届六中全会通过的《中共中央关于深化文化体制改革推动社会主义文化大发展大繁荣若干重大问题的决定》要求："引导企业、社区积极开展面向农民工的公益性文化活动，尽快把农民工纳入城市公共文化服务体系……有条件的地方要为困难群众和农民工文化消费提供适当补贴。"下面将结合本次调研考察当下进城农业转移人口文化生活的现实情况及其面临的制度困境。

一、农业转移人口文化生活现状

（一）农业转移人口文化生活的"边缘化"

首先，农业转移人口的文化交往具有封闭性特征。从工作环境看，绝大多数进城农业转移人口主要在建筑业、制造业和服务业工作，工作环境相对封闭，接触到的同事也基本上同为农业转移人口。从生活环境看，农业转移人口的居住聚集区主要集中在城乡结合部或工厂、工地附近，这给他们参加社区文化活动、使用城市文化设施造成不便。此外，由于城市具有有别于农村的一套文化特质，农业转移人口进城不仅仅是空间上的迁移，同时也是文化意义上的移民。城乡文化差异可能造成农业转移人口在与城市社会发生联系时产生的情境具有不可接纳性，导致农业转移人口在与城市居民交往互动时缺乏文化交流的基础。

课题组的调研数据显示，33.5% 的农业转移人口平时主要的交往联系对象是其家人，19.7% 的农业转移人口平时主要的交往联系人是老乡；主要联系人是单位同事的占比为 28.4% ；15.9% 的人在城市里主要的交往联系对象是当地朋友；还有 1.8% 的农业转移人口主要往来对象是网友。可见，在日常生活中，农业转移人口更喜欢与相同的人群进行文化交流，他们在城市的社交活动具有较强的地缘性和封闭性，交往对象基本上局限于亲人、老乡和同事，而与城市居民交流较少。

其次，农业转移人口参与城市文化生活的有效需求不足。文化需求是超越生存需求、安全需要之上的更高层次的社会需求。从现实情况看，对于绝大多数农业转移人口而言，赚钱养家仍然是城市生活的基本需求。从就业特征看，他们往往每天都要在最基层和最基础的工作岗位上工作 8 个小时以上，加之有些企业对务工人员采取封闭式管理，以各种理由限制其外出，使其几乎没有什么时间去了解城市文化、参与城市生活。此外，务工收入低、社会保障不健全也从经济上抑制了他们的文化需求与消费意愿。课题组调研显示，农业转移人口在打工之余主要的娱乐活动是看电视和玩手机。可见，一些比较基本的文化活动形式，如看电影、阅读等都没有得到很好的满足。

此外，农业转移人口的文化生活具有明显的活动范围。具体而言，与城市居民相比，农业转移人口的社会文化活动内容比较单调，缺乏一种普及率较高的文化活动。大部分进城务工农业转移人口工作之余往往选择看电视、玩手机、与朋友聊天来打发时间。调研显示，21.0% 的农业转移人口的娱乐项目是看电视；19.8% 的人以玩手机为娱乐；12.5% 以与朋友聊天为闲暇；对 8.3% 的人而言，逛街是其主要娱乐方式；6.2% 的人去电影院看电影；6.1% 的人以打牌下棋为娱乐；以读书看报为娱乐方式的只有3.9% ；还有 7% 的人表示没有什么娱乐活动。可见，在当前现实生活中，农业转移人口的文化生活圈子有限、文化活动内容单一，面临边缘化困境。

（二）面向农业转移人口的公共文化产品供给现状

从农业转移人口目前文化生活状态看，他们的文化生活模式基本趋同，文化选择空间狭小，文化消费的承受力有限，因此，公共文化产品供给对于农业转移人口文化权益保障而言非常重要。

从相关制度安排看，近年来，一系列保障农业转移人口公共文化权益的政策陆续出台。2015 年，中共中央办公厅、国务院办公厅印发的《关于加快构建现代公共文化服务体系的意见》指出，"加快将农民工文化建设纳入常住地公共文化服务体系"。2016 年出台的《中华人民共和国公共文化服务保障法》规定"根据流动人口等群体的特点和需求，提供相应的公共文化服务"。2016 年文化部公共文化司发布《文化部关于进一步做好为农民工文化服务工作的意见》的专项政策，部署新形势下农民工文化服务工作。2017 年文化部印发的《"十三五"时期全国公共图书馆事业发展规划》指出："加强农民工群体适用资源建设和设施配备，有针对性地开展服务，为其更好地融入社会提供帮助。"

从制度实施看，目前公共文化产品的供给主体主要是各级政府。各地面向农业转移人口的公共文化产品供给方式主要有：（1）借助基层文化机构、公益性文化设施，通过免费开放等方式降低文化产品与服务的获取成本，为农业转移人口提供有针对性的文化服务。（2）在农业转移人口聚集的地区，比如产业园区、生活聚居区，通过建立综合文化站、电影放映流动站、公共书屋等方式，向农业转移人口提供部分公共文化产品以及流动性文化服务。比如，重庆市渝中区建立了农民工图书馆，对农业转移人口读书需求进行调查，有针对性地采购藏书，通过免费出借书籍、提供上网等方式，丰富和方便农业转移人口的文化生活。（3）在社区等组织的扶助下，鼓励农业转移人口群体自行开展文艺活动。比如，石家庄市栾城区楼底村成立了农民工俱乐部，其成员大多是外来务工人员。他们每周会尽量空出一些时间，汇聚在一起排练或者演出自编自创的文艺节目。尽管各地都有针对农业转移人口的不同程度的公共文化产品与服务供给，但从总体上看，目前由政府提供的公共文化服务与农业转移人口的需求之间还存在一定差距。

二、农业转移人口公共文化服务缺失的制度困境

首先，体制因素是造成农业转移人口公共文化服务供给不足的首要原因。在城乡分割的二元社会结构及其制度安排下，城市政府依据户籍人口规模进行公共产品与服务的配置，这意味着流入地政府实际上没有额外的财政资源向外来务工人员提供包括文化服务在内的社会福利与公共服务。

从这个角度看，进城农业转移人口在城市平等获取公共文化服务缺乏必要的制度基础。虽然 2011 年文化部、财政部出台了《关于推进全国美术馆公共图书馆文化馆（站）免费开放工作的意见》（文财务发〔2011〕5 号），标志着公益性文化设施免费开放制度在我国正式确立。随后，许多城市的基础文化设施向农业转移人口免费开放。但是，在城市全部公共文化资源分配上，农业转移人口仍难享有与城市居民同等待遇。

其次，导致农业转移人口公共文化服务供给不足，更为直接的原因是针对农业转移人口的公共文化服务供给方式失当。当前的公共文化服务供给是一种自上而下的供给模式，由政府根据农业转移人口的文化消费偏好，组织实施文化服务的生产和供给。但是完全由政府主导供给过程，存在一定程度的效率缺失，比如文化资源配置上的供需不匹配。这是由于城市政府在开展农业转移人口文化工作时，仍然带有一定主观倾向，由于城市具有不同于农村的文化特质，很多时候从城市思维出发，去揣度农业转移人口的文化特性，很难全面把握、深入了解他们的特有文化需求，最终导致农业转移人口公共文化服务供给缺乏针对性。

此外，宣传不到位也是导致公共文化服务无法惠及农业转移人口的重要原因。目前，各类文化设施是整个社会公共文化服务体系的重要组成部分，农业转移人口对这些公益设施、文化活动的参与不足，在很大程度上是由于他们对公共文化服务的普惠性认知不足。由于农业转移人口的信息获取途径有限，加之社会宣传力度不够，导致他们对于一些已经免费开放的城市公共文化设施，如图书馆、文化馆、博物馆等文化服务不甚了解，更谈不上主动享受这些文化服务，公共文化资源的受益面自然较小。

综上所述，文化需求是社会人的一般需求，它体现了人的本质，同时也是实现人的全面发展的前提。文化作为一种符号传递着农业转移人口的精神状态。农业转移人口的市民化不仅是职业的转变、空间的迁移，同时面临在全新社会环境、社会角色中观念与行为方式的转变。总之，农业转移人口文化权益保障不足将影响进城农业转移人口的文化适应与转变，进而阻碍其向市民的整体转型。

第五节 研究启示

在各国现代化进程中都不同程度地出现了移民的社会融入问题，比如欧美国家外来移民面临种族歧视、文化融入等矛盾。我国城市化过程显然不同于西方发达国家，是一种二元社会结构下的城市化。这种二元结构最初表现为城市与乡村的空间分离，城市部门与农村部门在生产力发展阶段和发展水平上呈现出巨大差别，随着农业转移人口的大规模进城，这种二元结构在同一空间——城市内部显现，主要表现为外来农业转移人口在就业、社会保障、经济能力、行为方式等社会生活的主要方面与本地市民存在较大反差，研究者们将出现于城市内部的这种二元分割称为"新二元结构"，并将其出现的原因主要归因于制度障碍，即以二元户籍制度为核心的一系列城乡分割制度安排，使得农业转移人口即使流入城市也难以享有与本地城市居民同等的社会待遇。

在城乡统一的户口登记制度改革中，户籍制度的二元属性从制度层面已经打破。但这种二元结构现实中仍然存在，只是有了新的变化。这种二元结构更多地已不再是制度供给上的待遇差别，而是主要表现为社会生活中农业转移人口在经济能力、社会地位进而行为方式、生活保障等方面与本地市民的现实差异。具体而言，在经济权益保障方面，农业转移人口已经实现城市社会立足，但在就业市场中仍然处于弱势地位，主要表现在就业途径狭窄、职业分布相对单一，用工合同签订、工资给付等方面的劳动权益保障仍显不足。在社会权益保障方面，来自社会保障制度方面的歧视已经明显改观，至少从制度设计上看，农业户口与非农户口区别的取消，社会保险、公共医疗、住房保障以及义务教育等领域的社会待遇并不与户籍类型天然挂钩，为农业转移人口的社会融入营造了更加公平有利的政策环境，但农业转移人口在社会保险、居住条件、子女教育等方面仍与本地市民存在明显差距；在文化权益实现方面，这种落差更加明显，农业转移人口在社会文化生活中普遍表现出一种"边缘化"特征，不论是日常人际交往还是城市文化生活的参与，农业转移人口与本地市民间都表现出明显的社会分层。

权益是人们社会生活的基础，基本权益保障的实现对公民，尤其是作为社会弱势群体的农业转移人口而言，是其不可或缺的、也是其最可能拥有的生存与发展资源，是其实现市民化社会融入的重要基础。而权益实现需要必要的制度性保障。在以户籍制度为核心的制度改革全面推进中，制度设计更加公平，在一定程度上改善了农业转移人口实现权益保障以及社会融入的社会境遇。但是考虑到政策出台到实施落地的时滞期，在制度改革的不断深化中，如何让有利政策真正落地生根或是重点。

第八章　农业转移人口市民化的社会制度政策实施难点分析

第一节　市民化的社会制度政策实施难点

前面已经提到，近年来国务院颁发了一系列文件，特别是在 2014 年，统一了城乡户口登记制度，推出居住证制度、户籍衍生制度及配套政策，在国家制度层面，城乡二元户籍制度被彻底打破了。新推出的"一元制户籍制度"在保障农业转移人口与城市居民享有平等的城市公共服务的同时，为实现城乡人口自由流动及有效推进农业转移人口市民化奠定了制度基础。然而，长期以来实行的城乡二元户籍制度影响极其深远，统一的户籍制度及其相关社会制度的落实和完善仍需一个长期过程，在制度实施过程中，仍然存在诸多制约农业转移人口市民化的难点问题。

一、社会保障制度的执行难点分析

二元社会结构导致路径依赖的困难。我国社会保障制度根源于户籍制度，新中国成立之初在优先发展工业的国家战略背景下，社会保障制度与户籍制度开始挂钩并在一开始就体现了二元管理结构的特色。1955年 6 月，国务院颁布《关于建立经常户口登记制度的指示》并在全国开始了户口统计工作，同年 8 月，《市镇粮食定量供应暂行办法》和《农村粮食统购统销暂行办法》，对城镇和农村分别实行不同的粮食供应政策，其中在城镇实行计划供应，在农村则实行自行供应。而后 1958 年颁布的《户口登记条例》及其配套制度标志着城乡分割的二元社会结构的开始，大量的社保制度附着在户籍制度上，包括福利、教育、劳动就业以及医疗保健等制度，并形成了以户籍制度为中心和基点的二元城乡管理制度。而且，社保制度以户籍制度为基点也就决定了社保制度的发展以及改革往往与户籍制度的改革处在相同的节奏。在以后30多年的时间里，社保制度的发展和管理方式呈现出与户籍制度相同的二元分割特点，即在城乡逐渐形成两套管理体系，城乡之间实施不同的管理模式，不同的地区、不同的社保类名目也由不同的部门进行统筹管理。并且，在路径依赖的作用下，经过30多年的发展，为后来的统筹改革以及政策的实施带来相当的困难。

改革开放以后，在全新的国家战略视角下，为适应经济发展的需要，国务院颁布《关于农民进入城镇落户问题的通知》，户籍制度开始松动，具有一定技能的农民工获得一定的自由迁徙机会；随着改革的深入，我国迎来人口流动大潮，大量农村闲置劳动力开始涌向城市。由于社保制度与户籍制度深度绑定，虽然人口流动性不断加强，社保制度仍然呈现出双重标准，即城乡教育、就业保障、住房、社保等制度实行城乡差别标准。1986年，国务院颁布《国营企业职工待业保险暂行规定》和《国营企业实行劳动合同制暂行规定》标志着社保制度改革的开始，截至2014年，国务院印发《关于建立统一的城乡居民养老保险制度的意见》，取得了很大的成绩，逐渐由国家——单位保障制转向国家——社会化保障制度，建立了责任分担机制，实践中体现出多方（国家、单位、社会、个人）共同分担思路，同时通过立法保障公民各方面的社保权益，整个社保改革的内在的思路立足于社保体系与户籍制度剥离，并且努力实现城乡分割体系的统一。虽然社保制度取得很大的成就，但是由于城乡二元分割的历史局限以及路径依赖效应和体制性障碍巨大等因素，导致目前的社保制度在相关政策执行上具有很大的难度。

两套分离的管理体系运行的困难。二元户籍制度表面上是一套人口流动管理制度，其背后是利益分割的剧烈博弈。二元户籍制度经过多年的发展早已经深深植入到我国的管理体制当中，并且，随着经济的不断发展，城乡之间、地区之间的经济鸿沟不断拉大。二元户籍概念同样深入人心，"农业户口"和"非农业户口"的概念难以短时间内在群众和管理者的脑海中抹去，这也就为社会保障制度的改革造成了极大的难度，难以摆脱城乡分割的历史局限；所以我国的社会保障制度体现出明显的二元特色。养老保险中，职工养老保险主要面向城镇户口，而农村户口则很少涉及。医疗保险中，我国目前呈现出新农合医疗保险、城镇基本养老保险、城镇职工养老保险三种保险制度并存的特色。其他保险制度如最低生活保障制度等，同样呈现城乡分立。而且，由于城乡经济、地区经济差距的存在，各地对于社会保障费用、福利政策等的标准不同。二元分割的推进方式在一定程度影响了社保制度的统一性和正面效应，也同样使政策的推行难以全面协调，为各项社保政策的实施带来了极大的难度。

为此，社会保障制度管理运营必然分割化。我国社会保障制度的改革是从局部入手，以试点先行的方式入手，在探索中前进，因此社保制度的顶层设计缺乏统筹性。同样受制于我国二元分割制度的路径依赖，造成了我国社会保障制度管理运营的分割化。如医疗保险，其中的城镇医疗保险由人力资源和社会保障厅负责，而农村人口医疗保险则由卫生部负责。并且，相同社保业务的管理部门同样根据户籍而设置不同的管理内设机构，如人社部就按照城镇户口与农村户口分别设置不同的管理机构，前者由养老保险司负责而后者则由农村社会保险公司负责运营。由于目前改革的碎片化，造成多套保障体系分割运营，其运营单位同样由不同的部门负责。社会保障运营体制的分割是社保制度分割的反映，但也一定程度上强化了社保体制的分割，部门职能难以跳出职能权限以充分统筹运营整个社保体制，因为在政策执行上难以统一协调。

二、财政税收制度面临的实施难点

（一）农业人口市民化进程中的成本困境

国家统计局的数据显示，2010 年至 2014 年农民工总量虽然仍在逐年增加，分别为 24223 万人、25278 万人、26261 万人、26698 万人、27395 万人，但增速却持续回落（见图 8-1）。这个数据在一定程度上说明，许多农民工不愿转变农民身份，甚至不愿放弃农业户口，如果仅从成本考虑，应该是农业人口从农村迁移到城市，其迁移成本在一定程度上很大且迁移收益并不能明显大过成本而致。

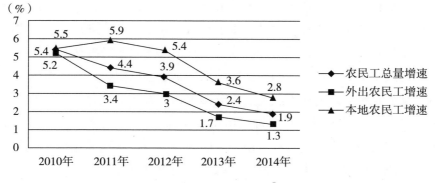

图 8-1　农民工总量增速①

　　农业人口在市民化的过程中，不仅仅是身份的转变，只有同时享受与市民相同的城市公共服务和相关的福利政策以及社会保障，才会成为真正意义上的市民。按照原有的制度设计，从个人、政府、就业单位等多个方面均需要大量的投入，已有的研究显示，按照 2020 年实现 60% 城镇化进程和截至目前（2014）近 2 亿的"半城镇化"人口市民化测算，需要新增投资超过 50 万亿元（傅东平等，2014）。主要的成本包括三个层面，分别是个人、企业和政府层面：第一，个人层面主要包括，农村转移至城市费用、城市生活成本的增加以及融入城市成本、失业保险等费用。第二，企业层面成本主要来自于城乡分割的劳动力市场的消除所增加的费用，即原有农村户口工人现在享有与市民相同的报酬和福利待遇，企业的原有生产成本会大幅度增加。同时农村人口市民化的进程中，相关法律法规更加健全，市民的素质不断提高，个人维权意识增强，在一定程度上也增加了企业的生产成本。第三，政府层面成本增加主要体现在公共服务、社会保障、住房以及就业方面的成本。其中公共服务成本包括教育、医疗、卫生、体育、公共交通、社会治理等多个方面的投入；社会保障成本一方面包括农村社保方面的不规范所引起的管理成本，另一方面包括社保资金的大量投入；住房成本和就业成本分别是农村人口市民化之后需要进行大量的住房保障体系建设以及就业失业保障体系建设的投入。

　　①　国家统计局：《2014 年全国农民工监测报告》，2015 年 4 月 29 日，见 http://www.stats.gov.cn/tjsj/zxfb/201504/t20150429_797821.html。

在农村转移人口市民化进程中的三方面主要成本中，个人及企业所面临的成本尽管仍然负担极大，但由于是由个人或者单位进行承担，相对分散且是比较而作出的选择。能够或者具有市民化意愿的流动人口一般具备一定的经济实力，能够承担一定的费用，企业会权衡收益与成本而做出增减人员的选择。政府所面临的成本分摊中，一方面承担的费用数量大，地方政府每年承担大量转移人口的相关转移费用，另一方面则是覆盖面广，地方政府要承担市民化过程中多个方面的成本。学者张国胜通过构建市民化社会成本模型，从多个方面对全国各个城市农村转移人口市民化成本进行测算，发现东部沿海城市的社会化成本大约为9—10万，而内陆地区的社会化成本大约为5—6万。国务院发展研究中心课题组通过调研嘉兴、武汉、重庆、郑州四个城市的社会保障等基础服务，以2010年的价格标准进行测算，四个城市的市民化过程，政府需要人均支付7.7—8.5万元。2003年郑州市率先实行的"户籍一元制"改革进展不顺利，很大一部分原因也在于地方财政资金压力过大。因此，在农业人口市民化过程中，中央政府、地方政府需要提供更大的支持以及通过税种的调整，进一步增加财政收入，合理支出，才能从真正意义上为农村转移人口市民化从实施路径上铺平道路。

（二）地区分割的财政税收制度实施难点分析

农村转移人口市民化的过程需要支付大量的成本，具有足够的财政资金支持是农村转移人口实现城镇化的保障。而在成本结构中，城镇化的推进属于地方性工作，因此地方财政的支出占有很大比重，地方政府能否有效地调度充足的资金是农村转移人口市民化能否有效推进的关键。在制度及配套政策实施过程中，地方政府是主体。由于各个地区经济发展水平不同，面临的实际情况也有很大的差异。因此，各个地方对于户籍制度的改革各具特色，但同时都面临财政紧张问题。郑州于2003年开始实行户口"一元制"，改革力度非常大，户口可以在市、区间进行迁移；在短时间内户籍的全面开放，导致了大量的农村居民转移至城市，而相应的基础设施和公共服务无法跟上，导致地方财政支出急剧增加。该制度也于2004年就暂停并进行了调整。成渝地区，成都于2010年展开对一元制户籍制度的探索，旨在实现公共服务均等化，并否定了农民进入城市放弃土地权利的思路，该路线仍然在进一步探索中，同样面临财政紧张，土地使用权退出等问题。

现有财政体系下，地方政府"财权"与"事权"不匹配造成地方政府财政压力过大。1994年，中央政府在全国范围内推进分税制改革，建立分税制财政体制。该项制度根据中央与地方的事权情况，明确支付责任。在财政税收方面，按照税种划分中央与地方的收入范围。设立两套税务机构，并建立中央与地方的转移支付制度，从而将两套税务机构连接起来。从收入端，在分税制改革过程中，将所有税种分为中央税、地方税、共享税三种。通过分税制改革，收入稳定、税源集中、增收潜力大的税种均归为中央税。收入波动大、税源分散、收税成本高的税种则化为地方税。企业增值税作为规模最大，增收最大的税种，则划为共享税，但中央提取75%，地方占比25%。在税务的支付方面，长期以来，中央负责宏观大局的调控；具体的地方基础设置建设、公共服务、公共保障、住房建设均由地方政府承担。尽管中央政府与地方政府之间建立税收返还和支付转移制度，但是返还力度和支付转移的结构比例相对较少，无法满足城镇化进程中地方政府大规模的资金投入。所以，目前从整个财政税收体制来看，形成了中央与地方在"财权"与"事权"上的不匹配，从而造成了农村转移人口市民化进程中，地方政府财政压力巨大，进而造成城镇化的进程迟缓。

第二节　现有政策的覆盖范围及实施难点——以成都市和重庆市为例

一、成都市政策覆盖范围及实施难点

（一）成都市改革历程及政策覆盖范围

早在2003年，成都市就开始探索城乡和谐发展的路径，2007年设立全国统筹城乡综合配套改革试验区后，更是加大了政策改革力度。成都市市委、市政府在2010年11月正式出台了《关于全域成都城乡统一户籍实现居民自由迁徙的意见》，计划于2012年实现成都城乡户籍统一，彻底打破城乡分割的二元户籍制度。从调研比较中我们发现，该《意见》是推进户籍制度的实质性改革，是我国不同地区社会保障制度改革中较为彻底的改革。成都市户籍制度改革主要分为五个阶段：

第一，以"条件准入制"替代之前带有计划经济性质的"入城指标"。在 2003 年，成都市人民政府出台了《关于调整现行户口政策的意见》，该意见大大放宽了农业转移人口在城市落户的条件，"入户准入指标"成为新标准，取代了原来的具体条件。从具体政策规定来看，农村转移人口的职业、收入来源稳定，居住地比较固定，本人及其直系亲属就有落户成都的准入条件。这项政策不仅打破了地理限制，也解除了二元户籍下对公民进入城市定居的刻板规定，农业转移人口只要符合相应的条件，便可有权落户成都。

第二，重新变更户籍性质。成都市为实现"一元户籍制度"的目标，2004 年正式出台了《中共成都市委、成都市人民政府关于统筹城乡经济社会发展推进城乡一体化的意见》。该项政策着重强调成都市将逐步消除二元户籍在性质上的划分，并对原有户口性质重新进行分类调整。针对原有户口性质中"非农业户口"、已征地失地农民的"农业集体户口"，分别调整为"居民户口"和"居民家庭户口"；对于未征地，仍然拥有承包地的农村居民户口，保护其土地承包的权利并鼓励发展农村集体经济，按规定保障农村居民该有的权利和义务。

第三，不断降低落户的门槛。成都市曾在 2006 年和 2008 年分别制定相应的政策来调整农业转移人口落户城市的条件。2006 年的政策规定了农业转移人口在政府安置房居住的时间超过一年便有落户的权利。在 2008 年，政府办公厅印发了《关于促进灾后重建和经济发展调整我市部分户口政策的暂行意见》，该意见从三个方面进一步放宽了落户条件：一是针对暂住时间条件的改变，由之前的三年调整为现在的两年；二是针对租住统一安置房条件的放宽，由之前租住统一规划房超过一年才能落户的条件变为租住私人房屋半年以上；三是针对劳动合同中对落户条件的限制，在私营企业拥有稳定收入来源的也具备入户的资格。

第四，破除成都范围内的二元户籍制度。针对二元户籍制度下长期存在的城乡居民各种权利不平等的问题，成都市 2010 年 11 月出台了《关于全域成都城乡统一户籍实现居民自由迁徙的意见》，该政策在就业、教育、福利、社会接纳等方面都做出了相应的调整，并取得显著成果。

第五，严格控制成都市（特大城市）的人口规模。为了响应国务院颁布的推进户籍制度改革的政策意见，四川省人民政府颁布《四川省进一步推进户籍制度改革实施方案》来具体落实四川省内的户籍制度改革。成都市作为四川省的省会城市，在户籍制度改革上起到带头作用。为更好控制城市规模、优化人口结构，2017年，按照国务院和省政府关于进一步推进户籍制度改革的总体部署，成都市进行以《成都市居住证积分入户管理办法（试行）》和《成都市户籍迁入登记管理办法（试行）》为配套文件的"1+2"户籍制度改革。此项条件入户和积分入户"双轨并行"的成都户籍制度改革新政将于2018年1月1日正式实施。该项政策首先对落户标准进行明确规定，只要相应积分达到规定的标准，农业转移人口则有权申请登记为常住户口；同时，并不是所有符合标准的都可以顺利落户，考虑到城市综合承载能力和经济发展需求，入户人数有具体的计划安排。

经过多年的户籍制度改革及配套政策的实施，成都逐步缩小了城乡之间的差距，逐渐打破多年来固化的城乡二元结构，新的城乡关系初步构建起来。总的来说，改革的巨大成效主要体现在三个方面：第一，公民自由迁徙的权利在制度上得到保障。为了构建户籍和居住的管理一元化机制体系，成都市政府颁布多项政策破除农业转移人口在迁徙自由上的制度阻碍，并具体落实到成都市各地。随着所迁地登记户口制度在农业转移人口中的普及和推广，更加保障了居民迁徙自由的权利，迁徙人口落户城市更加容易，从根源上打破迁移人口在户口以及居住方面的制度限制。第二，保障农业转移人口的原有利益。在以前的政策中，农村居民落户城市需要以承包地或宅基地的使用权进行交换，这使得土地成为农民进城的后顾之忧。成都市推进户籍制度改革后，在处理农民土地产权问题上极力保障民主化、公平化。在相应的政策规定中，明确说明农村居民不会因为落户城市而牺牲自己的土地，即农民在农村的土地产权不会因为居住地以及职业的变更而受到剥夺，在保留土地使用权的情况下，农民迁徙自由、参加社保以及享有基本公共产品和服务的权利都得以保障。第三，逐步落实统一户籍政策，消除了二元户籍制度下各种权利不对等的问题。长期以来，二元户籍制度使得城乡居民在教育、住房、社保和就业等方面存在显著的不平等和差距。因此，要从根源上解决这一问题，首先就要针对二元户籍制度进行改革，消除"二元"，实现"一元"户籍的统一，如此一来，附着在原有二元户籍制度下的各项制度便可逐步瓦解，从而实现城乡居民政治、人身、财产等各项权利和福利的统一。为了使户籍改革顺利实现，成都市对各个地方的户籍制度订立了统一的标准，保障了政策的同步落实。同时，成都将于 2018 年 1 月 1 日正式实施条件入户和积分入户"双轨并行"的户籍政策体系，这一政策既通过明确的积分体系、具体的积分指标及分值对原有入户条件做出了调整，也通过差异化落户政策等手段，将城市人口规模限制在一定范围内，达到优化人口结构的目的；为了保障城乡居民在享有基本公共服务权利上的平等，成都市逐步完善健全居住证和实有人口登记制度；通过保障农业转移人口迁出农村后土地财产权利，推进农业转移人口市民化。

（二）成都市政策执行难点

经过多年的统筹建设，成都市在城乡一体化上取得了相当突出的成果，但是由于多种因素的影响，导致在执行过程中仍然面临一些问题。具体因素包括：城乡之间经济发展水平的差距、长期的二元经济结构、不同的基础设施配套资源和社会保障制度、城乡之间历史文化存在明显的差异等。分析成都市户籍制度改革及政策，成都市户籍制度的改革难点主要有以下三个方面：第一，较大的财政压力。随着越来越多的农业转移人口进入成都市，政府的财政负担也变得更大，尤其是与农民生活密切相关的教育、住房以及医疗上的保障。尽管早在 2004 年成都市就开始了统筹城乡发展的改革，逐步缩小城乡基础设施和公共服务之间的差距，使得各地农村在基础设施、医疗、社保等方面有了很大的提升，减缓了域内农村居民大量进入城市的步伐，统筹城乡发展的总体战略实施效果较好，但是在现有财政体制下，成都地方政府仍然存在不小的财政压力。第二，土地改革政策还不够完善。从目前的征地补偿标准来看，现有补偿标准较低，价格和市场价格差距较大；所以虽然强调"不得以退出土地承包经营权、宅基地使用权、集体收益分配权作为农民进城落户的条件"，但在实际执行过程中，对农民退出农村后的宅基地经济补偿力度还不够大，农业转移人口对此心存顾虑，对顺利市民化造成阻碍。第三，社会保障制度还不够完善。目前，成都市对农业转移人口的社会保障政策主要包含参保人缴费的养老、医疗以及工伤方面的保障，而对于其他非缴费的项目，如低保、救助和社会福利等，由于户籍制度以及户籍制度下的其他一系列政策的阻碍，仍然无法得到保障。更为突出的问题还有贯彻国家计划生育政策且失地的老龄化人口养老问题以及农业转移人口失业保险的问题。

二、重庆市政策覆盖范围及实施难点

（一）重庆市户籍制度改革及政策覆盖范围

重庆市在 2007 年与成都市一起被批准成为全国统筹城乡综合改革配套试验区，并将重庆市九龙坡区设定为改革试验区进行户籍制度改革探索。自设立实验区以来，重庆市工业化水平逐渐提高，产业结构的比例由 2007 年的 12.9 ：44.6 ：42.5 调整为 2015 年底的 7.3 ：45.0 ：47.7，城镇化率由 2007 年的 48.3% 上升为 2015 年底的 60.94%，城镇化的推进速度与工业化水平的提升速度双双强劲增长。基于以上背景，2010 年重庆市政府制定了《城乡统筹户籍发展制度改革试行办法》《农村土地承包经营权流转管理试行办法》等相关配套制度进行户籍制度改革，以期通过自上而下的户籍制度改革推动农村劳动力进一步向城市转移以满足工业化发展的需要，并有效提升经济水平的同时维护社会平等。

2010 年重庆市户籍改革制度全面推行，备受社会关注。改革主要分为两个阶段：第一阶段，2010—2012 年，首先以已经具备转移条件的人口作为户籍制度改革的对象，转移人口 338 万，使人口城镇化率从 29% 提升至 37%。具备转移条件的人口主要包括三类：70 万农村户籍大中专学生，220 万符合条件的农村户籍农民工及其相关家属，另有 40 万人口属于历史遗留问题。第二阶段，2013—2020 年，通过系统的制度设计建立户籍制度转化渠道，根据重庆市的现状，争取每年城乡户籍转化 80—90 万人口，并在 2020 年，实现城镇户籍人口 2000 万，户籍人口城镇化率提高到 60%。

对于改革对象而言，此次改革主要包括四项基本原则：第一，转户自愿，即具备转户条件的农村居民可以选择转户，也可以选择不转户，既可以个人转户，又允许整户转移。第二，土地退出自愿，明确提出并不以转移出土地作为获取城镇户籍的条件，允许农户以多种方式退出土地，可以选择整块或部分退出，也可以选择拥有经营和获益的权利，或者经营及进行流转的权利，确保转户居民的土地相关保障权益。第三，有偿退出。建立退出补偿机制，根据当地征地的相关政策，对放弃宅基地、林地等相关产权的农村转移人口进行相应的补偿或者购房补助。第四，转户收益处置自愿。即保障转户居民获得相关收益的处置自由权。

本次改革，根据重庆市的实际情况进行了分级承接。考虑到各级别城区的承接能力以及转移人口生存能力等各方面条件，设置一定的转移入户条件，避免一次性转移人口过多，对承接单位城区、县市造成较大的财政、社会基础资源压力，保障转移人口具备相应的生存能力。

表 8-1　重庆市农业转移人口入户条件

入户地点	入户条件
主城区	主城区经商 5 年以上或购买商品房，投资兴办实业 3 年累计纳税 10 万或 1 年纳税 5 万以上
远郊区县城	县城务工经商 3 年以上或购买商品房，投资兴办实业累计纳税 5 万以上或一年纳税 2 万以上
乡镇入户	农民可以本着自愿的原则，自愿申请入户

重庆市本次改革承接地区，覆盖到各个城区。转移人口主要的入户条件主要以经济能力为主，具备一定的生存能力即可，并没有其他限制。按照规划，至 2020 年，重庆市主城区户籍人口 1000 万，远郊县城人口达到 600 万左右，城镇人口 300 万左右。

在综合配套方面，时任市长黄奇帆将此次改革涉及的转移人口相关福利的改革比喻为进城之后首先"脱掉了三件衣服"，即农村承包地、宅基地、林地等，"穿上五件衣服即就业、社保、住房、教育、医疗等，整体配套制度包含了转户之后，如何顺利地退出原有的相关利益体系及如何搭配城镇户籍相关的福利"。

重庆市户籍制度改革政策缩小了城乡差异、较好地保障了农业转移人口的选择权及利益，符合统筹城乡综合配套改革试验率先突破的需要。同时，也提高了重庆城市化水平，促进了城乡一体化的发展，为全市范围内人力资源合理流动做出了明确的政策规定。

表 8-2　重庆市农业转移人口入户配套政策

相关配套	具体条件
转户缓冲区	自愿转户后，3 年内继续保留宅基地和承包地的使用权和收益权 享受城镇社会保障福利待遇 5 年内，继续享有农村计划生育政策 保留林地使用权，可根据实际情况流转或自主经营自愿退出承包地经营权 之前，继续享受农村各项补贴
住房	申请公租房居住，符合条件可纳入廉租住房保障体系
养老	征地农转非人员养老保险
低保	转户农民可以纳入城市低保范围
医疗	自愿参加城镇职工基本医疗保险或城乡居民合作医疗保险
教育	子女可就近进入城市学校，同等待遇
就业	劳动年龄段可以接受免费技能培训和创业培训 自主创业可以接受城镇创业扶持 就业困难人员可以收到"一对一"就业帮扶及公益性岗位托底安置政策

（二）重庆市政策执行难点

从重庆市 2010 年以来的户籍改革政策来看，重庆市的户籍制度改革主要从降低转户门槛、提供转户配套政策措施入手，通过扩大城镇居民绝对数量的办法来缩小农村与城市间的差距。但在实际执行中面临以下难点：第一，政府财政压力增大。虽然重庆市实施户籍改革政策以来，取得显著成果，表现为农业转移人口、政府征地未转户人员以及大中型水利工程失地未转户的问题已基本解决，转户对象范围也不断缩小。但在此过程中也存在部分就近就地转户的老人不退出原有宅基地及承包地，而只为享受城市养老保险待遇的情况，这既是对农村资源的浪费，同时也给政府财政造成巨大压力。第二，对政府信任度减弱。重庆市关于农村土地政策上的调整主要体现在农业转移人口迁入城市后，在处理农村宅基地收益补偿上有所变化，从以前的综合考虑宅基地及附属设施用地面积和房屋结构好坏等，调整为仅考虑前者而不考虑后者。由于政策的执行以及民众对政策的接受需要一个过程，而过快的政策调整加上宣传普及力度不够等原因，使得群众和部分工作人员对转户政策没有充分了解，对政府的相关政策产生误解，认为政府前后言行不一致，导致对政府缺乏足够的信任，产生了较重的观望情绪，严重影响了转户的积极性和退地的进程。

第三节 市民化社会制度政策实施的组织难点分析

本章第二节的研究表明，农业转移人口的市民化不仅仅是简单的社会身份由农民转变为市民的过程，更重要的是在思想观念、生活方式和行为方式的逐步转变，实现身心真正融入城市的过程。这要求在农业转移人口市民化的过程中既要政府对围绕户籍制度的其他一系列社会制度进行自上而下的改革和创新，同时也需要社会组织发挥积极作用，加强对农业转移人口的包容，增强其城市归属感。然而，由于社会组织及城市市民拥有的传统的观念，在接纳农业转移人口的过程中会产生矛盾冲突，为农业转移人口市民化带来难度。

一、社会组织对农业转移人口的接纳及难点

社会组织是群体的一种高级形式，使得人类社会生活更加有序。所谓组织，一种是广义的，指社会上存在的一切人类活动的共同体；另一种是狭义的，具有职能性、目标性、计划性的特点，如政府、企业、学校、医院、社会文化团体、福利组织等。在我国，社会组织主要由公民自愿组成，由从事非营利活动的社会团体、民办非企业单位和利用社会捐赠的财产从事公益事业的基金会这三大类在民政部门登记的社会组织组成。

城镇化代表着社会群体的高度组织化，表现为初级群体不再是无序的，社会组织作为一种主导社会运行的群体形式。农业转移人口进入城镇，工作和生活在城镇，急需组织的关怀。本书所提到的社会组织是指能为农业转移人口融入城市提供保障的狭义的组织概念。

（一）社会组织对农业转移人口接纳的总体现状

组织既然是一个群体维护自身权益的基本保证，对于生活和工作在城市中的农业转移人口这一边缘性弱势群体来说，其意义显得尤为重要。自20世纪90年代中期计划经济向市场经济转型以来，为农业转移人口提供服务的社会组织便开始萌芽。随着农业转移人口的增多，政府和民间资助机构也在不断加强社会组织的支持和建设。比如"打工妹之家"这类专门

为农业转移人口服务的社会组织也在日益增加。但在现实城市生活中，我们不能只通过不断组建以保护农业转移人口为主的社会组织来保障他们的利益，因为这可能会在一定程度上加重他们外来人口的身份标签。所以在考虑设立专门保障农业转移人口利益的社会组织外，也要关注城市化的社会组织对其关心、关注和接纳状况，探寻现存的问题及困境，为更好地发挥社会组织对农业转移人口市民化的作用提供一些思路。

农民工很少参加城市的各类组织，尤其是社区组织、各级党团组织和工会组织以及社会团体等城市组织。一方面是农民工自身因素的限制，而更主要的是来自城市组织的排斥。例如，由于担心工会组织在招商引资上可能带来问题，且一些企业也担心农业转移人口在维护自身权益方面权利过大；这些原因导致农民工成为工会成员变得困难，与城镇职工一样拥有民主管理企事业单位的权利更成为奢谈。由于制度上缺乏更细致的保障、社会管理思想不够开放民主，大部分农业转移人口并不能融入社区选举、群防等社区管理活动。再加上户籍制度及配套社会保障制度的限制，使得本就处于弱势地位的农民工更加脱离社区服务和社区救助体系。[1]同时农业转移人口工作性质及在社区生活中与社区居民的互动交往过少，也是导致其不能顺利融入城镇，组织无法更好包容接纳的原因。

（二）市民化社会制度政策实施的工会组织接纳难点

社会经济以及劳动关系的矛盾运动促成了工会的诞生，工会代表着劳动者的利益，是协调劳动关系的重要社会组织。为了保障农民工的合法权益，2003 年，中国工会第十四次全国代表大会首次谈到将进城务工人员组织到工会中来的问题，农民工加入工会问题成为工会十四大热点之一。之后修改的《工会法》也为农民工加入工会组织提供了明确的法律依据。城镇化进程中的实践证明，工会组织在帮助农民工争取权益的同时，自身地位和作用也得到提升，具有较强的号召力和影响力。尽管我国在吸收农民工加入工会方面做了很多工作，但由于工会自身建设以及农业转移人口工作性质、自身素质等因素的影响，大部分农民工没有加入工会或被排斥于工会之外，导致工会组织对其的关心、接纳程度十分有限，其主要表

---

① 刘伟、申宇婧：《农民工城市融入进程中的社会排斥与社会接纳》,《经济研究导刊》2012年第 11 期。

现为：

第一，农民工工作性质导致的接纳难点。由于农民工所做的工作具有较大的流动性，大都属于临时工、承包工、小时工等，劳动关系比较动态复杂。他们多数集中在制造、建筑、服务等条件艰苦、污染较重和收入较低的岗位就业。对于农业转移人口这样一个松散的群体，无疑增加了工会组织接纳他们的困难度。因此，工会的接纳工作由于农民工流动性较强，从而使得工会组织具有不确定性，很容易出现会员流失，导致工会组织流于形式。

第二，农民工自身素质原因导致的接纳难点。《中国工会章程》规定，凡在中国境内的企业、事业、机关单位中以工资收入为主要生活来源的体力劳动者和脑力劳动者，不分民族、种族、性别、职业、宗教信仰、教育程度，承认工会章程，都可以加入工会为会员。根据这一规定，农民工是有权利成为工会会员的，但由于其自身素质导致其加入工会组织后履行会员义务的能力较差。章程中规定，会员需要遵守工会章程，执行工会决议，参加工会活动，按月交纳会费。如果会员没有正当理由连续六个月不交纳会费、不参加工会组织活动，经教育拒不改正的视为自动退会。但因为农民工组织观念淡薄，觉得交纳会费会增加经济负担；同时他们又流动性强，使得加入工会的农民工进入到另一个单位或地区时，无法保证他们正常参加工会组织生活。这些都是有效发挥工会组织作用所面临的实际障碍。

第三，工会对农民工缺乏吸引力导致的接纳难点。现有的工会制度决定了企业的所有职工，包括劳动者和经营者都可以自动成为工会会员，但正是由于这两方在劳动纠纷中是相互对立的。因此，工会组织在利益维护上很难做到公平公正。正是在这样的一种情况下，工会组织处于一个尴尬境地，使工会找不到一个合适的位置。相当一部分本应该是代表和维护职工合法权益的企业工会组织很容易流于形式，成为摆设，有的工会主席成了老板的随从。[①] 由于工会的缺位造成劳资关系紧张，农民工加入工会也就不积极，这是当前普遍存在的工会组织吸纳农民工入会不强的一个根源。

————————

① 谢建社：《新生代农民工融入城镇问题研究》，人民出版社 2011 年版，第 214 页。

（三）市民化社会制度政策实施的社区组织接纳难点

社区作为居民日常生活的组织载体，是正式制度与非正式制度交换的转换场域，既起到对农业转移人口市民化相关政策的支持作用，又能满足农业转移人口社会交往需求。作为与农业转移人口日常生活紧密接触的组织，可以切实为农民工提供诸如保障房、子女看护以及基础医疗等方面的保障服务；子女教育方面也是农民工在迁入城市后所密切关注的问题，因此社区组织还可以提供学校、幼儿园等教育配套设施，甚至通过建设养老院提供更完善的服务。此外，为了更好地提升农业转移人口在城市的生存能力，社区内培训机构、咨询中心的建立可以更好地满足就业生存的需求；同时频繁组织社区文娱。然而，社区作为农民工融入城市的重要平台，由于农民工自身特征和社区管理服务体系的局限，在接纳关注农业转移人口上还存在着诸多问题和障碍。

第一，社区交往贫乏导致的接纳难点。农业转移人口进入社区集体，首先要实现以社区为支撑的社会关系网络的拓展，才能更好地发挥社区组织的作用，更好地融入城市。但现阶段，农业转移人口的社会关系主要基于老乡、家庭与工友的非正式网络关系，与居住地的社区居民交往很少，社区交往范围有限。虽然部分农业转移人口与社区居民存在一定的交际，但这种交际关系大都建立在社区租房或为城市居民提供家政服务等工作客户关系上，人际关系的亲密度、信任感方面依然十分脆弱。农业转移人口与城市居民的交流沟通过少，而社区各类文化精神活动大都是由城市居民发起主办，这就导致农业转移人口无法更好地参与这类活动，影响社区的接纳和认同。探究造成这种现象的原因，既有城市居民的偏见歧视，也有社区关怀的不足，更重要的是两者在生活习惯上的差异。在社区生活中，农业转移人口常被冠以"不讲卫生""吵闹喧哗扰民""语言不文明""不遵守法规政策"等标签，这说明在农业转移人口与城市居民的社会关系中，思想素质、生活习惯的差异是两者不能很好交往的主要因素，这种城市居民对农业转移人口的排斥很明显并非由于户籍身份等制度化的因素，这种在日常生活上的不和谐也使社区主体成员难以对这些农民工放松心理防范和管理程度，自然就强化了社区组织对他们的接纳障碍。

第二，社区参与不足导致的接纳难点。密切的交往可以带来更和谐的人际关系，这一点在农业转移人口与社区主体居民之间的交往中同样适用。也就是说，如果农业转移人口能以更积极的态度参加社区组织的各项服务工作和活动，他们也能更好地得到社区居民地认可。但现实情况是，教育水平较低导致大部分的农业转移人口文化素质较低，参与能力较弱，加之他们在城市中流动性较大，高昂的城市生活成本使得他们生存压力也很大，奔波于各类不稳定的工作环境中，参与社区活动的积极性自然就不是很高。从农业转移人口日常娱乐生活来看，睡觉、玩手机、同乡工友间打牌玩耍是他们主要的日常消遣，难以与社区居民更有意义的集体文娱活动相对接，这就使得城市社区中的农业转移人口疏离了社区活动的中心，形成了自己封闭的活动圈子，这不仅不利于这一群体城市生活质量的提升，更导致其社区参与意识日渐淡薄。[1]这种源自于农业转移人口自身的排斥再加上社区管理上的不完善，更加加剧了社区对于他们的接纳障碍。

第三，社区管理服务体系不完善导致的接纳难点。社区作为最贴近于农业转移人口的生活化组织，在提供社区服务和团结社区居民中起着重要引导作用。然而，在现实情况里，在组织社区活动以及选取活动内容上，社区活动的组织者并没有很好考虑农业转移人口这个治理主体，在社区活动举办过程中与之缺乏有效地沟通和协调，也没有收集被管理者角色的农业转移人口的需求，导致农业转移人口在社区活动消息获取上比较闭塞，自然参与机会也就不够多；有些想参加的活动也因为条件较高无法参加。而且从目前大多数社区的管理体制来看，本地人成为居委会领导成员是常态，其中农民工代表非常少，导致农民工的意愿很少能被居委会的管理决策考虑到；其次，居委会的日常管理大多集中于卫生、治安、证件发放、登记、收费、计划生育等行政工作，倾向于被动的问题导向型工作模式，还远远未能形成服务发展型工作模式。[2]

---

① 肖云、邓睿：《新生代农民工城市社区融入困境分析》，《华南农业大学学报（社会科学版）》2015 年第 1 期。

② 张艳：《多中心治理视角下东莞市新生代农民工的社区融入研究》，硕士学位论文，广西大学，2013 年。

二、城市居民对农业转移人口的排斥与歧视

在农业转移人口市民化的问题研究中，除了宏观制度政策上的原因之外，还有基于社会排斥视角的原因。其中就包括城市居民社会心理上对农业转移人口的排斥与歧视。城市居民群体与农业转移人口这两大群体的博弈越强烈，界限越分明，农业转移人口的真正市民化就会越困难。通过相关文献研究，可以总结出现存城市居民对于农业转移人口的排斥与歧视主要表现在以下几个方面。

（一）身份歧视

在我国长期的城乡二元结构下，户籍制度将城市居民与农村居民标签化，形成城市居民与农业居民的身份差异。在一个民主平等的社会中，无论是城市居民，还是农民，只是职业有别，身份各异，从人格意义上说，并没有尊卑之分。但"农民工"这一称呼在代表身份的同时，也带着明显的社会偏见和严重的社会歧视。在当前我国户籍制度改革还不完善的现状下，户籍身份大都存在传承性且很难转变，农民工的子女在出生后落户仍然是农户，拥有市民户口的城市居民的子女自然成为城市居民。除此之外，还有与户籍身份相配套的其他制度，如劳动就业、教育、医疗等，城镇居民明显可以得到更充分的保障。城市居民会因为自己的城市身份形成自己的优越感，而农业转移人口哪怕已经进入城市工作生活，还是会因为自己户籍身份而自卑。这两大群体社会心理之间的对比越强烈，歧视越明显，农业转移人口的市民化就越难实现。

（二）职业歧视

农业转移人口从农村土地转移到城市中，由于文化水平和技能素质不高，大都从事一些技术水平低下，脏、苦、累的以体力劳动为主的工作。对此，城市居民保持着一种矛盾的心理。一方面，农业转移人口从事了这些他们不愿意从事的工作，为城市的发展建设作出巨大的贡献；另一方面，正是由于这种他们不愿意做的工作使他们在心理上为这类工作定性，认为是低下的不体面的，加之对劳动价值观的不正确认识，很容易产生歧视心理，直接将脏苦累的职业身份与对农业转移人口的歧视联结起来。然而，在国家经济社会文明建设中，总是需要一些人来从事这些工作，除了

国家需要不断提高现代化水平，提高从事这类基础建设的工作人员的福利薪酬、减轻工作压力的同时，也需要社会大众，特别是先天拥有资源优势的城市居民树立正确的劳动价值观，正确认识农业转移人口为城市文明建设带来的贡献，消除歧视和偏见，在社会精神文化上为他们提供一个包容的环境。

（三）文化歧视

城市是现代文明发展的象征，也是文化交流最集中最频繁的地方。生活在城市的居民，由于地域发展的优势，也会拥有更多的资源优势。在一个资源比较充裕，文化交流更为多元的环境下，城市居民群体会形成自己的生活方式和价值观念。相比之下，农业转移人口在未进入城镇工作之前，是在经济发展比较单一，文化较为封闭的环境下生活的，肯定拥有着不同于城市居民群体的生活习惯和思想观念，当两种文化背景下的群体在共同的地域工作生活时，必然要有一段磨合的时间，甚至会发生冲突和摩擦。比如农业转移人口进入城镇后，在环境卫生上没有太多的意识，行为规则意识较差使城市居民认为他们是造成城市环境脏乱、不安全的因素，强化了对他们的排斥和歧视。同时，农业转移人口进入城镇，虽然补充了在脏、乱、差工作上的劳动力，但随着国家政府对农业转移人口的关注和政策倾斜，有不少的就业技能培训机构加强对农业转移人口的关注接纳，他们的工作技能不断提升，将与城镇居民在就业上产生竞争，逐渐拥有更多的权益，与城市居民分享公共资源，产生不同程度上的利益冲突，而若思想观念还未能与经济基础产生同步转变，就会导致城市居民认为落后文化群体挤占城市文明，引起对农业转移人口的不满与排斥。

第四节　研究启示

回顾国家和地区两个层面的以户籍制度为基础的二元制度改革，无论是被动应对时局发展的需要还是主动探索，改革的整体方向是正确的；并且，在地方层面上也各具特色，从而保障了制度实施的有效性。但是，就国家层面而言，始终没有提出整体改革的方案，即如何通过户籍改革以推进公共服务均等化。户籍制度改革本身并不是目的，目前农业户口与非农业户口之间并没有特别大的区别，但是如何通过户籍制度改革，将人口从各种制度绑定之下解放出来，实现人员自由流动，有效推进城市化的进程才是户籍改革的最终目的。

二元社会制度改革的难点主要在两个方面，一方面，城乡二元制度不仅包括二元户籍制度，而是包含与户籍相连的其他制度构成的庞大制度体系。整个制度体系盘综错节，非常复杂，而且，经过近50多年的发展，已经形成了相对完善管理模式和制度生态，而且深入人心，整个制度体系的改革牵一发而动全身，如何将各种资源的分配制度与户籍制度相剥离已经非常复杂，整个体系制度的重新构建需要多个部门协同推进，才能真正得到有效的实施。另一方面，二元社会制度其本质上赋予了不同户籍类型的居民以不同的权利和享受的资源。所以，在原有二元制度体系下，户籍性质意味着相应的权利和资源的获取。对以户籍制度为基础的二元制度的改革，更深层意义上是各项资源的重新调整；而中央与地方之间财权与事权的分配不均衡，各地区之间的经济水平、基础建设的差异，各个地区产业客观发展水平需要以及既有利益相关者的矛盾如何缓解都为户籍改革深层的推进增加了难度。

成渝在统筹城乡一体化发展过程中做了很多努力。户籍改革立足于促进城乡一体化发展，使得改革的目标足够明确，以充分保障城乡居民的合法权益。同时以改善城乡居民生产生活为基本前提，坚持在中央政策法规的指导下，积极探索适合自身改革的方式。消除城乡户籍体制的二元化现象，必须确保城镇与乡村在公共服务及资源配置方面的一致，户籍体制改革成功必须依赖于城乡一体化及公共服务类设施的健全，公共服务质量的提高。与此同时，户籍体制改革成功，才能确保城镇与乡村能最终实现一体化，这两者是密切相关的。从根本看，农业转移人口市民化核心问题是对分配的改革，而且必须是经济发展到一定阶段才能够实现。对于经济以及政治资源进行合理化分配，使城乡资源实现最优化配置，体现出社会的公平公正性。虽然成渝作为户籍改革的践行者为全国的户籍改革提供一定借鉴价值，但也并非尽善尽美，其中最突出的问题在于财政、土地权益、社会保障等方面，户籍制度改革任重道远。

社会组织在接纳农业转移人口上存在组织制度与社会心理接纳的双重

困境。必须提高社会组织对农业转移人口的管理和服务水平，工会组织作为劳方代表，应与政府、企业建立一种三方协商机制，切实维护农民工权益；在社区组织方面，也应提高对农民工群体的关注程度，提升为农民工服务的意识，营造一种平等和互助氛围。同时，在社会文化接纳层面，媒体和公共舆论应该积极宣传农民工在城市建设和发展中所发挥的重要作用，选择正面的健康的农民工形象树立典型，引导城市居民客观公正地评价农民工，从心理上接纳并尊重农民工，从而营造有利于农民工城市融入的舆论氛围。同时，为农民工与城市居民搭建各种有利于双方互动交流的平台，促使农民工与城市居民有效沟通、消除隔阂、和谐共处，在潜移默化中消除双方的心理排斥，构架起双方交往的社会关系网络，实现农民工城市融入的文化接纳。也要通过集中培训、媒体宣传、社区服务等方式，提高农民工综合素质，帮助农民工改变落后的生活方式和思维方式，使其逐步树立体现城市文明的规则意识、公德意识，增强农民工对城市的认同感和归属感。

农业转移人口市民化的
主体特征及能力约束分析

农业转移人口市民化所面临的问题极为深刻而复杂。通过前面研究我们发现，农业转移人口市民化的发展面临经济发展动力不足、社会融入困难、城乡分割的劳动力就业制度和社会保障制度等现实问题，但这可能还不是问题的全部。在这些经济动力和社会阻力作用下的一个个活生生的个体，也会对问题本身产生重大的影响。虽然相关研究在对制度环境下转移农民个体的关注和分析不太系统、深入，然而这是解决农业转移人口转移"最后一公里"的关键，故课题组调研问卷问题设计及实证研究落脚于转移农民个体，以此深化相关研究。

"个体不是社会世界的产品甚或摆布的对象，而是创造其周边世界的主体，他们在思考着、感觉着、行动着。"[1] 虽然政策和各种外界制约对农业转移人口而言仍然影响巨大且无法改变，但他们仍然会在各种的约束条件下全力追求自己的美好生活。他们冷静思考，理性决策，积极行动。他们是市民化过程中最为活跃的微观主体，他们自身的特点、他们的诉求、他们拥有的资源和能力等都是直接影响农业转移人口市民化意愿和市民化结果的重要因素。如果不深入研究农业转移人口自身的各种特征和能力与其市民化的关系，我们很难为相关政策的制定提供可行的科学决策依据。

《中国农民工监测调查报告》显示，我国农业转移人口的数量、结构在不断地发生变化。2016 年总人数大约 2.74 亿人，其中，年龄在 16—30 岁的新生代农业转移人口已占农民工总数的 61%，成为农业转移人口的主体[2]。代际的更替必然带来主体特征的变化，农业转移人口总体上正在发生着三方面的转变："从亦工亦农向全职非农转变；从谋求生存向追求平等转变；从城乡流动向融入城市转变。"显然，作为城市未来的新市民，农业转移人口基本情况正在和即将发生的变化，将对我国的城乡就业和城市化发展产生深远的影响，也对相关制度和政策的完善提出了更高的要求。

本章我们将从农业转移人口市民化进程的微观主体视角展开研究，试

---

① ［澳］马尔科姆·沃特斯：《现代社会学理论》，杨善华等译，华夏出版社 2000 年版，第 134 页。

② 数据来自 2016 年国家统计局统计结果。

图回答以下两方面问题：第一，当前我国农业转移人口自身和其市民化过程的基本情况究竟怎样，是否发生了变化？第二，农业转移人口自身的各种客观特征和主观条件，究竟对其市民化的结果产生了怎样的影响？其中的理论逻辑在于农业转移人口市民化的相关制度及政策是否真正符合了"实事求是、以人为本"的基本原则，这也是本书最终提出推进农业转移人口市民化相关制度和政策对策的前提基础。

第九章　农业转移人口主体特征、能力约束及其市民化的理论分析

第一节　相关文献回顾

目前学术界基于农业转移人口主体视角相关的研究内容，大致可以归纳为以下几个方面。

一、农业转移人口市民化的程度测度问题

关于农业转移人口的市民化程度，不同学者从政治、经济、社会、文化不同的角度出发，应用不同的研究方法，构建了不同的表征市民化程度的指标体系。王桂新等（2008）根据2006年9月上海农业转移人口及本市居民的抽样调查资料，从居住条件、经济生活、社会关系、政治参与和心理认同等维度定量评价了农业转移人口的市民化水平[①]。徐建玲、刘传江等（2008）认为，无论是农业转移人口市民化的"四个层面"（生存职业、社会身份、自身素质、意识行为）还是"三个环节"（退出农村、进入城市、城市融合）都无法清晰地测量，因此引入留城意愿和留城能力作为测量农业转移人口市民化的两大关键因素，分别构建了农业转移人口群体和个体的市民化进程测量指标体系[②]。魏后凯、苏红键等（2013）构建的农业转移人口市民化综合指数则主要包括社会身份转变、社会认同、政治权利、公

---

① 王桂新、沈建法、刘建波：《中国城市农民工市民化研究——以上海为例》，《人口与发展》2008年第1期。

② 徐建玲、刘传江：《中间选民理论在农民工市民化政策制定中的运用——基武汉市436位农民工的实证研究》，《中国经济学前沿》2008年第1期。

共服务、经济生活条件、综合文化素质等方面①。刘传江、董延芳等（2014）进一步通过对"生存职业""意识行为""社会身份""自身素质"等四方面的市民化程度赋值构建指标体系，对农业转移人口市民化进程进行了评价②。

二、农业转移人口自身市民化能力约束问题

（一）农业转移人口市民化的人力因素约束

裘涵、严晓霖等（2004）认为：农业转移人口自身素质对其市民化能力的约束主要体现两方面，一是自身观念陈旧，"小农意识"根深蒂固；二是自身文化素质、技能素质不高，自我学习、适应能力不足，从而影响自身就业和发展能力③④。

李珍珍、陈琳（2010）通过实证分析认为影响农民工留城的因素中受教育程度具有正向影响，其受教育程度与其就业选择范围、城市适应能力呈正相关关系⑤。张斐（2011）通过回归分析，发现新生代农民工中受教育程度越高市民化水平越高⑥。杨秀丽（2014）认为在目前我国经济转型的情况下，新生代农民工数量大、技能差，所以提高新生代农民工职业化水平具有举足轻重的作用，并提出了生存型、维持型和发展型等三种职业化推进模式⑦。曾福生、周化明（2013）通过实证分析指出，受教育程度越高，农民获得高层次职位的所占比例越高，行业从业积累时间、岗位从业积累时间都对农民工职位提升具有正向影响，接受职业技能培训情况对农民工职位提升具有显著的正向影响⑧。

---

① 魏后凯、苏红键：《中国农业转移人口市民化进程研究》，《中国人口科学》2013年第5期。

② 刘传江、董延芳：《农民工的代际分化、行为选择与市民化》，科学出版社2014年版，第160页。

③ 裘涵、许平聪、田丽君等：《农民市民化的现实困境及其突破——对宁波市北仑区城市化进程中农民市民化问题的分析》，《农村经济》2004年第3期。

④ 严晓霖：《农民市民化：差异、问题与对策——江苏四乡镇农民市民化调查》，《江苏农村经济》2004年第9期。

⑤ 李珍珍、陈琳：《农民工留城意愿影响因素的实证分析》，《南方经济》2010年第5期。

⑥ 张斐：《新生代农民工市民化现状及影响因素分析》，《人口研究》2011年第6期。

⑦ 杨秀丽：《新生代农民工职业化研究》，博士学位论文，西北农林科技大学，2014年。

⑧ 曾福生、周化明：《农民工职业发展影响因素的实证分析——基于25个省（区、市）1141个农民工的调查数据》，《中国农村观察》2013年第1期。

（二）农业转移人口市民化的财力因素约束

周庆林（2014）发现经济因素在安徽省的农民工市民化进程中起到很重要的作用。农民工本人的经济状况和城乡潜在的收入差距对农民工进城动力影响很大[①]。谢东虹（2016）提出收入水平越高，新生代农民工的市民化意愿越强，认为农民工市民化能改善收入状况，释放消费潜力[②]。熊景维（2013）指出农民工城市住房是农民工市民化最直接、最现实的前提和要件，也是初步具备市民化基础的农民工最迫切的需求，并且提出了化解进城农民工住房问题的相关思路[③]。

（三）农业转移人口市民化的社会资本约束

李练军（2015）认为，就新生代农民而言，交往对象等社会资本对其市民化能力有显著影响，但总体上说社会资本对其市民化能力影响不大[④]。吴丽丽（2016）有不同见解，认为社会资本不仅决定了新生代农民工在城市可以获得的资源分配数量，更影响其在城市化进程中的身份认同和心理状态，因此对新生代农民工的影响是根源性的。必须进行制度创新，构建新型私人社会关系，推动新生代农民工的公众参与和城市社区融入。[⑤] 钟兵（2016）也认为必须"破解农民工社会资本困境，努力拓展私人关系型社会资本，大力发展组织型社会资本，为农民工市民化提供组织保障。"[⑥]

（四）农业转移人口市民化的心理能力约束

城市文化的差异和排斥是产生农业转移人口自卑感与反市民化的倾向等心理问题的重要原因（杨巍，2005）[⑦]，具体可以表现为缺乏认同感和归

---

① 周庆林：《安徽省农民工市民化经济因素研究》，《蚌埠学院学报》2014 年第 4 期。

② 谢东虹：《工作时间与收入水平对新生代农民工市民化意愿的影响——基于 2015 年北京市的调查数据》，《调研世界》2016 年第 3 期。

③ 熊景维：《我国进城农民工城市住房问题研究》，博士学位论文，武汉大学，2013 年。

④ 李练军：《新生代农民工融入中小城镇的市民化能力研究——基于人力资本、社会资本与制度因素的考察》，《农业经济问题》，2015 年第 9 期。

⑤ 吴丽丽：《社会资本视角下新生代农民工市民化路径研究》，《农业经济》2016 年第 9 期。

⑥ 钟兵：《新生代农民工市民化路径研究——基于社会资本的视角》，《长沙大学学报》2016 年第 1 期。

⑦ 杨巍、杨绍安：《农民市民化的内部视角：制约因素及对策分析》，《现代经济探讨》2005 年第 9 期。

属感（裴涵等，2004）[①]、厌恶城市（李生校等，2004）[②]、"文化抗拒"（胡泽勇，2007）[③] 等。陈延秋、金晓彤（2014）基于全国 198 个城市的样本数据研究发现，城市归属感、本地人态度、对城市同龄人看法等心理资本变量对新生代农民工市民化意愿有显著影响[④]。

廖全明（2014）进一步提出农业转移人口城市融入的关键是进行适应城市生产生活方式、思维方式、风俗习惯等亚文化的心理重构，完成城市亚文化认同。改善措施包括：增加对农民工群体投入、改善社会管理、建立专门心理机构、适时举办各种活动等。[⑤] 汤荧等（2015）也认同心理因素对农民工市民化具有较大影响。其中包括农民工外出原因、对目前工作满意度、城市生活熟悉程度、是否愿意与城里人来往等。因此，各级农村基层组织要注重农民工外出务工培训，调整农民工不良心理；同时农民工就业的城市单位应对农民工进行激励，组织文化娱乐活动，增加农民工的认同感。[⑥]

从总体上看，虽然学术界也从主体角度对农业转移人口市民化制约因素进行了一些零散的探讨，但相对于制度、经济、社会文化等方面的较为丰富研究成果而言，从微观主体视角出发的研究还远远谈不上深入和系统。农业转移人口个体因素与其市民化进程中的微观决策，尤其是这些个体因素对农业转移人口市民化的结果的影响等问题还有待进一步的回答。

第二节 农业转移人口市民化的微观分析框架

从微观视角对农业转移人口市民化进行分析需要具备一个自身的理论

---

① 裴涵、许平聪、田丽君等：《农民市民化的现实困境及其突破——对宁波市北仑区城市化进程中农民市民化问题的分析》，《农村经济》2004 年第 3 期。

② 李生校、娄钰华：《失地农民市民化的制约因素分析及其对策研究》，《农村经济》2004 年第 3 期。

③ 胡泽勇：《湖北小城镇发展战略中的农民市民化问题》，《城市发展研究》2007 年第 9 期。

④ 陈延秋、金晓彤：《新生代农民工市民化意愿影响因素的实证研究——基于人力资本、社会资本和心理资本的考察》，《西北人口》2014 年第 4 期。

⑤ 廖全明：《发展困惑、文化认同与心理重构——论农民工的城市融入问题》，《重庆大学学报（社会科学版）》2014 年第 1 期。

⑥ 汤荧、郭倩倩、张应良：《新生代农民工市民化约束因素与驱动路径研究》，《西南师范大学学报（自然科学版）》2015 年第 12 期。

逻辑。从总体上说，我们认为农业转移人口市民化的程度或水平，是市民化过程中主动性条件和被动性条件共同约束作用的结果。其中被动性的约束条件，主要来自于宏观上的制度性因素的影响。其中，主要包括市民化相关的法律规范、户籍、社保、教育、医疗等社会制度和政策，以及城市和市民对农业转移人口的接纳环境等一系列的正式和非正式的制度安排。这一点我们在第二部分已经做了详细的分析，在此不再赘述。

另一方面，农业转移人口市民化的过程和结果，也深刻地受到各种主动性条件的作用影响。作为市民化进程的微观主体，农业转移人口自身的状况，会影响甚至决定着他们自身在市民化过程中的一个个选择，而正是千千万万个个体的选择，最终决定了农业转移人口市民化程度或者结果。

既然市民化的过程，从根本上是农业转移人口微观上无数个选择的结果，那么，他们做了什么选择？又有哪些因素影响着、并且是怎样影响着他们的选择呢？遵循这一基本逻辑思路，我们认为，虽然农业转移人口在市民化过程中会面临各种各样的困难，面临各种各样的艰难抉择，但根据市民化的本质也就是从农民到市民的这个过程上来看，最基本的选择有两个。第一个选择是起点，那就是我要不要去城里工作和生活？既然他们已经怀揣着梦想义无反顾的来到了城里，这个选择他们已经做过了。这就意味着，农业转移人口接下来的所有问题都围绕着一个选择：我要不要继续留在城里？显然，这一问题应当成为我们分析、解决微观主体市民化进程中各种问题的一个逻辑起点。因为对这一问题的思考会贯穿每一个农业转移人口个体市民化过程的始终，直到有一天，他不再纠结于这个问题，他在城里过上了他期望的有尊严的生活，他觉得已经融入了这个城市和城里人再无差别，那一天，才算他真正完成了市民化的过程。而正是这一个个的从思考到不再思考这个问题的过程加在一起，组成了农业转移人口市民化的进程。而有多少个人完成了这一过程，则反映了农业转移人口市民化的程度或水平。

基于上述逻辑，我们认为对农业转移人口市民化问题的微观考察，可以抓住三个关键问题：即微观主体的市民化意愿和市民化水平，以及什么导致了这样的结果？而对这三个问题的回答，可以清晰的通过"主体特征（Characteristic）—市民化意愿（Intention）—市民化能力（Capability）—

第三篇　农业转移人口市民化的主体特征及能力约束分析

193

市民化水平（Level）"这一基本分析框架加以实现。

我们认为，农业转移人口市民化 CICL 微观分析框架的基本逻辑在于：农业转移人口的市民化进程，核心来自于他们对于两个问题的思考和回答。第一个是我要不要继续留在城里？第二个是我现在究竟是不是已经是城里人了？前者反映了个体的市民化意愿，后者则是个体是否完成了市民化过程的最终判断依据。而农业转移人口如何回答这两个问题，则是各种市民化进程中各种因素的综合作用结果。除了我们的第二部分已经分析的各种制度性因素外，从微观主体自身的角度看，也有两方面非常重要原因在影响着他的答案。

一方面是客观因素。我们把它叫作主体特征（Characteristic），也就是农业转移人口自身存在的、自己很难改变的一些个体特点。比如年龄、性别、地域、家庭情况等情况。这些特征虽然看起来不一定和微观主体的决策有直接的因果关系，但它们又在暗中默默影响着农业转移人口对同样的问题作出不一样的回答。当把分析样本扩大到农业转移人口整个人群的时候，我们甚至可以发现这些看起来没有因果关系的自身特征，会把农业转移人口划分出不同的人群，具备不同的特点，对两个问题作出具有群体特征的不同的回答。这些看似客观的"主体特征"，不仅仅会影响着农业转移人口主观的市民化意愿，还影响着农业转移人口对是否完成市民化过程的主观判断。

另一方面是主观因素。其重点除了我们已经提到的市民化意愿，还有农业转移人口作出以上决策的最重要的依据：自身市民化的能力。

首先，对任何一个微观主体而言，意愿都是行动的前提。没有留城意愿的农业转移人口，即使他现在在城市中获得了一定成功，生活和城里人没有太大区别，但最后也可能选择衣锦还乡，不能转化为城市的一分子。从微观层面看，农业转移人口市民化的过程本质上就是他们持续行动去不断适应城市生活的过程。而行动本身是受目的驱使的，这是行动的重要特征。农业转移人口怀着不同目的来到城市，为了实现自己的目标而不懈努力，在努力中也随着时间不断对目标进行调整，然后再为之行动。结构化理论（吉登斯，1998）认为，行动包括反思性监控、理性化和动机激发过程三个层面①。农业转移人口在城市中，不断反思和调节自己的行动，也会不断重新审视并调整自己最初的目标。而这种审视和判断的依据，则主要来自他们对自身市民化能力（Capability）的判断。

因为对一个微观主体来说，他要想融入这个城市，仅仅有自身的意愿是远远不够的。理想很丰满，但现实可能很骨感。要在城里留下来，甚至最终成为城里人，决心可能仅仅是第一步。更重要的是他还必须有支撑其在城市生活的基本能力。众多农业转移人口市民化的状态、前景之所以不一样，可能更多是因为大家不同的城市生存能力。如果我们把农业转移人口市民化的过程，看作他们为了实现市民化的目标而采取一系列行动的过程，那么将这一目标最终转变为现实的，正是吉登斯所强调的行动的"转换能力"。这种个体的谋划和转换能力，使得个体有能力改变既定事态或事件进程，这使行动变得可能②。这种市民化能力（Capability）得以实施的基础主要是农业转移人口在具体行动中能够调动的各种自身资源。本课题把这些决定着农业转移人口市民化能力的各种自身资源，归纳为财力资本、人力资本、社会资本和心理资本四个方面。之所以用资本（Captal）来描述农业转移人口自身的这些资源，是因为这些资源是农业转移人口怀揣梦想来城里打拼的"本钱"。这些资本的多少，与他们在城里生活、融入的艰难程度、与他们最后做出怎样的决定有直接的因果关系。而财力、人力、社会、心理四个方面，也基本上涵盖了农业转移人口能否具备市民化能力的绝大部分主观因素。正因为这些主观能力实际上构成了农业转移人口在市民化过程中做选择的约束条件（Constraint），本书又把农业转移人口的市民化能力（Capability）称之为其市民化的能力约束（Capability Constraint）。

第三节　农业转移人口的主体特征及其市民化

如前文所述，由于农业转移人口的主体特征反映的是其自身因素中的

①　［英］安东尼·吉登斯：《社会的构成》，李康等译，三联书店 1998 年版，第 90 页。
②　［英］安东尼·吉登斯：《社会学方法的新规则——一种对解释社会学的建设性批判》，田佑中、刘江涛译，社会科学文献出版社 2003 年版，第 130 页。

客观条件约束，因此主体特征与农业转移人口的市民化主要呈现出的是一种"弱因果"的关系。这种关系放到一个独立的农民工个体上，其中的规律性逻辑不一定能体现得很明显。但如果我们将研究样本放大到整个农业转移人口群体，通过实证分析，还是能寻找到之间存在的一些客观理论逻辑。目前学界对农业转移人口主体特征的研究大多在于考察其特征与其市民化意愿之间的关系上；同时由于农业转移人口的代际更替，也有众多学者对新生代农民工这一特定人群的特征与其市民化意愿之间关系进行了进一步的研究。相关成果可以归纳如下：

第一，性别。陈前虎、杨萍萍（2012），罗其友、张萌等（2015）分别根据浙江省和溧阳市的调查数据发现性别对农民工市民化意愿并无无显著性影响[①]；但刘妮雅、杨伟坤、马宇博（2013）对河北省石家庄、唐山、秦皇岛、邯郸等市的研究却得出相反结论。[②]

第二，年龄。李兴华、戴健华、曾福生（2007）以湖南省为例发现年龄与农民工市民化意愿存在显著关系；陈前虎、杨萍萍（2012）的研究结果表明年龄对农民工市民化意愿有低显著影响；王桂新、沈建法、刘建波（2008）在以上海为例研究中得出农民工越年轻，市民化的意愿就越强的结论[③]；李珍珍、陈琳（2010）也发现年龄对农民工留城意愿的影响呈倒"U"型[④]；刘松林等（2014）用 ordered logistic 模型分析影响市民化影响的因素，也得出了年龄与市民化意愿呈负相关[⑤]。具体到新生代农业转移人口这个特定代际，张华、夏显力（2011），张丽艳、陈余婷等（2012）基于西北地区、广东省和江苏省数据的研究都得出了年龄对新生代市民化意愿有着显著影响的结论。当然，也有学者的研究（罗其友、张萌等，2015）发现年龄对

① 陈前虎、杨萍萍：《农民工市民化意愿影响因素的实证研究——以浙江省为例》，《浙江工业大学学报（社会科学版）》2012 年第 3 期；罗其友、张萌、郑华伟：《经济发达地区城郊农民市民化意愿调查与思考——以江苏省溧阳市为例》，《中国农业资源与区划》2015 年第 1 期。

② 刘妮雅、杨伟坤、马宇博：《河北省农民工市民化意愿影响因素的实证研究》，《经济研究参考》2013 年第 70 期。

③ 王桂新、沈建法、刘建波：《中国城市农民工市民化研究——以上海为例》，《人口与发展》2008 年第 1 期。

④ 李珍珍、陈琳：《农民工留城意愿影响因素的实证分析》，《南方经济》2010 年第 5 期。

⑤ 刘松林、黄世为：《我国农民工市民化进程指标体系的构建与测度》，《统计与决策》2014 年第 13 期。

于市民化意愿影响并不显著。

第三，婚姻状况。王桂新、陈冠春、魏星（2010）指出婚姻状况对城市农民工的市民化意愿存在较为显著的影响。具体到新生代农民工上，张华、夏显力（2011）以西北地区的陕西、甘肃和宁夏为例的研究认为婚姻状况（以及配偶所在地）是影响新生代农民工市民化意愿的关键因素；赵雪梅、杜栋（2013）基于安徽省的调查数据发现婚姻状况对新生代农民工市民化意愿影响显著。但是，陈前虎、杨萍萍（2012）以浙江省问卷调查数据为基础的研究则得出了相反的结论。张丽艳、陈余婷（2012）通过对广州、深圳、东莞三市外出务工人员调查数据的分析也认为新生代农民工婚姻状况未对其市民化意愿产生影响。

第四，受教育程度。在受教育程度与市民化意愿关系上，学界的看法较为一致。普遍认同农业转移人口市民化意愿与受教育程度存在显著相关关系的结论。李兴华、戴健华、曾福生（2007）提出受教育程度与农民工市民化意愿存在显著相关关系[1]；吴华安（2011）通过对重庆江北区五宝镇的调查数据、样本进行分析提出受教育程度是影响"农转城式"市民化的主要因素[2]；李晓阳等（2013）通过对 1989—2010 年数据的实证分析，表明受教育程度是影响农民工市民化的重要因素[3]；此外，刘妮雅等（2013）、王团真、陈钦等（2015）的研究也得到过相同的结论。汪丽、王冬欣（2010）进一步认为学历结构差异带来的文化的缺乏是农业转移人口在城镇安家立业的阻碍之一[4]。

具体到新生代农民工这个群体，张华、夏显力（2011）以西北地区的陕西、甘肃和宁夏为例的研究结果认为受教育程度对新生代市民化意愿有一定影响[5]；张丽艳、陈余婷（2012）通过对广州、深圳、东莞三市外出务工人员调查数据的分析发现受教育程度对新生代农民工的市民化意愿产生

① 李兴华、戴健华、曾福生：《湖南农民工市民化意愿倾向分析及对策选择》，《华中农业大学学报（社会科学版）》2007 年第 6 期。
② 吴华安：《城郊农户市民化的影响因素》，《开放导报》2011 年第 5 期。
③ 李晓阳、黄毅祥、彭思颖：《1989—2010 年农民工市民化意愿影响因素实证分析》，《商业时代》2013 年第 13 期。
④ 汪丽、王冬欣：《"十二五"城镇化发展的几点思考》，《宏观经济管理》2010 年第 11 期。
⑤ 夏显力、张华：《新生代农民工市民化意愿及其影响因素分析——以西北 3 省 30 个村的 339 位新生代农民工为例》，《西北人口》2011 年第 2 期。

影响①；赵雪梅、杜栋（2013）基于安徽省 26 个县 280 份新生代农民工的调查数据发现文化程度对新生代农民工市民化意愿影响显著②；张春辉、李诗雨、吴家钰（2014）以江苏省丹阳市新生代农民工为研究对象的研究发现受教育程度对其市民化意愿有着显著影响③。

第五，子女受教育情况、子女教育获得成本。陈前虎、杨萍萍（2012）认为子女受教育情况对农民工市民化意愿有显著影响；成艾华、田嘉莉（2014）发现子女教育获得成本对农民迁居城市意愿有不可忽视的显著影响④；刘妮雅、杨伟坤、马宇博（2013）则根据对河北省石家庄、唐山、秦皇岛、邯郸的研究发现子女入学障碍对农民工市民化意愿影响显著。

第六，家庭迁移状况。刘妮雅、杨伟坤、马宇博（2013）发现子女随迁情况对农民工市民化意愿有显著影响；陈前虎、杨萍萍（2012）也发现举家迁移等七个变量对农民工市民化意愿的影响程度最为显著（子女人数对农民工市民化意愿有低显著影响）。

第七，农村土地状况。吴华安（2011）通过对重庆江北区五宝镇的调查得出农村土地处置及其补偿方式是影响"农转城式"市民化的主要因素的结论。宋周、黄敏等（2014）的研究则表明承包地现状对农业转移人口市民化意愿的影响较为显著。

第八，收入水平。李兴华、戴健华、曾福生（2007）指出月收入水平和城乡收入水平差异与农民工市民化意愿之间显著相关；吴华安（2011）通过对重庆江北区五宝镇的调查数据、样本进行分析提出家庭收入是影响"农转城式"市民化的主要因素；宋周、黄敏等（2014）以成都市问卷调查数据的研究结果表明收支状况（收入水平、城市生活支出）对农业转移

---

① 张丽艳、陈余婷：《新生代农民工市民化意愿的影响因素分析——基于广东省三市的调查》，《西北人口》2012 年第 4 期。

② 赵雪梅、杜栋：《新生代农民工市民化意愿及其影响因素——基于安徽省 280 份调查数据》，《湖南农业大学学报（社会科学版）》2013 年第 6 期。

③ 张春辉、李诗雨、吴家钰：《新生代农民工市民化意愿影响因素分析——以江苏省丹阳市为例》，《安徽农业科学》2014 年第 14 期。

④ 成艾华、田嘉莉：《农民市民化意愿影响因素的实证分析》，《中南民族大学学报（人文社会科学版）》2014 年第 1 期。

人口市民化意愿影响显著[①]；但是，陈前虎、杨萍萍（2012）的研究结果表明收入水平对农民工市民化无显著性影响；罗其友、张萌等（2015）也发现收入等农民自身层面的因素对于市民化意愿影响并不显著。具体到新生代农民工这个群体，张丽艳、陈余婷（2012），张春辉等（2014）分别根据对广州、深圳、东莞三市和对江苏省丹阳市的调研分析发现新生代农民工的个人年收入对其市民化意愿有着显著影响；马新燕（2014）的研究也认为收入成为阻碍新生代农民工市民化的主要障碍[②]。但张华、夏显力（2011）以陕西、甘肃和宁夏为例的研究结果却认为月收入对新生代农民工市民化有负面影响。

第九，就业与工作满意度。王桂新、陈冠春、魏星（2010）指出农民工就业难易程度是影响其市民化意愿最为显著的因素之一；陈前虎、杨萍萍（2012）发现工作满意度等七个变量对农民工市民化意愿的影响程度最为显著；李晓阳等（2013）提出非农产业和私营企业的发展对劳动力的需求是影响农民工市民化的重要因素；宋周、黄敏等（2014）认为工作生活环境会对农业转移人口市民化意愿产生影响。但是，罗其友、张萌等（2015）也得出过职业等农民自身层面的因素对于市民化意愿影响并不显著的结论。

第十，留城时间与城市适应性。王桂新、陈冠春、魏星（2010）认为在影响农民工市民化意愿的多种综合因素中，在城市停留的时间是最为显著的因素之一；陈前虎、杨萍萍（2012）也指出留城时间等七个变量对农民工市民化意愿的影响程度最为显著；王团真、陈钦等（2015）以福州市农民工为对象的研究认为城市适应性（与文化程度）对福州市农民化意愿的影响最显著。

第十一，住房情况与住房满意度。于农业转移人口市民化意愿的研究中，张丽艳、陈余婷（2012）认为是否在城市购买住房会影响新生代农民工的市民化决策。刘妮雅、杨伟坤、马宇博（2013）发现住房现状对农

① 宋周、黄敏、李正彪：《农业转移人口市民化意愿及影响因素——以成都市为例的分析》，《四川师范大学学报（社会科学版）》2014年第5期。
② 马新燕：《基于小城市建设背景的新生代农民工市民化意愿研究》，《合作经济与科技》2014年第8期。

民工市民化意愿有显著影响；成艾华、田嘉莉（2014）则指出与迁居相关的住房获得成本对农业转移人口市民化意愿有不可忽视的显著影响；陈前虎、杨萍萍（2012）的研究结果也认同住房满意度变量显著影响了对农民工的市民化意愿。

第十二，社会福利情况。陈前虎、杨萍萍（2012）的研究也发现参加社保情况等七个变量对农民工市民化意愿的影响程度最为显著；张丽艳等（2012）通过对广州、深圳、东莞三市外出务工人员调查数据的分析发现购买城市社会保险显著提高市民化意愿；罗其友、张萌等（2015）发现医疗制度、保险制度等制度层面的因素对市民化意愿影响较为显著；李晓阳等（2013）也指出城镇居民和农民工享受的社会福利、社会保障的差距是影响其市民化的重要因素。张春辉、李诗雨、吴家钰（2014）以江苏省丹阳市为对象的研究发现新生代农民工是否拥有医疗保险对其市民化意愿有显著影响；马新燕（2014）以浙中地区为例的分析也表明社会保障成为阻碍新生代农民工市民化的主要障碍。

第十三，其他特征。李兴华、戴健华、曾福生（2007）提出社会交往情况与农民工市民化意愿存在显著的相关关系；陈前虎、杨萍萍（2012）认为户籍状况对农民工市民化意愿的影响程度显著。张丽艳、陈余婷（2012）通过对广州、深圳、东莞三市外出务工人员调查数据的分析发现城市融入感和自我身份认同会影响新生代农民工的市民化决策；赵雪梅、杜栋（2013）基于安徽省的调查数据发现身份认同和对现状满意程度对新生代农民工市民化意愿影响显著。宋周、黄敏等（2014）的研究结果表明非农就业时间对农业转移人口市民化有较为显著影响。

综上可见，虽然众多成果因为各自研究的时间、样本的地域和样本数量各有不同而使得最后结论呈现出一定的差异，但大体上还是反映出了以下的规律：农业转移人口因为各种自身特征的不同，的确会在其市民化意愿上呈现出不同差别，从而影响其市民化的过程。这为我们对相关问题进行进一步研究奠定了基础。但同时我们也发现，现有研究在取得了丰富成果的同时也存在一些不足之处：一方面，成果多基于单一地区的研究数据，数据的多样性和典型性相对不足，这使得在对主体特征等弱因果关系的研究中，基于单一地区数据的研究可能与其他地区情况呈现较大差异性，较难全面的反映农业转移人口在市民化过程中主体因素对其影响的一般规律；另一方面，现有成果主要讨论了主体特征与市民化意愿之间的关系，但对主体特征与市民化结果的关系研究较少，对农业转移人口市民化相关规律的研究显得在过程上不够完整。这些也是本课题试图改进的地方。我们在后面的研究中将采用全国多个典型区域的调研数据，试图对农业转移人口市民化全过程中主体特征的影响做一些更具有全面性及代表性的探讨。

第四节　农业转移人口的能力约束及其市民化

前文中我们已经把农业转移人口的市民化能力（Capability）或能力约束（Capability Constraint）归纳为财力资本、人力资本、社会资本和心理资本四个部分，认为正是这些农业转移人口自身的主观条件，构成了农业转移人口做个体决策时的基础，也很大程度上决定了他们市民化过程最终的结果。下面我们将分别对市民化中农业转移人口的这四种能力约束进行理论分析。

一、财力资本与农业转移人口的市民化

财力资本（Financial Capital）是衍生于"财力""财务资本"等到个人领域的一个概念。简言之，就是个人经济实力在财务上的表现。它既是个人拥有或控制的经济资源，又是个人继续获得这些经济资源的能力。严格意义上说，它可以包括个人的"现实财力"和"潜在财力"。

（一）现实财力

现实财力是个人目前已经拥有和控制的经济资源。大致可以由三个部分构成：第一，基本财力。基本财力是个人现实已经拥有的可以自由支配的经济资源。主要体现为个人净资产。第二，借贷财力。这部分财力是个人已经通过借贷等方式由外部所获得的能为个人自由控制的经济资源。主要包括自身的各种负债等。借贷财力是对基本财力的补充，增加了当前个人拥有或控制的经济资源总量。但借贷财力是以个人负债的增加为代价的，未来的偿还义务的履行和利息支出有可能产生新的财务风险而影响个

人未来的基本财力。第三，衍生财力。这部分财力是通过对基本财力和借贷财力的有效运用获得未来的财务回报，或者说通过增加个人的人力资本、社会资本甚至心理资本积累和投资，从而通过未来收入增长，带来未来财力的增长。可见，基本财力、借贷财力和衍生财力三者共同构成了农业转移人口在城市生存和发展的物质基础。

（二）潜在财力

潜在财力是指农业转移人口在未来可能继续从外部获得经济资源的预期能力。潜在能力虽然暂时还未能为农业转移人口所拥有和控制，但它却能在未来需要时，转化为农业转移人口未来的现实财力，帮助他们解决未来的财务问题。潜在财力存在相当的不确定性，大致会受到以下一些因素的影响：

第一，个人的偿债能力。比如个人现有可抵押变现的资产和个人在未来获得收入的能力等。

第二，个人的形象和信用水平。这主要体现个人的信用变现能力。现代经济社会越来越是一个信用社会，我国的社会信用体系建设按规划到2020年就会初见成效。在这样的背景下，个人在社交圈和社会化信用体系中良好的个人形象和信用评价越来越决定个人是否具有获取信用资源补充其财务资本的能力。在个人经济生活越来越离不开通过各种信用交易的时代，良好的个人信用能有效提升农业转移人口的未来能控制的经济资源水平。

第三，经济周期与环境。未来经济周期波动和市场繁荣度的变化，都有可能影响社会资金的供给水平、农业转移人口的未来收入等，从而改变个人未来财力水平等。

总之，农业转移人口市民化的财力资本，就是指农业转移人口进城后在一定时期内已经拥有或可以控制和转化的各种财务资源的总和。它由其个人的现实财力与潜在财力共同构成。包括农业转移人口现有的可变现的资产存量，现有劳动收入和财产收入，以及能够通过抵押、信用等方式获得的财务资源等。对于具有市民化意愿的广大农业转移人口而言，要在城镇里留下来首先绕不过去的门槛就是经济实力。在城里工作、生活、买房、看病、养儿育女样样都离不开钱。根据学术界近年来对农业转移人口市民化成本的测算，一个农业转移人口要从一个农民成功的变成一个城里人，平均要承担8—12万的市民化成本（张国胜，2009[①]；国务院发展研究中心，2011[②]；刘洪银，2013[③]；孙正林、佐赫，2016[④]；黎丽萍，2017[⑤]等）。即使考虑到政府和其他社会机构对这一成本的分摊，对农业转移人口也是一个巨大的经济压力。在这个意义上，农业转移人口的财务资本存量、城里就业机会、收入水平、城里居住状况、农村土地确权与流转、个人信用水平在现有金融和社会体系中的评价水平等都对其在城镇生活和发展造成基础性的约束和影响，进而影响农业转移人口留在城里的意愿和能力。

二、人力资本与农业转移人口的市民化

"人力资本"的思想历史上最早零散见于亚当·斯密（Adam Smith）和马歇尔（Alfred Marshall）等人的相关著作，其理论的开创则由舒尔茨（Thodore W.Schults）1960年的《论人力资本投资》一文完成。舒尔茨的人力资本理论认为："人力资本是社会经济增长的主要源泉"；并第一次把人力资本界定为"是存在于人身上的知识、技能、体力（健康状况）价值的总和"；同时还提出了"教育投资是人力资本投资的主要部分"等开创性的观点。其后，斯加斯塔（Sjaastad，1962）进一步将农村劳动力转移与人力资本结合起来研究，指出"农村劳动力的转移可能性与转移者年龄和人力资本素质等因素有关。"农业转移人口人力资本素质的提高，有助于增加其在城市中就业能力和竞争能力。[⑥]

后续学者的研究进一步认为，对农业转移人口而言，其人力资本则是指其拥有的有助于其完成职业转化和身份转换，继而彻底融入城市所需要的各种市民化能力的总和。其人力资本同样需要通过教育培训投资和实践

---

① 张国胜：《基于社会成本考虑的农民工市民化：一个转轨中发展大国的视角与政策选择》，《中国软科学》2009年第4期。

② 侯云春、韩俊等：《农民工市民化进程的总体态势与战略取向》，《改革》2011年第5期。

③ 刘洪银：《新生代农民工内生性市民化与公共成本估算》，《云南财经大学学报》2013年第4期。

④ 孙正林、佐赫：《农民工市民化成本估算与分担机制》，《学术交流》2016年第10期。

⑤ 黎丽萍：《我国农民工市民化成本研究综述》，《全国商情·理论研究》2017年第36期。

⑥ Sjaastad L. A, The Costs and Returns of Human Migration, Regional Economics, Palgrave Macmillan UK, 1962, pp.80-93.

经验积累等形成，它的水平高低严重影响了农业转移人口的收入与就业情况。人力资本越高，农业转移人口的职业技能越强，职业选择面越宽，收入水平越高，社会保障程度越高，从而市民化的能力也就越强。反之，则容易陷入所谓"综合能力贫困"陷阱，影响了他们市民化的能力，最终使农业转移人口更难完成融入城市的过程。所以，只有坚持以教育培训为抓手加大人力资本投资，才有可能从整体上有效提升农业转移人口自身的市民化能力，从而为解决这一问题奠定坚实的微观基础。

三、社会资本与农业转移人口的市民化

早在 20 世纪初，利达·汉尼范（Lyda Hanifan，1920）就使用了社会资本一词。罗瑞（Loury，1977）后来进一步将这一概念引入经济学等领域。当然各领域的不同学者对社会资本内涵的理解有所差异：皮埃尔·布尔迪厄（Pierre Bourdieu，1983）认为社会资本本质上是一种公认的体制化的关系网络，人们可以从中获取实际或潜在的资源。韦恩·贝克（Wayne Baker，2001）进一步指出信息、构思、商业契机、金融资本、社团参与、情感支持、信任与合作等都可以是社会资本的构成要素。特纳（Turner，2005）则强调社会资本通过这种创造和维系的社会关系，可以增加自身和社会的发展潜力。埃里克森（Erickson，1996）还提出了社会资本的三要素：社会网络中会响应个人求助请求的人数、与帮助人的关系强度、帮助人拥有的资源水平等。

无论学者们对社会资本如何界定，大多数都认同社会资本与财力资本、人力资本一样，是个体自身获取资源发展自身的重要途径。如很多就业信息就是通过人际网络来传递的，较高的社会资本水平有利于降低劳动力市场的信息不对称程度，帮助人们赢得更多的就业机会（格兰特维特，1998）。[①]社会资本这一作用对初入城市的广大农业转移人口显得更加重要。从前面我们了解到农业转移人口相对城市居民来说，财力资本和人力资本都存在客观差距，就业就更为困难。对于初入城市的农民工来说，老乡、亲戚、工友等形成的仅有社会关系网络就成为他们在城市生存下来的重要

---

① 格兰特维特：《弱关系的力量》，《国外社会学》1998 年第 2 期。

依靠。这些社会资本能帮助他们寻找可能的工作机会、积累城市生活经验、应对日常生活工作困难、甚至维系心理安全感都发挥了重要作用。此外，随着在城市中生活的历练，他们的社会关系的广度、深度、强度也得到发展，社会资本水平不断增强，从而为农业转移人口初步提高城市生存和发展能力提供了更多的可能。社会资本水平越高的农业转移人口越有可能获得更好的发展机会，越有可能更快地完成市民化的进程。

同时，从另一个角度来看，社会资本同时可能构成农业转移人口市民化的障碍。在城乡分割的二元体制下，城市对农业转移人口有意无意形成了"接纳与排除共存的"状态。一方面在经济上享受农业转移人口的劳动贡献，但是在社会福利和身份认同上却又往往区别对待。而农业转移人口对此只能被动地接受。他们很多从事着城里人不愿干的工作，财力和人力资本较低，消费习惯、生活习惯、文化心理上都与城里人有不同，容易变成城市的"边缘人"。他们的社会资本又因为上述原因相对封闭在血缘、地缘等关系上，更加难以与市民平等交流、有效融入城市生活圈。同时，由于往往缺乏城市户口等正式身份，也就无法享受附着其上的各种公共服务与制度保障。政治身份、组织身份的缺乏使得自身各种权益难以得到合法保障，制度性、组织性的社会资本难以形成，从而进一步制约了农业转移人口通过社会资本获取社会资源的能力，最终影响了农业转移人口有效融入城市生活的意愿和能力，阻碍了其市民化的进程。

四、心理资本与农业转移人口的市民化

（一）心理资本的内涵与特征

心理资本的概念（Psychological Capital）最早出现在经济学、投资学以及社会学等文献中，后来逐步在组织行为学和心理学领域中得以应用。一般意义上讲，心理资本是指"个体在成长和发展过程中表现出来的一种积极心理状态"，"从而促进个体成长和绩效提升的心理资源"。心理资本不同于人力资本与社会资本的内容，更多的是一种能给个体与组织带来积极结果的心理或行动，但它也和人力资本与社会资本一样，同样具有投资和收益特性，可以进行投资与开发。

心理资本由自信、希望、乐观和韧性四个维度构成，并受个体、组织因素和文化等因素影响。心理资本的产出不受组织财务资源、技术水平的客观限制，仅仅受限于个体的工作积极性和态度，因而提升空间相对较大。优秀的心理资本水平能充分挖掘个体的主观能动性，增加个体承受压力和挑战的能力，能让个体成为最好的自己，从而在既定条件下实现组织的最大产出，提升组织的运行效率。可以说，培育积极的组织文化和组织精神、培养具有高水平心理资本的管理者和员工，已经成为那些一般企业能否形成核心能力的重要前提。尤其是对那些知识、人力贡献在组织最终产出中贡献比例较高的组织，形成和维系组织成员的高心理资本水平，已经成为组织的重要工作。心理资本也作为财力资本、人力资本和社会资本之外的第四大资本，在组织管理与组织竞争中发挥着越来越重要的作用。因此，重视关注心理资本管理、对员工进行心理辅导和心理建设，有效提升员工心理素质和心理资本水平，形成积极的工作情绪，最大限度的发挥员工的主观能动性，已经成为组织凝聚合力、提升绩效的重要手段。

（二）心理资本与农业转移人口的市民化

心理资本是一种积极的心理状态，是个体在成长和发展过程中超越人力资本和社会资本的一种核心要素，它关系到个体能否充分调动自己的主观能动性，从而促进个人成长和绩效提升。对于农业转移人口而言，心理资本的建设和积累，更是他们能否完成市民化、更好融入城市的关键。

农业转移人口市民化最终目标，是让转移人口完成从身份到心理的全方位的市民化，其过程的结束最终必须以转移人口实现自己已经是城里人的身份认同来完成。因此，市民化的过程，在某种程度上就是转移人口通过自身各方面努力，逐步打破旧有的"自己是一个农民"的心理认同和思维方式；最终破而后立，重新培养、构筑适应城市思维方式、行为习惯、生活方式、社会风俗等的全新的城市居民心理状态，最终完成"我是城里人"的身份认同的过程。这一过程的完成注定是漫长和艰辛的。

正如前文所言，进城后农业转移人口由于大多缺乏城市的正式身份以及依附在上面的经济、社会保障和子女教育等各方面的平等资源和权利，容易形成边缘化、非主流化的城市底层化状态，从而产生城市底层心态，在心理资本水平上处于较低水平，不利于其真正融入城市的工作、生活环境；同时，原有的农业生产方式容易让转移人口形成其相对保守的工作、生活心态，这也让他们相对缺少城市生活所要求的开放进取的精神，也难以适应城市效率至上的文化要求。这种文化差异带来的精神蜕变的要求，往往比工作生活习惯上的适应来得更难更久、也更为痛苦。此外，农业转移人口在市民化过程中要面对的还不仅仅是自身蜕变的痛苦，还有无法避免的来自城市的排斥。城市社会的歧视和偏见、社会管理的不公平对待、社会阶层和地域群体间的隔阂与冲突等，都不断消解着农业转移人口改变自身融入城市的积极心理和可能好不容易才产生的那点对脚下城市的归属感。而如果被城市一次次推开产生了农业转移人口的"寄人篱下"的"过客心态"和"流动人口"的自我认同，他们最终融入城市完成市民化过程也就缺乏了基本的心理基础。除了上述的心理原因外，还有两种常见情况也会影响农业转移人口的心理资本水平。一是"城市边缘心态"。这种心理状态和前面提到的"底层心态"还有些差别，底层心态更多是由于农业转移人口因为工作收入水平的原因形成，而"边缘心态"则更多是农业转移人口较低社会资本水平在心理领域的延伸体现。由于农业转移人口在城市的社会关系网络大多局限在血缘、地缘或工作圈子内，与城市居民交流在广度深度和频率上都不够，因此心理上的依赖和凝聚自然的较多在这些农民工内部社区中单向增强，在加强了内部文化的凝聚力和向心力的同时，也进一步使得其与城市主流社会文化的融合变得困难甚至相背离，反而从组织心理的角度强化了原本只是个人心理问题的对城市主流社会的边缘心态。二是难以避免的"自卑心态"。自卑心理可能每个人都或多或少地有一些，但在农业转移人口身上却反映得比较集中。毕竟如前文所言，他们较低的经济社会地位使得他们在工作生活中容易成为城市中的弱势群体，权利更容易被侵犯，也更容易遭受挫折和伤害。负面经验的累积更易使个体形成自卑心理，[①] 形成他们与城市居民格格不入的偏见眼光甚至过激心理行为反应，降低自身心理资本水平。同时这些可能来自于自我保护的过激心理状态，也让他们更难体会到城市的温暖而离它更远。可见，农业转移人口要融入城市最终完成市民化的过程，心理资本的建设和积累是其重要一环。只有通过各方面的努力，帮助农业转移人口打破在心理上的

---

① 廖全明：《发展困惑、文化认同与心理重构——论农民工的城市融入问题》，《重庆大学学报（社会科学版）》2014 年第 1 期。

底层、边缘和自卑的非积极心态，重新在他们与城市之间建立信任，才能让他们愿意根据城里工作生活的要求进行心理上的重构，逐步建立起开放进取、文明包容等城市心理结构，有效地提升其心理资本水平，从而为其完成农业转移人口市民化的历史进程打下坚实的心理基础。

第五节　研究启示

综上，本章构建了农业转移人口市民化的微观分析框架。我们认为，农业转移人口的主体特征和能力约束等个体因素是其市民化过程中的主动性条件和其微观决策的根本性因素。本章从性别、年龄、婚姻状况、教育程度、子女教育状况、家庭迁移状况、农村土地状况、收入水平、就业及工作满意度、留城时间、住房情况、社会福利状况、社交状况等多个方面对农业转移人口市民化主体特征因素的相关文献进行了梳理，同时，从财力资本、人力资本、社会资本和心理资本四个方面对农业转移人口市民化的能力约束进行了文献研究。在后文的研究中，我们将基于上述研究和对以上数据和全国范围内的实地调研情况进行全面分析，进一步探讨微观主体自身的主体特征和能力约束对农业转移人口市民化过程的影响情况，并对其背后的理论逻辑进行实证研究。

第十章　当前农业转移人口主体及市民化情况的调研分析

第一节　当前农业转移人口主体及其市民化的总体情况

正如前文所言，农业转移人口的市民化是我国经济社会发展的客观规律，但同时也是一个非常复杂的过程。这一过程不仅包含传统的生活条件方面的和社会福利方面的市民化，更是包含了文化的融入方面、政治权利的保障方面等的市民化。在这个过程中，作为市民化进程主体的农业转移人口，其本身的特征和情况究竟怎样？他们市民化的现状、水平、意愿、诉求等究竟是否发生了变化？这一直是理论分析和政策制定的最重要的现实基础。我国学者一直以来也都对上述基本问题进行了持续、大量的调研与考察，试图从不同的角度对农业转移人口及其市民化的现状与问题进行全面的调研分析，为决策和研究提供相关依据。根据刘传江、徐建玲等（2008）[①]，汪勇（2008）[②]，梁波、王海英（2010）[③]，四川省人口和计划生育委员会课题组（2011）[④]，魏后凯、苏红键等（2013）[⑤]，刘传江、董延芳等（2014）[⑥]，国家

---

①　徐建玲、刘传江：《中间选民理论在农民工市民化政策制定中的运用——基武汉市436位农民工的实证研究》，《中国经济学前沿》2008年第1期。

②　汪勇：《青年农民工融入城市之困境探析》，《内蒙古社会科学（汉文版）》2008年第3期。

③　梁波、王海英：《城市融入：外来农民工的市民化——对已有研究的综述》，《人口与发展》2010年第4期。

④　四川省人口和计划生育委员会课题组：《四川农民工市民化研究》，中国人口出版社2011年版，第103页。

⑤　魏后凯、苏红键：《中国农业转移人口市民化进程研究》，《中国人口科学》2013年第5期。

⑥　刘传江、董延芳：《农民工的代际分化、行为选择与市民化》，科学出版社2014年版，第140页。

统计局课题组（2010—2016）等调查研究可以发现：近年来，全国农业转移人口总量正在逐年上升。他们不仅对社会发展作出巨大贡献，在城市建设与经济发展中，他们也承担着主力军的角色。具体的，在城市发展建设中，他们大多从事着苦、累、脏、险的工作，在为城市经济发展流血流汗的同时，他们的劳动权益、生活保障却一直处于"边缘化"的状态。如工资增长缓慢，收入水平处于社会底层；劳动条件恶劣，缺乏劳动保护；超时间、超强度劳动现象普遍；居住条件差；社会保障覆盖率低等。这种边缘化状态一方面对农业的剩余劳动力的转移进程产生制约，另一方面还激起了一系列的社会矛盾。如果不能解决农业转移人口问题，不仅会延缓我国的城镇化进程，还会严重阻碍我国经济的可持续发展。因此，充分了解农业转移人口的主体及其市民化的基本现状，进一步发现阻碍农业转移人口市民化的因素，对如何保障他们的合法权益，提高其社会地位，促使他们在进行职业转化的同时完成地域和身份的转移，对政府如何推进农业转移人口市民化进程具有重要的参考价值。

为了更准确、全面地反映农业转移人口市民化的最新情况，我们采用了面上统计数据与实地调研数据相结合的方式来反映这一问题。其中总体情况主要根据国家统计局《2016年农业转移人口监测调查报告》和近几年《农民工市民化调查》相关数据整理。

从上述统计数据分析可见，当前农业转移人口及其市民化主要呈现出了以下一些基本现状和变化。一是农业转移人口的数量还在增加，已经达到28171万人，比上年增加了424万人；二是很多农业转移人口选择在本地打工，人数达到11237万人，虽然仍比外出农业转移人口16934万人少，但增速比外出农业转移人口快；三是进城打工的农业转移人口在减少，在外出农业转移人口当中进城打工的有13585万人，但比上一年减少了157万人；四是留在中西部地区务工的农业转移人口增长最快，而到东部发达地区务工的农业转移人口出现回落，跨省流动的农业转移人口持续减少；五是农业转移人口越来越老，平均年龄达到39岁，40岁以上的占比53.9%，一代农业转移人口仍占半数以上；六是农业转移人口从事的行业变了，从事第二产业（制造业和建筑业）的农业转移人口在减少，从事第三产业（主要是批发、零售、居民服务、修理等）在不断增加；七是农业转移人口赚钱越来越不容易，月工资增速出现回落。

一、农业转移人口规模、分布及流向

（一）农业转移人口总量继续增加，增量主要来自本地农业转移人口

由图10-1可知，2016年我国农业转移人口总规模为28171万，相较于2015年的27747万，增长了424万，增幅达到1.5%，增长速度高于2015年我国农业转移人口增速1.28%。2016年农业转移人口构成中，本地农业转移人口规模达到11237万，较2015年的10863万有所增长，外出农业转移人口规模达到16934万，较2015年的16884万有所增长。此外，在农业转移人口新增规模中，本地农业转移人口新增规模占据绝大部分比重，达到88.2%；在外出农业转移人口规模中，进城农业转移人口的规模达到13585万，相较于上年减少了157万。

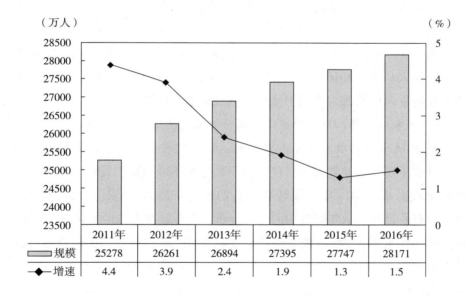

（万人）　　　　　　　　　　　　　　　　　　　　　　　　　　（%）

	2011年	2012年	2013年	2014年	2015年	2016年
规模	25278	26261	26894	27395	27747	28171
增速	4.4	3.9	2.4	1.9	1.3	1.5

图 10-1 农业转移人口规模趋势

（二）外出农业转移人口增速继续回落，跨省流动农业转移人口继续减少

2011年至2016年间，外出农业转移人口规模增速呈现出逐年下降的

趋势：2011 年增速为 3.4%，2012 年增速为 3.0%，2013 年增速为 1.7%，2014 年增速为 1.3%，2015 年增速为 0.4%，2016 年增速为 0.3%。此外，在农业转移人口总规模中，外出农业转移人口规模的占比在 2011 年至 2016 年期间也出现了下降：由 62.8% 下降至 60.1%。

二、农业转移人口性别、年龄、受教育情况

（一）女性农业转移人口占比继续提高，有配偶的占比提高

以性别划分，2016 年女性农业转移人口在全部农业转移人口中的占比为 34.5%，男性农业转移人口在全部农业转移人口中的占比为 65.5%。在本地农业转移人口的性别划分中，2016 年女性占比为 37.2%，男性占比为 62.8%。外出农业转移人口的性别划分中，2016 年女性占比 31.7%，男性占比为 68.3%。

在全部农业转移人口中，2016 年有配偶农业转移人口的比重为 77.9%，较之上年比重有所上升，上升了 1.5 个百分点；未婚农业转移人口的比重为 19.8%，较之上年比重有所下降，下降了 1.4 个百分点。在外出农业转移人口中，2016 年有配偶的农业转移人口比重为 64.8%，相较于本地农业转移人口低 25.4 个百分点，但其比重增长较快。

（二）农业转移人口年龄不断提高，新生代农业转移人口占比近五成

至 2016 年，青壮年仍是农业转移人口的主要构成部分，但是青壮年占比继续下降，农业转移人口呈现出平均年龄不断提高的特点。从平均年龄的角度分析，2016 年农业转移人口的平均年龄为 39 岁，较 2015 年的 38.6 岁有所提升。从年龄结构的角度分析，农业转移人口中，40 岁以下的群体所占比重为 53.9%，较上年的 55.2% 有所下降；50 岁以上的群体所占比重为 19.2%，较上年的 17.9% 有所上升。在全国农业转移人口的构成中，20 世纪 80 年代后出生的新生代农业转移人口所占比重高达 49.7%，较上年的 48.5% 有所提升，构成农业转移人口的主体部分。

表 10-1 农业转移人口年龄构成

（单位：%）

	2012 年	2013 年	2014 年	2015 年	2016 年
16—20 岁	4.9	4.7	3.5	3.7	3.3
21—30 岁	31.9	30.8	30.2	29.2	28.6
31—40 岁	22.5	22.9	22.8	22.3	22.0
41—50 岁	25.6	26.4	26.4	26.9	27.0
50 岁以上	15.1	15.2	17.1	17.9	19.2

（三）农业转移人口受教育水平不断提高

由表 10-2 可知在农业转移人口文化程度构成方面，在总体农业转移人口中，2016 年未上过学的群体占比 1.0%，相对于 2015 年的 1.1% 有所下降；2016 年小学文化程度的群体占比 13.2%，较 2015 年的 14.0% 有所下降；2016 年初中文化程度的群体占比 59.4%，较 2015 年的 59.7% 有所下降；2016 年高中文化程度的群体占比 17.0%，较 2015 年的 16.9% 有所上升；2016 年大专及以上文化程度的群体占比 9.4%，较 2015 年的 8.3% 有所上升。且由表可知，外出农业转移人口以及本地农业转移人口的文化程度构成的变动与总体农业转移人口相似。

表 10-2 农业转移人口文化程度构成

（单位：%）

	农民工合计		外出农民工		本地农民工	
	2015 年	2016 年	2015 年	2016 年	2015 年	2016 年
未上过学	1.1	1.0	0.8	0.7	1.4	1.3
小学	14.0	13.2	10.9	10.0	17.1	16.2
初中	59.7	59.4	60.5	60.2	58.9	58.6
高中	16.9	17.0	17.2	17.2	16.6	16.8
大专及以上	8.3	9.4	10.7	11.9	6.0	7.1

（四）接受过技能培训的农业转移人口比重小幅下降

由表 10-3 可知，从总体农业转移人口分析，2016 年接受过职业技能培训的农业转移人口占比 32.9%，相较于 2015 年的 33.1% 略有下降；2016 年接受过非农职业技能培训的农业转移人口占比 30.7%，与 2015 年的占比持平；2016 年接受过农业技能培训的农业转移人口占比 8.7%，与 2015 年的占比持平；2016 年同时接受了农业技能培训与非农业技能培训的农业转移人口占比 6.5%，相较于 2015 年的 6.3% 略有上升。从本地农业转移人口分析，2016 年，接受过职业技能培训的本地农业转移人口占比 30.4%，相较于 2015 年的 30.8% 略有下降。从外地农业转移人口分析，2016 年接受过技能培训的外地农业转移人口占比 35.6%，相较于 2015 年的 35.4% 略有上升。

表 10-3　接受过技能培训的农业转移人口比重

（单位：%）

	接受农业技能培训		接受非农职业技能培训		接受技能培训	
	2015 年	2016 年	2015 年	2016 年	2015 年	2016 年
合计	8.7	8.7	30.7	30.7	33.1	32.9
本地农民工	10.2	10.0	27.7	27.8	30.8	30.4
外出农民工	7.2	7.4	33.8	33.8	35.4	35.6

三、农业转移人口就业基本情况

（一）从事制造业和建筑业的农业转移人口比重下降明显

由表 10-4 可知，农业转移人口就业行业分布中，2016 年有 0.4% 的农业转移人口就业于第一产业，与 2015 年的占比持平；2016 年有 52.9% 的农业转移人口就业于第二产业，较 2015 年的 55.1% 有所下降；2016 年有 46.7% 农业转移人口就业于第三产业，较 2015 年的 44.5% 有所上升。就就业于第二产业的农业转移人口而言，2016 年就业于制造业的占比 30.5%，较 2015 年的 31.1% 有所下降；2016 年就业于建筑业的占比 19.7%，较 2015 年的 21.1% 有所下降。就就业于第三产业的农业转移人口而言，2016 年就业与批发零售业的占比 12.3%，较 2015 年的 11.9% 有所上升；就业于居民服务、修理和其他服务业的占比 11.1%，较 2015 年的 10.6% 有所上升。

表 10-4　农业转移人口从业行业分布

（单位：%、百分点）

	2015 年	2016 年	增减
第一产业	0.4	0.4	0.0
第二产业	55.1	52.9	−2.2
其中：制造业	31.1	30.5	−0.6
建筑业	21.1	19.7	−1.4
第三产业	44.5	46.7	2.2
其中：批发和零售业	11.9	12.3	0.4
交通运输、仓储和邮政业	6.4	6.4	0.0
住宿和餐饮业	5.8	5.9	0.1
居民服务、修理和其他服务业	10.6	11.1	0.5

（二）农业转移人口月均收入增速有所回落

由表 10-5 可知，无论从整体水平分析，还是分行业分析，2016 年农业转移人口月均收入绝对值较 2015 年均出现了不同幅度的增长。但是，2016 年农业转移人口整体月均收入增速为 6.6%，相较于 2015 年有所下降，下降了 0.6 个百分点。从不同行业分析，2016 年制造业农业转移人口月均收入增速为 8.9%，较 2015 年有所提升；2016 年居民服务、修理和其他服务业农业转移人口月均收入增速为 6.1%，与 2015 年增速持平；2016 年建筑业农业转移人口月均收入增速为 5.1%，较 2015 年有所下降，下降了 1.5 个百分点；2016 年批发零售业农业转移人口月均收入增速为 4.5%，较 2015 年有所下降，下降了 1.9 个百分点；2016 年交通运输、仓储和邮政业农业转移人口月均收入增速为 6.2%，较 2015 年有所下降，下降了 0.7 个百分点。

表 10-5　分行业农业转移人口月均收入及增速

（单位：元、%）

	2015 年	2016 年	增速
合计	3072	3275	6.6
制造业	2970	3233	8.9

续表

	2015 年	2016 年	增速
建筑业	3508	3687	5.1
批发和零售业	2716	2839	4.5
交通运输、仓储和邮政业	3553	3775	6.2
住宿和餐饮业	2723	2872	5.5
居民服务、修理和其他服务业	2686	2851	6.1

（三）本地和在中部地区务工的农业转移人口月均收入增长较快

据 2016 年数据可知，于本地务工的农业转移人口月均收入为 2985 元，较上年的 2781 元有所增长，增长率为 7.3%；外出务工的农业转移人口的月均收入为 3572 元，较上年的 3359 元有所上涨，增长率为 6.3%。将于本地务工的农业转移人口的月均收入与外出务工农业转移人口的月均收入相比可知，前者的绝对量目前低于后者，但其增长速度却略高于后者。

据 2016 年数据，从地域划分的角度分析农业转移人口月均收入可知，中部地区月均收入为 3132 元，较上年增长了 7.7%，即增长了 224 元；东部地区月均收入为 3454 元，较上年增长了 7.4%，即增长了 238 元；东北地区月均收入为 3063 元，较上年下降了 1.4%，即减少了 42 元；西部地区月均收入为 3117 元，较上年增长了 5.2%，即增长了 153 元；可以看出，中部地区月均收入的增速相对快于其他三个地区的月均收入增速。

四、农业转移人口城市居住状况

（一）进城农业转移人口的购房比例提高

进城农业转移人口的住房问题解决方式主要有购房、租房、单位（雇主）提供住房、以其他方式解决居住问题。据 2016 年数据，就购房而言，通过此渠道解决居住问题的农业转移人口占比 17.8%，较上年占比有所增长，增长了 0.5 个百分点；其中，购买商品房的比重达到 16.5%，较上年有所增长，增长了 0.8 个百分点。就租房而言，通过此渠道解决居住问题的农业转移人口的占比为 62.4%，较上年占比有所减少，减少了 2.4 个百分点；其中租赁私房的占比为 61.0%，较上年有所减少，减少了 1.9 个百分点。就单位（雇主）提供住房而言，通过此渠道解决住房问题的农业转移人口占比为 13.4%，较上年占比有所减少，减少了 0.7 个百分点。就其他方式而言，通过此渠道解决住房问题的农业转移人口占比为 6.4%，较上年有所增长，增长了 2.6 个百分点。最后，在租房和购房方面，选择购买保障性住房以及租赁公租房的占比均很低，二者占比之和小于 3.0%。

（二）居住困难的进城农业转移人口占比下降

在进城农业转移人口居住方面，本书以居住面积为依据，划分了不同的等级，分别是人均居住面积小于 5 平方米，人均居住面积介于 6 至 15 平方米，人均居住面积介于 16 至 25 平方米，人均居住面积介于 26 至 35 平方米，人均居住面积 36 平方米及以上五个等级；其中，居住状况处于等级一的农业转移人口为居住困难人口。据 2016 年数据，处于等级一的农业转移人口占比 6.0%，较上年占比有所下降，减少了 2.3 个百分点；处于等级二的农业转移人口占比 37.4%，较上年占比有所上升，增加了 2.1 个百分点；处于等级三的农业转移人口占比 25.5%，较上年占比有所上升，增加了 2.1 个百分点；处于等级四的农业转移人口占比 12.6%，较上年占比有所下降，减少了 1.1 个百分点；处于等级五的农业转移人口占比 18.5%，较上年占比有所下降，减少了 0.9 个百分点。总体而言，进城农业转移人口的住房状况与上年差别并不大，人均居住面积为 19.40 平方米。

（三）进城农业转移人口居住条件总体有所改善

在对进城农业转移人口居住条件的分析中，本文从电冰箱配备情况、洗衣机配备情况、自来水配备情况、洗浴设施配备情况、独立卫生间配备情况、网络配备情况、汽车拥有情况这七项内容进行分析。据 206 年数据，对第一项而言，住房配备电冰箱的比重为 57.2%，较上年比重有所提高，增加了 2.9 个百分点；对第二项而言，住房配备洗衣机的比重为 55.4%，较上年而言有所增加，增加了 3.8 个百分点；第三项比重为 86.5%；较上年比重有所提高，增加了 0.3 个百分点；第四项比重为 77.9%，较上年比重有所提升，增加了 2.8 个百分点；第五项比重为 69.6%，较上年比重有所增加，增加了 0.2 个百分点；第六项比重为 85.5%，较上年比重有所增加，增加了 7.1 个百分点；第七项比重为 18.6%，较上年比重有所提高，增加了 2.7 个百分点，即农业转移人口只有 18.6% 的人口户拥有汽车。

五、农业转移人口社会融合情况

（一）进城农业转移人口的社会交往有待丰富

由图 10-2 可知进城农业转移人口业余时间人际交往的选择情况。2016 年在业余时间选择与老乡交流的农业转移人口的比重为 35.2%，相较于 2015 年的 33.6% 而言有所上升；2016 年在业余时间选择与当地朋友交流的农业转移人口的占比为 24.3%，相较于 2015 年的 23.5% 略有上升；2016 年在业余时间选择与同事交流的农业转移人口的占比为 22.2%，相较于 2015 年的 21.5% 有所上升；2016 年在业余时间基本不和他人往来的农业转移人口占比为 12.7%，相较于 2015 年的 14.3% 有所下降；2016 年在业余时间选择与其他外来务工人员交流的农业转移人口占比为 3.1%，相较于 2015 年的 4.2% 有所下降；2016 年选择以其他方式度过业余时间的农业转移人口的占比为 2.6%，相较于 2015 年的 2.9% 有所下降。

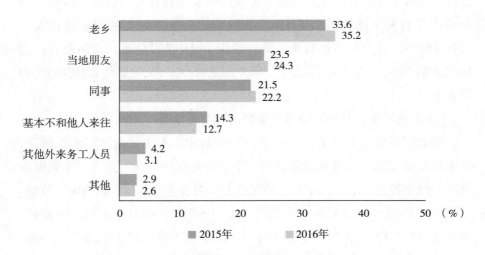

图 10-2　农业转移人口业余时间交友选择的情况

本书选取看电视、上网、休息、文娱体育活动、看书看报、学习培训六个项目对进城农业转移人口业余时间活动的安排进行分析。具体的，第一个项目的比重为 45.8%；第二个项目的比重为 33.7%，相较于上年的比重有所提升，增加了 2.7 个百分点；第三个项目的比重为 29.1%，相较于上年的比重有所提升，增加了 0.9 个百分点；第四个项目的比重为 6.3%，相较于上年的比重有所下降，减少了 0.8 个百分点；第五个项目的比重为 3.7%，相较于上年的比重有所下降，减少了 0.9 个百分点；第六个项目的比重为 1.3%，与上年的比重相当。

（二）已就业进城农业转移人口加入工会组织的占比提高

在对已就业的进城农业转移人口对工会组织的了解情况进行分析时，本文对其进行了三类划分，即明确知道自身所在单位（企业）存在工会组织、明确知道自身所在单位（企业）不存在工会组织、对自身所在单位（企业）工会组织的存在情况不清楚。具体的，据 2016 年数据，第一类群体的占比为 20.8%，较上年有所增加，增加了 1.3 个百分点，第二类群体的占比为 59.6%，第三类群体的占比为 19.6%。在第一类群体中，加入工会的比重为 53.8%，较去年有所提升，增加了 2.9 个百分点；总的来说，在已经就业的进城农业转移人口总规模中，进入工会的占比为 11.2%，较上年有所上升。在进入工会的群体中，若依照参加工会活动的积极度，又可再细分为三类——不参加活动、偶尔参加活动、经常参加活动；其中，第一类成员的占比为 16.6%，较上年的 16% 有所上升，第二类成员的占比为 62.1%，较上年的 61.7% 有所上升，第三类成员的占比为 21.3%，较上年的 22.3% 有所下降。

第二节　农业转移人口市民化主体及其市民化实地调研情况及分析

一、调研设计说明

为深入了解我国农业转移人口市民化的特点及基本现状，从微观主体角度探析农业转移人口的主体特征及能力约束对市民化的影响；2016 年，课题组对我国农业转移人口市民化的情况进行了较为全面和深入的实地调研。课题组以我国农业转移人口输入和输出较为集中的 17 个省（市、自治区）的 20 个重点地区的农业转移人口为调研对象，如表 10-6 所示。

为对影响我国农业转移人口市民化进程的因素进行全面的剖析，调研采取了问卷调查结合深度访谈的形式。为保证调查质量，课题组通过聘用本地人作为调研员，每个调研组配备两名调研员同时开展调研，调研对象抽样回访，调研人员进行统一培训，统一制定协调调研计划等多种措施，最大程度地保证了调查数据的真实可靠。通过文献研究与理论分析，问卷从职业生存、社会身份、自身素质、意识行为等角度对农业转移人口市民化的现状进行调研，具体设计了城市融入、户籍、就业、收入支出、土地、社会保障、职业培训、子女义务教育、权利保障、权益维护、休闲娱乐方式、城市生活面临的困难、市民化意愿等方面的内容。

此次调研共发放问卷 2000 份，收回有效问卷 1935 份，样本回收率为 96.75%，其中成渝地区的有效问卷占总有效问卷的 40.3%。

表 10-6　调查地区分布表

	频率	百分比	累积百分比
四川成都	492	25.4	25.4
重庆	287	14.8	40.3
河南郑州	154	8.0	48.2
广东广州	151	7.8	56.0
湖南长沙	102	5.3	61.3
湖北武汉	97	5.0	66.3
广东深圳	79	4.1	70.4
陕西西安	69	3.6	74.0
山东济南	60	3.1	77.1
广东东莞	51	2.6	79.7
河南南阳	51	2.6	82.3
山西太原	51	2.6	85.0
安徽合肥	50	2.6	87.5
吉林长春	50	2.6	90.1
江苏南京	44	2.3	92.4
贵州贵阳	40	2.1	94.5
山东青岛	40	2.1	96.5

	频率	百分比	累积百分比
浙江杭州	27	1.4	97.9
江西南昌	25	1.3	99.2
贵州贵阳	15	0.8	100.0
合计	1935	100.0	

二、调研中农业转移人口主体的基本情况

该选项有效样本量 1903。样本以男性居多，共 1104 人，占 58.0%；被调查者大多为已婚人士，有 1216 人，占比 63.9%；未婚人数有 598 人，占 31.4%，其中离异有 69 人，占比 3.6%，丧偶 21 人占比 1.1%，如表 10-7 所示。

表 10-7　农业转移人口性别与婚姻情况

婚姻情况	男		女		合计	
	频数	比例	频数	比例	频数	比例
未婚	355	32.0%	243	30.4%	598	31.4%
已婚	700	63.4%	516	64.6%	1216	63.9%
离异	39	3.5%	30	3.70%	69	3.6%
丧偶	10	0.9%	10	1.3%	20	1.1%
合计	1104	100.0%	799	100.0%	1903	100.0%

（一）调查对象城市属性

该选项有效样本量 1831。参与本次调研的样本中，主要以域内人口居多，占 71.5%（其中本市人口比例为 35.0%，本省外市人口占 36.5%）；外省人口占比 28.5%。从这一结果中可以看出，农业转移人口偏向选择离户籍所在地较近的市内或省内的务工地域，而距离较远的省外区域选择相对较少，如图 10-3 所示。

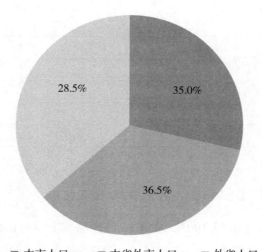

■ 本市人口　　■ 本省外市人口　　■ 外省人口

图 10-3　被调查者域外人口比率

（二）调查对象的年龄分布

该选项有效样本量 1921。在本次调查中，农业转移人口的年龄分布呈现出青壮年群体为主的特征。如表 3.2 所示：未满 16 岁有 8 人，占比 0.4%，16—22 岁有 255 人，占比 13.3%，23~32 岁有 681 人，占比 35.5%，33—42 岁有 479 人，占比 24.9%，43—52 岁有 408 人，占比 21.2%，53 岁以上有 90 人，占比 4.7%，基本覆盖了所有年龄层，如表 10-8 所示。

表 10-8　被调查者年龄比例表

年龄	频数	百分比
未满 16 岁	8	0.4
16—22 岁	255	13.3
23—32 岁	681	35.5
33—42 岁	479	24.9
43—52 岁	408	21.2
53 岁及以上	90	4.7
合计	1921	100.00%

（三）调查对象的受教育程度

该选项有效样本量1920。从文化结构情况看，没上过小学的有66人，占比3.4%，上过小学的有284人，占比14.8%，上过初中的有561人，占比29.2%，受过高中教育的人有312人，占比16.3%，有中专文凭的人有270人，占比14.1%，大专及以上学历的人有427人，占比22.2%，如表10-9所示。

总的来看，高中及以下的文化程度占农业转移人口的77.8%，受教育程度总体较低，这是本次参与调查者的总体情况，这意味着在知识经济的大环境下，多数农业转移人口难以满足社会的较高级的用工需求，难以跟上社会的发展，只能在城市中从事低技术的简单体力劳动。

表 10-9　教育程度

	频率	百分比	累积百分比
没上过学	66	3.4	3.4
小学	284	14.7	18.2
初中	561	29.0	47.4
高中	312	16.1	63.7
中专/职高/技校	270	14.0	77.8
大专及以上	427	22.1	100.0
合计	1920	99.2	

（四）调查对象的务农经验与其土地处置方式

该选项有效样本量1888。根据本次调研数据来看，调查者在务农经验方面，大多都具有少量的务农经验，共有1043人，占比55.2%；完全没有务农经验的人有401人，占比21.2%，具有丰富务农经验的人有444人，占比23.5%，如图10-4所示。

土地是重要的生产要素。对农民而言，土地具有多种功能，是其最重要的物质财富。在农村土地功能的探讨方面，我国学术界进行过大量研究，其中被广泛接受的一种观点认为农村土地具有生产、保障两大功能。生产功能着重于土地作为生产要素，在生产者手中发挥作用，为生产者提供生产要素、就业岗位和生产收入。保障功能是指土地对农民具有基本生活等多方面的保障作用，主要表现在基本生活保障、就业保障和养老保障。

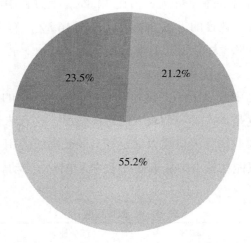

■ 没有干过农活，无经验　■ 干过少量农活，经验不足　■ 长时间务农，经验丰富

图 10-4　被调查者的务农经验比率

调查数据显示，农业转移人口在其进城务工后，老家土地的处置方式大多是交给家人或亲友耕种，占比 52.8%；转租给别人耕种或以土地入股参与分红的占 16.2%，被政府和集体收回的占 7.7%；直接抛荒的占 5.4%。综合务农经验来看，在具有丰富务农经验的样本中发挥了土地的生产与保障功能的占比为 84.6%，其中把土地交给家人或亲友耕种的占 63.3%；转租给别人耕种的占 16.0%，被政府或集体收回土地的占 9.2%；以土地参与入股分红的占 0.9%，从中可以看出土地流转程度较低，如表 10-10 所示。

表 10-10　务农经验与土地处置方式

		土地处置方式							合计
		没有耕地	家人或亲友耕种	转租给别人耕种	入股分红	抛荒	已被政府或集体收回	其他	
没有干过农活，无经验	务农经验	42.9%	30.9%	11.5%	1.0%	4.7%	6.5%	2.5%	100.0%

		土地处置方式							合计
		没有耕地	家人或亲友耕种	转租给别人耕种	入股分红	抛荒	已被政府或集体收回	其他	
	土地处置方式	59.3%	12.4%	15.1%	22.2%	18.6%	17.9%	32.3%	21.2%
干过少量农活，经验不足	务农经验	9.9%	56.8%	17.6%	1.0%	5.9%	7.5%	1.3%	100.0%
	土地处置方式	35.5%	59.4%	60.3%	55.6%	60.8%	53.8%	45.2%	55.2%
长时间务农，经验丰富	务农经验	3.4%	63.3%	16.9%	.9%	4.7%	9.2%	1.6%	100.0%
	土地处置方式	5.2%	28.2%	24.6%	22.2%	20.6%	28.3%	22.6%	23.5%
合计	务农经验	15.4%	52.8%	16.2%	1.0%	5.4%	7.7%	1.6%	100.0%

三、农业转移人口就业与收入情况

（一）外出务工经验丰富，岗位流动性小，总体稳定性较强

关于外出打工时间的有效样本量 1919。其中，具有 5—10 年务工经验的有 419 人，具有十年以上务工经验的有 507 人，总的来看具有五年以上外出打工经验的农业转移人口所占总体被调查者的比例为 48.3%，如表 10-11 所示。

表 10-11　农业转移人口务工经验

年龄	频数	百分比
一年以下	217	11.3%
1—3 年	407	21.2%

年龄	频数	百分比
3—5 年	369	19.2%
5—10 年	419	21.8%
10 年以上	507	26.4%

关于工作更换情况的有效样本量 1893。被调查者中在近 3 年内，没有更换过工作的人有 859 人，占比 45.4%，更换过 1—3 个的人有 807 人，占比 42.6%，更换过 4—6 个的人有 171 人，占比 9.0%，更换个 7 个以上的有 56 人，占比 2.9%，说明频繁更换工作岗位的人数较少。更换工作岗位的频率低，一方面说明了农业转移人口倾向于固定的工作岗位和工作环境，岗位流动性较低；另一方面也说明了由于专业技能不高，所能从事的职业范围较窄，选择其他工作的机会小，如表 10-12 所示。

表 10-12　农业转移人口工作更换情况

工作更换	频数	百分比
没有换过	859	45.4
更换过 1—3 个	807	42.6
更换过 4—6 个	171	9.0
更换过 7 个及以上	56	2.9
合计	1893	100.00%

（二）工作技术水平较低，劳动强度大，工作环境差

关于工作职位的有效样本量 1914。调查样本中，大部分被调研者都是基层工作人员。调查者所属职位中，普通工人或服务员有 975 人，占比 50.9%；技术工人有 327 人，占比 17.1%；基层管理人员有 257 人，占比 13.3%；中层管理人员有 94 人，占比 4.9%；高层管理人员有 29 人，占比 1.5%；个体老板有 232 人，占比 12.1%，如表 10-13 所示。

表 10-13　农业转移人口从事工作职位情况

工作职位	频数	百分比
普通工人或服务员	975	50.9
技术工人	327	17.1
个体老板	232	12.1
基层管理人员	257	13.4
中层管理人员	94	4.9
高层管理人员	29	1.5
合计	1914	100.00%

关于每天工作时间的有效样本量 1910。从每天工作时间来看，每天工作时间在 8 小时以下的占比 21.6%，工作 8—10 小时的占 55.2%，工作 10—12 小时占 17.1%，工作 12 小时以上占 6.2%。根据我国《劳动法》第三十六条规定：我国实行劳动者每日工作时间不超过 8 小时、平均每周工作时间不超过 44 小时的工时制度。但根据调研结果显示，每天工作 8 小时以上的占比高达 78.4%，充分说明了农业转移人口劳动强度大，如图 10-5 所示。

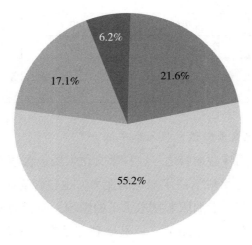

■ 8小时以下　■ 8—10小时　■ 10—12小时　■ 12小时以上

图 10-5　农业转移人口每天工作时间情况

关于所属行业的有效样本量 1911。参与本次调查的调查者中，从事建筑业和制造业所占比重最大。其中，从事建筑业的占 18.4%，从事制造业的占 16.1%，从事交通运输业的占 6.5%，从事仓储物流业的占 4.8%，从事批发零售业的占 9.9%，从事住宿餐饮业的占 10.2%，从事居民服务业的占 8.7%，在事业单位任职的占 7.3%，从事个体经营的占 8.0%，从事其他行业的占 10.0%。由于文化水平低，又不具备专业技术水平，农业转移人口大都从事劳动强度大、技术门槛低的工作，且通常工作环境差，甚至伴有一定的安全隐患。如表 10-14 所示。

表 10-14　农业转移人口工作单位所属行业

排名	行业	频数	比例
1	建筑业	352	18.4%
2	制造业	303	16.1%
3	住宿餐饮业	194	10.2%
4	其他	192	10.0%
5	批发零售业	190	9.9%
6	居民服务业	167	8.7%
7	个体经营	153	8.0%
8	事业单位	140	7.3%
9	交通运输业	124	6.5%
10	仓储物流业	91	4.8%
	合计	1935	100%

（三）科学文化素质较低，收入水平低

作为人口素质的核心内容之一，科学文化素质包含两方面的内容：既包含学习、掌握、运用科学技术知识的能力，也包含受教育的平均水平。劳动者收入水平受劳动者的职业技术水平的影响；而劳动者的职业技术水平作为劳动力素质的具体表现之一，又受到劳动者科学文化素质的影响。对于本次调查研究来说，农业转移人口的科学文化素质主要表现为所受教育程度和就业技能水平。提升农业转移人口的科学文化素质，既有利于农业转移人口市民化进程的促进，又有利于农业转移人口市民化质量的提升。

根据调研统计数据，本次参与调研的农业转移人口中，高中及以下的文化程度占比为63.7%，说明大多被调查者所受教育程度比较低。有超过半数的被调查者认为在找工作中遇到的最大困难是学历低或缺乏专业技能。其中有26.4%的人选择学历低，有24.8%的人选择了缺乏专业技能。可见，自身素质不高对就业的限制在农业转移人口中较为普遍。

如图10-6所示，从收入水平来看（该选项有效样本量1911），总体呈现出农业转移人口的收入水平低的特点，超过半数的被调查者月收入在3000元以下，总体样本月平均收入为3883元。月收入在1000元以下的占1.5%，月收入在1000—3000元之间的占51.8%，月收入在3000—5000元之间的占33.5%，月收入在5000—7000元之间的占7.3%，月收入在7000—9000元之间的占2.7%，月收入在9000元以上的占3.1%。

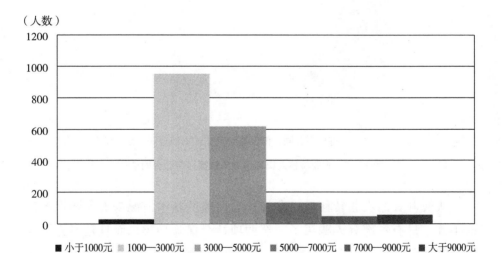

图10-6　农业转移人口月平均收入情况分布

（四）自我保护意识较差，维权能力较弱

在科学文化素质水平、（基本）专业技能水平、对城市生活的了解程度方面，相较于城市劳动力，农业转移人口明显处于劣势。因而，他们通常只能从事一些简单的体力劳动和技术要求很低的工作，这使得他们在就业市场中处于劣势地位，几乎没有能与用工单位谈判的资本。

针对劳动合同签署情况的有效样本量 1887。调查数据统计显示，有 57.5% 的被调查者和用工方签订了劳动合同；有 23.1% 的被调查者没有同用工方签订劳动合同且无任何口头合同；15.9% 的有口头上的劳动合同，且并没有签订正式的书面合同；3.5% 不清楚自己是否和用工方有劳动合同等协议，如图 10-7 所示。

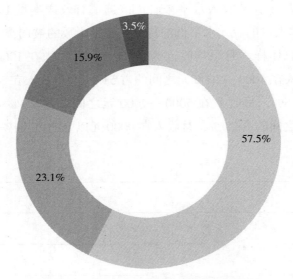

■ 是　■ 否　■ 有口头合同，但没有签订正式书面合同　■ 不清楚

图 10-7　农业转移人口和用工单位签订劳动合同情况

从被调查的农业转移人口参加社会保障的基本情况来看，参保率普遍不高，只有一部分人购买了一至两项社会保险种类，而且是不完全意义上的社会保障。从统计结果看，工作单位未购买保险的有 603 人，占比 31.5%。购买险种排前三位的分别是医疗保险、养老保险和工伤保险，比例依次是 48.1%、40.8%、25.5%，如表 10-15 所示。可以看出，农业转移人口最重视的分别是医疗和养老这两大问题。

表 10-15　农业转移人口社保购买情况

社会保险购买情况	频数	百分比（%）	有效样本量
单位未购买保险	603	31.5%	1914

社会保险购买情况	频数	百分比（%）	有效样本量
医疗保险	921	48.1%	1913
养老保险	781	40.8%	1912
工伤保险	487	25.5%	1909
人生意外或伤害险	452	23.6%	1913
失业保险	393	20.6%	1910
生育保险	305	16.0%	1910
新农合保险	241	12.6%	1913
其他	47	2.5%	1913

当合法权益受损时，应依靠谁来维权或者由谁来保护自己的权益，这是一个农业转移人口权益能否得以保障的关键问题。调查发现，有10.7%的人选择忍气吞声，不利用任何途径进行维权；52.0%的人选择与用工方协商；39.4%的人选择通过法律的途径维护自己的合法权益；22.6%的人选择求助于政府，通过政府的力量同用工方协商；18.7%选择通过工会与用工单位协商；15.2%选择报警；14.8%求助于亲戚朋友；10.3%选择新闻媒体；2.9%选择其他维权途径，如表10-16所示。农业转移人口的这种维权方式的选择，反映了对不同维权主体的信赖程度，同时也反映了不同维权方式效用的大小。

从维权方式的选择上来看，农业转移人口最信赖和主要依靠的是自己，其次是政府部门、亲友、工会和新闻媒体等。这说明农业转移人口个体在遭遇侵权问题时往往显得无能为力，维权渠道也面临着重重障碍。总的来讲，农业转移人口维权的难点是维权道路的不畅通，权益保障未能形成独立的部门职能。

表10-16　农业转移人口的维权方式

维权方式	频数	百分比	有效样本量
忍气吞声不维权	204	10.7%	1902
个人与用人单位协商	989	52.0%	1902

维权方式	频数	百分比	有效样本量
通过法律途径解决	750	39.4%	1902
寻找政府部门帮助	429	22.6%	1902
借用工会与用人单位协商	355	18.7%	1899
报警	289	15.2%	1901
求助亲友找公司说理	281	14.8%	1904
寻求媒体帮助	196	10.3%	1900
其他	55	2.9%	1897

四、农业转移人口城市生活现状和城市融入情况

（一）大多数人与家人一起在城市租房生活

根据此次问卷调查，被调查者中有28.5%的人无家人一起在城里生活，即有71.5%的人与家人一起在城里生活。其中，51.0%的与配偶一起在城里生活，29.6%与子女一起在城里生活，20.1%与父母一起在城里生活，如表10-17。可见，"空巢老人"与"留守儿童问题"是农业转移人口市民化中的一个重要问题，如表10-17所示。

表 10-17　农业转移人口在城里生活情况

在城里生活情况	频数	百分比	有效样本量
只有自己	544	28.5%	1906
配偶	974	51.0%	1908
子女	566	29.6%	1911
父母	385	20.1%	1911
其他	85	4.5%	1908

针对居住方式的有效样本量1906。从居住方式来看，在城市拥有自己住房的农业转移人口只有19.7%，绝大多数都是租房或住宿舍，占比达77.2%。方式包括在城里面单独或与家人独租、居住在用工方提供的宿舍里、与他人合租、临时住在亲戚家里等，所占比例依次是29.0%、27.4%、

18.3%、2.5%，如表 10–18 所示。

表 10–18　农业转移人口在城里居住情况

在城里生活情况	频数	百分比
个人或家庭单独租房	562	29.5
单位宿舍	531	27.9
在城市拥有自己的住房	376	19.7
与他人合租	355	18.6
临时居住在亲戚或朋友家	48	2.5
其他	34	1.8%

（二）城市生活开支大，生活压力大

近年来，随着我国物价水平的不断上升，加之多数农业转移人口举家迁移进城市生活，农业转移人口在城市生活的压力越来越大。根据调查数据显示，只有 23.6% 的人收入够花，且有较多的结余；36.2% 的人收入够花，但结余很少；17.5% 人收入刚好够开销，没有结余；收入根本不够开销的占比达 22.8%，有效样本量 1903，如表 10–19 所示。

表 10–19　农业转移人口在城市生活的收支情况

收支情况	频率	百分比
够花，但是只有很少剩余	688	36.2
够花，并且有较多剩余	449	23.6
不够花	433	22.8
刚好够花	333	17.5
合计	1903	100.0

表 10–20 列出了农业转移人口前三项开支项目的具体分布，由于篇幅的限制，每项只取排名前五的具体消费项。从表中可以看出，农业转移人口的日常消费主要集中在饮食费用与住宿费用等基本生活保障消费方面，用于衣服或娱乐消遣的费用占农业转移人口日常消费的比例甚少，这反映出农业转移人口的日常消费单一，生活方式单一，表现为"只拼命工作挣

钱养家，不消费"的生活方式特点。

表 10-20　农业转移人口每月前三大开支项目

分类开支	有效样本量	第一名及百分比（%）	第二名及百分比（%）	第三名及百分比（%）	第四名及百分比（%）	第五名及百分比（%）
第一大开支	1661	日常饮食费用（23.4）	寄回老家（22.1）	住宿费用（20.5）	子女教育费用（14.8）	住房按揭（8.4）
第二大开支	1572	日常饮食费用（34.5）	住宿费用（15.7）	子女教育费用（11.3）	人际交往费用（6.9）	衣物费用（6.9）
第三大开支	1532	日常饮食费用（20.8）	通讯费用（14.1）	人际交往费用（13.4）	衣物费用（10.4）	娱乐消遣费用（9.1）

（三）休闲娱乐方式简单，社交圈子较小

休闲娱乐方式是测量农业转移人口市民化程度的行为指标之一。农业转移人口的休闲娱乐方式很简单，大多数只是看电视、玩手机和朋友聊天等一些经济花费比较小的娱乐方式。调查数据显示，选择看电视的占 54.9%，玩手机的占 51.9%，和朋友聊天的占 32.7%，逛街的占 21.5%，打牌下棋的占 16.0%，去电影院看电影的占 16.0%，参加体育锻炼的占 12.8%，去 KTV 唱歌的占 11.6%，去网吧的占 9.6%，泡吧的占 2.8%，其他占 3.6%，如表 10-21 所示。可以看出，农业转移人口的娱乐方式较为单一，且主要选择花费较少的娱乐方式，看电视和玩手机是最主要的消遣方式。

表 10-21　农业转移人口娱乐方式

娱乐活动	频数	百分比	有效样本量
看电视	1050	54.9%	1914
玩手机	994	51.9%	1914
和朋友聊天	626	32.7%	1915
逛街	412	21.5%	1914
打牌下棋	306	16.0%	1911
去电影院看电影	307	16.0%	1915

娱乐活动	频数	百分比	有效样本量
体育锻炼	245	12.8%	1913
去 KTV	221	11.6%	1911
看报纸杂志	195	10.2%	1914
去网吧	184	9.6%	1912
其他	68	3.6%	1914
泡吧	53	2.8%	1911

（四）社区活动参与度低

社区活动包括社区管理活动、社区文化建设活动、社区交往活动等。调查数据显示，没有在城里参加过任何社会集体活动的占比高达 65.6%，如表 10-22 所示。影响农业转移人口参与社区集体活动的因素有很多，既有他们自身因素，也有市民和社区组织的原因。就农业转移人口自身而言，他们来到城市的主要目的是挣钱养家，满足经济需求，对于社区活动的兴趣不大。对于市民来讲，他们中有部分人在内心深处对与农民工交往存在排斥心理，不愿意和农业转移人口共同参与社区活动。对于城市政府和社区自治组织来讲，他们并没有为农业转移人口在城市的工作、生活提供足够的服务，对农业转移人口的关注度不够或者采取的措施仍然有限。

表 10-22　农业转移人口社会活动参加情况

项目	频数	比例	有效样本量
没有参加任何社会集体活动	1246	65.6%	1900
公益组织活动	188	9.9%	1897
街道办活动	168	8.80%	1903
选举或被选举	158	8.3%	1901
政策宣传活动	113	5.9%	1902
工会活动	113	5.9%	1901
法律宣传活动	108	5.7%	1900
党团小组活动	108	5.7%	1903
其他	78	4.1%	1903

项目	频数	比例	有效样本量
网络组织举办的活动	54	2.8%	1902
妇联活动	52	2.7%	1900
通过法律途径维权	43	2.3%	1903
通过集会抗议维权	35	1.8%	1902

五、农业转移人口市民化认知和意愿情况

农业转移人口作为新型城市化的主体，他们对市民化的认知、意愿和评价一定程度上决定着我国新型城镇化的走向和目标的实现，也在很大程度影响着整个城市化的进程，因此，把握农业转移人口对市民化的认识程度、意愿及期望，对推进我国农业转移人口市民化具有重要的理论和实践指导意义。为了调查农业转移人口对市民化认知的情况，我们在问卷中设置了"你认为成为城里人的主要标志有哪些？"这一问题。调研数据统计显示，有1133人选择"在城里拥有住房"，占比59.4%；有1025人选择了"在城里有稳定的收入"，占比53.7%；有905人选择了"取得城市户口"，占比47.5%；有843人选择了"在教育、医疗、社保等方面和城里人有一样的待遇"，占比44.3%；有265人选择了"和城里人有一样的习惯和想法"，占比13.9%，如表10-23所示。可见，对农业转移人口市民化产生重要影响的因素是以住房、户口、收入以及社会保障程度等为代表的硬性条件，而非农业转移人口的观念。

表10-23 农业转移人口认为成为城里人的标志

成为城里人的标志	频数	比例	有效样本量
在城里拥有住房	1133	59.4%	1907
在城里有稳定的收入	1025	53.7%	1907
取得城市户口	905	47.5%	1905
在教育、医疗、社保等方面享有城市居民待遇	843	44.3%	1904
和城里人有一样的习惯和想法	265	13.9%	1909

（一）对目前的生活状态总体感到满意，市民化愿望强烈

中国劳动人民吃苦耐劳，朴实乐观的形象早已深入人心。在我国各大城市，我们都可以看到肩负一家老少生活负担的农民工早出晚归、披星戴月地奔走在各大工地之间。关于农民转移人口生活状态满意度调查的有效样本量1916。从调查数据可以看到，目前我国88.2%的农业转移人口对目前的生活状态在基本满意以上。表示对在城里的工作生活总体非常不满意的占1.3%，不满意的占10.5%，基本满意度的占54.0%，满意的占27.2%，非常满意的占7.0%，如表10-24所示。

表 10-24　农业转移人口对城里工作和生活的满意度

满意度	频数	比例
非常满意	134	7.0%
满意	521	27.2%
基本满意	1035	54.0%
不满意	201	10.5%
非常不满意	25	1.3%
合计	1916	100%

随着我国城镇化步伐的加快，农业转移人口在外出务工的过程中从生产方式和生活习惯上越来越趋近于市民。年轻一代的农业转移人口由于自身文化素质的提高，对城市的认同也不断增强，城市各种生活配套设施齐全，交通便利，医疗环境和条件好等因素，使得他们成为市民的愿望显得迫切而强烈。为了了解其市民化意愿，在问卷中设计了"您愿意长期留在城市工作和生活吗？"这一题目，该选项有效样本量1879。从调查得到有效数据中可以看到有39.8%愿意在城里工作生活；25.6%表示现在愿意，但老了打算回老家附近城镇生活；24.7%表示现在愿意，老了打算回农村老家；4.5%打算先在城里干着，等机会适合回乡创业；2.1%表示不愿意在城里生活；另外3.2%表示没有想过此类问题。由此可看到，表示愿意留在城市生活和工作的占比达到94.6%，如表10-25所示。

表 10-25　农业转移人口留城意愿调查

是否愿意长期留在城市	频数	比例
愿意	748	39.8%
现在愿意，老了以后打算回到老家附近城镇生活	481	25.6%
现在愿意，老了以后打算回到农村老家	464	24.7%
在城里先干着，机会合适打算回家乡创业	85	4.5%
不愿意	40	2.1%
没想过	61	3.2%

　　另外调查数据还显示，农业转移人口愿意留在城市工作和生活的主要原因有城里发展机会多、城市工作收入高、交通便利生活方便、市民生活质量高、娱乐活动多、子女教育环境好、医疗条件好、市民有各种生活保障、家人朋友都在城里、市民社会地位高等，其中前五个因素的占比分别是 61.7%、34.8%、34.6%、34.0%、33.0%，如表 10-26 所示。

表 10-26　农业转移人口希望留在城里生活的原因

排名	留在城的原因	频数	比例	有效样本量
1	城里发展机会多	735	61.7%	1191
2	市民收入高	414	34.8%	1190
3	交通便利，生活方便	412	34.6%	1191
4	市民生活质量高，娱乐活动多	405	34.0%	1190
5	子女教育环境好	394	33.0%	1193
6	医疗条件好	308	25.9%	1191
7	市民有各种生活保障	239	20.0%	1193
8	家人、朋友都在城里	154	12.9%	1193
9	市民社会地位高，有优越感	124	10.4%	1193
10	其他	43	3.6%	1194

　　（二）对自我身份认知模糊，城市归属感低

　　针对身份认同选项的有效样本量 1893。根据调查数据显示，当被问及"您在城里打工，感觉自己是城里人还是农村人？"的问题时，有超过半数的农业转移人口表示说不清或是从来没想过这个问题，只有 49.6% 的人能清楚回答，其中感觉自己是城里人的有 19.2%，农村人的占 30.4%，如图 10-8 所示。从上述数据可以看出，多数在城市生活和工作的农业转移人口对自我身份的认知是比较模糊的，城市归属感是比较低的。

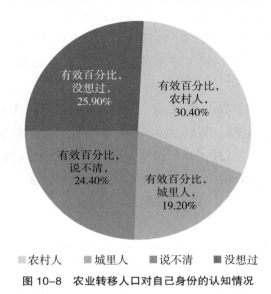

图 10-8　农业转移人口对自己身份的认知情况

在经济收入水平、居住状况、从事的职业方面，农业转移人口相较于城市人口处于劣势；因此在社会层面，农业转移人口难以与城市人口有效地、良好地接触和交往；从而导致农业转移人口的城市归属感难以形成、价值认同观念难以形成，从而导致了农业转移人口的低的城市归属感。

六、农业转移人口市民化面临的主要障碍

在本次调研数据与分析的基础上，本文从以下三个方面对农业转移人口市民化的主要影响因素进行总结。

（一）农业转移人口自身能力约束

农业转移人口市民化的自身能力约束主要体现在社会资本约束、身体人力资本约束、心理资本约束、经济资本约束等方面，它反映了农业转移人口在城市中的生存和发展能力和潜力。其中人力资本的受教育程度和专业技术水平直接关系到了农业转移人口的工作能力和收入水平。目前，城市农业转移人口虽然具有一定的文化水平（一部分人甚至是农村的精英），且大都年富力强，但与城市居民相比还是具有相当大的距离，造成了他们在就业方面的低竞争力；这在一定程度上延缓了农业转移人口的市民化进程。

首先，根据调研统计数据，本次参与调研的农业转移人口中，高中及以下的文化程度占比为77.8%，说明绝大多数人所受教育程度低。有超过半数的被调查者认为在找工作中遇到的最大困难是学历低或缺乏专业技能。

其次，根据调查数据分析来看，有770人表示自己从未参加过技能培训，占总样本的40.5%。从参加技能培训的途径来看，参加职业技能培训的途径主要有：单位无偿提供、单位有偿提供、政府无偿提供、网络学习和自费参与社会机构培训，各种技能培训的途径依次所占比例为：37.3%、10.1%、9.0%、13.7%、13.3%，如表10-27所示。

表10-27　农业转移人口参加职业培训的途径

途径	频数	百分比	有效样本量
没有参加任何培训	770	40.5%	1899
单位无偿提供	710	37.3%	1904
网络学习	261	13.7%	1905
自费参与社会机构提供培训	254	13.3%	1906
单位有偿提供	193	10.1%	1904
政府无偿提供	172	9.0%	1904

（二）社会保障制度

伴随着改革开放不断深入，我国社会主义市场经济建设取得了可喜的成果，但是依旧存在一些问题，如户籍制度的改革、依附于户籍制度的公共服务制度以及社会福利制度改革的滞后较为严重，以至于目前仍存在较为突出的城乡二元分割现象。由于现行户籍制度的规定，在城市务工的农业转移人口无法平等地享受市民在城市里享有就业保障、医疗保障、养老保险、住房补贴等一系列社会保障政策。其中表现最为突出和农业转移人口最为关心的分别是住房、医疗、养老和就业制度。

根据调研数据显示，被调查者最希望政府帮助解决的问题排在前三位的分别是医疗保险、居住状况和养老保险。然后依次是劳动安全、就业培训、子女教育、工作环境、户籍问题、法律援助、选举与被选举等政治权益、社会治安、公共基础设施和公共文化服务等问题，如表 10-28 所示。

表 10-28　农业转移人口最希望政府帮助解决的问题

项目	频数	比例	有效样本量
医疗保险	934	48.9%	1910
居住状况	807	42.3%	1908
养老保险	807	42.3%	1910
劳动安全	747	39.2%	1907
就业与培训	744	39.1%	1902
劳资关系	721	37.8%	1906
子女教育	715	37.6%	1904
工作环境	621	32.5%	1911
户籍问题	523	27.4%	1906
法律援助	301	15.8%	1908
社会治安	301	15.8%	1909
公共基础设施	260	13.6%	1907
公共文化服务	208	10.9%	1906
选举与被选举等政治权益	187	9.8%	1907
城里人的尊重	160	8.4%	1906
其他	69	3.6%	1902

从上述数据可以看出农业转移人口在城市生存急需得到解决的是住房问题、医疗保险、养老保险、就业技能培训、子女教育等问题。由于自身素质等问题，农业转移人口只能寻找那些工作稳定性差、收入低、劳动强度大、无福利、无保障和无晋升机会等市民看不上眼的边缘性职业和岗位，这大大增加了他们在城市生活和工作的风险，也使得他们难以进入城市正规体制之内，实现与城市主流社会的融合。

（三）土地流转制度

根据调查数据，农业转移人口的市民化意愿直接受到土地流转程度高低的影响。土地处置方式与市民化意愿的交叉分析有效样本量1862。从调查数据来看，如表10-29所示，在没有耕地的农业转移人口中，选择愿意市民化的人数为164，占所有没有耕地（283人）的57.95%。而把土地交给家人和亲友耕种的样本中，愿意市民化的人数有338人，占比仅为34.35%。另外，我们把没有耕地和被政府、集体征回的土地处置方式归纳为土地流转程度高；把转租与别人耕种和入股分红归纳为流转程度中；把交于家人或亲友耕种以及抛荒的处置方式归纳为土地流转程度低。从表10-30可以看出，土地流转程度越高，选择不愿意市民化的人数越少。这表明，土地流转对农业转移人口从农村的退出具有积极的推动力。

表 10-29　农业转移人口土地处置方式与市民化意愿

土地处置方式	是否愿意长期留在城市工作生活						
	愿意	现在愿意，老了以后打算回老家附加的城镇生活	现在愿意，老了以后打算回农村老家	在城里先干着，机会合适还是打算回家乡创业	不愿意	没想过	合计
没有耕地	164	56	43	5	6	9	283
家人或亲友耕种	338	260	281	49	24	32	984
转租给别人耕种	107	88	73	18	2	7	295
入股分红	7	5	5	1	0	0	18
抛荒	45	17	26	6	4	6	104
已被政府或集体收回	67	41	24	4	4	6	146
其他	16	7	6	2	0	1	32
合计	744	474	458	85	40	61	1862
比例	39.96%	25.46%	2.46%	4.56%	2.15%	3.28%	100.00%

表 10-30　农业转移人口土地流转程度与市民化意愿

土地流转程度	愿意	不愿意	没想过	合计
高	328	86	15	429
中	207	163	7	377
低	628	375	43	1056
合计	1173	624	65	1862

第三节　研究启示

综上，调研结论显示对农业转移人口市民化进程产生重要影响的主要因素有：农业转移人口的自身素质（包括科学文化水平和职业技术水平）；社会保障的完善程度，特别是医疗保险和养老保险的完善；农村土地流转机制和流转程度。调研得到的启示如下：

第一，提升农业转移人口科学文化素质，加强职业技能培训，拓宽就业渠道，满足农业转移人口就业需求，提高农业转移人口收入水平。科学文化素质影响劳动力素质，进而影响其职业技能水平，关系着其收入高低，具有良好素质的农业转移人口可以有效地促进市民化进程；政府对农业转移人口的再次教育或职业培训具有重要的责任与义务。然而，研究数据显示，参加过政府提供的职业技能培训的农业转移人口仅有 7%。对此，针对市场用工的需求及各类农业转移人口的自身特点，政府部分应当有针对性的大力开展各类有关农业转移人口的文化素质教育以及职业技能培训等工作，以增强农业转移人口的就业能力，进而加快农业转移人口市民化进程。

第二，结合农业转移人口自身特点，完善社会保障体系与福利制度，促进农业转移人口城市融合。完善的社会保障体系包括社会保险、社会救助和社会福利。对于农业转移人口而言，目前迫切需要解决的是社会养老、医疗、工伤和失业等社会保障。传统的城乡分割户籍制度把户籍与社会保障、医疗、子女教育、社会福利等直接挂钩，这使得农业转移人口在市民化过程中处于尴尬的境地。虽然我国政府在这方面有过尝试，如在2002 年建立了新型农村合作医疗保险制度等，但从目前来看并不能完全解决农业转移人口的社会保障问题。农业转移人口具有流动性大、文化水平低、收入水平低、获得信息渠道较窄等特点，这给政策实施加大了难度，因此政府部门在制定政策的时候应充分结合农业转移人口的特点，结合基层组织，把相关政策措施实施到位。

第三，切实保障农业转移人口相关权益，完善农村土地承包经营制和土地流转制度。在城市化进程加快的今天，土地制度过分强调"土地是农民生存的根本"，同时，农业转移人口在城市工作、生活未能享受到与城市居民均等化的基本公共福利，这使得农业转移人口对流转出土地具有一定的疑虑或排斥，"失去土地等于失去生存的根本"成为农业转移人口市民化的又一大心理障碍。要破除这一心理障碍，关键是要保障农业转移人口相关土地权益。这种权益既包括农业转移人口在流转出土地过程中所获得的现时经济权益以及未来经济权益，又包括农业转移人口在城市工作、生活的基本公共福利权益，即城市基本公共福利权益的保障成为农业转移人口生存的根本。这要求政府构建更加符合当前形势的土地制度，建立一个流转顺畅的现代农业土地制度，完善相应社会保障体系与福利制度，鼓励农业转移人口流转出土地，保障农业转移人口的相关权益，促进城乡要素合理流动。

第十一章 农业转移人口主体特征、能力约束及市民化的实证研究

第一节 研究设计

一、模型构建

本书是在列联表分析的基础上进行 Logit 回归分析。列联表分析的基本作用是判断两分类变量之间有无关联，即是否独立。在经典的回归模型中，自变量与因变量一般都是连续变量，但是在社会科学中，反应调查主体特征的变量往往都是分类变量，如性别，分为男女；教育程度可以分为低教育程度和高教育程度两类。因此，若自变量为分类变量，应先将其转化成虚拟变量，使其具有连续变量的特性，再将转化后的虚拟变量作为回归模型的预测变量之一（吴明隆，2010）[1]。同时，若因变量为分类变量，该类计量模型被称之为离散选择模型。如果因变量只有两个取值，称为二元选择模型，常用的模型为 Logit 模型。

Logit 回归分析广泛地应用于因变量为二分类别变量的回归模型，此二分类别变量的编码是 0 和 1，其中心概率是 logit（逻辑），它是胜算（odds）的自然对数。以 P 表示 1 发生的概率，1−P 表示 1 不发生即 0 发生的概率。1 发生的概率与函数关系为：$\dfrac{e^{f(x)}}{1+e^{f(x)}}$；1 不发生（0 发生）的概率与函数关系为：$\dfrac{1}{1+e^{f(x)}}$。则胜算（odds）可以表示为：

---

① 吴明隆：《问卷统计分析实务》，重庆大学出版社 2010 年版，第 395—397 页。

$$odds = \frac{P}{1-P} = \frac{\frac{e^{f(x)}}{1+e^{f(x)}}}{\frac{1}{1+e^{f(x)}}} = e^{f(x)}$$

由于胜算不是线性模型，取胜算的自然对数将其转换为线性模型：

$$ln\left(\frac{P}{1-P}\right) = ln(e^{f(x)}) = f(x) = B_0 + B_1 X_1 + B_2 X_2 + \cdots B_k X_k$$

一般将 0.5 设为切割点，当预测概率 p 大于 0.5，即 $\frac{P}{1-P}$ 大于 1，

$ln\left(\frac{P}{1-P}\right)$ 大于 0 时，样本被归为 1，反之亦然[①]。

本课题的因变量为农业转移人口的身份认同，是一个二分因变量，因而采用 Logit 回归模型：

$$f(x) = B_0 + B_1 X_1 + B_2 X_2 + \cdots B_k X_k$$

其中，$f(x)$ 表示农业转移人口的身份认同；B_i 表示农业转移人口身份认同的影响因素。

二、指标体系

本课题从农业转移人口主体角度，以农业转移人口的身份认同衡量市民化的程度或结果，探究微观主体自身的主体特征与能力约束对其市民化的影响。回归模型的因变量为农业转移人口的身份认同，在调查问卷中，被调查者要求回答"您在城里打工，感觉自己是__"，选项包括 A（农村人）、B（城市人）、C（说不清楚）、D（没想过）。由于 C、D 选项的角色定位不明确，因此为了保证回归分析的有效性，因此在该部分剔除 C、D 样本。剔除 C、D 后，选择 A 或 B 的有效样本量达到 940。若农业转移人口认为自己是"农村人"，则表明该农业转移人口未完成市民化，用"0"表示；若认为自己是"城市人"，则表明该农业转移人口已完成市民化，

---

① 吴明隆：《问卷统计分析实务——SPSS 操作与应用》，重庆大学出版社 2010 年版，第 405 页。

用"1"表示^①。

在理论分析部分，我们对农业转移人口主体特征和能力约束对其市民化的影响因素研究进行文献梳理。在此基础上，本课题设置了 2 个一级指标和 20 个二级指标以反映微观主体自身特点对市民化的影响。变量赋值情况如表 11–1 所示，20 个二级指标均为分类变量，对于二分变量的回归分析，采用的处理方式是将一种情况设置为"0"，另一种情况设置为"1"；对于三分变量，采用的处理方式是将三种情况设置为"1""2""3"。

表 11–1　变量说明

一级指标	二级指标	赋值
主体特征	代际	第二代农民工为 0，第一代农民工为 1
	户口属性	农村户口为 0，城市户口为 1
	务农经验	无或少量务农经验为 0，务农经验丰富为 1
	有无耕地	无耕地为 0，有耕地为 1
	打工年限	打工时间短（1—5 年）为 0，打工时间长（5 年以上）为 1
	日工作时间	正常工作时间（8 小时及以下）为 0，超额工作时间（8 小时以上）为 1
	书面劳动合同	不具有书面劳动合同为 0，具有书面劳动合同为 1
	社会保险	单位未购买任何社会保险为 0，单位购买了社会保险为 1
	生活伴侣	独居（无家人一起在城里生活）为 0，共居（与配偶（男 / 女朋友）、子女、父母一起在城里生活）为 1
	子女上学情况	无供子女读书的压力为 1，子女在城里农民工子弟学校上学或在老家上学为 2，以市民子女就读方式上学为 3
	有无娱乐活动	无娱乐活动为 0，有娱乐活动为 1

---

① 农业转移人口市民化的水平或程度有众多的测算标准。由于农业转移人口市民化的最终目标是实现"人的市民化"，而人的市民化归根结底还是要看转移人口自身是否认为自己在各个方面，尤其是心理认同上认为自己和城里人"再无差别"。因此，从个体的角度而言，可以说"身份认同"应当被看作农业转移人口市民化的最终识别依据。基于上述理由，在课题中我们最终采用"身份认同"这一指标，作为判断农业转移人口主体市民化程度的最终依据。同时，这一选择也更有利于实证研究在数据采集和分析上的稳定可行。

续表

一级指标	二级指标	赋值
能力约束	教育程度	低学历组为 0，高学历组为 1
	职位	A 类（普通工人、服务人员、技术工人、个体经营户）为 0 B 类（基层管理人员、中层管理人员、高层管理人员归）为 1
	工作技能	无特定工作技能为 0，有特定工作技能为 1
	月收入	低工资组（小于或等于 3000 元）为 0，高工资组（高于 3000）为 1
	收支情况	无剩余为 0，有剩余为 1
	是否在城里买房	否为 0，是为 1
	主要交往人中有无当地市民朋友	无当地市民朋友为 0 有当地市民朋友为 1
	社会集体活动	未参加过社会集体活动为 0，参加过社会集体活动为 1
	城市适应能力	城市适应能力弱为 0，城市适应能力强为 1

第二节　列联表分析

一、市民化主体结构的列联表分析

列联表分析的目的是研究两个分类变量之间的相关性，主要统计量有交叉表、卡方检验统计量、关联系数统计量。现用列联表分析方法对市民化主体结构与身份认同进行相关性分析。样本缺失值统计情况如表 11-2 所示。

表 11-2　主体结构的缺失值分布情况

变量	有效值	缺失值
代际	939	1
户口属性	881	59
务农经验	931	1
有无耕地	934	6

变量	有效值	缺失值
打工年限	939	1
日工作时间	930	10
书面劳动合同	917	23
社会保险	936	4
生活伴侣	929	11
子女上学情况	918	22
有无娱乐活动	932	8

（一）代际与身份认同的交叉表

农业转移人口的代际分化研究是近年的研究热点，但是对于应划分为几代、划分标准是什么，目前争论较大。有的是根据年龄进行划分，有的是根据外出打工的时间点进行划分。在刘传江、董延芳（2014）的研究中，改革开放以前出生、绝大多数在 20 世纪 80 年代从农业中分离出来并加入打工者行列的人被称为第一代农民工；改革开放以后出生、20 世纪 90 年代中后期外出务工经商的人被称为第二代农民工。本课题数据采集于 2014 年，因而将年龄分为两个阶段，16—34 岁属于第二代农民工，35 岁及以上为第一代农民工。第二代农民工用 0 表示，第一代农民工用 1 表示。

表 11-3　代际的交叉表

代际		农村人	城市人
二代	计数	225	195
	代际中的 %	53.6%	46.4%
	身份认同中的 %	39.1%	53.6%
一代	计数	350	169
	代际中的 %	67.4%	32.6%
	身份认同中的 %	60.9%	46.4%

表 11-3 为代际与身份认同的 2×2 的交叉表，在第二代农业转移人口的样本中，53.6% 认为自己是农村人，46.4% 认为自己是城里人；在第一

代农业转移人口的样本中，67.4% 认为自己是农村人，32.6% 认为自己是城里人；在认为自己是农村人的样本中，39.1% 属于第二代农业转移人口，60.9% 属于第一代；在认为自己是城里人的样本中，53.6% 属于第二代农业转移人口，46.4% 属于第一代。可以看出，农业转移人口的身份认同在代际方面表现出一定的差异。

（二）户口属性与身份认同的交叉表

在研究中，户口属性分为两种情况，农村户口用 0 表示，城市户口用 1 表示。表 11-4 为户口属性与身份认同的 2×2 交叉表，在农村户口样本中，70.7% 认为自己是农村人，29.3% 认为自己是城市人；在城市户口样本中，28.2% 认为自己是农村人，71.8% 认为自己是城里人；在认为自己是农村人的样本中，90.9% 具有农村户口，9.1% 具有城市户口；在认为自己是城里人的样本中，61.9% 具有农村户口，38.1% 具有城市户口。可以看出农业转移人口的身份认同在户口属性上面表现出一定的差异性。

表 11-4　户口属性的交叉表

户口属性		农村人	城市人
农村户口	计数	498	206
	户口属性中的 %	70.7%	29.3%
	身份认同中的 %	90.9%	61.9%
城市户口	计数	50	127
	户口属性中的 %	28.2%	71.8%
	身份认同中的 %	9.1%	38.1%

（三）务农经验与身份认同的交叉表

在研究中，务农经验被分为两种情况，0 表示无或少量务农经验，1 表示务农经验丰富。表 11-5 为务农经验与身份认同的 2×2 交叉表，在无或少量务农经验的样本中，有 50.8% 认为自己是农村人，49.2% 认为自己是城市人，两者比例相差不大；在务农经验丰富的样本中，85.7% 认为自己是农村人，14.3% 认为自己是城市人；在认为自己是农村人的样本中，58.8% 不具有务农经验或者具有少量务农经验，41.2% 务农经验丰富；在认为自己是城市人的样本中，89.3% 不具有务农经验或者具有少量务农经验，10.7% 务农经验丰富。可以看出，农业转移人口的身份认同在务农经验方面具有一定的差异。

表 11-5　务农经验的交叉表

务农经验		农村人	城市人
无或少量务农经验	计数	334	324
	务农经验中的 %	50.8%	49.2%
	身份认同中的 %	58.8%	89.3%
务农经验丰富	计数	234	39
	务农经验中的 %	85.7%	14.3%
	身份认同中的 %	41.2%	10.7%

（四）有无耕地与身份认同的交叉表

在研究中，有无耕地被分为两种情况，0 表示无耕地，包括耕地被政府征收的情况，1 表示有耕地。

表 11-6 表示是否拥有耕地与身份认同的 2×2 的交叉表，在无耕地的样本中，35.0% 认为自己是农村人，65.0% 认为自己是城市人；在有耕地的样本中，69.2% 认为自己是农村人，30.8% 认为自己是城市人；在认为自己是农村人的样本中，13.1% 无耕地，86.9% 有耕地；在认为自己是城里人的样本中，38.5% 无耕地，61.5% 有耕地。可以看出，农业转移人口的身份认同在有无耕地方面表现出一定的差异。

表 11-6　有无耕地的交叉表

有无耕地		农村人	城市人
无耕地	计数	75	139
	有无耕地中的 %	35.0%	65.0%
	身份认同中的 %	13.1%	38.5%
有耕地	计数	498	222
	有无耕地中的 %	69.2%	30.8%
	身份认同中的 %	86.9%	61.5%

（五）打工年限与身份认同的交叉表

在研究中，对调查问卷所得数据进行处理后发现以 5 年为结点将打工年限分成两类，所得打工年限与身份认同的相关性最为显著。1—5 年的外出打工时间表示打工时间短，用 0 表示，外出打工时间超过 5 年表示打工时间长，用 1 表示。

表 11-7 为打工年限与身份认同的 2×2 的交叉表，在打工年限较短样本中，57.4% 认为自己是农村人，42.6% 认为自己是城里人；在打工年限较长的样本中，65.1% 认为自己是农村人，34.9% 认为自己是城里人；在认为自己是农村人的样本中，46.8% 打工时间较短，53.2% 打工时间较长；在认为自己是城里人的样本中，54.9% 打工时间较短，45.1% 打工时间较长，可以看出，农业转移人口的身份认同在外出打工年限表现出一定的差异。

表 11-7　打工年限的交叉表

有无耕地		农村人	城市人
打工时间短	计数	269	200
	打工年限中的 %	57.4%	42.6%
	身份认同中的 %	46.8%	54.9%
打工时间长	计数	306	164
	打工年限中的 %	65.1%	34.9%
	身份认同中的 %	53.2%	45.1%

（六）日工作时间与身份认同的交叉表

根据国家相关法律规定，8 个小时的日工作时间为正常工作时间。因而，在研究中，日工作时间被分为两种情况，8 小时及以下属于正常工作时间，用 0 表示；8 小时以上属于超额工作时间，用 1 表示。

表 11-8 为日工作时间与身份认同的 2×2 的交叉表，在法定 8 小时及以下的样本中，47.3% 认为自己是农村人，52.7% 认为自己是城里人；在超过 8 小时的超额工作时间的样本中，64.8% 认为自己是农村人，35.2% 认为自己是城里人；在认为自己是农村人的样本中，15.6% 日工作时间在 8 小时以内，84.8% 超过 8 小时；在认为自己是城里人的样本中，27.5% 日

工作时间在 8 小时以内，72.5% 的工作时间超过 8 小时，可以看出，农业转移人口的身份认同在日工作时间方面表现出一定的差异。

表 11-8   日工作时间的交叉表

日工作时间		农村人	城市人
正常工作时间	计数	89	99
	日工作时间中的 %	47.3%	52.7%
	身份认同中的 %	15.6%	27.5%
超额工作时间	计数	481	261
	日工作时间中的 %	64.8%	35.2%
	身份认同中的 %	84.4%	72.5%

（七）书面劳动合同与身份认同的交叉表

在研究中，农业转移人口的劳动合同的签署情况分为两类，第一类是不具有书面劳动合同，用 0 表示；第二类是具有书面劳动合同，用 1 表示。

表 11-9 为书面劳动合同的签署情况与身份认同的 2×2 的交叉表，在无书面劳动合同的样本中，75.0% 认为自己是农村人，25.0% 认为自己是城里人；在签署了书面劳动合同的样本中，50.5% 认为自己是农村人，49.5% 认为自己是城里人；在认为自己是农村人的样本中，53.9% 没有签署书面劳动合同，46.1% 签署了书面劳动合同；在认为自己是城里人的样本中，28.5% 没有书面劳动合同，71.5% 签署了书面的劳动合同。可以看出，农业转移人口的身份认同在书面劳动合同的签署情况方面表现出一定的差异性。

表 11-9   书面劳动合同的交叉表

书面劳动合同		农村人	城市人
无书面劳动合同	计数	303	101
	书面劳动合同中	75.0%	25.0%
	身份认同中	53.9%	28.5%
有书面劳动合同	计数	259	254
	书面劳动合同中	50.5%	49.5%

书面劳动合同		农村人	城市人
	身份认同中	46.1%	71.5%

（八）社会保险与身份认同的交叉表

社会保险包括养老保险、医疗保险、失业保险、工伤保险、生育保险、意外保险、新农合保险等，在这里主要研究企业或单位是否为农业转移人口购买了社会保险，具体购买哪种保险或哪些保险在这里不深入研究。社会保险购买情况分为两类，单位未购买任何社会保险，用0表示；单位购买了社会保险（任何一种或多种），用1表示。

表11-10为社会保险购买情况与身份认同的2×2的交叉表，在未购买任何社会保险的样本中，75.8%认为自己是农村人，24.2%认为自己是城里人；在购买了社会保险的样本中，54.4%认为自己是农村人，45.6%认为自己是城里人；在认为自己是农村人的样本中，39.9%没有购买社会保险，60.1%购买了社会保险；在认为自己是城里人的样本中，20.2%没有购买社会保险，79.8%购买了社会保险。可以看出，农业转移人口的身份认同在社会保险购买情况方面表现出一定的差异性。

表11-10　社会保险的交叉表

社会保险		农村人	城市人
未购买任何社会保险	计数	229	73
	劳动合同中	75.8%	24.2%
	身份认同中	39.9%	20.2%
购买了社会保险	计数	345	289
	劳动合同中	54.4%	45.6%
	身份认同中	60.1%	79.8%

（九）生活伴侣与身份认同的交叉表

研究中的"生活伴侣"是指农业转移人口有无家人一起在城里生活，生活伴侣分为两种情况，没有家人一起在城里生活，研究称为独居，用0表示；与配偶（男/女朋友）、子女、父母一起在城里生活，称为共居，用

1 表示。

表 11-11 为生活伴侣与身份认同的 2×2 的交叉表，在独居的样本中，75.5% 认为自己是农村人，24.5% 认为自己是城里人；在共居样本中，54.1% 认为自己是农村人，45.9% 认为自己是城里人；在认为自己是农村人的样本中，40.2% 独居，59.8% 共居；在认为自己是城里人的样本中，20.4% 独居，79.6% 共居。可以看出，农业转移人口的身份认同在生活伴侣方面表现出一定的差异性。

表 11-11　生活伴侣的交叉表

生活伴侣		农村人	城市人
独居	计数	228	74
	生活伴侣中的 %	75.5%	24.5%
	身份认同中的 %	40.2%	20.4%
共居	计数	339	288
	生活伴侣中的 %	54.1%	45.9%
	身份认同中的 %	59.8%	79.6%

（十）子女上学情况与身份认同的交叉表

研究中，农业转移人口的子女上学情况被分为三类。第一类，无供子女读书的压力，包括无子女、子女未到读书年龄、子女已工作，用 1 表示；第二类，子女在城里农民工子弟学校上学或在老家上学，用 2 表示；第三类，以市民子女就读方式上学，包括在城里公办学校上学（不交借读费）、在城里公办学校上学（交借读费）、在城里普通民办学校上学，用 3 表示。

表 11-12 为子女上学情况与身份认同的 3×2 的交叉表，在无供子女上学压力的样本中，58.1% 认为自己是农村人，41.9% 认为自己是城里人；在城里民工子弟学校上学或在老家上学的样本中，80.3% 认为自己是农村人，19.7% 认为自己是城里人；在以市民子女就读方式上学的样本中，55.7% 认为自己是农村人，44.3% 认为自己是城里人；在认为自己是农村人的样本中，56.6% 为第一类情况，21.7% 为第二类情况，21.7% 为第三类情况；在认为自己是城里人的样本中，64.3% 为第一类情况，8.4% 为第二类情况，27.2% 为第三类情况。可以看出，农业转移人口的身份认同在

子女上学情况方面表现出一定的差异；尤其对于有供子女上学压力的农业转移人口来说，以市民子女就读方式上学的农业转移人口相对在城里民工子弟学校上学或老家上学的农业转移人口认为自己是城市人的身份认同的比率上升了 24.6%。

表 11-12　子女上学情况的交叉表

收支情况		农村人	城市人
第一类	计数	318	229
	子女上学情况中	58.1%	41.9%
	身份认同中	56.6%	64.3%
第二类	计数	122	30
	子女上学情况中	80.3%	19.7%
	身份认同中	21.7%	8.4%
第三类	计数	122	97
	子女上学情况中	55.7%	44.3%
	身份认同中	21.7%	27.2%

（十一）有无娱乐活动与身份认同的交叉表

娱乐活动多种多样，在研究农业转移人口的娱乐活动时，主要娱乐方式选项被设置为多项选择，1（没什么娱乐）、2（玩手机）、3（看电视）、4（和朋友聊天）、5（打牌下棋）、6（逛街）、7（网吧）、8（电影院）、9（KTV）、10（泡吧）、11（看报纸）、12（体育锻炼）、13（其他）。看电影、逛街、KTV、体育锻炼、泡吧等往往被看作都市生活的标签，而且这些娱乐活动往往在农村是看不到的。正如表 11-13 所示，在把看电影、逛街、KTV、体育锻炼、泡吧、看报纸杂志等作为自己主要的娱乐方式的样本中，认为自己是城市人的比率远高于认为自己是农村人的比率。因而将上述玩手机、看电视、和朋友聊天、打牌下棋、去网吧定义为非娱乐活动；同时将看电影、逛街、KTV、体育锻炼、泡吧、看报纸杂志定义为娱乐活动。

表 11-13　主要娱乐方式的交叉表

娱乐活动		农村人	城市人
没什么娱乐活动	计数	160	23
	娱乐活动中的 %	87.4%	12.6%
玩手机	计数	247	225
	娱乐活动中的 %	52.3%	47.7%
看电视	计数	297	206
	娱乐活动中的 %	59.0%	41.0%
和朋友聊天	计数	169	138
	娱乐活动中的 %	55.0%	45.0%
打牌下棋	计数	90	67
	娱乐活动中的 %	57.3%	42.7%
逛街	计数	68	113
	娱乐活动中的 %	37.6%	62.4%
去网吧	计数	47	41
	娱乐活动中的 %	53.4%	46.6%
去电影院	计数	27	108
	娱乐活动中的 %	20.0%	80.0%
去 KTV	计数	38	66
	娱乐活动中的 %	36.5%	63.5%
泡吧	计数	12	15
	娱乐活动中的 %	44.4%	55.6%
看报纸	计数	39	57
	娱乐活动中的 %	40.6%	59.4%
体育锻炼	计数	38	62
	娱乐活动中的 %	38.0%	62.0%
其他	计数	15	9
	娱乐活动中的 %	62.5%	37.5%

　　将上述娱乐活动之一作为自己主要娱乐方式的农业转移人口定义为有娱乐活动，用 1 表示；未将上述任何一个娱乐活动作为自己主要娱乐方式的农业转移人口定义为无娱乐活动，用 0 表示。表 11-14 为有无娱

乐活动与身份认同的 2×2 的交叉表，在没有娱乐活动的样本中，76.7%认为自己是农村人，23.3% 认为自己是城里人；在有娱乐活动的样本中，39.7% 认为自己是农村人，60.3% 认为自己是城里人；在认为自己是农村人的样本中，73.0% 没有娱乐活动，27.0% 有娱乐活动；在认为自己是城里人的样本中 35.2% 没有娱乐活动，64.8% 有娱乐活动。可以看出，农业转移人口的身份认同在有无娱乐活动方面表现出较大的差异性。

表 11-14　有无娱乐活动的交叉表

收支情况		农村人	城市人
无娱乐活动	计数	417	127
	娱乐活动中的 %	76.7%	23.3%
	身份认同中的 %	73.0%	35.2%
有娱乐活动	计数	154	234
	娱乐活动中的 %	39.7%	60.3%
	身份认同中的 %	27.0%	64.8%

（十二）主体结构与身份认同的卡方检验统计量与关联系数统计量

代际、户口属性、务农经验、有无耕地、打工年限、日工作时间、书面劳动合同、社会保险、生活伴侣、子女上学情况、有无娱乐活动分别与身份认同的卡方检验统计量与关联系数统计量结果如表 11-15 所示。11 个变量的卡方检验均采用"Pearson 卡方"；子女上学情况的交叉表为 3×2 型，因而子女上学情况与身份认同的关联度用 "Cramer V" 表示，其余变量与身份认同之间的关联度均可以用 "Phi" "Cramer V" 表示。

如表 11-15 所示，11 个主体结构变量均能通过 0.05 的显著性检验，表明 11 个自变量和农业转移人口的身份认同有着显著的关联性，即农业转移人口的身份认同分别在这 11 个自变量方面表现出显著差异，与交叉表所反映情况吻合。11 个变量中，有无娱乐活动以及户口属性的差异性与其他变量相比而言最为显著，Pearson 卡方值分别为 130.393 及 108.610，相依系数分别为 0.350 及 0.331；打工年限与代际的 Pearson 卡方值相对较小；子女上学情况具有三个选项，Pearson 卡方值为 28.123，Cramer 的

V 值为 0.175，通过 0.05 显著性检验，表示子女的上学情况与农业转移人口的身份认同具有显著性的关联。以上表明，在主体结构中，有无娱乐活动、户口属性与身份认同的关系强度相对最大，打工年限、代际与身份认同的关系强度较之最弱，很可能在模型中不能达到显著水平，主体结构与身份认同的相关性大小排序为：有无娱乐活动 > 户口属性 > 务农经验 > 有无耕地 > 书面劳动合同 > 社会保险 > 生活伴侣 > 子女上学情况 > 日工作时间 > 代际 > 打工年限。

表 11-15　主体结构的卡方检验统计量与关联系数统计量

变量	Pearson 卡方	Phi	Cramer V	相依系数	是否通过 0.05 显著性检验
代际	18.802	−0.142	0.142	0.140	是
户口属性	108.610	0.351	0.351	0.331	是
务农经验	99.103	−0.326	0.326	0.310	是
有无耕地	80.993	−0.294	0.294	0.282	是
打工年限	5.940	−0.080	0.080	0.079	是
日工作时间	19.327	−0.144	0.144	0.143	是
书面劳动合同	57.238	0.250	0.250	0.242	是
社会保险	39.540	0.206	0.206	0.201	是
生活伴侣	39.358	0.206	0.206	0.202	是
子女上学情况	28.123		0.175	0.173	是
有无娱乐活动	130.393	0.374	0.374	0.350	是

（十三）小结

综合上述可知，代际、户口属性、务农经验、有无耕地、打工年限、日工作时间、书面劳动合同、社会保险、生活伴侣、子女上学情况、有无娱乐活动等 11 个主体结构的二级变量与农业转移人口的身份认同存在显著相关性，考虑将其全部投入回归模型中。影响机理如 Phi 结果显示：

第一，代际 Phi 小于 0，与身份认同呈反向关系，表示二代（0）相对于一代（1）农业转移人口更倾向于城市人（1）的身份认同，一代（1）

相对于二代（0）更倾向于农村人（0）的身份认同。

第二，户口属性 Phi 大于 0，与身份认同呈正向关系，表示农村户口（0）更倾向于农村人（0）的身份认同，城市户口（1）更倾向于城市人的身份认同。

第三，务农经验 Phi 小于 0，与身份认同呈反向关系，表示无或少量务农经验（0）更倾向于城市人（1）的身份认同，务农经验丰富（1）更倾向于农村人（0）的身份认同。

第四，有无耕地 Phi 小于 0，与身份认同呈反向关系，表示无耕地（0）更倾向于城里人（1）的身份认同，有耕地（1）更倾向于农村人（0）的身份认同。

第五，打工年限 Phi 小于 0，与身份认同呈反向关系，表示打工时间在 1—5 年（0）相对于打工时间超过 5 年（1）的农业转移人口更倾向于城市人（1）的身份认同，打工时长超过 5 年（1）相对于打工时间低于 5 年（0）的农业转移人口更倾向于农村人（0）的身份认同。

第六，日工作时长 Phi 小于 0，与身份认同呈反向关系，表示工作时间少于或等于 8 小时（0）更倾向于城市人（1）的身份认同，日工作时长超过 8 小时（1）的农业转移人口更倾向于农村人（0）的身份认同。

第七，书面劳动合同的签署情况 Phi 大于 0，与身份认同呈正向关系，表示未签署书面劳动合同（0）的农业转移人口更倾向于农村人（0）的身份认同，有书面劳动合同（1）的农业转移人口更倾向于城市人（1）的身份认同。

第八，社会保险的购买情况 Phi 大于 0，与身份认同呈正向关系，表示未购买社会保险（0）的农业转移人口相对来说更倾向于农村人（0）的身份认同，购买了社会保险（1）的农业转移人口相对来说更倾向于城市人（1）的身份认同。

第九，生活伴侣与身份认同呈正向关系，表示没有家人在城里生活的独居（0）相对于与配偶（男/女朋友）、子女、父母一起在城里生活的共居（1）的农业转移人口更倾向于农村人（0）的身份认同，共居（1）相对于独居（0）的农业转移人口更倾向于城市人（1）的身份认同。

第十，有无娱乐活动与身份认同呈正向关系，表示无娱乐活动（0）

相对于有娱乐活动的农业转移人口更倾向于农村人（0）的身份认同，有娱乐活动（1）相对于无娱乐活动（0）的农业转移人口更倾向于城市人（1）的身份认同。

二、市民化能力约束的列联表分析

用列联表分析方法对市民化能力与身份认同进行相关性分析。样本缺失值统计情况如表 11-16 所示。

表 11-16 市民化能力的缺失值分布情况

变量	有效值	缺失值
教育程度	936	4
职位	936	4
工作技能	900	40
月收入	910	30
收支情况	931	9
是否在城里买房	930	10
主要交往人中有无当地市民朋友	932	8
社会集体活动	925	15
城市适应能力	925	15

（一）教育程度与身份认同的交叉表

在研究中，教育程度被划分为两种情况，0 表示低学历组，包括没有上过学、小学学历、初中学历等三种情况；1 表示高学历组，包括高中学历及其以上。

表 11-17 为教育程度与身份认同的 2×2 交叉表，在低学历组的样本中，77.1% 认为自己是农村人，22.9% 认为自己是城市人；在高学历组的样本中，43.2% 认为自己是农村人，56.8% 认为自己是城市人；在认为自己是农村人的样本中，67.0% 是低学历，33.0% 具有高学历；在认为自己是城市人的样本中，31.4% 是低学历，68.6% 具有高学历。可以看出农业转移人口的身份认同在教育程度上面表现出一定的差异性。

表 11-17　教育程度的交叉表

教育程度		农村人	城市人
低学历组	计数	384	114
	教育程度中的 %	77.1%	22.9%
	身份认同中的 %	67.0%	31.4%
高学历组	计数	189	249
	教育程度中的 %	43.2%	56.8%
	身份认同中的 %	33.0%	68.6%

（二）职位与身份认同的交叉表

分析中，我们将普通工人、服务人员、技术工人、个体经营户归为 A 类职位，用 0 表示，具有这类职位的农业转移人口其工作环境、工作性质、工作收入、工作稳定性以及福利待遇等相对较差；基层管理人员、中层管理人员、高层管理人员归为 B 类，用 1 表示，这类农业转移人口工作环境、工作性质、工作收入、工作稳定性以及福利待遇相对优于 A 类，在企业中属于管理人员，可能相对更具有心理优越感和城市融入感。

表 11-18 为职位与身份认同的 2×2 的交叉表，在 A 类职位样本中，67.9% 认为自己是农村人，32.1% 认为自己是城里人；在 B 类职位样本中，34.4% 认为自己是农村人，65.6% 认为自己是城里人；在认为自己是农村人的样本中，89.0% 是 A 类职位，11.0% 是 B 类职位，在企业里属于管理人员；在认为自己是城里人的样本中，66.9% 是 A 类职位，38.7% 是 B 类职位，可以看出，农业转移人口的身份认同在职位方面表现出一定的差异。

表 11-18　职位的交叉表

职位		农村人	城市人
A 类	计数	511	242
	职位中的 %	67.9%	32.1%
	身份认同中的 %	89.0%	66.9%
B 类	计数	63	120
	职位中的 %	34.4%	65.6%
	身份认同中的 %	11.0%	33.1%

（三）工作技能与身份认同的交叉表

分析中，农业转移人口的工作技能被分为两种情况，0 表示没有特定的工作技能，1 表示具有某些工作技能。表 11-19 为工作技能与身份认同的 2×2 的交叉表，在没有工作技能的样本中，72.0% 认为自己是农村人，28.0% 认为自己是城里人；在具有某种工作技能的样本中，54.7% 认为自己是农村人，45.3% 认为自己是城里人；在认为自己是农村人的样本中，47.2% 无工作技能，52.8% 具有某种工作技能；在认为自己是城里人的样本中，29.6% 无工作技能，70.4% 具有某种工作技能，可以看出，农业转移人口的身份认同在工作技能方面表现出一定的差异。

表 11-19　工作技能的交叉表

工作技能		农村人	城市人
无	计数	262	102
	工作技能中的 %	72.0%	28.0%
	身份认同中的 %	47.2%	29.6%
有	计数	293	243
	工作技能中的 %	54.7%	45.3%
	身份认同中的 %	52.8%	70.4%

（四）月收入与身份认同的交叉表

月收入的原始数据是连续性的，因而可以进行独立样本 T 检验，如表 11-20 所示。在 11-20 中，方差方程的 Levene 检验显示，F 统计量等于 21.115，P=0<0.05，达到显著水平，方差异质；T 检验根据第二行数据进行，T=-3.791，df=385.184，P=0<0.05，达到显著水平，表明不同身份认同的农业转移人口在月收入方面存在显著差异。

表 11-20　独立样本 T 检验

		方差方程的 Levene 检验		均值方程的 T 检验		
		F	Sig.	T	df	Sig.（双侧）
每月平均收入	假设方差相等	21.115	0.000	-4.612	908	0.000
	假设方差不相等			-3.791	385.184	0.000

　　为了方便研究，需将收入情况分成两组，分别按均值、中值、众数以及认为自己是农村人的样本均值、认为自己是城市人的样本均值进行列联表分析，通过对比发现，当按照众数3000进行分组时，所得组间差异性最为显著。将月工资等于或低于3000元的农业转移人口归为低工资组，用0表示，将月工资高于3000元的农业转移人口归为高工资组，用1表示。

　　表11-21为月收入与身份认同的2×2的交叉表，在月收入低于或等于3000元的样本中，72.5%认为自己是农村人，27.5%认为自己是城里人；在月收入高于3000元的样本中，56.6%认为自己是农村人，43.4%认为自己是城里人；在认为自己是农村人的样本中，34.5%月收入低于或等于3000元，65.5%高于3000元；在认为自己是城里人的样本中，20.7%等于或低于3000元，79.3%高于3000元。如独立样本T检验所示，从交叉表分析也可以看出，农业转移人口的身份认同在月收入方面表现出一定的差异性。

表 11-21　月收入的交叉表

月收入		农村人	城市人
低工资组	计数	192	73
	月收入中的 %	72.5%	27.5%
	身份认同中的 %	34.5%	20.7%
高工资组	计数	365	280
	月收入中的 %	56.6%	43.4%
	身份认同中的 %	65.5%	79.3%

（五）收支情况与身份认同的交叉表

　　研究中，农业转移人口的收支情况被分为两类，第一类无剩余，收入小于或等于支出，用0表示；第二类有剩余，收入大于支出，用1表示。

　　表11-22为收支情况与身份认同的2×2的交叉表，在无剩余的样本中，64.2%认为自己是农村人，35.8%认为自己是城里人；在有剩余的样本中，59.6%认为自己是农村人，40.4%认为自己是城里人；在认为自己是农村人的样本中，38.7%无剩余，61.3%有剩余；在认为自己是城里人的样本中，34.2%无剩余，65.8%有剩余。可以看出，农业转移人口的身份认同在收支情况方面差异性不大。

表 11-22　收支情况的交叉表

收支情况		农村人	城市人
无剩余	计数	221	123
	收支情况中的 %	64.2%	35.8%
	身份认同中的 %	38.7%	34.2%
有剩余	计数	350	237
	收支情况中的 %	59.6%	40.4%
	身份认同中的 %	61.3%	65.8%

（六）是否在城里买房与身份认同的交叉表

中国人的归属意识强，有房才有家的观念深厚。同时，住房问题是我国现阶段普遍存在的一个社会问题。因而，在城里是否具有房产，对身份认同具有较大的影响。在城里没有买房用 0 表示，在城里已有房产用 1 表示。

表 11-23 为是否在城里买房与身份认同的 2×2 的交叉表，在未买房的样本中，70.1% 认为自己是农村人，29.9% 认为自己是城里人；在已买房的样本中，25.1% 认为自己是农村人，74.9% 认为自己是城里人；在认为自己是农村人的样本中，91.9% 没有在城里买房，8.1% 已在城里买房；在认为自己是城里人的样本中，61.9% 没有在城里买房，38.1% 已在城里买房。可以看出，农业转移人口的身份认同在是否在城里买房表现出一定的差异性。

表 11-23　是否在城里买房的交叉表

是否在城里买房		农村人	城市人
否	计数	524	223
	是否在城里买房中的 %	70.1%	29.9%
	身份认同中的 %	91.9%	61.9%
是	计数	46	137
	是否在城里买房中的 %	25.1%	74.9%
	身份认同中的 %	8.1%	38.1%

（七）主要交往人中有无当地市民朋友与身份认同的交叉表

调查问卷中"主要交往人"变量考察的是在日常生活中与农业转移人口有密切来往的人，农业转移人口的思想观念会受到其影响，并且代表着农业转移人口的社会资本，表示其市民化的能力。城里的市民朋友，相对于家人、老乡来说具有较大的文化背景、社会背景、工作环境、生活环境之间的差异，同时相对于网友来说具有更大的利益相关性。与当地市民朋友来往密切，这会影响到农业转移人口的生活方式以及对城市生活方式的看法，即对农业转移人口的价值观、思想观念会造成一定程度的影响，且表示相对较高的市民化能力或社会资本。研究中，将主要交往人没有当地市民朋友的农业转移人口用 0 表示；将主要交往人有当地市民朋友的农业转移人口用 1 表示。

表 11-24 为主要交往人中有无当地市民朋友与身份认同的 2×2 的交叉表，在主要交往人无当地市民朋友的样本中，68.6% 认为自己是农村人，31.4% 认为自己是城里人；在主要交往人有当地市民朋友的样本中，46.5% 认为自己是农村人，53.5% 认为自己是城里人；在认为自己是农村人的样本中，75.6% 的主要交往人里面没有当地市民朋友，24.4% 的主要交往人里面有当地市民朋友；在认为自己是城里人的样本中，55.2% 的主要交往人里面没有当地市民朋友，44.8% 的主要交往人里面有当地市民朋友。可以看出，农业转移人口的身份认同在主要交往人是否包括当地市民方面表现出一定的差异性。

表 11-24　主要交往人中有无当地市民朋友的交叉表

主要交往人中有无当地市民朋友		农村人	城市人
无	计数	433	198
	主要交往人中的 %	68.6%	31.4%
	身份认同中的 %	75.6%	55.2%
有	计数	140	161
	主要交往人中的 %	46.5%	53.5%
	身份认同中的 %	24.4%	44.8%

（八）社会集体活动与身份认同的交叉表

社会集体活动包括选举或被选举、法律宣传活动、政策宣传活动、党团小组活动、工会活动、妇联活动、街道办活动、公益组织活动、网络组织举办的活动、维权活动等代表农业转移人口的社会参与、政治权利、维权意识的活动。在研究中，讨论特定社会集体活动对农业转移人口身份认同的影响的意义不大。为了方便研究，将该变量进行重新设计成二分变量，1 表示参加过社会集体活动，0 表示未参加过社会集体活动。

表 11-25 为是否参加过社会集体活动与身份认同的 2×2 的交叉表，在没有参过社会集体活动的样本中，69.9% 认为自己是农村人，30.1% 认为自己是城里人；在参加过社会集体活动的样本中，43.8% 认为自己是农村人，56.3% 认为自己是城里人；在认为自己是农村人的样本中，75.1% 没参加过社会集体活动，24.9% 参加过社会集体活动；在认为自己是城里人的样本中，50.3% 没参加过社会集体活动，49.7% 参加过社会集体活动。可以看出，农业转移人口的身份认同在是否参加过社会集体活动方面表现出一定的差异性。

表 11-25　社会集体活动的交叉表

社会集体活动		农村人	城市人
未参加过	计数	423	182
	社会集体活动中的 %	69.9%	30.1%
	身份认同中的 %	75.1%	50.3%
参加过	计数	140	180
	社会集体活动中的 %	43.8%	56.3%
	身份认同中的 %	24.9%	49.7%

（九）城市适应能力与身份认同的交叉表

研究中的城市适应能力包括思想观念、生活习惯上的适应能力，是一个基于农业转移人口主体特征的主观概念，即该研究中的城市适应能力不包含一般意义上的经济能力，主要反映的是农业转移人口的思想素质、心理适应能力、学习能力等。研究中，当自身的思想观念和生活习惯与城里人存在较大的差异时，如果农业转移人口在思想上坚持自己的观念或习惯，或者虽然在思想上能够理性看待和接受这种差异，但在生活习惯上主动适应起来比较困难，我们认为这种情况属于城市适应能力弱，用 0 表示；如果农业转移人口不仅在思想上能够接受这种差异，并且在生活习惯上能够适应，则属于城市适应能力强，用 1 表示。

表 11-26 为城市生活适应能力与身份认同的 2×2 的交叉表，在适应能力弱的样本中，70.6% 认为自己是农村人，29.4% 认为自己是城里人；在适应能力强的样本中，48.7% 认为自己是农村人，51.3% 认为自己是城里人；在认为自己是农村人的样本中，66.7% 的适应能力弱，33.3% 适应能力强；在认为自己是城里人的样本中，44.3% 适应能力弱，55.7% 适应能力强。可以看出，农业转移人口的身份认同在城市生活的适应能力方面表现出一定的差异性。

表 11-26　城市适应能力的交叉表

	城市适应能力	农村人	城市人
弱	计数	379	158
	城市适应能力中的 %	70.6%	29.4%
	身份认同中的 %	66.7%	44.3%
强	计数	189	199
	城市适应能力中的 %	48.7%	51.3%
	身份认同中的 %	33.3%	55.7%

（十）市民化能力与身份认同的卡方检验统计量与关联系数统计量

表 11-27 中，9 个变量的卡方检验均采用"Pearson 卡方"，"Phi""Cramer V"表示自变量与身份认同之间的关联度。有关市民化能力的 9 个变量中除收支情况以外的 8 个自变量均能通过 0.05 的显著性检验，表明除收支情况以外的 8 个自变量和农业转移人口的身份认同有着显著的关联性，即农业转移人口的身份认同分别在这 8 个自变量方面表现出显著差异，与交叉表所反映情况吻合。9 个变量中，是否在城里买房以及教育程度相比其他变量而言差异性最为显著，Pearson 卡方值分别为 125.518 及 113.187，相依系数分别为 0.345、0.328；收支情况的 Pearson 卡方值最小为 1.951，不能通过 0.05 显著性检验，不将其投入模型中；依据卡方值，生活状态与身

份认同的相关性大小排序为：是否在城里买房＞教育程度＞职位＞社会集体活动＞城市适应能力＞主要交往人中有无当地市民朋友＞工作技能＞月收入＞收支情况。

表 11-27　市民化能力的卡方检验统计量与关联系数统计量

变量	Pearson 卡方	Phi	Cramer V	相依系数	是否通过 0.05 显著性检验
教育程度	113.187	0.348	0.348	0.328	是
职位	69.394	0.272	0.272	0.263	是
工作技能	27.491	0.175	0.175	0.172	是
月收入	19.908	0.148	0.148	0.146	是
收支情况	1.951	0.046	0.046	0.046	否
是否在城里买房	125.518	0.367	0.367	0.345	是
主要交往人中有无当地市民朋友	42.065	0.212	0.212	0.208	是
社会集体活动	60.166	0.255	0.255	0.247	是
城市适应能力	45.433	0.222	0.222	0.216	是

（十一）小结

综合上述分析可知，教育程度、职位、工作技能、月收入、是否在城里买房、主要交往人中有无当地市民朋友、社会集体活动、城市适应能力等 8 个市民化能力的二级变量与农业转移人口的身份认同存在显著相关性，即对农业转移人口的身份认同存在显著影响，考虑将上述 8 个变量全部投入回归模型中。影响机理如 Phi 结果显示：

第一，教育程度 Phi 大于 0，与身份认同呈正向关系，表示低学历（0）更倾向于农村人（0）的身份认同，高学历（1）更倾向于城市人（1）的身份认同。

第二，职位 Phi 大于 0，与身份认同呈正向关系，表示处于普通工人、服务员、技术工人、个体经营户等 A 类职位（0）的农业转移人口更倾向于农村人（0）的身份认同，基层、中层、高层等 B 类职位（1）的农业转移人口更倾向于城市人（1）的身份认同。

第三，工作技能 Phi 大于 0，与身份认同呈正向关系，表示无工作技能（0）的农业转移人口更倾向于农村人（0）的身份认同，有某种工作技能（1）的农业转移人口更倾向于城市人（1）的身份认同。

第四，月收入 Phi 大于 0，与身份认同呈正向关系，表示月收入低于3000（0）的农业转移人口更倾向于农村人（0）的身份认同，月收入超过3000（1）的农业转移人口更倾向于城市人（1）的身份认同。

第五，是否在城里买房与身份认同呈正向关系，未在城里买房（0）相对于已在城里买房（1）的农业转移人口更倾向于农村人（0）的身份认同，已在城里买房（1）相对于没有在城里买房（0）的农业转移人口更倾向于城市人（1）的身份认同。

第六，主要交往人中有无当地市民朋友与身份认同呈正向关系，表示主要交往人中无当地市民朋友（0）相对于有当地市民朋友（1）的农业转移人口更倾向于农村人（0）的身份认同，有当地市民朋友（1）相对于无当地市民朋友（0）的农业转移人口更倾向于城市人（1）的身份认同。

第七，是否参加社会集体活动与身份认同呈正向关系，表示没有参加过城里社会集体活动（0）相对于参加过社会集体活动（1）的农业转移人口更倾向于农村人（0）的身份认同，参加过社会集体活动（1）相对于没有参加过社会集体活动（0）的农业转移人口更倾向于城市人（1）的身份认同。

第八，城市生活适应能力与身份认同呈正向关系，表示适应能力弱（0）相对于适应能力强（1）的农业转移人口更倾向于农村人（0）的身份认同，适应能力强（1）相对于适应能力弱（0）的农业转移人口更倾向于城市人（1）的身份认同。

第三节 Logit 回归模型结果与分析

一、回归结果

本书在列联表分析的基础上，采用 Logit 模型进行回归分析。如列联表分析结果所示，主体结构中代际、户口属性、务农经验、有无耕地、打工年限、日工作时间、书面劳动合同、社会保险、生活伴侣、子女上学情况、有无娱乐活动等 11 个二级变量均通过卡方检验，市民化能力中教育程度、职位、工作技能、月收入、是否在城里买房、主要交往人中有无当地市民朋友、社会集体活动、城市适应能力等 8 个二级变量均能通过卡方检验，因而共有 19 个变量通过卡方检验。

现将上述 19 个变量采用强迫进入的方法一次性全部引入模型中，得到模型一；随后根据 P 值与相关系数绝对值的大小，采用逐步回归的方法，得到模型二。在回归分析中，自变量均为分类变量，需要转化为虚拟变量，使其具有连续变量的特性。除子女上学情况以外，其余 18 个变量均为二分变量，且在赋值的过程中已使其具有虚拟变量的性质，因而可以直接放入模型中；子女上学情况是个三分变量，通过研究发现，以第二类情况为参照组，所得结果显著性最强，因而得到子女上学情况的两个虚拟变量：子女上学情况虚拟 1 表示第一类（无供子女读书压力）与第二类（子女在城里农民工子弟学校上学或在老家上学）的对比；子女上学情况虚拟 2 表示第三类（以市民子女就读方式上学）与第二类（子女在城里农民工子弟学校上学或在老家上学）的对比。最终有 12 个自变量通过显著性检验，回归结果如表 11-28、11-29 所示。

表 11-28　模型一、二的系数估计比较

自变量	模型一				模型二			
	B	Wals	Sig.	Exp（B）	B	Wals	Sig.	Exp（B）
代际	.002	.000	.996	1.002				
户口属性	.929	12.379	.000	2.532	.805	10.388	.001	2.238
务农经验	−.994	12.601	.000	.370	−.916	12.713	.000	.400
有无耕地	−.695	7.459	.006	.499	−.729	9.355	.002	.482
打工年限	.068	.076	.783	1.070				
日工作时间	−.044	.032	.859	.957				
书面劳动合同	.358	2.759	.097	1.431	.393	3.892	.049	1.481
社会保险	−.004	.000	.986	.996				
生活伴侣	.370	2.499	.114	1.447	.552	6.743	.009	1.737

自变量	模型一				模型二			
	B	Wals	Sig.	Exp（B）	B	Wals	Sig.	Exp（B）
子女上学情况								
虚拟 1	.231	.553	.457	1.260				
子女上学情况								
虚拟 2	.204	.356	.551	1.227				
有无娱乐活动	.892	17.975	.000	2.439	.910	21.956	.000	2.485
教育程度	.526	4.980	.026	1.692	.674	10.817	.001	1.963
职位	.274	1.173	.279	1.316				
工作技能	.090	.175	.676	1.095				
月均收入	.425	3.197	.074	1.529	.511	5.355	.021	1.666
是否在城里买房	1.055	14.568	.000	2.872	1.203	21.946	.000	3.331
主要交往人中有无当地市民朋友	.450	4.677	.031	1.568	.526	7.034	.008	1.691
社会集体活动	.667	9.996	.002	1.949	.628	9.852	.002	1.874
城市适应能力	.525	6.742	.009	1.691	.498	6.624	.010	1.646
常量	−2.532	22.958	.000	.080	−2.509	45.622	.000	.081

表 11-29　模型二的检验结果

模型系数的综合检验		模型汇总		H-L 检验	
卡方	344.377	−2 对数似然值	695.017	卡方	23.801
自由度	12	Cox & Snell R 方	0.356	自由度	8
显著性	0.000	Nagelkerke R 方	0.484	显著性	0.002

如表 11-29 所示，模型系数综合检验的卡方值为 344.377，达到 0.05 显著性水平，说明整体模型显著性良好；Cox & Snell R 方值为 0.356，Nagelkerke R 方值为 0.484，说明最终模型中，达到显著性水平的 12 个变量与因变量身份认同间有中强度的关联。

达到显著性水平的 12 个自变量与因变量的参数估计如表 11-28 所示，相关分析如下所示。

二、回归结果的解释与分析

根据相关系数的绝对值的大小关系，可以得出上述 12 个自变量与身份认同的相关性大小排序：是否在城里买房（1.203）>务农经验（−0.916）>有无娱乐活动（0.910）>户口属性（0.805）>有无耕地（−0.729）>教育程度（0.674）>社会集体活动（0.628）>生活伴侣（0.552）>主要交往人中有无当地市民朋友（0.526）>月收入（0.511）>城市适应能力（0.498）>书面劳动合同（0.393）。

（一）是否在城里买房与身份认同

是否在城里买房的胜算比为 3.331，系数为 1.203，表示已在城里买房的农业转移人口认为自己是城市人的概率是没有在城里买房的 3.331 倍。在城里购买了房产，表明农业转移人口更具有城市生活的经济基础及生活方式基础，因而更倾向于城市人的身份认同。

（二）务农经验与身份认同

务农经验的胜算比是 0.400，系数为 −0.916，表明经验越丰富，农业转移人口越倾向于农村人的身份认同，具有丰富务农经验的农业转移人口认为自己是城市人的概率是无或少量务农经验的 0.400 倍。这是因为，具有丰富务农经验的农业转移人口可能在农村生活时间较长，城市生存技能相对欠缺，加深了其对农村人的身份认同。

（三）有无娱乐活动与身份认同

有无娱乐活动的胜算比为 2.485，系数为 0.910。有娱乐活动的农业转移人口认为自己是城市人的概率是没有娱乐活动的 2.485 倍。这里的娱乐活动主要包括看电影、逛街、KTV、体育锻炼、泡吧、看报纸杂志等具有都市生活色彩的娱乐方式。有娱乐活动的农业转移人口在生活方式、思想观念上更加融入城市生活，因而更倾向于城市人的身份认同。相对的，没有娱乐活动的农业转移人口往往属于被城市所排挤掉的居住、工作在城里角落的那部分转移人口，其生活或娱乐方式未能融入城市生活，因而更倾向于农村人的身份认同。

（四）户口属性与身份认同

户口属性的胜算比达到 2.238，模型中的系数为 0.805，具有城市户口的农业转移人口认为自己是城市人的概率是具有农村户口的 2.238 倍。由于我国户籍制度的特点，城市户口在社会福利、工资待遇、工作性质等方面相比而言具有很大的先天优势。不公平的户籍制度及其背后隐藏的社会权益制度，使得具有农村户口的农业转移人口在城市工作、生活受到不公平待遇，并未摆脱"农村人"的社会地位，因而更倾向于农村人的身份认同。

（五）有无耕地与身份认同

有无耕地的胜算比是 0.482，系数为 -0.729，有耕地的农业转移人口认为自己是城市人的概率是无耕地的 0.482 倍。耕地作为农业转移人口的收入来源之一，自己耕种、交由亲戚朋友耕种、转租或入股分红等属于有耕地的一种，都在一定程度上给其带来一定的报酬。无耕地者可能是城市户口，一直没有耕地；或以前是农村户口，现在是城市户口，耕地被政府征收，享有城市居民的社会福利；或虽然依旧是农村户口，但是在耕地被征收时获得不错的补偿。无耕地相对于有耕地的农业转移人口来说，可能代表着更强的城市生存能力，其收入不需要来自其耕地。

（六）教育程度与身份认同

教育程度的胜算比为 1.963，系数为 0.674，表明教育程度与身份认同之间存在着正向的关系，教育程度在一定程度上体现出农业转移人口的就业技能、工作性质、思想观念，高学历的农业转移人口更倾向于融入城市生活，正如结果显示，高学历的农业转移人口认为自己是城市人的概率是低学历的 1.963 倍。

（七）社会集体活动与身份认同

是否参加城市社会集体活动的胜算比为 1.874，系数为 0.628。参加过社会集体活动的农业转移人口认为自己是城市人的概率是没有参加过社会集体活动的 1.874 倍。社会集体活动包括选举或被选举、法律宣传活动、政策宣传活动、党团小组活动、工会活动、妇联活动、街道办活动、公益组织活动、网络组织举办的活动、维权活动等，既是城市生活的内容，也是一种权益或义务的体现。参加过社会集体活动的农业转移人口在城市生活方式、思想观念、权利意识等方面更加融入城市生活，因而更倾向于城市人的身份认同。

（八）生活伴侣与身份认同

是否具有生活伴侣的胜算比为 1.737，系数为 0.552，有家人在城里一起生活的农业转移人口认为自己是城市人的概率是没有家人在城里一起生活的 1.737 倍。没有家人在城里一起生活的农业转移人口，可能是迫于城市生活、生存的压力，部分家庭成员生活在农村，导致"独居"现象，这在心理上使得其更倾向于农村人的身份认同。

（九）主要交往人中有无当地市民朋友与身份认同

主要交往人是否包含当地市民朋友在一定程度上反映出农业转移人口生活方式、价值观受城市生活的影响程度，胜算比为 1.691，系数为 0.526，经常和当地市民朋友交往的农业转移人口认为自己是城市人的概率是无当地市民朋友的 1.691 倍。城里的市民朋友，相对于家人、老乡来说具有较大的文化背景、社会背景、工作环境、生活环境的差异。农业转移人口和市民朋友来往密切，其生活方式、思想观念容易受城市生活的影响，更容易融入城市生活，因此更倾向于城市人的身份认同。

（十）月收入与身份认同

月收入的胜算比为 1.666，系数为 0.511。月收入超过 3000 元的农业转移人口认为自己是城市人的概率是低于 3000 元的 1.666 倍。收入越高表明农业转移人口越能承受城市生活的经济压力，城市适应能力相对较强，因而更倾向于城市人的身份认同。

（十一）城市适应能力与身份认同

城市生活的适应能力胜算比为 1.646，系数为 0.498，城市适应能力强的农业转移人口认为自己是城市人的概率是城市适应能力弱的 1.646 倍。适应能力包括对于城市与农村生活方式差异的接受能力以及适应能力，适应能力强的农业转移人口更容易接受城市生活与农村生活的差异，并且在思想观念和生活习惯上更容易适应城里的生活方式，因而更倾向于城市人的身份认同。

（十二）书面劳动合同与身份认同

是否签署书面劳动合同的胜算比为 1.481，系数为 0.393，具有书面劳动合同的农业转移人口认为自己是城市人的概率是无书面劳动合同的 1.481 倍。相比而言，具有书面劳动合同的农业转移人口的工作相对稳定，工作性质可能较好，劳动权益受到保障，具备相应的城市生活基础，因而更倾向于城市人的身份认同。

（十三）代际与身份认同

代际与农业转移人口市民化的相关性研究是近年来的研究热点，虽然模型中，代际对身份认同的影响未能通过显著性检验，但是从卡方检验可以看出，代际对身份认同具有显著影响，Phi 值显示，代际与身份认同呈一种相反的关系。同时，将代际与身份认同的虚拟变量进行 Pearson 相关性检验，如表 11-30 所示，所得相关系数为 -0.142，达到 0.05 显著性水平。

同时将代际与上述通过显著性检验的 12 个自变量进行 Pearson 相关性分析，如表 11-30 所示。相比其他变量而言，代际与务农经验、教育程度有着很强的关联性。第一代农业转移人口年龄在 35 岁及 35 岁以上，受社会发展阶段的影响，相较于第二代农业转移人口而言，其教育程度较低且具有丰富的务农经验，在农村生活时间更长，因此城市生存能力较弱，更具回乡意愿，更倾向于农村人身份的认同。

表 11-30　代际与各变量之间的 Pearson 相关性统计表

变量	Pearson 相关性	显著性（双侧）
户口属性	0.068[*]	0.043
务农经验	0.389[**]	0.000
有无耕地	0.008	0.804
书面劳动合同	-0.181[**]	0.000
生活伴侣	0.155[**]	0.000
有无娱乐活动	-0.229[**]	0.000
教育程度	0.406[**]	0.000
月收入	0.012	0.712
是否在城里买房	0.079[*]	0.016
主要交往人中有无当地市民朋友	-0.045	0.166
社会集体活动	-0.011	0.741
城市适应能力	-0.126[**]	0.000
身份认同	-0.142[**]	0.000

* 在 0.05 水平（双侧）上显著相关

** 在 0.01 水平（双侧）上显著相关

第四节　研究启示

农业转移人口市民化的影响因素研究是加快农业转移人口市民化，推进城乡统筹发展的一个综合性课题。农业转移人口市民化既受经济、文化、社会发展等宏观因素影响，又受微观主体自身特点的影响。本部分从农业人口转移实施主体的角度，全面系统分析了农业转移人口的主体结构与能力约束对市民化的影响，研究表明，制定加快农业转移人口市民化政策，应当充分考虑农业转移人口主体平等享有就业、教育、住房等权利的强烈需求，在制度设计上不能使得他们仍是次等公民。在现实中，既要着重解决农业转移人口面临的住房、户籍以及就业等问题，更要转变农业转移人口及其相关者的生活方式和思想观念，积极推动农村与城市融合发展。

一、住房需求是农业转移人口市民化的首要影响因素

满足农业转移人口住房需求是农业转移人口市民化的第一要因。稳定的住房是农业转移人口转移的内在动力和基础前提，没有稳定的住房，就业、医疗、教育等社会基本权益就得不到有效保障，就无法实现生活与原有城市居民的融入。研究表明，是否在城里买房对身份认同的影响最为显著，充分反映了农业转移人口对改善居住环境、拥有稳定住所的迫切需求。在问卷调查过程中发现，目前仍有许多的农业转移人口居住在条件恶劣的棚户区、工棚以及地下室。居住条件、生活条件的差距使农业转移人口形成了特有的经济和文化群落，造成与城市居民的隔绝，削弱了对城市的认同感与归属感，导致农业转移人口难以融入城市。因此，加快农业转移人口市民化，第一要务是要建立并完善以住房制度改革、户籍制度改革为核心的政策体系，推进以人为核心的新型城镇化，着力解决农业转移人口的住房问题，满足农业转移人口的住房需求，改善农业转移人口的居住环境，促进农业转移人口与原有城市居民在生活上的融合，从而增强农业转移人口对城市的认同感和归属感。

二、公共服务均等化需求是农业转移人口市民化的核心影响因素

城乡分割的二元户籍制度使得公共资源与公共福利成为户籍的附属品，城乡居民在公民权利和社会福利上有了人为的分割，户籍成为我国公民社会身份的象征与社会权利的标志。满足农业转移人口公共服务均等化的需求，需要建立以人为核心的户籍制度。研究表明，已获得城市户口的农业转移人口对城市人的身份认同的概率是农村户口的 2.238 倍，这不仅反映农业转移人口对城市户口、城市人身份的诉求，更表明农业转移人口对公共服务均等化的诉求。因此，加快农业转移人口市民化的核心在于推进公共服务均等化的户籍制度改革，建立统一的城乡户籍制度，放宽落户条件，维护农业转移人口发展权和安全保障权，消除由户籍差异带来的社会身份以及社会权利的二元化，满足农业转移人口公共服务均等化的需求，使农业转移人口与城市居民同等享受基本公共服务，着力解决农业转移人口最为关心的教育、就业、医疗、养老、住房保障等实际问题。

三、就业需求是农业转移人口市民化的关键影响因素

满足农业转移人口的就业需求是农业转移人口定居城市的决定因素和稳定生活的前提条件。研究表明，没有务农经验、无耕地的农业转移人口更倾向于城市人的身份认同，这类农业转移人口脱离务农生存，务农不再是家庭收入的主要经济来源，实现了职业身份上的转变，具有更强的职业竞争力，满足其在城市生存的需要；同时，具有书面劳动合同的农业转移人口劳动权益受到保障，更倾向于城市人的身份认同。因此，促进农业转移人口职业身份转变、提升职业能力、满足就业需求、保障劳动权益，是加快农业转移人口市民化的关键工作。

四、生活方式与思想观念的城市融入是农业转移人口市民化的内在影响因素

农业转移人口市民化的最终目标及内在要求是实现农业转移人口生活方式、思想观念的城市融入。研究表明，高教育水平、丰富的娱乐活动、

参加过社会集体活动、城市生活适应能力强、与当地市民朋友来往密切的农业转移人口更倾向于城市人的身份认同。农业转移人口的受教育程度直接影响其对现代都市生活的认可度与融入度，具有较高教育程度往往具有较宽广的视野；丰富的娱乐活动是现代城市生活的标志，体现为一种生活技能；社会集体活动是农业转移人口融入城市生活、参与社会管理的有效方式，体现农业转移人口对城市生活的参与度及其维权意识；城市适应能力是农业转移人口对城市生活方式的心理适应能力与习惯适应能力；与当地市民朋友来往密切会对农业转移人口的生活方式、思想观念产生重大的影响，增加其城市融入度。上述五个方面都在一定程度上反映了生活方式、思想观念对农业转移人口身份认同的影响。农业转移人口市民化不仅仅是要实现职业身份的转变，更要实现生活方式和思想观念的转变。因此，构建农业转移人口市民化的价值观引导策略，建立并完善农业转移人口生活技能、文化素质培训体系，促进农业转移人口参与社会集体活动和社会事务管理，增加农业转移人口与城市居民之间的互动，增强不同群体的接纳度，提升农业转移人口对城市的归属感和参与感，实现农业转移人口生活方式、思想观念的城市融入，是加快农业转移人口市民化的最终目标及内在要求。

第四篇

农业转移人口市民化
相关对策建议

通过以上各部分的具体分析，最终将农业转移人口市民化的内涵界定为：进城农民工彻底割断与乡村土地和农业生活劳动的关系、在城市或城镇中有固定居住地和固定工作、并且取得与城市市民相同的身份（城市户口）、享受与城市居民相同的权益保障、同时转变传统农村生活的行为意识而具有现代城市生活行为意识的过程。由此，推进农业转移人口市民化涉及市民化过程中的职业转换、空间转换、角色转换三个方面任务的转换，其中角色转换是"市民化"的核心内容和实质转换。人社部2017年发布的数据显示，截至2016年末，全国农民工总量已达2.82亿人，其中外出务工的农民工达到1.69亿人，这表明未来较长时期内，还有大量农业转移人口面临市民化的问题，在这之中亟待解决的是角色转换问题。通过课题前面部分的研究，农业转移人口市民化过程中面临的问题主要集中在动力不足、制度障碍、主体能力缺失三个方面。然而，解决这三个方面的问题，并不单纯是政府、社会、企业或农业转移人口单方面主体的事情，更是一项庞大的系统工程，需要各方力量协同参与，需要通过完善政府政策、完善法律法规、提升农民工素质以及动员社会组织扶持等多层次、多角度、全方位才能得到支持和解决。

第十二章 "十五"规划以来已形成较完善的促进农业转移人口市民化的政策体系

推进农业转移人口市民化进程是构建我国新时代中国特色社会主义的一项重大战略部署。事实上,为保障农业转移人口就业的合法权益,党中央、国务院在 21 世纪初开始,就相继出台了若干政策文件,支持、鼓励农业转移人口在城市就业,保护其合法权益,这奠定了农业转移人口市民化的政策基础。课题研究中对这些文件进行了梳理,包括但不限于以下部分。

第一节 "十五"规划期间以强调农民工就业为重点

在"十五"规划期间,劳社发〔2000〕15 号《关于进一步开展农村劳动力开发就业试点工作的通知》指出:试行城乡统筹就业,逐步建立统一、开放、竞争、有序、城乡一体化的劳动力市场[1]。

2001 年 11 月中央经济工作会议指出:农村劳动力到城镇就业和跨区域流动是沟通城乡经济发展和发育要素市场的必然要求,各地要顺应这一趋势,加强引导和管理,不能简单封堵,更不能采取歧视性限制措施[2]。

2002 年中央农村工作会议针对农民进城就业提出了"十六字"方针:公平对待,合理引导,完善管理,搞好服务。党的十六大报告也指出:农村富余劳动力向非农产业和城镇转移,是工业化和现代化的必然趋势,要引导农村劳动力合理有序流动。

---

① 劳动和社会保障部:《关于进一步开展农村劳动力开发就业试点工作的通知》,2000 年 7 月 20 日,见 http://rsj.nc.gov.cn/103zcldscyjy/1809.jsp。

② 《中央经济工作会议专题》,2001 年 11 月 29 日,见 http://www.people.com.cn/GB/jinji/222/2322/6934/index.html。

国务院国办发〔2003〕1号指出：取消对农民工进城务工就业的不合理限制，取消对企业使用农民工的行政审批，取消对农民工进城务工就业的职业工种限制；强调对农民工和城镇居民应一视同仁[①]。中办发〔2003〕3号也强调要加强对农民进城务工就业的服务与管理。

2004年中央一号文件提出：改善农民进城就业环境，增加外出务工收入；取消对农民工进城务工的各种限制，试行平等的就业制度；加强对农村劳动力的职业培训，推动形成统一的劳动力市场；依法保障经常就业农民的各项权益，城市政府要把对进城农民的职业培训、子女教育、劳动保障及其他服务和管理经费，纳入支出的财政预算。国办发〔2004〕92号文提出了进一步做好改善农民进城就业环境的相关通知。

2005中央一号文件指出：进一步搞好农民转业转岗培训工作。国办发〔2005〕36号也强调指出：努力做好城镇新增劳动力就业和农村富余劳动力转移就业工作；改善农村劳动力就业环境积极推进城乡统筹就业[②]。

第二节 "十一五"规划期间以农民工权益保护为核心

国办发〔2006〕5号文件指出，各地区各部门将农民工工作摆在重要位置，突出解决好转移培训、权益维护、社会保险、子女入学等农民工最关心、最直接、最现实的利益问题。

2007年党的十七大提出建立以城带乡的长效机制，形成城乡经济一体化的新格局[③]。

2008年中央一号文件也强调，增强县域经济发展活力，改善农民工进城就业和返乡创业环境。

2009年中央一号文件指出：各地区和有关部门要高度重视，采取有力

---

① 国务院：《国务院办公厅关于做好农民进城务工就业管理和服务工作的通知》，2012年9月19日，见 http://www.xjxnw.gov.cn/c/2012-09-19/545753.shtml。

② 国务院：《国务院关于解决农民工问题的若干意见》，2008年3月28日，见 http://www.gov.cn/zhuanti/2015-06/13/content_2878968.htm。

③ 《胡锦涛在党的十七大上的报告》，2007年10月24日，见 http://www.huaxia.com/zt/pl/07-085/608358.html?oeld3。

措施，最大限度安置好农民工，努力增加农民的务工收入①。

2010 年政府工作报告提出：继续加强职业技能培训，重点提高农民工和城乡新增劳动力的就业能力②。国办发［2010］11 号文件提出：到2015年，力争使有培训需求的农民工都得到一次以上的技能培训，掌握一项就业需要的实用技能。

第三节 "十二五"规划期间突出推进农业转移人口市民化

2013 年中央一号文件明确指出：有序推进农业转移人口市民化。加强农民工技能培训、社会保障、权益保护，推动农民工平等享有劳动报酬、子女教育、公共卫生、住房租购、文化服务等基本权益③。

2014 年中央一号文件再次强调：加快推进农业转移人口市民化，促进有能力在城镇合法稳定就业和生活的常住人口有序实现市民化④。

2015 年中央一号文件指出：推动新型工业化、信息化、城镇化和农业现代化同步发展。

第四节 "十三五"规划期间形成了较为完备的政策支持体系

2016 年中央一号文件又再次强调：进一步推进户籍制度改革，落实 1 亿左右农民工和其他常住人口在城镇定居落户的目标，保障进城落户农民工与城镇居民有同等权利和义务，加快提高户籍人口城镇化率。2016 年 7 月 27 日，国务院印发了《关于实施支持农业转移人口市民化若干财政政

---

① 《中共中央　国务院关于 2009 年促进农业稳定发展农民持续增收的若干意见》，2009 年 2 月 2 日，见 http://www.farmer.com.cn/ywzt/wyhwj/yl/201502/t20150205_1011781.htm。

② 《2010 年国务院政府工作报告》，2010 年 3 月 15 日，见 http://www.scio.gov.cn/xwfbh/xwbfbh/wqfbh/2015/20150305/xgbd32605/Document/1395827/1395827.htm

③ 《中共中央　国务院关于加快发展现代农业进一步增强农村发展活力的若干意见》，2013 年 1 月 31 日，见 http://www.gov.cn/jrzg/2013-01/31/content_2324293.htm

④ 《中共中央国务院印发〈关于全面深化农村改革加快推进农业现代化的若干意见〉》，2014 年 1 月 20 日，见 http://jiuban.moa.gov.cn/zwllm/zcfg/flfg/201401/t20140121_3743917.htm。

策的通知》，破解了农民工市民化的资金难题，让农业转移人口享受同城市居民完全平等的公共服务和市民权利。

国发〔2017〕28 号提出，健全城乡劳动者平等就业制度。农村转移劳动者在城镇常住并处于无业状态的，可在城镇常住地进行失业登记。公共就业服务机构要为其提供均等化公共就业服务和普惠性就业政策，并逐步使外来劳动者与当地户籍人口享有同等的就业扶持政策。

2018 年中央一号文件再次强调指出：促进农村劳动力转移就业和农民增收；促进农民工多渠道转移就业，提高就业质量；深化户籍制度改革，促进有条件、有意愿、在城镇有稳定就业和住所的农业转移人口在城镇有序落户，依法平等享受城镇公共服务。①

从以上政策梳理来看，党和政府一直十分重视农业转移人口市民化问题，可以认为在政策体系方面，还是非常充分和完备的。出台了从基础教育、医疗保险、城乡管理、社会保障、就业、基本公共服务，到农民权益保护、财力保障、城市发展等多个方面的具有可操作性的办法措施②。这些政策措施为保证农业转移人口实现在城里留得住、住得下、心里踏实起到了良好的推动作用。就目前的农业转移人口存在的问题来看，主要是政策落地，即如何贯彻政策实施的问题。

① 《中共中央　国务院关于实施乡村振兴战略的意见》，2014 年 2 月 4 日，见 http://www.gov.cn/zhengce/2018−02/04/content_5263807.htm。
② 《国务院关于实施支持农业转移人口市民化若干财政政策的通知》，2016 年 8 月 5 日，见 http://www.gov.cn/zhengce/content/2016−08/05/content_5097845.htm。

第十三章　强化市民化"推拉"动力，提升农业转移人口市民化意愿

前面内容的研究表明，发挥资源配置机制中的利益诱导机制，引导农业转移人口的合理流动，有助于调整经济结构，实现经济发展方式的转变。同时，形成迁移并定居城市的稳定利益诱导机制，是农业转移人口市民化的关键，而稳定利益诱导机制需要有农业转移人口市民化的城市拉力，即有平等就业机会、完善的就业制度、工作的稳定性、城市归属感。

第一节　采取措施促进农业转移人口在城市就业，提升内在驱动力

农业转移人口的劳动就业困境是市民化过程中的较大障碍，也是驱动市民化最为重要的驱动力。本次的调研显示，从工作稳定性看，在近 3 年内，没有更换过工作的人占比 45.4%，更换过 1—3 个的占比 42.6%，更换过 4—6 个的占比 9.0%，更换过 7 个及以上工作的占比 2.9%。从职业地位看，农业转移人口在流入地主要从事较低职业地位的体力劳动和半技术半体力劳动。显然，城市工作的不稳定性以及较高比例在次级就业市场就业的现状，严重妨碍了农业转移人口市民化进程。为此，应该从建立城乡平等的就业服务机制、引导就业形态多元化、完善劳动力市场服务体系、充分发挥政府在劳动力市场建设中的作用等多方面入手破解这一难题。

一、建立城乡平等的就业服务机制

（一）从法律制度上完善《劳动法》及相关法律法规，确立城乡居民就业平等的法律原则。

由于历史原因，在我国的就业市场上，客观上存在着对农民工就业的

偏见与歧视，存在明显的二元结构，以及各种形式的身份歧视，如城市居民和农民城乡身份差异歧视，公务员、职员、合同工、临时工、农民工身份差异歧视等。伴随而来的是在用人用工方面的歧视，以及在薪酬、福利和社会保障方面的歧视，在这些不公正中，农业转移人口是最大的受害者。因此需要逐步建立统一的城乡劳动力市场，将农业转移人口就业纳入国家统一的就业政策范围，统筹规划考虑，消除城市居民和农民城乡身份差异歧视，使农业转移人口可以和城市居民一样在统一的劳动力市场上进行公开、公正、公平的就业竞争，促使农业转移人口的就业合法化、制度化和效率化。就操作层面而言，主要着手从以下几个方面进行完善。

第一，建立和完善劳动力市场中城乡居民平等的就业准入机制，清理对企业使用农民工的行政审批和行政收费，为城乡劳动者提供平等的就业机会。城乡居民就业平等，首先是就业机会的平等，这就必须打破用工中针对城乡居民的差异性政策。

第二，进一步完善企业用工制度。建立劳动就业登记制度，为每个城乡居民建立唯一的社会保障号码、建立个人工资账户和社会保障账户，通过社会保障制度创新，逐步推进城乡劳动力市场一体化。取消各种限制劳动力合理流动的政策规定，积极促进就业。规范企业用工管理，在劳动合同中明确约定试用期管理、合同解除等事项，构建和谐劳动关系，为农业转移人口提供稳定的就业机会。

第三，建立劳动力市场管理分析系统，提升劳动力市场信息网络质量水平。一是要求该系统综合反映包括城乡居民在内的劳动力供求总量、分布、流动及失业人员等情况；二是劳动行政部门加强对劳动力市场信息工作的领导和监督，支持扩大网上信息数量与质量。充分发挥信息网络促进就业的功能作用，为农业转移人口提供更多的就业信息渠道来源。

（二）以城乡就业服务平等化为目标，完善公共财政制度建设。

在社会主义市场经济下，公共财政具有资源配置、收入分配、调控经济和监督管理等职能，而这些职能的发挥都密切关系着就业情况的落实。在推进农业转移人口市民化方面，财政工作的重点在于统筹考虑各地区就业服务机构的硬件设施建设投入，人员培训资金投入以及失业救济资金的安排。在具体财政资金分配方面，应主要着眼于以下三个方面：

第一，在安排财政支出时，就业服务领域是重点考虑对象。对于就业专项资金的分配，可以考虑为城镇新吸纳的就业人口提供专项支持，以及探索建立专项基金，为农业转移人口提供免费公共就业服务，为就业创业农业转移人口提供资金扶持。

第二，尽快建立农业转移人口市民化的成本分摊机制。作为经济发达地区的"农业转移人口流入地"和经济欠发达地区的"农业转移人口流出地"都面临财政问题的考量，前者面临短期内大量农业转移人口市民化，财政资金压力大的状况，后者则担心出现中央财政下拨的财政转移支付资金减少的局面。因此，应当尽快建立农业转移人口市民化的成本分摊机制，由中央财政研究如何科学合理地在"农业转移人口流入地"与"农业转移人口流出地"之间进行成本分摊。基本原则应该是有利于激发"流入地"和"流出地"双方推进农业转移人口市民化的热情。杜绝上面所分析的因为财政收支而影响"流入地"以及"流出地"在推动农业转移人口市民化方面的消极思想。

第三，建立提供公共就业服务的目标考核机制。对各级政府在提供公共就业服务方面做出明确具体的规定，特别是针对为进城务工人员提供基本的公共服务方面，明确在财政支出中应该提供的数量与质量，并严格加以考核。

二、引导就业形态多元化

首先，完善就业创业服务体系，为农业转移人口提供就业多元化形态的精准指导。尤其是在基层公共就业服务平台建设方面，把劳动力资源管理、职业介绍、职业培训等有效整合，形成统一规范、竞争有序、公平诚信的人力资源市场体系，促进农业转移人口在地区、行业、企业之间自由流动和合理配置。

其次，为农业转移人口提供公共就业服务，对其中的就业困难群体甚至可以考虑提供公益性的就业服务指导。公共就业服务在提高劳动力市场透明度、帮扶就业困难群体方面具有重要作用。对农业转移人口中的失业人员进行登记，将建档立卡的贫困人员纳入就业困难群体，办理就业创业证，并免费提供一些相关的公共就业服务和扶持政策，帮助其中的就业困难户多形式就业。

再次，打造智能化人力资源交流平台，引导农业转移人口走出家门，寻求多元化就业岗位。利用现代计算机网络技术与移动互联网技术，实现供需双方实时对接，重点解决供需双方信息不对称、对接渠道不畅通的问题，为农业转移人口求职和用人单位搭建有效的服务桥梁，有效的帮助用人单位寻找到合适的人力资源，帮助农业转移人口寻找合适岗位。清理整顿违规经营的职业中介机构，依法取缔"黑中介"，坚决杜绝虚假招工、不规范招工等行为，为农业转移人口提供真实有效的用工信息。

同时大力扶持中小企业发展，为农民工提供充分的、稳定的、可持续的就业岗位。中小企业是就业的蓄水池，在我国绝大部分就业岗位是由中小企业提供的。但是我国中小企业实力普遍较弱，竞争能力不足，平均生存年限较短，这就导致中小企业不足以持续性地为农业转移人口提供相对稳定的就业机会。因此，必须从融资、财税政策、用工制度等多方面加强对中小企业的扶持，帮助中小企业健康持续成长，为农业转移人口提供更多的相对稳定、持续的就业机会与场所。

最后，引导农业转移人口加入"大众创业""草根创业"的新浪潮，在更大范围、更高层次、更深程度上推进大众创业，加快发展农业转移人口新经济、培育发展新动能。政府引导与市场主导相结合，加快建设农业转移人口创业示范基地，扶持一批农业转移人口支撑平台，让政策扶持成为农业转移人口创业就业的后备力量，营造良好的农业转移人口创业创新生态和政策环境。

三、完善劳动力市场服务体系，增加农业转移人口工作机会

第一，认真落实人社部《就业服务与就业管理规定》，建立并完善劳动力就业服务制度，完善就业服务体系。建立包括人力资源供求状况在内的人力资源市场分析信息发布制度，为农业转移人口求职、用人单位招聘人员提供信息沟通桥梁，降低双方的信息搜集成本。

第二，提升对农业转移人口的公共就业服务水平，建立科学合理的公共就业服务流程。对农业转移人口的失业登记、职业培训、失业保险申请

发放等相关工作进行系统思考，并进行流程重组，方便农业转移人口得到更为及时、精准的公共就业服务指导。

第三，加强管理，提升社会就业服务体系水平与质量。目前，社会中各类职业介绍机构、职业培训机构、就业信息服务机构等数量较多、较庞杂，在为农业转移人口就业服务方面提供了许多有益帮助的同时，也有一些鱼龙混杂、服务质量不高、甚至损害农业转移人口利益的行为存在。这就需要加强管理，规范社会就业服务机构的行为，使用市场化的手段培育、监管各类人力资源开发与就业培训机构。

四、发挥政府在劳动力市场建设中的作用

提供社会公共服务是政府的基本职能之一，而在对农业转移人口提供就业支持方面，主要体现在劳动力市场建设上。

第一，进一步发展和巩固公共职业介绍机构。作为各级劳动保障部门开办的、具有社会公益性质的职业介绍机构，其承担着公益性的就业服务职能，为农业转移人口就业提供了大量的有益支持。但是也存在与当今我国人口大量流动、特别是农业转移人口大量市民化不相适应的地方，主要体现在对农业转移人口就业介绍成功率较低。这就需要拓展服务内容，创新运行机制。在服务内容上，除了完成免费的公益性服务之外，还可以进行劳动保障相关事务代理等有偿服务。在服务环节上，尽量形成职业介绍、职业培训、职业指导、失业保险管理等系列的"一站式"服务模式，方便农业转移人口高效率得到相关就业服务。

第二，进一步推动劳动力市场建设，适应大规模的农业转移人口就业需要。劳动力市场是一种特殊的商品市场，一方面在劳动力供需中发挥重要作用，实现劳动力资源的有效配置。另一方面工资作为劳动力的价格，在劳动力市场中起着"信号指示器"的作用，由于农业转移人口在劳动力市场中获取相关信息的不充分，在求职、后续发展中利益容易受到损害，这就需要政府及时完善劳动力市场工资指导价位制度，针对不同地区、不同行业、不同工种的工资价位指导制度，向用工单位和求职农业转移人口提供直接、及时的工资信息，方便劳动力供需双方的对接。

第三，加强就业工作人员队伍素质，提升服务质量水平。目前公共职业服务机构存在人员偏少、专业性不强、考核机制不合理、服务责任心不强等问题。这就需要适当增加公共职业介绍机构编制，并且加强对他们的专业技能培训，提升就业服务能力。

第四，加强劳动力市场建设立法，强化对职业中介机构的有效管理。包括对劳动力市场中提供中介服务的各种机构的资格认定、对劳动力市场各主体行为规则的规定、对劳动力市场运行的宏观调控、对劳动力市场管理的执法监督等方面进行明确细致的规范，建立劳动力市场的良好秩序。

第二节　营造农业转移人口融入城市的浓厚社会氛围

农业转移人口市民化实际上是农民融入城市的过程，调研表明，愿意留在城市生活和工作的转移人口占比达到 94.5%，但是普遍存在对自我身份认知模糊，城市归属感低的现象。占比达到 51% 的转移人口不能清楚感觉自己是城里人还是农村人，这表明他们的融入陷入困境，没有太强烈的城市归属感。究其原因主要是农业转移人口在社会地位、权益保护、工作岗位、经济收入、社会交往等方面处于非常明显的弱势地位，突出表现在就业困难、住房困难、子女教育及社会保障问题等方面，这些困难最终决定了进城务工的农业转移人口难以真正融入城市社会。农业转移人口的城市融入应包含经济生活、社会日常生活、社会心理层面三个层次的融入，以及多重空间、身份与认同上的转换。由乡土社会向现代城市的空间转换（地理空间、生产空间和生活空间）是开端；职业身份和民权身份（户籍身份）的转换是核心内涵；价值观念与认同的转换，是最难完成的实质转换。政府应该承担起营造农业转移人口融入城市的浓厚社会氛围的职责。

一、鼓励农业转移人口主动融入城市社交网络

农业转移人口在城市工作和生活，却因为种种原因处于被城市忽略的境地，在某种意义上讲，他们并没有被城市社会所认同。在城市社会中，他们依然是局外人，享受不到城市居民的相关资源，与城市居民也缺乏平

等交流、沟通的机会与能力，导致他们自身也不完全认同城市社会。研究也证实，农业转移人口的社交人群相对较单一，生活圈子偏小，与城市中的其他社会群体的交流较少。农业转移人口在工作之余，与人交往方面大致的类型分为家里人占 33.5%，单位同事占 28.1%，老乡占 19.7%，当地城里人朋友占 15.9%，网友占 1.8%。导致这一现象的根本原因还在于教育，教育过程本身能有效提高农业转移人口的自身素质与就业能力，同时在接受教育的过程中，扩大人际交往的范围，实现社会资本的累积。因此，政府应引导农村转移人口主动接受职业及知识教育，鼓励他们融入城市社交网络，在集聚个人资本、社会资本的同时，增强对城市文化的认同感。

二、营造社会氛围，增进农业转移人口与城市居民间互信

城市社会的文化生活发展，忽视了对农业转移人口群体的关注，使得农业转移人口被排斥出城市社会的主流生活文化和生活观念之外，城市社会关系网络所拥有的更为丰富的资源和信息也无法被农业转移人口群体触及。城市居民与农业转移人口在生活文化和生活观念上的差异、彼此之间的不包容限制了两个群体之间的交往与合作。因此必须采取多种措施，加强两个群体之间相互沟通，促进彼此的认知和理解，帮助农村转移人口尽快融入城市。

三、城市社会组织应发挥积极作用

城市社会组织在农业转移人口市民化中具有非常重要的地位，它能有效连接农业转移人口与市民之间的相互交流，是农业转移人口认知城市生活、城市文化的主要渠道。但本课题的调查数据显示，农业转移人口未在城市参加过任何社会集体活动的占比高达 50.6%，进一步的分析表明，对于城市政府和社区自治组织来讲，他们为农业转移人口在城市的工作、生活上提供的服务非常有限，对农业转移人口的关注度远远达不到农业转移人口自身的期盼。在城市环境中，农业转移人口处于弱势地位，非常需要城市社会组织给他们提供工作、生活等相关服务。但是受现行户籍制度、社会保障制度等各种体质障碍的束缚，他们未能享受到城市社区的服务，不能参加社区选举、群防等社区管理活动，被远离了社区服务网络和

社区救助体系。城市社会的文化生活发展忽视了对农业转移人口群体的关注，使得农业转移人口被排斥出城市社会的主流生活文化和生活观念，城市社会关系网络所拥有的更为丰富的资源和信息无法被农业转移人口群体触及。因此，包括共青团、党组织、妇联、工会等在内的城市社会组织应该加强基层组织的建设力度，提高进城务工农业转移人口与城市社区的交往率，积极引导农业转移人口参与社会组织、文化团体、福利组织的文化活动和政治活动。改变以往农业转移人口呈现出的所谓的"交往的内倾性"和相对封闭性的社会交往模式。

四、培养农业转移人口城市认同

农业转移人口融入社会不足除了外部因素以外，也有其自身的原因，他们中很大一部分人来到城市的主要目的是满足经济需求，挣钱养家，对于社区活动或融入城市的兴趣不大。对待社区的态度是一种"过客心态"或者"边缘心态"。此时，应该致力于提高新生代农民工自身素质，帮助其克服自卑心理，走出误区，鼓励农业转移人口主动学习、接受城市文化，培养城市认同，实现自我的再社会化，督促并鼓励他们承担应尽的市民义务。同时，由于乡村文化与城市文化的巨大反差形成的文化"裂缝"，使农业转移人口与城市居民之间产生一定的心理距离，这种心理隔离形成了农业转移人口与城市社会之间的"社会距离"，因此应引导市民以平等的态度对待农业转移人口，培育城市居民与农业转移人口的亲和感、认同感，批判乃至消除对农业转移人口的不公正的歧视行为。

第三节　加快新型城镇化进程，拓宽农业转移人口市民化的空间

近年来我国大力推行的新型城镇化中，实现"人的城镇化"是推进新型城镇化的核心内容。城镇化将为我国提供新的经济增长动力和源泉，而维持城镇化的可持续性，须通过以农业转移人口市民化为基础来实现。

一、新型城镇化中"以人为本"充分考虑农业转移人口的意愿和诉求

城镇化是供给侧结构性改革的重要领域，促进农民工从农村、农业等生产率低的部门转向生产率高的城市和非农产业，是未来中国获得经济增长动能的一个主要途径。我国在推进农业转移人口市民化的进程中，"民工荒"与"就业难"长期并存的现象，反映了我国目前劳动力市场的结构性矛盾，也是我国农业转移人口市民化的难点问题。新型城镇化核心是人的城镇化，它既为我国提供新的经济增长动力和源泉，又是一项惠及民生的重大工程。在这个过程中，必须要坚持"以人为本"的理念，围绕他们所想、所盼开展工作。从各国经济发展的历史来看，产业结构高度化的必然结果是产业重点依次由农业占优势比重，逐渐向第二、第三产业占优势比重转移，相对应的是人口流动自然由农村转向城市，就业的主要领域也遵循这一基本轨迹，由第一产业依次转向第二、第三产业。产业结构高度化的结果也就必然带来人口的城镇化，在城镇化进程中，应充分重视中小企业的就业创造力，放宽政策发展第三产业和中小企业，使其能够吸纳更多农业转移人口在城市稳定就业。

二、协调城镇化过程中的各种利益关系，保护农业转移人口的合法权益

从总体上看，我国城市化水平低于世界平均水平，因此必须加大新型城镇化建设的力度。而解决农业转移人口市民化问题，单纯依靠城市也实现不了，需要农村城市双管齐下、系统考虑，正确处理新农村建设、农民工市民化与新型城镇化三者的关系。新型城镇化从内涵上讲，一是通过推进城镇化，提高居民生活质量，以民生改善为根本目的，最终实现"人的城镇化"。二是通过推进城镇化，实现和谐社会建设，化解社会发展中的各种矛盾，实现"包容式发展"。三是通过推进城镇化，让进城务工的农业转移人口分享经济发展成果，实现"共享式发展"。

加快新型城镇化建设，拓宽农业转移人口市民化的空间，实现人的全面发展。逐步实现农业转移人口与城镇居民在就业、教育、医疗、养老等

方面权利的平等，共享经济增长成果。通过新型城镇化，重点保障农民和农业转移人口享有平等的经济权利、政治权利、文化权利、社会权利；通过改革户籍制度等举措，以属地化原则把农业转移人口纳入城市公共就业服务体系。最终实现包容性发展、参与式发展，让广大农业转移人口真正分享到我国经济高速发展的成果，同时也为我国经济可持续发展提供新的动力。

第四节　缩小城乡差距，奠定公民权利平等的物质基础

产业发展是市民化的前提，没有产业发展，市民化就失去了基础，也有可能导致贫民窟的产生。本课题前面的研究证实，农业转移人口收入的高低对市民化身份认同具有显著性影响，经济实力是影响农业转移人口城市生活水平的一个非常重要的因素。因而，提高农业转移人口的收入是加快农业转移人口市民化需要解决的一个重要问题。

一、调整经济结构，提供转移人口更多的就业机会

在我国经济已经高居世界第二大经济体的背景下，应及时调整经济结构，大力发展第三产业，为广大农业转移人口提供更多的就业机会。通过缩小城乡差距，为维护公民权利平等奠定基本物质基础。世界产业结构变化的规律表明，经济发展的重心会逐渐由第一产业转向第二产业，又由第二产业转向第三产业；从就业的吸纳能力来看，也遵循这一基本规律，加快第三产业发展，能够有效地吸纳剩余劳动力。因此一方面需要大力发展第三产业，增加对农业转移人口的吸纳能力；另一方面，大力支持中小企业、私营企业的发展，发挥它们就业"蓄水池"的作用，为农业转移人口在城市提供更多的就业机会。

二、按照比较优势来选择产业和技术，给农业转移人口提供最大可能的就业机会

世界经济发展史表明，产业结构高度化的必然结果一方面是产业重点依次由农业向第二、第三产业转移，另一方面是产业结构中劳动密集型产

业逐渐向资金密集型产业、技术知识密集型产业转移。但是需要特别注意的是，在我国目前经济结构高度化的过程中，必须充分考虑我国的基本国情，我国农业转移人口整体文化水平不高、技能缺乏，但又急需解决他们的就业问题。因此在产业发展的选择上，不能单纯追求一步到位，需要在考虑产业发展规律的基础上，综合考虑相关产业对就业的吸纳能力、我国在世界范围内的比较优势等多种因素，选择发展相关产业，以便为农业转移人口提供更多的就业机会。

三、落实"乡村振兴战略"，坚持城乡融合发展

实施乡村振兴战略，是党的十九大作出的重大决策部署，2018 年中央一号文件专门提出了《关于实施乡村振兴战略的意见》。实施乡村振兴战略，具有重大战略意义，能够有效解决现阶段社会的基本矛盾——人民日益增长的美好生活需要和不平衡不充分的发展的矛盾。但是在乡村振兴战略实施中，不能单纯就乡村论乡村，必须健全城乡融合发展体制机制，推动城乡要素自由流动、平等交换，把乡村振兴战略与新型工业化统筹考虑，通过实现农村产业的发展，最终解决农业人口以及农业转移人口的就业问题。

第十四章　破解农业转移人口的制度障碍，推进市民化进程

本书前面的研究指出，在制度层面，现行城乡分割的户籍管理、土地管理、社会保障制度以及财税金融、行政管理等制度，固化着二元城乡利益格局，阻碍了农业转移人口市民化的进程。

第一节　加快户籍制度改革，突破身份限制

本书第三部分研究表明，户口属性对农业转移人口的身份认同具有显著的影响。有关农民工的改革最根本是要突破捆绑着不同等级社会权利、社会福利的身份制。城乡二元结构，尤其是二元户籍制度是农民市民化问题的总根源。解决农业转移人口市民化的问题需要解决二元户籍制度以及伴随二元户籍制度的二元社会权益问题。

一、打破"隐性户籍墙"，建立推进农业转移人口市民化的平台

正如本书第二部分所表明的，户籍制度对农业转移人口市民化的阻碍主要体现为"双重户籍墙"——"显性户籍墙"和"隐性户籍墙"。虽然"显性户籍墙"在逐渐被打破，农业转移人口可以根据工作需要和个人喜好选择工作场地和住所，且逐渐能享有与城市居民一样的均等化公共服务，但是"隐性户籍墙"却成为农业转移人口市民化过程中的很难突破的强韧性障碍。户籍制度背后附加的各种利益，使公民在社会资源分配方面处于不公平和不公正的状态，是这种"隐性户籍墙"存在的根本原因。在中国的现实语境下，"农民"一词的内涵发生了变异，它已经不再是职业的称谓，

而是身份差异的表现。由于"隐性户籍墙"的存在，他们在进入劳动力市场时，大多数只能进入次属劳动力市场寻找职业，这种市场劳动报酬收入比较低、工作环境差、福利待遇差，如大部分民营企业、建筑工地、家政公司等的工作岗位。同时，在多数地方以域内户籍作为申请保障性住房的前提条件下，城镇住房保障基本上只面向本地户籍人口，不对域外户籍农业转移人口开放。因此，时至今日，在户籍登记上的"农民"，即使失去了土地、没有从事农业生产活动而在城市务工，但是户籍制度上的"农民"标签，使得他们不能享受到与城市居民同等的待遇，在政府管理上存在歧视，社会上存在偏见。因此建立城乡统一的户籍管理制度，取消户籍的身份属性，剥离附着在户口上的社会利益，实现户籍管理的实质性变革，把农业转移人口纳入城镇居民保障体系，使农业转移人口在换了户口之后切实享受到城市居民所享受的利益，就成为推进农民工市民化的重要内容。

我国的户籍制度改革，应适应目前经济社会发展现状，立足于统筹城乡一体化的大背景，对现有户籍管理的实质性内容相应地完善和改进。

第一，健全维护公民权利平等的法律体系。国务院于2014年7月发布的《关于进一步推进户籍制度改革的意见》明确提出：统一城乡户口登记制度，全面实施居住证制度。再加上我国宪法所规定"法律面前一律平等"的原则，为户籍制度改革奠定了政策和法律基础。但是我们具体的法律规章却存在一定程度的缺失，就目前来看，没有一个明确的法律对于公民的基本权利有详细具体的规定，在操作中缺乏依据。这在客观上就要求我们建立明确的法律规范，完善细则，通过切实履行"法律面前一律平等"的基本原则，对进城农民工与当地市民实行同一个标准，同一种标识，两者享受同等权利，逐步熨平进城农民工与当地市民之间的褶皱。让农民的"标签"找不着附着的物体，使"农民"的含义回归到其原有的"职业"的特点，为农民工市民化奠定法律基准。

第二，废除限制迁徙的相关法律条款，实现迁徙自由。近年来已经有较多的户籍制度改革政策措施落地，但在"迁徙自由"上，却一直缺乏具体的法律规定，在操作层面上还存在因循守旧的现象。因而应该对公民的"迁徙自由权"立法，以法律来保障公民的"迁徙自由"权利。另一方面，从现实情况来看，虽然我国人口可以自由流动，但是附着在户口上的社会利益差异却是不争的事实，因而要废除 1958 年颁布实施的《中华人民共和国户口登记条例》，恢复 1954 年宪法所赋予中华人民共和国公民居住和迁徙的自由，确认居民迁徙自由，推动户籍制度实质性改革。通过实行城乡统一的居住登记证制度，取消城市户口、农村户口之分，最终实现建立按居住地进行登记和管理的户籍制度，允许城乡之间人口双向自由流动、迁徙，保证农业转移人口自由选择的权利。

二、剥离附着在户籍上的利益，实现权益的均等化

正如本书第二部分的研究指出的，农业转移人口市民化过程中在经济权益保障、社会权益保障、文化权益保障等几个方面陷入了困境。其中经济权益保障的困境主要有：农民工在市民化过程中就业权益的不平等性，签订劳动合同的比例较低，拖欠工资现象仍然存在，工时与休息休假权益保障缺失；社会权益保障的困境主要有：农业转移人口社保权益实现现状不容乐观，农业转移人口及其子女受教育权益保障不足；文化权益保障的困境主要有：农业转移人口文化生活的"边缘化"困境、农业转移人口参与城市文化生活的有效需求不足、农业转移人口文化娱乐活动内容单一；社会融入方面也陷入困境，包括经济层面、社会层面、心理层面。造成以上困境的原因，归根结底还在于现行城乡二元户籍制度导致了城镇户籍与农村户籍的利益差别巨大，直接导致了农业转移人口的资本要素禀赋不足，这无疑成为阻碍农民工市民化的巨大障碍。因此，剥离附着在户籍上的利益是户籍制度改革中必要的一步。与此同时，必须正视户籍制度背后附加的各种利益，在改革中充分考虑如何处理这些相关利益，以降低和化解可能的社会冲突。例如本书研究中所提出的重庆经验给我们提供了一个很好的借鉴：按照重庆的实际情况进行分级承接，考虑到各个级别的城区的承接能力以及转移人口生存能力等各方面素质，设置一定的转移入户条件，既避免一次性转移人口过多，对承接单位城区、县市造成较大的财政、社会基础资源压力，又保障转移人口具备相应的生存能力。

第一，实现不同户籍的公民拥有身份上的平等。户口管理制度，任何国家都有，但是它仅仅承担人口登记的功能，如果让它跟相关福利挂钩，这就背离了户口管理制度的初衷。通过户籍制度改革，剥离附着在户籍上

的社会利益，目前很多地区实行城乡统一的居住登记证制度，不再有城市户口、农村户口的区别，统称为居民户口，为农业转移人口享受与城市居民同等的社会待遇奠定了基础，这就是一种有益的探索。成都市的户籍改革制度，覆盖到涉及民生权益的各个方面，改革对户籍、就业、教育、福利、权利等各个方面均作了较大的调整，保障了成都市域内居民的各项权利平等，其改革的推进模式和改革的彻底性对其他地区的户籍制度改革具有很好的借鉴意义。

第二，户籍制度回归身份证明和社会管理的本位功能。从我国户籍登记制度职能的历史演绎来看，从最初的对人口居住地点与基本信息的登记，慢慢转化到限定人口自由流动，到了最后发展到与教育、就业、社会保障等相关的利益分配挂钩。显然，户籍制度的后面两个职能出现了异化。目前是需要回归户籍登记最初的本位功能上面的时候了，即通过对人口居住地点与基本信息的登记，实现人口的统计和管理工作，证明居民身份，确定公民拥有的民事权利与行为能力。

第三，落实"乡村振兴战略"，破除户籍制度改革的障碍。从全国各地试点改革经验来看，取消二元户口都不同程度地产生了积极的效应。同时我们也应看到，由于附着在户口上的社会利益差异，也不能指望一蹴而就地完成此项工作。在实践中，比如有些地区建立了统一的居民户口制度，不再有城市户口与农村户口之分，但是附着在户口上的社会利益并没有改革，户籍改革更多是一种形式。显然造成这种局面的根本原因在于城乡发展不均衡；因此，只有不断推进落实"乡村振兴战略"，坚持城乡融合发展，缩小城乡差距，才能从根本上破除户籍制度改革的障碍。

第四，户籍制度改革是一项系统性工程，需要与其他相关制度改革结合进行。户籍制度改革并不仅仅是变换户籍登记的问题，由于附着在户籍上的社会利益的存在，在进行户籍制度改革的同时，还必须进行一系列的综合配套改革。正如重庆经验显示的，在农业转移人口进城以后获得就业、社保、住房、教育、医疗等权利后，还应协调如何顺利地退出原有的相关利益体系。目前，成都、重庆等地已经在这些方面进行了一些有益的探索和尝试。

第二节　深化土地制度改革加快提高户籍人口城镇化

在推进农业转移人口市民化过程中，必须维护农民的土地权益，不能以进城落户农民放弃在农村的相关权益，尤其是土地权益作为对价换取城镇户口。必须尊重农业转移人口的自主选择权，不能强迫他们市民化，应依法维护进城农业转移人口本身固有的农村承包地和宅基地的产权。规范土地交易机制，规范农村土地流转，对于土地承包权，在依法自愿有偿原则下，让农业转移人口成为土地交易的市场主体，能够切实维护其自身利益。

一、从法律上明确城市土地公有制

系统总结农村土地征收、集体经营性建设用地入市、宅基地制度改革试点等经验，逐步扩大试点，加快土地管理法修改，完善农村土地利用管理政策体系，建立城乡统一的建设用地市场，这些都要求从法律上确立，让城市土地实行公有制。

二、建立进城落户农民宅基地有偿退出机制

完善农民闲置宅基地和闲置农房相关政策，探索宅基地所有权、资格权、使用权"三权分置"，落实宅基地集体所有权，保障宅基地农户资格权和农民房屋财产权，适度放活宅基地和农民房屋使用权，不应允许农村集体宅基地使用权转让、出租、抵押和担保。通过建立进城落户农民宅基地有偿退出机制，保护他们宅基地的完整产权，包括出租、担保、抵押和转让的基本权利。

三、取消土地供应双轨制，维护农业转移人口的权益

进一步完善农村土地征用补偿机制。目前，在土地市场上依然保留着计划经济向市场经济过渡时期的"土地双轨制"模式。即政府主导的无偿划拨模式，以及通过市场化手段将国有土地通过招标、拍卖、挂牌三种方式卖给使用单位的有偿使用模式。其中，在划拨用地的来源中，包括了城市的存量土地以及从农业用地转为非农业用地的，但部分农业用地转为非

农业用地时，并没有用到"公共利益"的建设中，而且也没有按照市场价格对失地农民进行补偿，严重损害了这部分人的利益。因此，必须进一步完善农村土地征用补偿机制，逐步取消土地供应双轨制模式，确保农业转移人口的权益。

四、探索农村集体间用地指标转换，实现城乡建设用地增减挂钩制

进一步完善设施农用地政策，对利用收储农村闲置建设用地发展农村新产业、新业态的，给予新增建设用地指标奖励。目前城乡之间的建设用地分布处于失衡状态，农村有大量的闲置建设用地指标，城市缺乏建设用地指标，但农村的闲置建设用地指标却缺乏进入市场转让给城市的渠道。这就要求我们探索农村集体间用地指标转换，实现城乡建设用地增减挂钩机制，最终实现建设用地总量不增加，耕地面积不减少，农村集体收益获得增加的双赢局面。

第三节　促进农业转移人口合理迁移，提供政策保障

一、转变公共政策制定起点

加快农业转移人口市民化对于破解我国城乡二元结构、促进城乡协调发展有着重要的现实意义。因此有关农业转移人口市民化的公共政策制定有着非比寻常的重要作用。在制定有关农业转移人口市民化的公共政策时，不能单纯的仅从社会问题的表面出发，必须站在民意的起点位置上，围绕如何确保农业转移人口的相关利益，消除城乡二元结构对于城乡一体化的障碍。在土地制度、户籍制度、医疗、教育、养老等一系列问题上充分体现民意，系统、综合考虑社会公众的意愿与需求，协调当前利益与未来利益的平衡点，确保农业转移人口顺利市民化。

二、提高农业转移人口政策制订的质量

传统的农业转移人口政策缺乏诸多顶层制度到专项制度的设计，在借

鉴西方国家城市化政策时没有能够有效结合我国农村转移人口基数庞大、经济基础薄弱、传统农业思想固化等具体实际情况，忽视了作为"政策"对象的公众在政策制定过程中需要愈加凸显的作用，使得政策的实施和落实贯彻存在诸多问题和阻碍。在提高农业转移人口政策制定质量方面，总体政策取向上，应从过去的"约束""控制"为主，转向"激励"为主。通过保障农民工利益使他们获得动力，增强活力。通过使农民工获得公平参与城市生活、工作的资格，激发他们融入城市的热情和动力。

首先，政府应完善从顶层制度到专项制度的诸多设计。从宏观、中观、微观多个层面着手，不断提高与现有农业转移人口政策相关的顶层制度的质量。改革现有制度体系，完善政策配套措施，突破结构障碍，让农业转移人口落户城镇，稳定就业，与城镇居民享有平等的社会权益。

宏观整体层面，改革户籍制度，形成一体化的就业市场和权益保障；规划城镇化路径，提高城镇化质量及市民化的制度效益。

中观环境层面，改革城乡管理制度的系统性缺陷，形成合理的政策配套体系。迁出地和迁入地的相关具体制度政策，要形成特定的"推—拉—阻"力结构，进行综合改革，形成合理的、全方位的政策配套体系。

微观主体层面，弥补人力资本社会资本的能力约束，建立教育信息资源共享的利益格局。首先要加快提升农业转移人口立足城市的就业能力；其次要强化其融入城市的意识和公民责任意识；最后要构建信息统一透明的社会网络平台，创造农业转移人口与市民相互了解的环境，引导社会价值的重建。

其次，重视整合社会各界对农业转移人口市民化问题的各项政策建议。农业转移人口市民化作为目前中国理论界、实践领域的热点问题，政府智囊部门、各高等院校已经从不同的学科领域、立足于多角度视野，进行了较为深入系统的研究，提出了许多有建设性的政策建议。对这些意见和政策建议进行系统整理和深度挖掘，对于完善我国的农业转移人口市民化政策主张具有巨大的促进作用。

最后，利用社会公众的直观体验与基本诉求，提出政策表达。转变公共政策制订的起点，重视农村转移人口政策制定中的公众参与和协调工作。通过搜集社会公众的基本诉求，有利于政府管理当局发现他们的真实想法，制定的政策主张也才能够满足他们最真实的需求。

三、构建农业转移人口融入城市社会的保障机制

为使农业转移人口融入城市社会，"生有所依""老有所养""病有所医""住有所居"应充分考虑并得到解决。本书的研究结果表明，农业转移人口的社会权益未能得到充分保障。就社保权益来看，本次的调研结果显示 30.1% 的农业转移人口未购买任何保险，社会保障的缺失将极大降低农业转移人口长期居留城市的意愿。

（一）建立农业转移人口"生有所依"的最低生活保障制度

最低生活保障制度作为一种社会救助制度在农业转移人口市民化进程中具有重要意义。它能够保证农业转移人口中的贫困者按最低生活保障标准，维持其基本生活，消除贫富差距，维护社会公平。作为社会管理者，政府向低收入者提供最低生活保障是国家财政职能的体现，也是向公民应尽的一项义务，而生活困难的公民，为维持基本生活，向政府申请最低生活保障，也是其一项基本权利。

首先，科学确定农业转移人口最低生活保障对象。这是由相关政策进行了明确规定的，但必须科学合理。凡是自认为符合当地最低生活保障待遇的，无论何种原因导致生活困难，均可自由申请，只要通过相关部门的审批，便可以获得相应资格。与此同时，在审批了相关人员的最低生活保障资格后，应进行动态管理，定期或不定期调查了解其实际现状，一方面做到应保尽保，另一方面对于已经享受低保的家庭，根据其家庭实际收入的变化状况，及时按程序办理停发、减发或增发手续，确保国家财政资金使用效果与效率。对于有能力再就业的，政府有关部门还应该通过培训、就业指导等措施帮助其实现再就业。

其次，科学确定农业转移人口最低生活保障制度的保障标准。根据国务院相关文件规定，由各级地方政府相关部门按照法定程序确定保障标准，并根据经济社会发展实际情况进行动态调整。

最后，建立农业转移人口最低生活保障制度作为一项制度建设，必须纳入法制化管理，规范化运作。立足于可持续发展理念，对于农业转移人

口中的贫困者，必须结合其他配套措施，增加他们的纯收入，最终走出贫困。

（二）建立农业转移人口市民化的养老保险制度，解决"老有所养"的问题

随着我国生活水平的不断提高，以及医疗条件的改善，人口老龄化现象越来越严重。农业转移人口市民化领域也同样如此，甚至老龄化给农业人口带来的问题更加突出，养老保险概念的缺乏使得部分农业转移人口在年老后失去了经济来源，主要靠积蓄或者子女的赡养维持生存，带来了巨大的经济压力。因而在农业转移人口老龄化趋势较为明显的情况下，"老有所养"尤为重要，优质的养老保险制度才能让农业转移人口享受到社会发展的种种优惠。且真正享受到市民化后通过养老保险制度所获得的福利待遇，能让更多农业转移人口有市民化的积极意愿。

第一，逐步推行养老金全国统筹制度。由于各地经济发展水平的差异，目前地域分割的养老保险制度，一方面使得各地养老保险金额差异较大，另一方面对地方财政收支影响较大。在目前农业转移人口工作流动性较大的情况下，养老金接续困难，也影响到了农业转移人口缴纳养老保险的积极性。如果进行全国统筹，使养老保险金可衔接、可转移、可累计，能增强养老保险的便携性，消除养老保险制度转移不便对他们的不利影响，最终提升他们缴纳养老保险的积极性。

第二，建立差异化的社会养老保险制度。建立多层次、多档次的养老保险缴费费率体系，由参保者根据自身情况，自行选择不同的缴费费率。

第三，严格执法，落实国务院《关于建立统一的城乡居民基本养老保险制度的意见》，确保基本养老制度的全覆盖。本书调研结果显示，工作单位未购买保险的有603人，占比高达31.5%。因此必须加强执法检查，落实劳动合同用工制度，确保用人企业按时、足额为农业转移人口缴纳养老保险。

第四，加强养老保险网络的信息化建设，确保养老保险转移接续与制度衔接。农业转移人口科学文化素质较低，大多数人外出务工之前并没有掌握基本的专业技能，在就业市场中处于劣势地位，工作流动性较大，跨区域流动频繁，养老保险转移接续工作量增加。这就需要加强养老保险网

络的信息化建设，实现跨区域、跨系统的养老信息共享，同时快捷地实现养老保险转移接续与制度衔接。

第五，加大社会保障宣传，促使更多农业转移人口购买养老保险。在本课题的调研中，农业转移人口购买险种排前三位的分别是医疗保险、养老保险和工伤保险，比例依次是48.1%、40.8%、25.5%，这组数据说明，农业转移人口的保险意识还不是特别强，必须增强他们对养老保险重要性的认识，建立起养老保险理念。

（三）建立涵盖城市化村民的医疗保障制度，解决"病有所医"问题

随着市场经济的发展，城镇化建设的加快，大量进城务工人口来到城市工作，但是与之相配的医疗保障却仍然在当地农村老家，如果一旦出现伤病情况，那么他们很难获得相关的医疗保障。本课题的调研数据显示，虽然农业转移人口购买医疗保险的积极性在所有保险中最高，但是比例上也仅仅为48.1%，还不到一半的比例。因此应该尽快建立涵盖城市化村民的医疗保障制度，解决农业转移人口"病有所医"问题。

首先，构建多层次的医疗保障体系。探索建立以城镇职工基本医疗保险制度、城镇居民基本医疗保险制度、新型农村合作医疗制度为主干，以城市医疗救助和社会慈善捐赠为补充，以补充医疗保险以及商业健康保险为辅助的完善的医疗保障体系。对城乡居民基本医疗保险制度进行整合，进城务工农业转移人口已经进城定居的，其家属以及随迁子女也应进入当地城镇医疗保险体系，按照城镇参保居民的标准，由当地财政统一予以管理和补助。

同时，充分利用现代信息技术，加快实现社保卡的异地就医结算服务。对于农业转移人口，常年在农村与城市流动，此时更为需要能在城市以及农村均能方便就医结算的个人医疗保险卡，以解决"病有所医"问题。成都市在2018年初推出的具有参保凭证、信息记录、自助查询、就医结算、缴费和待遇领取，以及证明身份和银行服务功能的第三代社保卡就做出了有益的探索，它支持在非成都区域结算医药费，符合异地就医规定的参保人员，可以用卡实现跨省异地就医医疗费用的直接结算，大大方便了农业转移人口的医疗保障。在医保资金的来源上，参照城市职工医保资金的构成，由农业转移人口个人与所就业的单位共

同承担。

其次，在医疗救助基金来源上，应多种渠道筹措，包括财政投入、社会慈善捐赠、职工个人以及用工单位缴纳等方式，从而提高医疗救助基金总量。大力发展城市医疗救助和社会慈善捐赠，针对困难群众进行医疗救助，防止因病致贫或有病不敢看、看不起的情况出现。同时加强医疗预防服务，包括组织定期体检、对可能的流行疾病免费注射疫苗等多项措施，预防疾病的发生，改善他们的身体健康水平。

最后，建立农业转移人口医疗保障中间代理组织，减少医患双方的信息不对称现象。由于农业转移人口本身工作的流动性大，非正规就业现象突出，在就医中受自身经济状况以及医疗保险制度的制约，对他们来讲，看病难、看不起病的现象更为突出。在此情况下，可以探索建立农业转移人口医疗保障中间代理组织，即针对城乡流动人口的医疗交流中心，由该中心第一时间为患者提供就医的选择建议，既保证患者能够根据自身的病情、支付能力选择到合适的医院就医，也能保证医疗资源得到的高效充分利用。

（四）建立多种形式的城市住房供应体系，解决农业转移"住有所居"问题

住房问题是农业转移人口在城市安居乐业、稳定下来必须考虑的现实问题，目前农业转移人口进城后的住房模式，主要有四种，包括：自购型住房，即指农业转移人口从务工地购得的商品型住宅；私租型住所，指由农业转移人口个人承担租赁费用而获得的住所；福利型住所，主要是指由用工单位提供的住所，比较常见的是单位宿舍、工地工棚或者由用工单位为员工租房以及提供住房补贴的形式自行租房；保障性住房，是指有别于完全由市场形成价格的商品房，是政府基于社会公平角度，运用了财政补贴为中低收入住房困难家庭提供的住房，包括廉租住房、经济适用住房、政策性租赁住房、定向安置房等多种形式。从住房供应体系来看，也可以概括为由市场提供、由用工企业提供以及政府政策性支持等三种情况，如表14-1所示。

表 14-1　农业转移人口住房供应体系

住房供给方	住房类型	住房需求方	运行特征
市场	新建和二手转让普通商品房	有一定购买力的农业转移人口家庭	市场自由谈判
	低端、普通出租屋	在城市务工、没有住房、购买力相对较低的农业转移人口家庭	
用工企业	具有基本生活条件符合安全卫生标准的集体宿舍	在用工单位工作的农业转移人口家庭	受政策支持以及企业落实社会责任所建设的集体宿舍
政府	具有基本生活功能的公共租赁房	收入较低、没有住房的农民工家庭	政策支持，申请需要符合准入条件
	封闭运行的廉租房	贫困农民工家庭	住房保障，只租不售
	封闭运行的经济适用房	希望购买住房、有一定购买力的农业转移人口家庭	政府补贴，封闭运行
	限价房	具有一定支付能力，希望购买住房的中低收入农业转移人口家庭	政策支持，出售有限制

在调研中，有接近 80% 的农业转移人口通过个人承担租赁费用或依赖用工单位提供的福利型住所解决安居问题。自购住房比例以及保障性住房不足 20%。大部分农业转移人口收入低以及城市融入的意愿不足，自购住房的意愿和支付能力相对较弱，导致自购住房比例低。而保障性住房长期以来有严格的户籍条件限制，且保障性住房只针对城市低收入群体。以公共租赁房、经济适用房为主的保障性住房目前也还只是针对域内户籍农业转移人口开放。从农业转移人口的实际支付能力以及农业转移人口市民化的大背景来看，保障性住房已成为当前农民工最迫切要求解决的问题之一。本课题的研究证实，有 24.9% 的被调查者表示"城市房价高"是其在城市生活的主要困难，对住房问题的担忧排在"留在城市里生活的主要困难是什么"的第二位。因此构建农业转移人口融入城市社会的保障机制，还必须考虑如何解决他们的住房问题。政府应该根据他们的经济收入水

平、他们自身对住房的需求意愿、未来的发展规划、地方政府财力等多种因素，建立覆盖全体城乡居民的多层次住房供应体系，满足农业转移人口不同的住房需求，促进农民工进社区，让域外户籍农民工以各种居住方式都尽可能进入社区，不要成为城市"游民"。

第一，政府建立适用于农业转移人口多种形式的城市住房供应体系，包括市场提供、用工企业提供、政府政策性支持等多种形式。政府主要提供具有基本生活功能的公共租赁房、封闭运行的廉租房、经济适用房、限价房等保障性住房。以财政补贴、提供低息贷款、税收减免等方式鼓励用工单位为农民工提供标准化农民工宿舍或住房补贴。市场提供面向农民工的低租金住房或商品住房。

第二，政府应该支持、监督企业建设标准化的农民工工作宿舍，由于农业转移人口工作流动性较大，部分农民工没有能力购置普通商品房，此时较多使用农民工的企业可能会提供具有基本生活条件的集体宿舍，政府对此应当支持，并且加强监管，确保符合卫生标准以及安全可靠。部分农民工有能力、有长期稳定的工作，而且有购买普通商品房的意愿，政府应予以鼓励支持，可以尝试扩大住房公积金制度覆盖范围，把这部分农业转移人口纳入城市住房公积金体系。部分农民工有购房意愿但经济能力相对较弱者，可以以契税优惠等措施支持他们购买经济适用房、限价房。

第三，构建农村转移人口城市安居工程，降低农业转移人口市民化的定居成本。目前农村住房公积金制度尚未形成，但城镇职工住房公积金制度已经较为成熟，可以借鉴其相对成熟的经验，探索农业转移人口城镇住房公积金制度，为农业转移人口市民化在住房问题上寻求多元化渠道。与国家推进的新型城镇化相呼应，鼓励并帮助农业转移人口在小城镇自建住房，解决住房问题。

第四，完善城镇的住房保障制度。目前城市许多的住房是住房困难和住房闲置相并存，因为房价一直居高不下，房地产商在城市又开发了很多楼盘，而大部分农业转移人口却承担不起高额的房价，从而出现城市住房相对紧张，而农村的住房相对宽松的状况。因此必须加快建立城乡统一的住房保障体系，解决不同收入家庭的住房问题。例如可采取补贴房主的方式，将一些居民个人出租的住房转化为政府的廉租房，扩大农业转移人口住房供给来源。统筹考虑新农村建设与农业转移人口住房问题，逐步地将农业转移人口有区别的纳入城镇住房保障体系当中去。

四、保障农业转移人口子女平等接受义务教育

此次的调研显示，在农业转移人口学龄子女中，仅有 6% 的农业转移人口子女在城市里专供民工子女上学的学校上学，另有 19.8% 的农业转移人口子女在务工城市公立学校就读，且不交借读费；另外有 14.6% 的农业转移人口子女在务工城市的公立学校就读，但要交借读费；9.5% 的农业转移人口子女在城里普通民办学校读书。后两者导致农业转移人口需要承担较为高昂的教育费用，加大了其融入城市的成本。且在适学农业转移人口子女中，未满 16 岁但已经辍学的比例高达 3.1%。

针对农业转移人口子女义务教育方面，应支持和引导地方政府将其纳入公共财政保障范围，逐步完善中等职业教育免学杂费和普惠性学前教育的政策。具体而言，通过建立农业转移人口市民化成本分摊机制，流入地相关政府机构必须承担起义务教育的管理责任，把农业转移人口子女义务教育纳入统一教育规划，在教育经费预算中统筹考虑。对于城市里已经存在的民办农民工子弟学校，应该加大扶持力度，并进行规范管理，同时采取措施强化他们的师资力量，提升其教学质量，让农业转移人口子女能得到优质的教育资源。

第四节　强化监管企业职能，保证农业转移人口实现自我救济权利

一、监管企业严格执行相关法律规定

政府必须严格执法，监管强化企业守法，促进企业在遵守国家各项法律规范的基础上开展生产经营活动。同时，政府劳动执法监察部门必须坚持"以人为本"的理念，依法开展劳动执法监察，保证农业转移人口的权利不受侵犯。

第一，政府按照法定程序，规范确定行业最低工资标准，并督促相关

企业执行最低工资制度，确保农业转移人口工资报酬权利不受侵害。

第二，政府应督促企业合法用工。根据现有规定，企业用工时必须与劳动者签订劳动合同，明确用工单位与劳动者的权利与义务。作为政府，必须严格开展劳动执法监察，确保企业与进城务工人员签订劳动合同，依法用工，保护劳动者相关权益。

二、提升农业转移人口自我救济的能力

允许农业转移人口有权利进行自我救济。农业转移人口在流动过程中，极少参加工会、党团组织、社区组织，缺乏代表他们表达意见、维护他们利益的相关机构。因此，在自身合法权益受损时，根本找不到能帮助维权或者保护自己权益的相关组织。调研结果显示，在自身权益受损时，有 10.7% 的人选择忍气吞声，不利用任何途径进行维权。说明农业转移人口个体在遭遇侵权问题时往往显得无能为力，维权渠道也面临着重重障碍。在权益受损时，他们是"失语者"，是"沉默阶层"，根本原因在于他们是"无根阶层"，缺乏代表他们利益、传达他们的诉求、保护他们利益的社会组织，因此应当调整社会制度安排，允许农业转移人口增强其自组织能力，建立由政府、工会和农民工组织构成的协调劳动关系的三方维权机制，提高他们的谈判力量，有效保障农业转移人口的各项权利。通过把农民工代表纳入相关机构中，反映他们的利益诉求，实现从原始的地缘组织和血缘组织转移到正式的社会组织中，提高整个群体的自我救济能力，最终实现自我合法权益的保护。

第五节　建立服务型政府，维护农业转移人口发展权和安全保障权

农业转移人口权利意识包含三个层次的内容：一是他们能够认识和理解依法享有的权利内容，以及这些权利对他们的价值所在；二是在认识和了解这些权利后，应该如何行使这些权利，当这些权利受到损害时，应该怎样去捍卫这些权利；三是他们在行使这些权利时，必须依法进行，不得损害其他主体的合法权利。

一、政府应引导农业转移人口合理合法维权

首先，提高农业转移人口权利维护意识、规范其权利维护行为和促进其权利维护能力，是促进其向市民身份转换的重要途径。课题调研结果显示，在自身权益受侵害的时候，仅仅有 39.4% 的人选择通过法律的途径维护自己的合法权益，比例仍然偏低。在实践中，维权行动、权利诉求与现有制度设计之间存在一些差异，对农业转移人口的维权行为需要加以引导，增强他们理性维权的意识，依法维权，在法律框架下理性表达相关诉求。

其次，维护农民工合法权益的途径主要有：法律手段、政府力量、用工单位工会、新闻媒体以及其他维权途径。通过新闻媒体宣传农民工所拥有的基本权利，让他们明确知道自己具有哪些权利，并能够认知到当自身权益受损时，可以依法去维权。在维权时，要强调法律手段的优先性，并通过建立农民工权利维护的法律援助体系，让他们在依法维权时，能低成本地寻求到相关帮助。

最后，关注工会力量，尽可能多地将新生代农民工组织在工会组织之内。依托现有农民工信息平台或资源库，完善农民工加入工会的相关信息，新生代农民工大都会使用网络，有能力通过网络获知工会组织的情况，以及他们应该获得的相关权利、应尽的义务，并且在任何时间、任何地点都能够与工会组织联系。工会组织通过加强服务职能，维护新生代农民工的权利。第一，广泛吸纳新生代农民工加入工会组织；第二，工会组织积极宣传相关法律、法规及政策、制度，确保新生代农民工知晓他们的权益；第三，探索和建立新生代农民工有效的维权途径，例如通过成功维权案例解读、建立相关信息平台等各种途径引导和帮助新生代农民工合法维权，增强工会组织对新生代农民工的吸引力，通过加入工会组织，由"无根阶层"转变为"有根阶层"，在他们权益受损时不再是"失语者"或"沉默阶层"。

二、建立促进农业转移人口合理化迁移政策执行的绩效考核机制

在传统的农业转移人口迁移政策的执行过程中，个别地方出现了地方

领导干部、基层工作人员"唯上不唯实"的现象，对农业转移人群漠不关心，政策执行走样，落实不到位，从而严重地阻碍了农业转移人口合理迁移的进程。其根源在于目前的考核机制以及选人用人机制存在一些不足。

首先，继续深化干部人事制度改革，构建科学合理的、有利于激励基层干部工作积极性的选人用人机制。把基层干部对党的政策方针的执行力作为一项重要的考核指标，选拔有关农业转移人口市民化的领导干部时，把所有胜任促进农业转移人口合理化迁移任职条件的干部均纳入组织甄别和考察的范围。然后通过综合考查，选拔出真正推进贯彻国家农业转移人口市民化政策、又能够为此努力工作的领导干部。

其次，建立干部"能上能下"机制。塑造一条"能者上、庸者下、劣者汰"的为官执政新路径，继续打破干部"能上不能下"的制度藩篱，让想干事、能干事的干部能够走上领导岗位，深入推动农业转移人口合理化迁移。

最后，在对涉及农业转移人口相关基层干部以及工作人员的考核中，应广泛吸收农业转移人口的参与，因为这涉及他们自身的切身利益，他们对基层干部的执行力、执行效果做出的评价才是最为客观公正的。同时，科学设计农业转移人口绩效考核指标体系，从"以人为本""可持续发展""全面协调发展"等多角度全面考察业绩，并将绩效考核运用到对相关领导干部及工作人员的奖惩机制中。

第十五章　提升农业转移人口市民化的能力

马克思指出，"人们奋斗所争取的一切，都同他们的利益有关"，这点明了城乡经济利益的差异是农村劳动力以及人口大规模流动的主要原因，但这最终取决于农业转移人口在市民化转移过程中确确实实存在的比较利益，也就是在城市工作能够取得比在农村更高的经济收入及发展机会，并能够在城市稳定居住生活。现有的各项理论研究均证实，对迁移的成本—收益的比较分析是人口流动的决策基础，即劳动力迁徙过程主要是对预期的城市和农村实际收入差距的反映，是劳动力对迁移的收入与成本比较之后的经济理性决策。

第一节　建立农业转移人口成长机制，提升就业能力与就业质量

经济层面的融入、获得在城市工作的比较利益是农业转移人口能否顺利市民化的关键，而能否顺利实现经济层面的融入、取得比较利益的关键又取决于农业转移人口能否成为城市中的合格的人力资源。农业转移人口之前主要的生产资料是土地，主要从事农业生产经营活动。在转移到城市之后，不再从事农业生产经营活动，面临着从一产转向二产或三产，但这样的转型需要技能、知识水平、能力等方面的支撑。本课题的调研表明：农业转移人口来到城市后，绝大多数人在制造业、建筑业和服务业三大行业中就业；从职业地位看，普通工人或服务员占比50.9%，在流入地主要从事较低职业地位的体力劳动和半技术半体力劳动，也即人们常说的次要劳动力市场；在工资收入中高达76.4%的转移人口没有结余或者结余很少。农业转移人口在城市中获得的比较利益相对较少，严重地削弱了他们的市

民化意愿。因此农业转移人口在流入地要能够获得相对公平的就业机会、职业地位、劳动收入、社会福利、居住条件等待遇的改善，必须建立起农业转移人口成长机制。影响农业转移人口成长的主要因素在于教育，包括农村基础教育、义务教育、农业转移人口的职业教育与技能培训以及培训体系建设。因此，支持机制的着力点在以下几个方面。

第二节　加大农村教育投入，增加农村转移人口的人力资本"先天积累"

从现实来看，第二代农业转移人口已经逐渐取代其父母辈，成为城市农民工的主体。因此在农民工市民化进程中，有必要把关注的焦点聚焦于第二代农民工上。与第一代农民工流动相比，第二代农民工的社会流动动机已经发生了根本性的变化，"城里收入高""外出开开眼界"和"到外学点技术或才干"等因素是排在前几位的农业转移人口迁移的动因。他们更加渴望在身份、地位、文化等方面与真正的市民看齐。但这些都需要建立在较高的受教育水平、较高的人力资源积累上。从本课题的调研结果来看，目前的农业转移人口中，41.4%的受访者文化程度在初中以下（含初中），没上过小学的占比也达到了3.4%。有超过半数的被调查者认为在找工作中遇到的最大困难是学历低或缺乏专业技能。如果把第二代农业转移人口与城市同龄人口对比，低学历人口的比例也远高于同龄城市人口，这就使得他们缺乏使其成为城市中的合格的人力资源的可能性，严重阻碍了其向市民化转换的进程。

一、缩小城乡之间义务教育的差距

长期以来，我国基础教育资源配置极不合理，存在农村教育经费投入总量相对于城市严重不足等问题，从根本上制约着农业转移人口融入城市的进程。因此，必须强化政府公共财政在义务教育中的职能，不断加大对农村义务教育的投入，均衡配置基础教育资源，逐步缩小城乡之间义务教育的差距，推动建立以城带乡、整体推进、城乡一体、均衡发展的义务教育发展机制。保证政府公共财政对义务教育的投入足额到位，对各级政府在义务教育上的支出责任予以明确，对义务教育投入存在困难的农业转移人口流出地给予必要的财政转移支付。全面改善薄弱学校基本办学条件，加强寄宿制学校建设，加大实施农村义务教育学生营养改善计划的力度。

二、支持普高建设，强化职业教育

整体上，应优化教育资源配置，对失衡的教育资源配置进行适当矫正，围绕农业转移人口市民化未来发展的需要，在义务教育得到普及的同时争取普及农村高中阶段教育，支持教育基础薄弱县的普通高中建设，加强职业教育，分类推进中等职业教育改革，免除其学杂生活费用，提升农村劳动力受教育水平，从而改善农村的教育质量，让绝大多数农村新增劳动力接受高中阶段教育、更多人口享受高等教育。统筹配置城乡师资力量并适度向乡村倾斜，建好建强乡村教师队伍，提升农村劳动力的人力资本积累，推进其实现从劳动力向劳动力资源的转化。

第三节　加强对农业转移人口的职业教育和技能培训，提高人力资本的"后天积累"

调研显示，在农业转移人口中，基层管理人员占比13.3%，中层管理人员占比4.9%，绝大多数从事普通工人或服务员职业。这说明农业转移人口成长空间不足。教育培训制度是农业转移人口综合素质得以提升的关键一环，也是农业转移人口得以成长发展的基础。此次调研表明，占总样本39.59%的专业人口从未参加过技能培训，这无疑降低了他们自我发展的空间。从参加技能培训的途径来看，单位无偿提供、政府无偿提供的共计45.38%，其余54.62%是自费参加培训，这对收入微薄的农业转移人口来说也是一笔沉重的负担。职业教育与技能培训能够极大的提高他们的个人素质与能力，增强其在职业市场上的竞争力，也有助于其市民化，融入城市生活。在被调查者中希望政府提供就业培训的比例排在第四位，这也反映了农业转移人口有参加职业教育与技能培训的愿望。因此，应围绕就业、自我发展的需要，对农业转移人口进行技能培训，使他们具有一定的技术特长，使其在某一行业、某一领域内能够迅速进入角色，真正实现由低端劳动力向高端劳动力的转换。

一、建立和健全多层次的农业转移人口培训体系

正如本书第二部分的分析，农业转移人口市民化的社会成本包括社会保障成本、教育培训成本、安居成本、私人增加的生活成本和基础设施增加成本，总成本较高。因此农业转移人口的培训成本也应该建立分担机制，政府、企业、个人均应参与进来，各种有偿与无偿的培训方式互补，成本以政府分担为主，企业和个人分担为辅。作为政府，应把农业转移人口的职业与技能培训看作一项准公共产品，无论是流入地还是流出地，均应在资金、政策等方面予以支持，其下属的农办、财政、劳动、就业等相关部门也应协作配合，提升培训质量与效果；作为企业，应主动承担社会责任，为员工素养提高、技能提升支付一定费用；作为个人，应主动参与到政府、企业以及社会的培训计划中，提升职业竞争力。通过政府、企业、转移人口个人的协同培训机制，最终提升农业转移人口的成长空间。

二、完善职业技能培训市场制度

在农业转移人口就业问题上，结构性矛盾十分突出。解决这一问题的关键就是对他们进行技能培训，使他们有一技之长，这既有助于帮助他们就业，也能缓解企业"用工荒"的问题。但是目前培训市场的现状显示出职业培训的针对性、有效性不强，劳动者和培训机构参与培训的积极性不高，培训信息渠道不畅通等问题。因此职业培训市场需要从以下几个方面进行完善：一是提高培训机构能力，加强培训机构师资队伍建设。二是提升培训的针对性，培训内容和专业设置应该与企业用工需求保持一致，以此增强农业转移人口个人参加职业培训的意愿。三是要加强国家职业标准、教材题库建设，尤其是需要编撰与现在工艺水平相符合的教材，并且在技能鉴定中突出实用性，为参与培训并合格的农业转移人员从业提供保障。四是加强培训政策宣传工作。把培训信息公开，尤其是现在国家实施了职业培训补贴制度，这些信息必须让农业转移人口知晓，知晓开设培训项目情况、补贴的职业（工种）、补贴金额，提升农业转移人口参与培训的积极性。

三、创新培训方式与培训内容

在培训内容上，目前仍然存在"重学历、轻技能"的现象，必须将基本素质培训与职业技能培训相结合。通过农业转移人口自身的职业定位，帮助他们选择不同内容的劳动技能培训，同时适当地进行一些文化素养培训，如依法维权意识、文明意识、团队意识，增强农业转移人口的城市归属感、价值认同观念。培训机构还应根据经济社会发展的实际，创新培训方式。例如借鉴高校"慕课"教育模式，开展"互联网+职业"培训模式、开放式在线培训课程资源，增强培训的广泛性，让更多的农业转移人口以不同的方式得到培训机会。

第十六章　社会全力并举，主动维护农民工权益

第一节　企业履行社会责任，主动维护农民工权益

农业转移人口市民化涉及的义务主体十分广泛；其中，企业在此过程中必须承担其相应的社会责任，树立"以人为本"的理念，以人性化的科学管理搭建农业转移人口市民化的平台。

一、树立"以人为本"理念主动维护农业转移人口权益

积极履行社会责任，是企业实现可持续发展的必然选择，在维护农业转移人口权益方面，应把以人为本贯穿于企业工作的始终。在企业不断发展壮大的同时，尽可能地满足农业转移人口日益增长的物质和精神方面的需要，满足人民日益增长的美好生活需要。

首先，确保农业转移人口员工收入持续增长。转移人口员工收入要持续增长，收入没有增长，尊重爱护员工将成为空话。本课题的调查数据显示，高达 42.5% 的农业转移人口没有与用工方签订书面劳动合同，工资能够完全按时发放的仅占 66.6%，有超过 70% 的被调查者的工作时长在 8 小时以上。因此企业应主动承担社会责任，与农业转移人口主动签订劳动合同，按时足额发放工资，遵守《劳动法》的规定，科学合理安排农业转移人口的工作时长。在企业不断发展的同时，拿出部分资金，对农业转移人口的福利问题进行人文关怀。

其次，满足农业转移人口参与管理以及情感、自身发展方面的需要。在提高农业转移人口收入，满足他们物质需要的同时，要想方设法满足他

们参与管理以及情感、自身发展方面的需要。通过吸收农业转移人口参与职工代表大会，给予他们成就感，体现他们的价值，调动他们的积极性。给他们发展成长的空间，对企业来讲也能够从基层员工处获得企业发展的良好建议，为企业民主管理提供更广阔的领域和基础。完善工会组织，通过工会的服务职能维护农业转移人口的权利，加强农业转移人口的员工与企业之间的感情纽带，增加他们的归属感和凝聚力，最终也有利于企业竞争力的增强。

最后，把"以人为本"的重点放在对农业转移人口的人才培养上。企业履行社会责任的重点之一是对人才的培养。人才培养对全社会来讲，有一个正的溢出效应，它不仅对企业发展有良好的促进作用，对全社会的发展来讲，也助推经济社会可持续发展。

二、以人性化的科学管理搭建农业转移人口发展平台

社会企业是当前的一个热点问题，"社会企业就是用社会企业家精神的手段解决社会问题，同时社会目标不会轻易漂移"。社会企业在英美等发达国家获得了较为成功的发展，也为目前阶段我国企业在促进农业转移人口市民化方面提供了经验借鉴。

企业管理者应该具备社会责任意识，以实际行动切实支持政府在农业转移人口市民化方面的政策主张。进城务工的农业转移人口在城镇医疗卫生、住房保障、教育培训等公共服务体系方面，因为户籍的桎梏，均存在一定程度的缺失。作为企业经营者，在以上领域均可以有所作为。比如，在员工健康方面，不断改善生产现场环境，为进城务工的农业转移人口进行一些定期体检，提升他们抵御伤病的能力，预防大病的发生。在住房保障方面，由企业拿出一部分资金，为进城务工的农业转移人口提供安全可靠的、符合国家卫生标准的集体宿舍，解决他们的住房困扰。在教育培训方面，企业可以结合工作岗位的实际，为农业转移人口提供针对性的岗位职业培训，提升他们的职业素养，最终帮助他们融入城市，获得稳定就业，同时也为全社会输送了符合我国经济发展所需的技能人才。

第二节　发挥公民社会保护农业转移人口权益的作用

城市居民对于农业转移人口的排斥与歧视主要表现在身份歧视、职业歧视、文化歧视三个方面。农业转移人口的被关注接纳程度不断提高，他们的工作技能不断提升，与城镇居民在就业上产生竞争，逐渐拥有更多的权益；部分城市居民认为落后文化群体挤占城市文明，引起对农业转移人口的不满与排斥。而要解决这些方面的问题，就必须充分发挥 NGO、新闻媒介等的作用。

一、提升非政府组织能力帮助农民工自组织化维权

20 世纪 80 年代以来，在公共管理领作为重要补充的非政府组织（NGO）与非营利组织（NPO）发展非常迅猛。农业转移人口在城市中处于较为明显的弱势地位，非政府组织此时就能充分发挥它的非营利性、非政府性、志愿公益性或互益性等特点，为他们提供各种帮助与支持。如在进城务工的农业转移人口发生就业困难时，可以为他们提供免费的职业介绍、技能培训服务，一定程度上缓解他们的就业困境。针对农业转移人口的文化交往具有封闭性的特征，非政府组织可以组织一些公益性的文化演出活动，为进城务工的农业转移人口提供丰富多彩的娱乐活动，并搭建桥梁，帮助他们与城市居民有效沟通，促进双方的相互认同。尤其是在进城务工的农业转移人口发生被侵权事件时，作为弱势群体的他们往往找不到维权路径，此时非政府组织可以作为他们的代表，与侵权人交涉，甚至提供免费的法律援助服务，主动帮助他们维权。

二、推进媒体报道公共新闻途径推动农民工权益保护

充分发挥舆论的传播力、影响力作用，推动农民工权益保护。在我国农业转移人口，诸多被侵权的农业转移人口事件就是借助舆论的影响而得到解决的，这充分表明舆论在推动农民工权益保护方面的价值所在。

在维权方面，本书研究证实，农业转移人口的最信赖和主要依靠的是自己，其次是政府部门、亲友、工会和新闻媒体等。舆论媒体除了在欠薪、工伤、劳资纠纷等方面帮助农民工维权外，还应主动传播农业转移人

口的政策信息，更多提供真实可靠的就业信息、培训信息，对进城务工的农业转移人口提供多方面的扶持，为农业转移人口市民化发挥媒体舆论的独特作用。

第三节　研究启示

农业转移人口市民化是农业转移人口在身份、地位、价值观、社会权利及生活方式等方面全面向城市市民转化和变迁的过程，最终目标是要让他们能够享受到跟城镇居民同等的公共服务。农业转移人口在市民化过程中存在自身动力不足、制度障碍、主体能力缺失三个方面的障碍。

在提升农业转移人口动力方面，主要政策建议包括四个层次。第一，通过建立城乡平等的就业服务机制、引导就业形态多元化、完善劳动力市场服务体系、发挥政府在劳动力市场建设中的作用，促进农业转移人口在城市就业，提升进城务工人员转化为市民的内在驱动力。第二，鼓励他们主动融入城市社交网络、增进农业转移人口与市民间的彼此信任，发挥城市社会组织积极作用以及培养农业转移人口城市认同，营造农业转移人口融入城市的浓厚社会氛围。第三，以人为本，在新型城镇化中充分考虑农业转移人口的意愿和诉求，加快新型城镇化进程，拓宽农业转移人口市民化的空间。第四，缩小城乡差距，为维护公民权利平等奠定物质基础。主要手段包括调整经济结构，提供给转移人口更多的就业机会；按照比较优势来选择产业和技术，给农业转移人口提供最大可能的就业机会；落实"乡村振兴战略"，坚持城乡融合发展。

在破解农业转移人口市民化制度障碍方面，建议主要集中于户籍制度改革、土地制度、农业转移人口合理迁移政策保障、强化企业监管以及建立服务型政府五个方面。第一，通过加快户籍制度改革，打破"隐性户籍墙"，建立推进农业转移人口市民化的公共平台，以及通过剥离附着在户籍上的利益，实现权益的均等化。第二，通过依法维护进城落户农民在农村的土地承包权、宅基地使用权、集体收益分配权，加快深化土地制度改革提高户籍人口城镇化。第三，在农业转移人口市民化的政策取向上，应从过去的"约束""控制"为主，转向"激励"为主，通过保障农业转移人口利益使他们获得动力，增强活力。第四，强化监管企业职能，允许农业转移人口权利的自我救济。第五，建立服务型政府，维护农业转移人口的合法权益。

在提升农业转移人口市民化的能力方面，建议主要着力于三个方面。第一，建立农业转移人口成长机制，提升就业能力与就业质量。第二，加大农村教育投入，提高农业转移人口的人力资本"先天积累"。第三，加强对农业转移人口的职业教育与技能培训，提高其人力资本的"后天积累"。

在解决农业转移人口市民化过程中自身动力不足、制度障碍、主体能力缺失问题的同时，农业转移人口市民化问题这一项系统工程，离不开社会各方力量的协同参与。因此，一方面企业必须切实承担社会责任，树立"以人为本"的理念并以人性化的科学管理创造农业转移人口市民化的平台；另一方面还应充分发挥非政府组织（NGO）、新闻媒介等相关手段的作用，切实保护农业转移人口权益。

参考文献

［1］叶裕民：《中国城市化之路：经济支持与制度创新》，商务印书馆2001年版。

［2］刘传江、徐建玲等：《中国农民工市民化进程研究》，人民出版社2008年版。

［3］谢建社：《新生代农民工融入城镇问题研究》，人民出版社2011年版。

［4］安东尼·吉登斯：《社会的构成》，三联书店1998年版。

［5］刘传江、董延芳：《农民工的代际分化、行为选择与市民化》，科学出版社2014年版。

［6］高玉峰：《农民工城市融合与培训体系构建研究》，科学出版社2017年版。

［7］杜鹰、白南生等：《走出乡村中国农村劳动力流动实证研究》，经济科学出版社1997年版。

［8］王国辉：《2006基于农户净收益最大化的中国乡城迁移研究》，经济科学出版社2006年版。

［9］罗遐：《流动与定居——定居农民工城市适应研究》，社会科学文献出版社2011年版。

［10］潘家华、魏后凯：《中国城市发展报告NO.6——农业转移人口的市民化》，中国社会科学文献出版社2013年版。

［11］蔡昉主编：《2009中国人口与劳动问题报告：提升人力资本的教育改革》，社会科学文献出版社2009年版。

［12］安东尼·吉登斯：《社会学方法的新规则——一种对解释社会学的建设性批判》，社会科学文献出版社2003年版。

［13］黄锟：《中国农民工市民化制度分析》，中国人民大学出版社2011年版。

［14］田松青：《农民进城就业政策变迁》，首都经济贸易大学出版社2010年版。

［15］四川省人口和计划生育委员会课题组：《四川农民工市民化研究》，中国人口出版社2011年版。

［16］徐绍史：《国家新型城镇化报告（2015）》，中国计划出版社2016年版。

［17］国务院农民工办课题组：《2009：中国农民工问题前瞻性研究》，中国劳动社会保障出版社2010年版。

［18］马尔科姆·沃特斯：《现代社会学理论》，华夏出版社2000年版。

［19］赵红军：《交易效率、城市化与经济发展》，上海人民出版社2005年版。

［20］张培刚：《发展经济学通论》第1卷，湖南出版社1991年版。

［21］吴明隆：《问卷统计分析实务——SPSS操作与应用》，重庆大学出版社2010年版。

［22］朱农：《中国劳动力流动与"三农"问题》，武汉大学出版社2005年版。

［23］谭崇台：《发展经济学》，山西大学出版社2000年版。

［24］黄平：《寻求生存——当代中国农村外出人口的社会学研究》，云南人民出版社1997年版。

［25］周天勇：《托达罗模型的缺陷及其相反的政策含义——中国剩余劳动力转移和就业容量扩张的思路》，《经济研究》2001年第3期。

［26］程名望、史清华、徐剑侠：《中国农村劳动力转移动因与障碍的一种解释》，《经济研究》2006年第4期。

［27］宇光杰：《自选择与农村剩余劳动力非农就业的地区收入差异——兼论刘易斯拐点点是否到来》，《经济研究》2012年第2期。

［28］李文溥、熊英：《"刘易斯拐点"的一个理论证伪——基于产品市场的视角》，《经济研究》2015年第5期。

［29］蔡昉：《二元经济作为一个发展阶段的形成过程》，《经济研究》

2015 年第 7 期。

［30］蔡昉：《人口转变、人口红利与刘易斯拐点点》，《经济研究》2010 年第 4 期。

［31］蔡昉：《中国劳动力市场发育与就业变化》，《经济研究》2007 年第 7 期。

［32］张勋、刘晓、樊纲：《农业劳动力转移与家户储蓄率上升》，《经济研究》2014 年第 4 期。

［33］国家计委经济研究所课题组：《二元结构矛盾与 90 年代的经济发展》，《经济研究》1993 年第 4 期。

［34］蔡昉、王德文：《中国经济增长可持续性与劳动贡献》，《经济研究》1999 年第 10 期。

［35］吴兴陆。亓名杰：《农民工迁移决策的社会文化影响因素探析》，《中国农村经济》2005 年第 1 期。

［36］秦雪征、周建波、辛奕、庄晨：《城乡二元医疗保险结构对农民工返乡意愿的影响》，《中国农村经济》2014 年第 2 期。

［37］刘晓宇、张林秀：《农村土地产权稳定性与劳动力转移关系分析》，《中国农村经济》2008 年第 2 期。

［38］张广宇、杜书云：《直接成本、机会成本与农民外出动力：理论分析和模型实证》，《中国农村经济》2005 年第 1 期。

［39］苏明：《国家与农民分配关系的历史考察》，《中国农村经济》1991 年第 4 期。

［40］秦雪征、郑直：《新农合对农村劳动力迁移的影响：基于全国性面板数据的分析》，《中国农村经济》2011 年第 10 期。

［41］贺汉魂、皮修平：《"农民工"：一个不宜再提的概念》，《农村经济》2005 年第 5 期。

［42］续田曾：《农民工定居性迁移的意愿分析——基于北京地区的实证研究》，《经济科学》2010 年第 3 期。

［43］彭强、邓建勇：《职业培训与企业最优规划》，《经济科学》1999 年第 5 期。

［44］方黎明、谢远涛：《人力资本、社会资本与农村已婚男女非农就

业》,《财经研究》2013 年第 8 期。

［45］王学龙、于潇、白雪秋:《破解城乡差距之困:基于劳动力流转模型的实证分析》,《财经研究》2012 年第 8 期。

［46］吴琦、肖皓、赖明勇:《农民工市民化的红利效应与中国经济增长的可持续性——基于动态 CGE 的模拟分析》,《财经研究》2015 年第 4 期。

［47］王孝春:《我国农业工业化问题浅析》,《税务与经济》2006 年第 6 期。

［48］周密、张广胜:《村级迁移率与村内农户间收入差距》,《世界经济文汇》2010 年第 4 期。

［49］庞丽华:《多层次分析方法在人口迁移研究中的应用——省际劳动力迁移的多层次分析》,《中国农村观察》2001 年第 2 期。

［50］曾福生、周化明:《农民工职业发展影响因素的实证分析——基于 25 个省区、市 1141 个农民工的调查数据》,《中国农村观察》2013 年第 1 期。

［51］刘华军、刘传明:《城镇化与农村人口老龄化的双向反馈效应——基于中国省际面板数据联立方程组的经验估计》,《农业经济问题》2016 年第 1 期。

［52］李晖、赵宏、刘永平:《产业带动劳动力转移的思考——山西省原平市楼板寨乡屯瓦村劳动力转移调查》,《农业经济问题》2004 年第 2 期。

［53］陈昭玖、谢秦华:《产业转型背景下中部地区农民工就业流动研究——以江西省为例》,《农业经济问题》2014 年第 3 期。

［54］李练军:《新生代农民工融入中小城镇的市民化能力研究——基于人力资本、社会资本与制度因素的考察》,《农业经济问题》2015 年第 9 期。

［55］吴业苗:《农业人口转移的新常态与市民化进路》,《农业经济问题》2016 年第 3 期。

［56］都阳:《人口转变、劳动力市场转折与经济发展》,《国际经济评论》2010 年第 6 期。

［57］高翔:《适用于发展中国家的就业一般理论》,《南开经济研究》2001 年第 4 期。

［58］任国强：《人力资本对农民非农就业与非农收入的影响——基于天津的考察》，《南开经济研究》2004 年第 3 期。

［59］赵显洲：《关于"刘易斯拐点点"的几个理论问题》，《经济学家》2010 年第 5 期。

［60］朱方明：《农业剩余劳动力转移理论评说》，《经济学家》1995 年第 4 期。

［61］刘传江、程建林：《双重"户籍墙"对农民工市民化的影响研究》，《经济学家》2009 年第 10 期。

［62］齐红倩、席旭文：《分类市民化：破解农业转移人口市民化困境的关键》，《经济学家》2016 年第 6 期。

［63］李保民：《马克思和恩格斯论城乡就业一体化》，《经济学家》2008 年第 3 期。

［64］田家官：《中国劳动力流动的经济学分析》，《经济学家》2003 年第 8 期。

［65］傅晨、任辉：《农业转移人口市民化背景下农村土地制度创新的机理：一个分析框架》，《经济学家》2014 年第 3 期。

［66］杨玉华：《马克思的"农村劳动力转移"理论及其当代价值》，《经济评论》2007 年第 2 期。

［67］余官胜：《贸易增长、劳动力市场刚性与产业间劳动力转移——基于面板数据门槛效应模型的实证研究》，《经济评论》2012 年第 1 期。

［68］邹薇：《经济发展理论中新制度主义思路的兴起与发展》，《经济评论》1998 年第 4 期。

［69］王智强、刘超：《中国农村劳动力迁移影响因素研究——基于 Probit 模型的实证分析》，《当代经济科学》2011 年第 1 期。

［70］孙战文、杨学成：《市民化进程中农民工家庭迁移决策的静态分析——基于成本—收入的数理模型与实证检验》，《农业技术经济》2014 年第 7 期。

［71］卫龙宝、储德平、伍骏骞：《农村城镇化进程中经济较发达地区农民迁移意愿分析——基于浙江省的实证研究》，《农业技术经济》2014 年第 1 期。

［72］李秋红：《制度约束下农村转移劳动力的就业安全》，《财经科学》2007 年第 10 期。

［73］蔡昉、都阳：《工资增长、工资趋同与刘易斯拐点点》，《经济学动态》2011 年第 9 期。

［74］刘钧：《我国农业剩余劳动力供给的"刘易斯拐点"争议综述》，《经济学动态》2011 年第 7 期。

［75］邵晓、任保平：《我国无限劳动力供给时代有没有结束》，《经济学动态》2009 年第 5 期。

［76］蔡昉：《户籍制度改革与城乡社会福利制度统筹》，《经济学动态》2010 年第 12 期。

［77］邓宇鹏、王涛生：《中国民工短缺的制度分析》，《经济学动态》2005 年第 5 期。

［78］赖德胜：《分割的劳动力市场理论评述》，《经济学动态》1996 年第 11 期。

［79］刘根荣：《风险、能力、成本三重约束下中国农村剩余劳动力的流动机制》，《当代财经》2006 年第 11 期。

［80］"推进农业转移人口市民化问题研究"课题组：《农业转移人口市民化研究——财政约束与体制约束视角》，《财经问题研究》2014 年第 5 期。

［81］陆铭：《玻璃幕墙下的劳动力流动——制度约束、社会互动与滞后的城市化》，《南方经济》2011 年第 6 期。

［82］李珍珍、陈琳：《农民工留城意愿影响因素的实证分析》，《南方经济》2010 年第 5 期。

［83］王检贵：《论我国社会保障制度与摩擦性失业》，《上海经济研究》1997 年第 8 期。

［84］高洪：《地区发展差距拉动：我国人口流动的成因分析》，《上海经济研究》2003 年第 2 期。

［85］国务院发展研究中心课题组：《农民工市民化进程的总体态势与战略取向》，《改革》2011 年第 5 期。

［86］汪军、许秀川：《城镇化进程中务工农民的归属感：265 个样本》，

《改革》2013 年第 8 期。

　　［87］中国农民工问题研究总报告起草组：《中国农民工问题研究总报告》，《改革》2006 年第 5 期。

　　［88］我国农民工工作"十二五"发展规划纲要研究课题组：《农民工融入城市的制度创新及其政策建议》，《改革》2010 年第 10 期。

　　［89］国务院发展研究中心《国际金融危机对农民工就业的影响及对策研究》课题组：《农民工就业总体态势与政策因应：对 19 个省区、市 107 个村的调查》，《改革》2010 年第 6 期。

　　［90］国务院发展研究中心课题组：《"十二五"时期我国农村改革发展的政策框架与基本思路》，《改革》2010 年第 5 期。

　　［91］周蕾、李放：《农民工城镇化意愿分层：代际与婚姻的视角》，《财贸研究》2012 年第 4 期。

　　［92］郭金兴、王庆芳：《中国经济刘易斯拐点的悖论、争议与共识》，《政治经济学评论》2013 年第 3 期。

　　［93］周天勇：《刘易斯和舒永茨理论对中国经济发展的启示与借鉴》，《经济纵横》1995 年第 5 期。

　　［94］何芸：《二元分割与行业收入不平等——基于二元劳动力市场分割理论的分析》，《经济问题探索》2015 年第 1 期。

　　［95］黄晶：《农民工人力资本、社会资本与城市化发展》，《经济问题探索》2004 年第 6 期。

　　［96］耿元、林玳玳：《中国的刘易斯拐点点来到了吗——质疑 2007 年人口与劳动问题报告》，《经济问题探索》2008 年第 9 期。

　　［97］庄士成、王莉：《社会融合困境与城镇化"陷阱"：一个经济社会学的分析视角》，《经济问题探索》2014 年第 11 期。

　　［98］郭瑞云：《我国分割的劳动力市场问题研究》，《现代经济探讨》2000 年第 3 期。

　　［99］杨巍、杨绍安：《农民市民化的内部视角：制约因素及对策分析》，《现代经济探讨》2005 年第 9 期。

　　［100］李斌、吴书胜、朱业：《农业技术进步、新型城镇化与农村剩余劳动力转移——基于"推拉理论"和省际动态面板数据的实证研究》，《财

经论丛第浙江财经大学学报期》2015 年第 10 期。

［101］程诚、王宏波：《农民工市民化途径实证研究》,《城市研究,城市问题》2010 年第 7 期。

［102］金高峰：《谈判能力、个体异质性与农民非农就业收入——基于江苏农村 1889 个样本数据的分析》,《现代财经（天津财经大学学报期）》2013 年第 12 期。

［103］蒋乃华、卞智勇：《社会资本对农村劳动力非农就业的影响——来自江苏的实证》,《管理世界》2007 年第 12 期。

［104］约翰·奈特等：《中国的民工荒与农村剩余劳动力》,《管理世界》2011 年第 11 期。

［105］黄守宏：《产业与区域间劳动力转移问题研究》,《管理世界》1996 年第 1 期。

［106］朱信凯：《农民市民化的国际经验及对我国农民工问题的启示》,《中国软科学》2005 年第 1 期。

［107］朱熠：《析劳动技能对劳动力转移模式的影响——对托达罗模型的扩展》,《经济体制改革》2008 年第 1 期。

［108］丁守海：《劳动剩余条件下的供给不足与工资上涨——基于家庭分工的视角》,《中国社会科学》2011 年第 5 期。

［109］李强：《影响中国城乡人口流动的推力与拉力因素分析》,《中国社会科学》2003 年第 1 期。

［110］蔡昉、王德文、都阳：《劳动力市场扭曲对区域差异的影响》,《中国社会科学》2001 年第 2 期。

［111］蔡昉：《刘易斯拐点点与公共政策方向的转变——关于中国社会保护的若干特征性事实》,《中国社会科学》2010 年第 6 期。

［112］张车伟、赵文：《中国劳动报酬份额问题——基于雇员经济与自雇经济的测算与分析》,《中国社会科学》2015 年第 12 期。

［113］韩俊：《我国工农业关系的历史考察》,《中国社会科学》1993 年第 4 期。

［114］蔡昉：《中国经济面临的转折及其对发展和改革的挑战》,《中国社会科学》2007 年第 3 期。

［115］马九杰、孟凡友：《城市农民工第二市场择业——关于深圳市的个案剖析》，《开放时代》2003 年第 4 期。

［116］吴昺、杨东涛：《两代农民工离职影响因素研究——基于实证调查的证据及启示》，《南京社会科学》2014 年第 6 期。

［117］周沛：《再就业：农民问题的新内容——城市职工下岗条件下农村剩余劳动力流向粗探》，《社会科学研究》1999 年第 5 期。

［118］江立华：《城乡一体化背景下的农民工转型：一个新议题》，《社会科学研究》2009 年第 6 期。

［119］田凯：《关于农民工的城市适应性的调查分析与思考》，《社会科学研究》1995 年第 5 期。

［120］张端：《农民的发展趋势理论：从马克思到孟德拉斯》，《学海》2013 年第 3 期。

［121］陈成文、王修晓：《人力资本、社会资本对城市农民工就业的影响——来自长沙市的一项实证研究》，《学海》2004 年第 6 期。

［122］全国总工会新生代农民工问题课题组：《关于新生代农民工问题的研究报告》，《学海》2010 年第 8 期。

［123］中国农民工战略问题研究课题组：《中国农民工现状及其发展趋势总报告》，《学海》2009 年第 2 期。

［124］叶静怡、衣光春：《农民工社会资本与经济地位之获得——基于北京市农民工样本的研究》，《学习与探索》2010 年第 1 期。

［125］兰景力、佟光霁：《中国农村劳动力转移的理论启示与制度完善》，《学习与探索》2011 年第 2 期。

［126］许经勇：《体制转型中二元劳动力市场的理性思考》，《广东社会科学》2007 年第 6 期。

［127］张汝立：《我国的城乡关系及其社会变迁》，《社会科学战线》2003 年第 3 期。

［128］王兴周、张文宏：《城市性：农民工市民化的新方向》，《社会科学战线》2008 年第 12 期。

［129］郑杭生：《农民市民化：当代中国社会学的重要研究主题》，《甘肃社会科学》2005 年第 4 期。

［130］党国英：《中国农村改革与发展模式的转变——中国农村改革30年回顾与展望》，《社会科学战线》2008年第2期。

［131］蔡昉、王美艳：《中国人力资本现状管窥——人口红利消失后如何开发增长新源泉》，《人民论坛·学术前沿》2012年第4期。

［132］郑子峰、郑庆昌、黄新建：《被征地农民职业流动的微观影响因素研究——基于人力资本与社会资本的比较》，《福建论坛（人文社会科学版期）》2016年第3期。

［133］盛来运：《国外劳动力迁移理论的发展》，《统计研究》2005年第8期。

［134］刘松林、黄世为：《我国农民工市民化进程指标体系的构建与测度》，《统计与决策》2014年第13期。

［135］张坤：《中国农村人口流动的影响因素与实施对策——基于推拉理论的托达罗修正模型》，《统计与信息论坛》2014年第7期。

［136］高健、孙战文、吴佩林：《农民工家庭迁移状态的演进及其影响因素研究——基于山东省951户的调查数据》，《统计与信息论坛》2014年第8期。

［137］刘妮雅、杨伟坤、马宇博：《河北省农民工市民化意愿影响因素的实证研究》，《经济研究参考》2013年第70期。

［138］蓝海涛：《改革开放以来我国城乡二元结构的演变路径》，《经济研究参考》2005年第17期。

［139］王小林：《工业化、城市化进程中的公共服务需求与公共财政政策选择》，《经济研究参考》2006年第1期。

［140］贺汉魂、皮修平：《"农民工"：一个不宜再提的概念》，《农村经济》2005年第5期。

［141］苏群、周春芳、高珊：《人力资本对非农就业及其收入影响的实证研究——苏南、苏中、苏北的比较研究》，《农村经济》2007年第5期。

［142］刘璐宁：《社会网络视角下农村劳动力非农转移的代际比较》，《农村经济》2013年第4期。

［143］李生校、娄钰华：《失地农民市民化的制约因素分析及其对策研究》，《农村经济》2004年第9期。

［144］周小刚、李丽清、李晓辉：《新生代农民工转型特征、"半城市化"困境和融入长效机制研究》，《农村经济》2011 年第 12 期。

［145］王阳、宋周：《农业转移人口市民化的影响因素研究》，《农村经济》2017 年第 9 期。

［146］赵立新：《城市农民工市民化问题研究》，《人口学刊》2006 年第 4 期。

［147］杜鹏、张文娟：《对中国流动人口"梯次流动"的理论思考》，《人口学刊》2010 年第 3 期。

［148］樊士德：《中国劳动力流动社会经济政策演化脉络与效应研究》，《人口学刊》2013 年第 5 期。

［149］李士梅、徐志勇：《我国东南"民工荒"问题的经济学分析》，《人口学刊》2005 年第 3 期。

［150］赵立新：《城市农民工市民化问题研究》，《人口学刊》2006 年第 4 期。

［151］姜玉婷：《中国农民工市民化途径探析》，《新学术》2007 年第 4 期。

［152］高峰：《苏南地区外来农民工市民化长效机制的构建》，《城市发展研究》2006 年第 4 期。

［153］申兵：《"十二五"时期农民工市民化成本测算及其分担机制构建》，《城市发展研究》2012 年第 1 期。

［154］胡泽勇：《湖北小城镇发展战略中的农民市民化问题》，《城市发展研究》2007 年第 1 期。

［155］李俏、张波、王建华：《农民工市民化的困境与超越——来自贵州省遵义市的调查发现》，《城市发展研究》2010 年第 1 期。

［156］王竹林、王征兵：《农民工市民化的制度阐释》，《商业研究》2008 年第 2 期。

［157］王竹林：《农民工市民化目标设计与路径探析》，《商业研究》2010 年第 4 期。

［158］姚士谋等：《我国农民工"市民化"的动力机制与特殊形式》，《城市观察》2016 年第 5 期。

［159］傅晨：《城市化进程中我国农业转移人口市民化研究》，《城市观察》2014 年第 1 期。

［160］李玉梅：《马克思主义与西方发展经济学劳动力转移理论比较分析》，《中国劳动》2015 年第 4 期。

［161］孙俐俐、侯晋封：《马克思关于农村劳动力转移就业思想研究》，《经济研究导刊》2009 年第 26 期。

［162］张宏丽、郭英：《国外农村剩余劳动力转移理论研究综述》，《经济研究导刊》2010 年第 34 期。

［163］刘伟、申宇婧：《农民工城市融入进程中的社会排斥与社会接纳》，《经济研究导刊》2012 年第 11 期。

［164］赵燕：《新迁移经济学对研究我国农村劳动力转移问题的适用性分析》，《经济研究导刊》2011 年第 4 期。

［165］胡文静：《浅析农业转移人口市民化过程中的社会成本》，《经济研究导刊》2014 年第 6 期。

［166］吴日明：《列宁农村人口迁移思想及其启示》，《广西社会科学》2011 年第 10 期。

［167］傅东平、李强、纪明：《农业转移人口市民化成本分担机制研究》，《广西社会科学》2014 年第 4 期。

［168］任保平、洪银兴：《发展经济学的工业化理论述评》，《学术月刊》2004 年第 4 期。

［169］李巧玲：《国外农村劳动力转移理论及实践》，《世界农业》2014 年第 12 期。

［170］董延芳、刘传江、胡铭：《农民工的身份定位与流向决策——基于同期群效应模型的分析》，《中国人口科学》2010 年第 6 期。

［171］蔡昉、都阳：《迁移的双重动因及其政策含义——检验相对贫困假说》，《中国人口科学》2002 年第 4 期。

［172］朱镜德：《现阶段中国劳动力流动模式、就业政策与经济发展》，《中国人口科学》2001 年第 4 期。

［173］李建民：《中国劳动力市场多重分隔及其对劳动力供求的影响》，《中国人口科学》2002 年第 2 期。

［174］张展新：《劳动力市场的产业分割与劳动人口流动》，《中国人口科学》2004 年第 2 期。

［175］洪小良：《城市农民工的家庭迁移行为及影响因素研究——以北京市为例》，《中国人口科学》2007 年第 6 期。

［176］李楠：《农村外出劳动力留城与返乡意愿影响因素分析》，《中国人口科学》2010 年第 6 期。

［177］魏后凯、苏红健：《中国农业转移人口市民化进程研究》，《中国人口科学》2013 年第 5 期。

［178］蔡昉、王德文：《作为市场化的人口流动——第五次全国人口普查数据分析》，《中国人口科学》2003 年第 5 期。

［179］钱永坤：《农村劳动力异地转移行为研究》，《中国人口科学》2006 年第 5 期。

［180］李飞、孙峰华：《中国农村剩余劳动力的空间分布和转移模式研究》，《中国人口科学》2000 年第 5 期。

［181］周皓：《资本形式、国家政策与省际人口迁移》，《中国人口科学》2006 年第 1 期。

［182］秦立建、王震：《农民工城镇户籍转换意愿的影响因素分析》，《中国人口科学》2014 年第 5 期。

［183］周天勇、胡锋：《托达罗人口流动模型的反思和改进》，《中国人口科学》2007 年第 1 期。

［184］张力：《对人口迁移数据的认识》，《中国人口科学》1999 年第 1 期。

［185］周天勇：《城乡人口流动有利于农村剩余劳动力转移》，《福建劳动和社会保障》2003 年第 10 期。

［186］周天勇：《发展经济学理论的前沿性问题与反思》，《理论视野》2004 年第 2 期。

［187］张汉飞：《托达罗悖论的反思与农民工市民化》，《中国党政干部论坛》2015 年第 7 期。

［188］陈迅、姜勇：《基于推拉理论的城郊农民市民化影响因素研究——以重庆市为例》，《农业经济》2015 年第 3 期。

［189］刘海军、谢飞燕：《推进我国农业转移人口市民化对策探析》，《农业经济》2013 年第 6 期。

［190］吴丽丽：《社会资本视角下新生代农民工市民化路径研究》，《农业经济》2016 年第 9 期。

［191］黄露霜、郭凌：《中国农业转移人口市民化：历史演进、现实困境与路径选择》，《农业经济》2016 年第 12 期。

［192］何燕：《农民工市民化的问题及政策建议——以四川省成都市为例》，《农业经济》2013 年第 11 期。

［193］朱农：《中国四元经济下的人口迁移——理论、现状和实战分析》，《人口与经济》2001 年第 1 期。

［194］熊波、石人炳：《理性选择与农民工永久性迁移意愿——基于武汉市的实证分析》，《人口与经济》2009 年第 4 期。

［195］方黎明、王亚柯：《农村劳动力从非农部门回流到农业部门的影响因素分析》，《人口与经济》2013 年第 6 期。

［196］李树苗、王维博、悦中山：《自雇与受雇农民工城市居留意愿差异研究》，《人口与经济》2014 年第 2 期。

［197］何景熙：《"开流断源"：寻求充分就业的中国农村劳动力非农化转移理论与模型》，《人口与经济》2001 年第 2 期。

［198］杜旻、刘长全：《集聚效应、人口流动与城市增长》，《人口与经济》2014 年第 6 期。

［199］程伟：《我国农村人力资本投资现状对农业剩余劳动力转移的影响分析——来自于 2004—2005 年我国农民工流动就业的调研》，《人口与经济》2006 年第 3 期。

［200］杨菊华：《流动人口在流入地社会融入的指标体系——基于社会融入理论的进一步研究》，《人口与经济》2010 年第 2 期。

［201］关信平、刘建娥：《我国农民工社区融入的问题与政策研究》，《人口与经济》2009 年第 3 期。

［202］吴兴陆：《农民工定居性迁移决策的影响因素实证研究》，《人口与经济》2005 年第 1 期。

［203］熊波、石人炳：《农民工永久性迁移意愿影响因素分析——以

理性选择理论为视角》,《人口与发展》2009 年第 2 期。

［204］余佳、丁金宏:《人力资本、政府管制与中国大城市二元劳动力市场职业配置——以上海市卢湾区为例》,《人口与发展》2010 年第 2 期。

［205］余佳、丁金宏:《中国户籍制度:基本价值、异化功能与改革取向》,《人口与发展》2008 年第 5 期。

［206］杨菊华、王毅杰等:《流动人口社会融合:"双重户籍墙"情景下何以可为?》,《人口与发展》2014 年第 3 期。

［207］戎建:《迁移回报率与中国农村劳动力流动》,《中国经济问题》2008 年第 5 期。

［208］赖德胜、石丹淅:《我国就业质量状况研究:基于问卷数据的分析》,《中国经济问题》2013 年第 5 期。

［209］戎建:《中国农村青年劳动力的人力资本投资:教育还是迁移》,《青年研究》2008 年第 3 期。

［210］丁越兰、王宁莲、黄晶:《中国劳动力回流问题研究述评》,《经济与管理》2010 年第 9 期。

［211］宋林飞:《中国农村劳动力的转移与对策》,《社会学研究》1996 年第 2 期。

［212］刘精明:《向非农职业流动:农民生活史的一项研究》,《社会学研究》2001 年第 6 期。

［213］风笑天:《"落地生根"? ——三峡农村移民的社会适应》,《社会学研究》2004 年第 5 期。

［214］王春光:《农村流动人口的"半城市化"问题研究》,《社会学研究》2006 年第 5 期。

［215］蔡禾、王进:《"农民工"永久迁移意愿研究》,《社会学研究》2007 年第 11 期。

［216］王桂新、武俊奎:《城市农民工与本地居民社会距离影响因素分析——以上海为例》,《社会学研究》2011 年第 2 期。

［217］周怡:《社会结构:由"形构"到"解构"——结构功能主义、结构主义和后结构主义理论之走向》,《社会学研究》2000 年第 3 期。

［218］黄乾:《农村劳动力转移就业问题性质的根本转变与社会政策

选择》,《人口研究》2007 年第 4 期。

［219］杨云彦、石智雷：《中国农村地区的家庭禀赋与外出务工劳动力回流》,《人口研究》2012 年第 4 期。

［220］辜胜阻、易善策、郑凌云：《基于农民工特征的工业化与城镇化协调发展研究》,《人口研究》2006 年第 5 期。

［221］周皓：《流动人口社会融合的测量及理论思考》,《人口研究》2012 年第 3 期。

［222］周皓：《中国人口迁移的家庭化趋势及影响因素分析》,《人口研究》2004 年第 11 期。

［223］田明：《农业转移人口空间流动与城市融入》,《人口研究》2013 年第 4 期。

［224］孙中伟：《农民工大城市定居偏好与新型城镇化的推进路径研究》,《人口研究》2015 年第 5 期。

［225］董延芳、刘传江、胡铭：《新生代农民工市民化与城镇化发展》,《人口研究》2011 年第 1 期。

［226］张展新：《从城乡分割到区域分割——城市外来人口研究新视角》,《人口研究》2007 年第 6 期。

［227］杨菊华：《从隔离、选择融入到融合：流动人口社会融入问题的理论思考》,《人口研究》2009 年第 1 期。

［228］张斐：《新生代农民工市民化现状及影响因素分析》,《人口研究》2011 年第 6 期。

［229］刘传江：《新生代农民工的特点、挑战与市民化》,《人口研究》2010 年第 2 期。

［230］董延芳、刘传江：《第二代农民工社会保障及相关问题分析》,《保险研究》2008 年第 5 期。

［231］赵思思：《新生代农民工市民化的影响因素及对策——基于推拉理论的分析》,《台湾农业探索》2015 年第 2 期。

［232］崔晓旭：《中国农村剩余劳动力解决方案探究——基于托达罗模型和推拉理论》,《现代经济信息》2011 年第 6 期。

［233］梁宸、王舒悦：《未迎来“刘易斯第二拐点”的文献综述及思考》,

《现代经济信息》2013 年第 3 期。

［234］赖光宝、赵邦宏：《基于"推拉理论"的农村人口流动原因探讨——以河北省为例》，《商业时代》2015 年第 17 期。

［235］李晓阳、黄毅祥、彭思颖：《1989—2010 年农民工市民化意愿影响因素实证分析》，《商业时代》2013 年第 13 期。

［236］李杰：《基于推—拉理论的农村土地流转与劳动力转移分析》，《企业技术开发》2016 年第 6 期。

［237］胡伟伟、钱铭杰：《基于推拉理论的农村宅基地退出动力机制研究——以河南省唐河县为例》，《国土资源科技管理》2015 年第 3 期。

［238］费喜敏、王成军：《基于推拉理论的农民工定居地选择意愿的实证研究》，《安徽农业科学》2014 年第 3 期。

［239］周利敏：《镶嵌与自主性：农民工融入城市社区的非正式途径》，《安徽农业科学》2007 年第 33 期。

［240］王松梅：《新生代农民工市民化的现实困境与解决路径》，《安徽农业科学》2011 年第 27 期。

［241］严行、包志伟、熊邓灵：《新生代农民工市民化的影响因素与制度安排》，《安徽农业科学》2011 年第 20 期。

［242］张春辉、李诗雨、吴家钰：《新生代农民工市民化意愿影响因素分析——以江苏省丹阳市为例》，《安徽农业科学》2014 年第 14 期。

［243］郑永兰、翟鸿健：《基于推拉理论的新生代农民工中小城市定居研究》，《安徽农业科学》2015 年第 34 期。

［244］戴孝悌：《新世纪以来我国农业产业发展理论研究述评》，《黑龙江农业科学》2011 年第 12 期。

［245］喜佳：《二元结构下"农民工"劳动权之一元法律保护：从身份到契约》，《中国法学》2010 年第 3 期。

［245］潘功胜：《西方分层劳动力市场理论模型》，《中国人力资源开发》1996 年第 2 期。

［247］袁方、史清华、卓建伟：《农民工回流行为的一个新解释：基于森的可行能力理论》，《中国人力资源开发》2015 年第 1 期。

［248］龚基云：《西方二元劳动力市场分割理论及其启示》，《当代经

济》2012 年第 18 期。

[249] 孟艳春、苏志炯：《农村劳动力转移模式与中国农村发展的新路径——基于刘易斯与舒尔茨两种理论模型的思考》，《当代经济》2015 年第 1 期。

[250] 王培刚、庞荣：《都市农民工家庭化流动的社会效应及其对策初探》，《湖北社会科学》2003 年第 6 期。

[251] 朱金：《论城镇化进程中"理性经济家庭"的迁移抉择——解释框架及上海郊区的实证》，《上海城市规划》2016 年第 6 期。

[252] 郭江平：《农村人口流动家庭化现象探析》，《理论探索》2005 年第 3 期。

[253] 王海英：《女性农民工非正规就业与农民工家庭流动》，《文史博览》2006 年第 8 期。

[254] 蔡新会：《风险、不确定性与社会资本对促进农民工迁移的重要作用》，《经济论坛》2008 年第 9 期。

[255] 谭崇台：《解决三农问题要人力资本和社会资本相结合》，《党政干部文摘》2005 年第 5 期。

[256] 滕丽娟：《农民工社会资本的影响及存量》，《理论导刊》2010 年第 5 期。

[257] 彭国胜：《马克思、帕森斯与吉登斯社会结构理论之比较》，《理论导刊》2012 年第 9 期。

[258] 陈瑛、杨先明、周燕萍：《社会资本及其本地化程度对农村非农就业的影响——中国西部沿边地区的实证分析》，《经济问题》2012 年第 11 期。

[259] 杨俊俊：《社会资本与农村剩余劳动力转移》，《学理论》2012 年第 34 期。

[260] 章剑卫：《"刘易斯拐点"背景下的农业转移人口市民化研究》，《统计科学与实践》2013 年第 7 期。

[261] 张宗坪：《"刘易斯拐点在我国已经出现"证伪——"民工荒"假象分析》，《经济与管理评论》2008 年第 2 期。

[262] 樊纲、郑鑫：《"农民工早退"与新型城镇化——基于刘易斯模

型对中国当前一些经济问题及对策的系统分析》,《劳动经济研究》2014 年第 3 期。

［263］简新华、黄锟:《中国农民工最新情况调查报告》,《中国人口·资源与环境》200 年第 6 期。

［264］李东霖:《发展农村经济的两种理论与我国农村的发展路径选择分析——基于刘易斯与舒尔茨两种农村经济发展理论的思考》,《商》2015 年第 9 期。

［265］周健:《关于我国"刘易斯拐点点"研究的述评》,《西北人口》2010 年第 4 期。

［266］陈延秋、金晓彤:《新生代农民工市民化意愿影响因素的实证研究——基于人力资本、社会资本和心理资本的考察》,《西北人口》2014 年第 4 期。

［267］夏显力、张华:《新生代农民工市民化意愿及其影响因素分析——以西北 3 省 30 个村的 339 位新生代农民工为例》,《西北人口》2011 年第 2 期。

［268］黎煦:《刘易斯拐点点与劳动力保护——国际经验比较与借鉴》,《中国劳动经济学》2007 年第 1 期。

［269］中国人民银行上海总部调查统计部课题组:《刘易斯拐点点研究:判断、趋势及对策(一)》,《金融发展评论》2011 年第 6 期。

［270］中国人民银行上海总部调查统计部课题组:《刘易斯拐点点研究:判断、趋势及对策(二)》,《金融发展评论》2011 年第 7 期。

［271］约翰·奈特:《中国经济的两个拐点:刘易斯拐点与库兹涅茨拐点》,《金融市场研究》2012 年第 7 期。

［272］巴曙松:《中国经济已悄然越过刘易斯拐点》,《共产党员》2011 年第 11 期。

［273］保罗·克鲁格曼:《中国经济正面临刘易斯拐点》,《企业观察家》2013 年第 8 期。

［274］李春根、孙霞:《聚焦"第二代农民工"——第二代农民工问题研究综述》,《社会保障研究》2010 年第 5 期。

［275］国务院发展研究中心课题组:《"十二五"时期推进农民工市民

化的政策要点》,《发展研究》2011年第6期。

[276]全国总工会新生代农民工问题课题组:《2010年企业新生代农民工状况调查及对策建议》,《工人日报》2011年第2期。

[277]关颖:《憧憬、追求中的压力与困惑——新生代农民工生存心态调查分析》,《理论与现代化》2011年第2期。

[278]中国农村财政研究会课题组:《积极对待稳妥推进农业转移人口市民化》,《当代农村财经》2013年第8期。

[279]唐景明:《建立农民自愿退出农村机制推进农业转移人口市民化》,《农村工作通讯》2013年第11期。

[280]新华社:《中央城镇化工作会议描绘新型城镇化发展蓝图》,《农村工作通讯》2013年第24期。

[281]杨敏:《三元化利益格局下"身份—权利—待遇"体系的重建——走向包容、公平、共享的新型城市化》,《社会学评论》2013年第1期。

[282]姚远、悦中山、李颖晖:《农村居民城镇定居决策的实证研究——基于经济理性与文化适应的双重视角》,《社会学评论》2015年第4期。

[283]殷昭举:《中国社会治理的现代化》,《社会学评论》2014年第6期。

[284]曹鲁峰:《以农业转移人口市民化为核心稳步推进新型城镇化的思考》,《时代金融》2013年第6期。

[285]官锡强:《中国新型城镇化的农业转移人口市民化——基于马斯洛需求理论视角》,《改革与战略》2013年第12期。

[286]刘文烈、魏学文:《关于新生代农民工市民化问题的思考》,《东岳论丛》2010年第12期。

[287]赵晓:《"民工荒":劳工不足还是宏观经济波动?——工资粘性、短期劳动供需曲线对于劳工市场的影响分析》,《学习时报》2004年第913期。

[288]蔡昉:《工资上涨势头将逐步加快》,《中小企业管理与科技旬刊》2010年第32期。

[289]蔡昉、王美艳:《劳动力成本上涨与增长方式转变》,《中国发

展观察》2007年第4期。

　　［290］徐现祥、舒元：《中国经济增长中的劳动结构效应》，《世界经济》2001年第5期。

　　［291］郭熙保：《发展中国家人口流动理论比较分析》，《世界经济》1989年第12期。

　　［292］冯仕政：《城乡人口流动对其农村来源地的影响》，《国外社会学》1996年第3期。

　　［293］赵敏：《国际人口迁移理论评述》，《上海社会科学院学术季刊》1997年第4期。

　　［294］蔡昉、王美艳：《为什么劳动力流动没有缩小城乡收入差距》，《理论前沿》2005年第20期。

　　［295］金三林：《以省内就近转移为重点有序推进农业转移人口市民化》，《中国经济时报》2013年第1014期。

　　［296］尤琳、陈世伟：《城乡一体化进程中的户籍制度改革研究》，《社会主义研究》2015年第6期。

　　［297］李培林、田丰：《中国农民工社会融入的代际比较》，《社会》2012年第5期。

　　［298］陈占江、李长健：《新生代民工的发展困境及其解决机制》，《求实》2006年第1期。

　　［299］曹飞、田朝晖：《社会资本与农民工的社会整合》，《求实》2011年第12期。

　　［300］《中国社会科学院发布2013〈城市蓝皮书〉》，《城市规划通讯》2013年第15期。

　　［301］徐建玲、刘传江：《中间选民理论在农民工市民化政策制定中的运用——基武汉市436位农民工的实证研究》，《中国经济学前沿》2008年第1期。

　　［302］谢东虹：《工作时间与收入水平对新生代农民工市民化意愿的影响——基于2015年北京市的调查数据》，《调研世界》2016年第3期。

　　［303］刘清华：《新生代农民工市民化困境及对策分析》，《西安社会科学》2011年第2期。

［304］李晶：《新生代农民工市民化存在的问题与对策》，《前沿》2011年第 6 期。

［305］王志勇：《新生代农民工市民化的机制研究》，《开放导报》2011年第 4 期。

［306］吴华安：《城郊农户市民化的影响因素》，《开放导报》2011 年第 5 期。

［307］范玲、刘晓丹、王景雷：《新生代农民工市民化诉求实现的阻滞因素分析》，《北方经贸》2012 年第 1 期。

［308］王新、王媛媛：《新生代农民工市民化途径探讨》，《价值工程》2012 年第 4 期。

［309］王澎涛、陈景升：《新生代农民工市民化的制约因素与推进措施》，《现代农业科技》2011 年第 24 期。

［310］罗其友、张萌、郑华伟：《经济发达地区城郊农民市民化意愿调查与思考——以江苏省溧阳市为例》，《中国农业资源与区划》2015 年第 1 期。

［311］汪丽、王冬欣：《"十二五"城镇化发展的几点思考》，《宏观经济管理》2010 年第 11 期。

［312］欧阳慧：《"十二五"时期推进农民工市民化的思路建议》，《宏观经济管理》2010 年第 5 期。

［313］马新燕：《基于小城市建设背景的新生代农民工市民化意愿研究》，《合作经济与科技》2014 年第 8 期。

［314］孙正林、佐赫：《农民工市民化成本估算与分担机制》，《学术交流》2016 年第 10 期。

［315］黎丽萍：《我国农民工市民化成本研究综述》，《全国商情·理论研究》2017 年第 36 期。

［316］王竹林：《农民工市民化的城市化困境及其战略选择》，《开发研究》2010 年第 4 期。

［317］申兵：《"十二五"时期农民工市民化的难点、重点与对策》，《中国经贸导刊》2010 年第 21 期。

［318］许珍：《新生代农民工市民化问题探析》，《传承》2012 年第 2 期。

［319］程业炳、张德化：《农业转移人口市民化的制度障碍与路径选择》，《社会科学家》2016 年第 7 期。

［320］江立华：《城乡统筹发展与农民工的转型》，《学习与实践》2009 年第 3 期。

［321］蒋国保：《影响农民工市民化的主要障碍分析》，《特区经济》2005 年第 12 期。

［322］陈明木：《浅析党的先进性的历史继承与宝贵经验》，《福建党史月刊》2012 年第 8 期。

［323］范晓非：《我国农业转移人口市民化的现状、挑战与对策——基于农业转移人口流动特征视角》，《科技促进发展》2015 年第 5 期。

［324］董楠：《我国农业转移人口市民化的困境与出路》，《学术界》2014 年第 3 期。

［325］胡正梁：《如何看待"刘易斯拐点"》，《山东经济战略研究》2014 年第 3 期。

［326］赵菁：《试论马克思恩格斯关于农业劳动力转移理论》，《社科纵横》2008 年第 9 期。

［327］王全美：《〈资本论〉劳动力转移思想对新农村建设的启示》，《生产力研究》2011 年第 2 期。

［328］姚晓莉：《两种人口流动模型的比较及启示》，《商场现代化》2011 年第 23 期。

［329］吴倩茜：《"中国劳动力市场是否进入刘易斯拐点"文献综述》，《企业研究》2012 年第 10 期。

［330］葛鹏：《农业转移人口市民化的国际经验与启示》，《江苏农村经济》2014 年第 3 期。

［331］王慧博：《农民市民化的国际理论、经验借鉴及启示》，《河南社会学》2015 年第 8 期。

［332］王慧博：《社会结构研究》，《理论界》2005 年第 10 期。

［333］殷昭举：《创新社会治理与实现和谐善治的"中山经验"》，《社会建设》2015 年第 1 期。

［334］宋薇：《马克思与吉登斯社会结构观之比较》，《出国与就业（就

业版）》2012 年第 5 期。

[335] 黄匡时、嘎日达：《社会融合理论研究综述》，《新视野》2010
年第 6 期。

[336] 许经勇：《我国农村土地制度改革的演进轨迹》，《湖湘论坛》
2017 年第 2 期。

[337] 任丽新：《农民工社会保障：现状、困境与影响因素分析》，《社
会科学》2009 年第 7 期。

[338] 邬志辉、李静美：《农民工随迁子女在城市接受义务教育的现
实困境与政策选择》，《教育研究》2016 年第 9 期。

[339] 谭安富：《论住房保障对农业转移人口市民化的推拉效应》，《兰
州学刊》2014 年第 6 期。

[340] 胡杰成：《农民工市民化问题研究》，《兰州学刊》2010 年第 8 期。

[341] 吴振华：《农业转移人口市民化的困境及对策》，《中国国情国
力》2016 年第 9 期。

[342] 卢超：《"地方政府都市化"策略下的户籍制度改革——以重庆
户籍改革为切入点》，《法律和社会科学》2011 年第 00 期。

[343] 宇德良、郑财贵、张孝成、孙静：《重庆市户籍制度改革运行
问题诊断及对策研究》，《中国人口.资源与环境》2014 年第 S1 期。

[344] 潘华：《"回流式"市民化：新生代农民工市民化的新趋势——
结构化理论视角》，《理论月刊》2013 年第 3 期。

[345] 陈彧：《农民市民化问题研究：一个文献综述》，《重庆社会科
学》2011 年第 5 期。

[346] 何姣媛：《论企业财力》，《上海会计》2002 年第 2 期。

[347] 赵卿：《城乡统筹视野下农民工市民化路径研究》，《金融经济》
2012 年第 14 期。

[348] 刘珺：《城镇化进程中农民工市民化问题探析》，《农业与技术》
2012 年第 6 期。

[349] 郭小燕、刘晨光：《农业转移人口市民化与中小城市功能提升
关系研究》，《当代经济管理》2014 年第 8 期。

[350] 王硕：《农业转移人口市民化带来农村金融新机遇》，《中国农

村金融》2016 年第 18 期。

［351］朱进杰：《加强我国乡镇企业人力资源开发与管理，提高乡镇企业核心竞争力》，《中国乡镇企业》2008 年第 9 期。

［352］柯江林、孙健敏、李永瑞：《心理资本：本土量表的开发及中西比较》，《心理学报》2009 年第 9 期。

［353］田喜洲、左晓燕：《工作领域的呼唤研究新进展探析》，《外国经济与管理》2014 年第 6 期。

［354］张阔、张赛、董颖红：《积极心理资本：测量及其与心理健康的关系》，《心理与行为研究》2010 年第 1 期。

［355］熊光清：《制度设定、话语建构与社会合意——对"农民工"概念的解析》，《中国人民大学学报》2011 年第 5 期。

［356］陆益龙：《关系网络与农户劳动力的非农化转移——基于 2006 年中国综合社会调查的实证分析》，《中国人民大学学报》2011 年第 1 期。

［357］陆铭、蒋仕卿、陈钊、佐藤宏：《摆脱城市化的低水平均衡——制度推动、社会互动与劳动力流动》，《复旦学报（社会科学版）》2013 年第 3 期。

［358］许庆、章元、邬璟璟：《中国保证粮食安全前提下的农村劳动力转移边界》，《复旦学报（社会科学版）》2013 年第 4 期。

［359］程名望、史清华、刘晓峰：《中国农村劳动力转移：从推到拉的嬗变》，《浙江大学学报（人文社会科学版）》2005 年第 6 期。

［360］沈士仓：《长期雇佣？还是短期雇佣？——以企业人力资本的形成为视点》，《南开学报》2003 年第 3 期。

［361］孙健、田明：《留守家庭对外出劳动力的回流期望研究》，《北京师范大学学报（社会科学版）》2014 年第 6 期。

［362］张晖、许琳：《中西部农民工留城倾向影响因素分析》，《西北大学学报（哲学社会科学版）》2004 年第 4 期。

［363］屈国俊、宋林、亓同敏：《低劳动合约签订率与我国农民工的有效保护——基于劳动力市场分割理论的分析》，《西北大学学报（哲学社会科学版）》2014 年第 5 期。

［364］夏杰长：《失业保障制度在反失业的双重效应及其构建方略》，

《中央财经大学学报》2000 年第 1 期。

［365］彭长生：《中部地区农村劳动力跨省流动选择的影响因素分析——基于安徽省 6 县 582 个农户的问卷调查》，《华中科技大学学报（社会科学版）》2014 年第 5 期。

［366］陈广汉、张光南：《中国劳动力市场的二元结构及其工资差异研究》，《中山大学学报（社会科学版）》2010 年第 1 期。

［367］许经勇、曾芬钰：《竞争性的劳动力市场与劳动力市场分割》，《东北财经大学学报》2000 年第 5 期。

［368］郭敦贤：《流动人口社会保障体系论略》，《中南财经政法大学学报》2005 年第 3 期。

［369］丁守海：《论城乡劳动力报酬的非对称波动》，《四川大学学报（哲社版）》2008 年第 5 期。

［370］范逢春、姜小萍：《农业转移人口市民化政策转型的多源流分析：构成、耦合及建议》，《四川大学学报（哲学社会科学版）》2015 年第 5 期。

［371］胡雪：《户籍制度改革与农业转移人口市民化路径》，《长沙理工大学学报（社会科学版）》2014 年第 2 期。

［372］徐增阳、古琴：《农民工市民化：政府责任与公共服务创新》，《华南师范大学学报（社会科学版）》2010 年第 1 期。

［373］张北平：《农业转移人口市民化的成本研究》，《山西财经大学学报》2013 年第 1 期。

［374］文军：《农民市民化：从农民到市民的角色转型》，《华东师范大学学报（哲学社会科学版）》2004 年第 3 期。

［375］文军：《农民市民化：从农民到市民的角色转型》，《华东师范大学学报（哲学社会科学版）》2004 年第 3 期。

［376］梅建明：《进城农民的"农民市民化"意愿考察——对武汉市 782 名进城务工农民的调查分析》，《华中师范大学学报（人文社会科学版）》2006 年第 6 期。

［377］曹阳：《论中国农业劳动力转移进程中的制度约束》，《华中师范大学学报（人文社会科学版）》1998 年第 5 期。

［378］廖全明：《发展困惑、文化认同与心理重构——论农民工的城

市融入问题》,《重庆大学学报（社会科学版）》2014年第1期。

［379］宋周、黄敏、李正彪:《农业转移人口市民化意愿及影响因素——以成都市为例的分析》,《四川师范大学学报（社会科学版）》2014年第5期。

［380］徐臻:《社会分层与农业转移人口的身份认同》,《四川师范大学学报（社会科学版）》2018年第1期。

［381］刘铮:《V与M博弈的启示:"民工荒"彰显和谐社会的制度缺失》,《上海大学学报（社会科学版）》2007年第4期。

［382］刘洪银:《新生代农民工内生性市民化与公共成本估算》,《云南财经大学学报》2013年第4期。

［383］陈芳妹、龙志和:《农村劳动力流向决策研究——一个模糊决策方法的应用》,《华南理工大学学报（社科版）》2006年第6期。

［384］简新华:《新生代农民工融入城市的障碍与对策》,《求是学刊》2011年第1期。

［385］杨淑娥:《统筹城乡发展中农村进城人口的转户意愿及其影响因素》,《河北师范大学学报（哲学社会科学版）》2011年第4期。

［386］成艾华、田嘉莉:《农民市民化意愿影响因素的实证分析》,《中南民族大学学报（人文社会科学版）》2014年第1期。

［387］刘志军、陈姣姣:《从"二元"到"双低":农民工社会保障的"浙江模式"探析》,《中南民族大学学报（人文社会科学版）》2010年第3期。

［388］赵红、王新军:《我国农业转移人口市民化推进研究——基于机制设计理论》,《西北农林科技大学学报（社会科学版）》2015年第3期。

［389］田园:《政府主导和推进下农业转移人口市民化问题探究》,《西北农林科技大学学报（社会科学版）》2013年第3期。

［390］张莉、赵姚阳:《农业转移人口市民化研究述评》,《江西农业学报》2014年第12期。

［391］谢志强、姜典航:《城乡关系演变:历史轨迹及其基本特点》,《中共中央党校学报》2011年第4期。

［392］黄建新、温福英:《马克思、恩格斯劳动力资源及其流动论述的新解读——兼对我国农村劳动力转移的思考》,《中共福建省委党校学

报》2006 年第 1 期。

［393］魏澄荣、陈宇海：《福建省农民工市民化成本及其分担机制》，《中共福建省委党校学报》2013 年第 11 期。

［394］王桂芳：《城市农民工市民化问题研究综述》，《中共山西省委党校学报》2008 年第 5 期。

［395］姜作培：《农民市民化必须突破五大障碍》，《中共杭州市委党校学报》2002 年第 6 期。

［396］张铁军：《问题与消解：统筹城乡发展视野下的农民市民化问题研究》，《中共合肥市委党校学报》2010 年第 6 期。

［397］许晓红：《我国农村剩余劳动力就业问题研究——以马克思资本有机构成理论为视角》，《闽南师范大学学报（哲学社会科学版）》2015 年第 1 期。

［398］陈会广、陈昊、刘忠原：《土地权益在农民工城乡迁移意愿影响中的作用显化——基于推拉理论的分析》，《南京农业大学学报（社会科学版）》2012 年第 1 期。

［399］黄国华：《农村劳动力转移影响因素分析：29 个省市的经验数据》，《南京农业大学学报（社会科学版）》2009 年第 4 期。

［400］王永益：《我国城市劳动力市场二元分割的伦理缺陷》，《南京理工大学学报（社会科学版）》2007 年第 11 期。

［401］徐志：《进城农民工家庭的城市适应性——对福州市五区 132 户进城农民工家庭的调查分析与思考》，《福州大学学报（哲学社会科学版）》2004 年第 1 期。

［402］程名望、史清华、赵永柯：《我国农户富裕程度与进城务工关系的实证分析》，《浙江工商大学学报》2007 年第 2 期。

［403］丁越兰、黄晶：《我国劳动力回流问题研究综述》，《华北电力大学学报（社会科学版）》2010 年第 2 期。

［404］罗静、李伯华：《外出务工农户回流意愿及其影响因素分析——以武汉市新洲区为例》，《华中农业大学学报（社会科学版）》2008 年第 6 期。

［405］李兴华、戴健华、曾福生：《湖南农民工市民化意愿倾向分析及对策选择》，《华中农业大学学报（社会科学版）》2007 年第 6 期。

［406］朱金鹤、崔登峰：《以人为本保障农民工权益》，《华中农业大学学报（社会科学版）》2006年第3期。

［407］方涛：《中国农民工社会权利状况考察报告——基于社会排斥视角的分析》，《延边大学学报（社会科学版）》2008年第2期。

［408］朱丹：《主流文化视角下农民工媒介形象建构的实证分析——以〈人民日报〉为例》，《江西师范大学学报（哲学社会科学版）》2012年第4期。

［409］孟祥林：《城市化进程中农民工边缘化问题的制度经济学分析》，《中共宁波市委党校学报》2006年第6期。

［410］李晓莉、速少华：《农村年轻女性人口迁移驱动力分析》，《云南民族大学学报（哲学社会科学版）》2002年第6期。

［411］肖云、邓睿：《新生代农民工城市社区融入困境分析》，《华南农业大学学报（社会科学版）》2015年第1期。

［412］程名望、史清华、闵远光：《影响我国农村劳动力转移的城镇因素的调查分析》，《华南农业大学学报（社会科学版）》2005年第3期。

［413］钟兵：《新生代农民工市民化路径研究——基于社会资本的视角》，《长沙大学学报》2016年第1期。

［414］刘英群：《发展经济学中三个经典人口转移模型评述》，《大连海事大学学报（社会科学版）》2011年第6期。

［415］汤荧、郭倩倩、张应良等：《新生代农民工市民化约束因素与驱动路径研究》，《西南师范大学学报（自然科学版）》2015年第12期。

［416］陈前虎、杨萍萍：《农民工市民化意愿影响因素的实证研究——以浙江省为例》，《浙江工业大学学报（社会科学版）》2012年第3期。

［417］赵雪梅、杜栋：《新生代农民工市民化意愿及其影响因素——基于安徽省280份调查数据》，《湖南农业大学学报（社会科学版）》2013年第6期。

［418］刘方军：《财政与城乡二元结构的演变》，《延安大学学报（社会科学版）》2005年第5期。

［419］赵立新、赵慧：《从社会责任视角看养老服务的多元化趋势——兼论宗教在养老中的角色定位》，《鲁东大学学报（哲学社会科学版）》2017

年第 3 期。

［420］王艳慧：《公共服务均等化建设是农业人口市民化的关键》，《北方经贸》2015 年第 8 期。

［421］辛玉颉：《农产品物流安全保障体系构建》，《山东商业职业技术学院学报》2012 年第 4 期。

［422］何晓红：《农民工市民化的战略地位探析》，《红河学院学报》2006 年第 3 期。

［423］孙文中：《现实身份与农民工市民化的问题探析》，《皖西学院学报》2012 年第 3 期。

［424］姜涛：《产业集群解决"二元经济"问题的新途径》，《重庆社会主义学院学报》2005 年第 2 期。

［425］程名望、史清华、赵永柯：《我国农村劳动力转移的研究现状：一个文献综述》，《广西经济管理干部学院学报》2007 年第 1 期。

［426］姚先国、黎煦：《劳动力市场分割：一个文献综述》，《渤海大学学报（哲学社会科学版）》2005 年第 1 期。

［427］顾辉：《现代社会学中的意象结构》，《安庆师范学院学报（社会科学版）》2009 年第 10 期。

［428］吴稼稷：《论精神贫困的社会结构性成因——欠发达地区精神贫困问题思考》，《丽水师范专科学校学报》2001 年第 1 期。

［429］曾璨、陈宏军：《社会资本理论研究综述》，《铜陵学院学报》2007 年第 4 期。

［430］赵祖平：《关于农民工生活和工作状况的调查报告》，《中国劳动关系学院学报》2012 年第 2 期。

［431］张昭时：《中国劳动力市场的城乡分割——形式、程度与影响》，博士学位论文，浙江大学，2009 年。

［432］熊景维：《我国进城农民工城市住房问题研究》，博士学位论文，武汉大学，2013 年。

［433］赵显洲：《中国农业剩余劳动力转移研究》，博士学位论文，华中科技大学，2008 年。

［434］刘英群：《中国城市化：经济、空间和人口》，博士学位论文，

东北财经大学，2011 年。

［435］余佳：《"全球城市"的经济特质与二元劳动力市场——上海的实证分析》，博士学位论文，华东师范大学，2009 年。

［436］欧阳力胜：《新型城镇化进程中的农民工市民化研究》，博士学位论文，财政部财政科学研究所，2013 年。

［437］拾丽莉：《农业转移人口市民化问题与对策研究》，硕士学位论文，中共广东省委党校，2015 年。

［438］马军显：《城乡关系：从二元分割到一体化发展》，博士学位论文，中共中央党校，2008 年。

［439］王冬梅：《成都市户籍制度一体化改革的案例研究》，电子科技大学，2016 年。

［440］王昊：《城市劳动力市场上的农民工歧视》，硕士学位论文，复旦大学，2011 年。

［441］孔媛：《城市"新二元结构"从分割到融合的新政治经济学分析——以上海为例》，复旦大学，2011 年。

［442］吴威：《员工心理资本对其敬业度的影响研究》，硕士学位论文，西北大学，2009 年。

［443］贺凤娟：《新生代农民工市民化研究》，硕士学位论文，华东理工大学，2011 年。

［444］蒋华：《中国农村剩余劳动力转移与制度安排研究》，硕士学位论文，西南财经大学，2002 年。

［445］欧阳力胜：《新型城镇化进程中农民工市民化研究》，财政部财政科学研究所，2013 年。

［446］马金龙：《回族农民工市民化研究》，西北农林科技大学，2013 年。

［447］杨秀丽：《新生代农民工职业化研究》，博士学位论文，西北农林科技大学，2014 年。

［448］夏静雷：《农民工基本权益保障研究》，南开大学，2013 年。

［449］张起泷：《失地农民市民意识培育研究》，硕士学位论文，长春理工大学，2014 年

［450］程名望：《中国农村劳动力转移：机理、动因与障碍》，博士学位论文，上海交通大学，2007年。

［451］邹竹林：《80后农民工的社会距离、尊严与主观幸福感的关系》，湖南师范大学，2013年。

［452］李超：《基于城乡等值的城乡关系格局、机制与路径研究》，博士学位论文，天津大学，2013年。

［453］张艳：《多中心治理视角下东莞市新生代农民工的社区融入研究》，硕士学位论文，广西大学，2013年。

［454］丁成莉：《企业员工的心理资本对其工作绩效和工作卷入的影响》，硕士学位论文，河南大学，2009年。

［455］周鹏举：《河南省农业转移人口市民化困境及对策研究》，河南师范大学，2015年。

［456］石贝宁：《西安市农民工城市融入与路径选择研究》，陕西师范大学，2013年。

［457］华奕曦：《政府组织协同性研究——基于结构功能主义理论》，硕士学位论文，河海大学，2007年。

［458］袁静：《新生代农民工的利益诉求、行为选择与对策研究》，云南大学，2015年。

［459］姚明明：《新型城镇化进程中我国农业转移人口市民化成本分担机制研究》，辽宁大学，2015年。

［460］郑云辰：《城镇化进程中农业转移人口角色转变研究》，山东农业大学，2014年。

［461］李明：《民营企业技术获取影响因素的实证研究》，南京航空航天大学，2010年。

［462］黄抗：《失地农民再社会化研究》，硕士学位论文，安徽大学，2012年。

［463］周丽萍：《基于产业结构演进的农业剩余劳动力转移研究》，硕士学位论文，南京农业大学，2012年。

［464］蒋洁：《新型城镇化背景下农民工市民化问题研究－以成都市为例》，硕士学位论文，四川师范大学，2014年。

［465］孙晓军：《农村劳动力流动的政治经济学分析》，博士学位论文，福建师范大学，2005年。

［466］赵烨：《新型城镇化背景下我国农业转移人口市民化问题研究》，硕士学位论文，福建师范大学，2015年。

［467］陈双群：《企业员工的文化疏离感与心理资本的关系研究》，硕士学位论文，西南大学，2009年。

［468］葛信勇：《农民工市民化影响因素研究》，西南大学，2011年。

［469］岳丹：《非政府组织在农民工社会保障中的作用模式研究》，硕士学位论文，吉林大学，2012年。

［470］韩雪：《新生代农民工市民化问题初探》，硕士学位论文，吉林大学，2011年。

［471］丁宁：《中国城乡二元经济结构转换中政府作用的发展与演变研究》，硕士学位论文，吉林大学，2016年。

［472］王波：《吉林省农村城市化模式的选择》，硕士学位论文，吉林农业大学，2003年。

［473］金艳锋：《决策方式变迁角度的中国二元经济转换研究》，硕士学位论文，郑州大学，2008年。

［474］张守营：《农民市民化："低门槛渐近式"放开城市户籍》，《中国经济导报》2013年8月8日。

［475］吴忠民：《应当逐渐淡化"农民工"的称谓》，《中国经济时报》2003年5月20日。

［476］厉有为：《关于农民工的话题》，《中华工商时报》2005年3月4日。

［477］魏后凯、苏红键：《农民工市民化现状报告》，《中国经济周刊》2013年20-25第B03版。

［478］蔡昉：《比较型视角理解"刘易斯拐点"：未来中国结构转型"新红利"》，《21世纪经济报道》2011年1月1日。

［479］魏晓波：《刘易斯拐点框架并不适用当前中国——解读第六次人口普查数据》，《上海证券报》2011年5月18日。

［480］郑杭生：《社会学视野中的和谐社会》，《人民日报》2004年11

月 14 日。

［481］周天勇：《中国的"刘易斯拐点"并未来临》，《人民日报海外版》2010 年 10 月 12 日。

［482］国家统计局：《2016 年农民工监测调查报告》，《中国信息报》2017 年 5 月 2 日。

［483］全国总工会新生代农民工问题课题组：《关于新生代农民工问题的研究报告》，《工人日报》2010 年 6 月 21 日。

［484］李旻：《条件入户和积分入户"双轨并行"》，《成都日报》2017 年 12 月 1 日。

［485］李忠峰：《户籍改革坚冰初融 任重道远》，《市场报》2007 年 4 月 6 日。

［486］官锡强：《基于马斯洛需求理论视角的新型城镇化的农业转移人口市民化的发展》，中国区域科学协会、广西人的发展经济学研究基地、《改革与战略》杂志社．中国第五次人的发展经济学研讨会论文集［C］．中国区域科学协会、广西人的发展经济学研究基地、《改革与战略》杂志社，2013：9．

［487］《国务院办公厅关于做好农民进城务工就业管理和服务工作的通知》，2005 年 6 月 26 日，见 http：//www.gov.cn/test/2005-06/26/content_9632.htm。

［488］国家统计局：《2014 年全国农民工监测报告》，2015 年 4 月 29 日，见 http：//www.stats.gov.cn/tjsj/zxfb/201504/t20150429_797821.html。

［489］国家统计局：《2015 年全国农民工监测报告》，2016 年 4 月 28 日，见 http：//www.stats.gov.cn/2016-4-28。

［490］国家统计局：《2016 年全国农民工监测报告》2017 年 4 月 28 日，见 http：//www.stats.gov.cn/tjsj/zxfb/201704/t20170428_1489334.html。

［491］《国家新型城镇化规划（2014—2020 年）》，2014 年 3 月 16 日，见 http：//www.gov.cn/zhengce/2014-03/16/content_2640075.htm。

［492］《国务院关于进一步推进户籍制度改革的意见》，2014 年 7 月 30 日，见 http：//www.gov.cn/zhengce/content/2014-07/30/content_8944.htm。

［493］《国务院关于解决农民工问题的若干意见》，2015 年 6 月 13 日，

见 http : //www.gov.cn/zhuanti/2015-06/13/content_2878968.htm。

［494］《四川省教育厅：父母子女户籍不同，也可申请入学》，2015 年 11 月 18 日，见 https : //mp.weixin.qq.com/s?__biz=MzA5MTQ5MjkyNw==&mid=400703814&idx=2&sn=65b89f6767c42916f88c1e2f7f08f9c2#rd, 2015-11-18。

［495］《成都市教育局答疑：外地户口如何入学？》，2016 年 1 月 14 日，见 http : //www.sohu.com/a/54505421_186654, 2016-01-14。

［496］《成都市教育局普通教育一处＜关于做好 2017 年进城务工人员随迁子女接受义务教育工作的指导意见＞解读》，2016 年 10 月 14 日，见［EB/OL］.http : //www.cdedu.gov.cn/news/Show.aspx?id=57448, 2016-10-14。

［497］成都市人力资源和社会保障局：《成都市人民政府办公厅关于非本市户籍农民工接续参加城镇职工基本医疗保险有关问题的通知》，2012 年 6 月 29 日，见［EB/OL］.http : //www.pujiang.gov.cn/index.php?cid=595&tid=4079, 2012-06-29。

［498］《成都市人民政府关于进一步加强城镇住房保障工作的意见》（成府发〔2010〕14 号）.

［499］《成都市人民政府关于发展公共租赁住房的实施意见》（成府发〔2010〕35 号）.

［500］章轲：《城市蓝皮书：农民工市民化人均成本 13.1 万》，2013 年 7 月 30 日，见 http : //www.yicai.com/news/2900674.html。

［501］邱鹏旭：《对"农业转移人口市民化"的认识和理解》，2013 年 3 月 13 日，见 http : //www.docin.com/p-1455326608.html。

［502］朱江：《国土部权威解读：农村"三块地"改革试点为何要延期》，2017 年 11 月 6 日，见 http : //news.eastday.com/eastday/13news/auto/news/china/20171106/u7ai7190715.html。

［503］《专家解读：2016 成都幼升小小升初随迁子女入学工作意见》，2016 年 1 月 29 日，见 http : //xiaoxue.eol.cn/zx/sichuan/xsc/201601/t20160129_1362011.shtml。

［504］Robert E.Goodin, Protecting the Vulnerable: A Reanalysis of Our Social Responsibilities, Chicago: University of Chicago Press, 1985.

［505］Robert E.Park, Raceand Culture, The Free Press, 1950.

［506］Sjaastad L A, The Costs and Returns of Human Migration, Regional Economics, Palgrave Macmillan UK, 1962.

［507］Bruce J. Avolio & Fred Luthans, The high impact leader: Moments matter in accelerating authentic leadership development, New York: McGraw O Hill, 2006.

［508］E. S. Bogardus, "Measuring Social Distance", Journal of Applied Sociology, Vol.9, 1925.

［509］Lee, Everrit. S, "A Theory of Migration", Demography, Vol.3, 1966.

［510］Luthans, F B, Avolio, B J, Walumbwa, F O, and Li, Weixing, "The psychological capital of Chinese workers: Exploring the relationship with performance", Management and Organization Review, Vol.1, 2005.

［511］Hosen, R, Solovey O Hosen, D, and Stern, L, "Education and capital development: Capital as durable personal, social, economic and political influences on the happiness", Education , Vol.3, 2003.

［511］Luthans, F, and Youssef, C M, "Human, social, and now positive psychological capital management: Investing in people for competitive advantage", Organizational Dynamics, Vol.2, 2004.

［512］Avolio. B J. Gardner, W L, and Walumbwa, F O, "Unlocking the mask: A look at the process by which authentic leaders impact followerattitudes and behaviors", eadership Quarterly, Vol.6, 2004.

［513］Luthans, K W, and Jensen, S M, "The linkage between psychological capital and commitment to organizational mission:A study of nur 2ses", Journal of Nursing Administration, Vol.6, 2005.

［514］Judge, T, and Bono, J, "1 Relationship of core self-evaluations traits-self-esteem, generalized self-efficacy, locus of control, and emotionalstability-with job satisfaction and job performance: A meta -analysis", 1 Journal of Applied Psychology, Vol.5, 2001.

后 记

国家社会科学基金项目《加快农业转移人口市民化的理论及相关政策研究》(项目批准号:14XJY013)于2014年获得立项,经过四年研究,于2018年3月完成篇幅约34万余字的同名研究报告,将于2019年在人民出版社正式出版。除课题负责人外,课题组主要成员包括罗元青教授、徐莉教授、宋周副教授、胡民副教授、刘珺副教授、邝先慧教授、徐臻讲师、何燕教授、庹君讲师。

在课题研究过程中,我主要负责课题总体论证、组织协调、提纲拟定、稿件的统筹审阅工作;罗元青负责第一编论证组织、统筹审稿和第二至五章的撰写;徐莉负责第二编论证组织、统筹审稿和第六章的撰写;宋周负责第三编论证组织、统筹审稿和第九、十章的撰写;胡民负责第四编论证组织、统筹审稿和第十二至十六章的撰写;刘珺撰写第一章,徐臻撰写第七章,邝先慧撰写第八章,何燕共同撰写第十章,最后由我负责修改定稿。在前期和中期研究中,庹君全程参与了课题组的研究工作并负责实证部分的数据分析;此外,四川师范大学经济与管理学院的研究生王阳负责了部分课题协调与第十一章的写作工作,向熳、胡萍、王瑜、周玉娟、王珺、赵月、高邱霞、王丽、郝杰、周磊、欧阳小雪、叶燕平等同学为课题的调查研究、数据分析和部分初稿形成作了大量工作。

农业转移人口市民化既是解决"三个1亿人"问题、破解城乡二元结构的重点难点,也是实施供给侧结构性改革、促进城乡协调发展的重要内容,更是支撑我国经济保持中高速增长、顺利对接"两个一百年"奋斗目标的内生动力,对优化城乡收入分配格局、促进社会和谐稳定、培育经济发展新动能具有重要意义和深远影响。课题立项研究、结题的这四年,正逢我国改革开放40年前后和农业转移人口市民化进程快速推进的新时期。尤其是随着《推动1亿非户籍人口在城市落户方案》以及《乡村振兴战略规划（2018—2022年）》等相关文件陆续发布，政府顶层设计密集出台，各地政府积极实践，我国加快农业转移人口市民化的实践取得了令人欣喜的成绩：户籍制度改革全面落地，农业转移人口市民化制度性通道逐步打通；"人钱挂钩"、"人地挂钩"、农村"三权"维护和自愿有偿退出机制等市民化配套政策体系不断完善；城镇基本公共服务加快覆盖常住人口等等。但与此同时我们也应理性的看到，尤其是与到2020年"实现1亿左右农业转移人口和其他常住人口落户城镇"的目标要求相比，当前我国农业转移人口就业不稳定、难以享受同等公共服务、市民化成本分担机制不完善等问题依然存在，"出来不能完全融入城市、回去难再适应农村"等现实困境还亟待解决；高效平稳有序推进农业转移人口市民化，构建起供需互促、协同均衡、有机统一的农业转移人口市民化新机制，切实有效的增强转移人口归属感、体现转移人口价值感、提升转移人口获得感，仍将是我们长期而艰巨的奋斗目标。

在本书研究过程中，我们参阅了大量国内外的论文、专著、报告及其他资料，借鉴和引用了国内外学者的研究成果，这使我们的研究不断获得启发和教益，在此我们对学界同仁们的辛勤汗水和真知灼见表示诚挚的感谢。在研究中，课题组也深深感到农业转移人口市民化问题的紧迫性与复杂性。限于自身条件水平，书中难免有不妥或疏漏之处，我们期待广大读者和专家们的不吝赐教，也期待更多关注和从事这一领域研究工作的朋友加入，课题组全体成员将深以为幸。

祁晓玲

2019年3月

后记

责任编辑:高晓璐

图书在版编目(CIP)数据

农业转移人口市民化理论及政策研究/祁晓玲等 著. —北京:人民出版社,
　2019.5
ISBN 978-7-01-020712-4

Ⅰ.①农…　Ⅱ.①祁…　Ⅲ.①农业人口-城市化-研究-中国　Ⅳ.①C924.24
　②F299.21

中国版本图书馆 CIP 数据核字(2019)第 076594 号

农业转移人口市民化理论及政策研究
NONGYE ZHUANYI RENKOU SHIMINHUA LILUN JI ZHENGCE YANJIU

祁晓玲　罗元青　宋周　徐莉　胡民 等 著

人 民 出 版 社 出版发行
(100706　北京市东城区隆福寺街 99 号)

北京中科印刷有限公司印刷　新华书店经销

2019 年 5 月第 1 版　2019 年 5 月北京第 1 次印刷
开本:710 毫米×1000 毫米 1/16　印张:23.75
字数:365 千字

ISBN 978-7-01-020712-4　定价:69.00 元

邮购地址 100706　北京市东城区隆福寺街 99 号
人民东方图书销售中心　电话 (010)65250042　65289539